आधुनिक काव्य शास्त्र

कवि सेना मेनिफेस्टो

आधुनिक काव्य शास्त्र

कवि सेना मेनिफेस्टो

शेषेन्द्र शर्मा

लोकभारती प्रकाशन

लोकभारती प्रकाशन
पहली मंजिल, दरबारी बिल्डिंग, महात्मा गांधी मार्ग
प्रयागराज-211 001

वेबसाइट : www.lokbhartiprakashan.com
ईमेल : info@lokbhartiprakashan.com

शाखाएँ : 1-बी, नेताजी सुभाष मार्ग, दरियागंज
नई दिल्ली-110 002
अशोक राजपथ, साइंस कॉलेज के सामने
पटना-800 006
1, अनमोल सोराबजी संतुक लेन, धोबी तलाव,
मरीन लाइंस, मुम्बई-400 002

प्रथम संस्करण : 1998
पहली आवृत्ति : 2024

मूल्य : ₹895

राजकमल प्रकाशन प्रा.लि.
नई दिल्ली-110 002
द्वारा मुद्रित

Aadhunik kavya shastra : Kavi Sena Manifesto
by Sheshendra Sharma

ISBN : 978-81-19996-56-8

दो शब्द

यह कवि सेना मेनिफेस्टो है जो मैंने तब लिखा जब कवि सेना नामक साहित्यिक आन्दोलन तेलगू प्रांत में झंझावात की तरह चल रहा था। यूँ तो इसकी शुरुआत १९६० से ही मेरी कविताओं के प्रभाव से हुई, किन्तु सातवें दशक तक आते-आते वह तेज़ होकर लपटों में बदला और तेलगू प्रांत के समस्त विश्वविद्यालयों एवं महाविद्यालयों के छात्र और युवा प्राध्यापक, विभिन्न प्रकार के लोग, जो इस समय में हम-ख़याल थे, उभर कर स्पष्ट रूप से सामने आये।

तेलगू कविता में आये इस परिवर्तन को कुछ आन्दोलनकारी लोग 'कवि सेना' का नाम देने लगे। क्रमशः इस सन्दर्भ में कुछ लोगों द्वारा मुझसे पूछा जाने लगा कि विभिन्न आन्दोलनों के स्थानों पर अब वहाँ के निवासियों द्वारा यह माँग उठने लगी है कि कवि सेना का आन्दोलन क्या है? इसके आशय क्या हैं? लक्ष्य क्या हैं? आदि आदि। बतायें।

वे लोग आन्दोलनकारियों को उत्तर देने के लिए विवश कर रहे थे। आन्दोलनकारी छात्रों ने मुझसे माँग की कि इस कवि सेना आन्दोलन के सन्दर्भ में आप एक मेनिफेस्टो लिखें, जिससे हमारे गाँव-गाँव में उसे छपवा कर वितरित करने से यह समस्या हल हो सकेगी।

इन उपर्युक्त परिस्थितियों में मैं कवि सेना मेनिफेस्टो लिखने लगा। उस समय हमारे सामने जो साहित्यिक समस्या थी, वह मूलतः यह थी कि इस शती के तीसरे दशक से वामपंथी झंडे के तले जो कविता आने लगी थी, वह बिल्कुल अब अव्युत्पन्न व्यक्तियों द्वारा आने लगी, जिसमें एक रत्तीभर कविता भी नहीं रहती थी, यानी तीसरे दशक से लेकर छठवें दशक तक प्रगतिशील कविता बिल्कुल बंजर ज़मीन की तरह थी और आम पाठकों में उसके विरोध में प्रतिक्रिया फैलने लगी तो कवि सेना के सामने जो मूलभूत प्रश्न खड़ा था, वह यह था कि उक्त तीनों दशकों में प्रचलित हुई कविता में कवित्व नहीं है। उन कवियों को न कवित्व के बारे में जानकारी है न ही प्रख्यात कवियों द्वारा रचे गये काव्यों का अध्ययन उन्होंने किया है।

इस हेतु मेनिफेस्टो में कविता का लक्षण और उसका प्रयोजन प्रामाणिकता से बताना आवश्यक था। मैंने इस देश की प्राचीन काव्य शास्त्र परंपरा उसी काल की पाश्चात्य काव्य शास्त्र परंपरा और आधुनिक पाश्चात्य साहित्य आलोचना तथा मार्क्ससिस्ट काव्य शास्त्र, इन चारों शाखाओं को समेट कर कविता का लक्षण और प्रयोजन विस्तृत रूप से समझाते हुए मेनिफेस्टो की रचना शुरू की थी। प्रारंभ में तीस-चालीस पृष्ठों में मेनिफेस्टो समाप्त करने के लिए जो कामना थी वह अनजाने उड़ गयी और उसके स्थान में ३५० पृष्ठों का एक आधुनिक काव्य शास्त्र रूप धारण कर लिया।

फिर भी उसे कवि सेना मेनिफेस्टो नाम ही दिया गया। गोया वह वास्तव में काव्य शास्त्र ही है। वह तेलगू में १९७७ में प्रकाशित हुआ और तुरंत सारे तेलगू प्रांत के साहित्यिक क्षेत्र में उसने खलबली मचाई। विश्वविद्यालयों, महाविद्यालयों आदि के प्राध्यापक भी कवि सेना मेनिफेस्टो की चपेट में आ गये और प्रसिद्ध आलोचक प्रो० जी०वी० सुब्रमण्यम प्रख्यात

आलोचक अमरेन्द्र जैसे तेलगू विद्वानों ने कहा कि कवि सेना मेनिफेस्टो तेलगू साहित्यिक आलोचना क्षेत्र में एक ऐतिहासिक अध्याय का अनावरण करता है। वर्तमान समय में कवि सेना मेनिफेस्टो प्रामाणिक काव्य शास्त्र के रूप में सुप्रतिष्ठित हो गया और सातवें दशक से प्रचलित तेलगू कविता की इसके आते ही काया-पलट हो गयी। इससे पूर्व जो अ-कविता व्यापक रूप में प्रचलित थी, वह एकदम धराशायी हो गयी और समस्त युवा पीढ़ी के कवि तथा अन्य भी, गौण अर्थ प्रधान रचना, जिसे कविता कहा जा सकता है, करने लगे अर्थात् शुष्क वाच्यार्थ प्रधान रचना जो पहले थी वह गायब हो गई। अब सभी लोग कवि सेना आन्दोलन की वजह से वास्तविक कविता लिख रहे हैं। कवि सेना आन्दोलन सफल हो गया।

इस आधुनिक काव्य शास्त्र को हिन्दी में लाने का श्रेय लोकभारती, इलाहाबाद अर्थात् मेरे मित्र दिनेश ग्रोवर जी को जाता है और अनुवादक प्रो० वाई० वेंकटरमण राव का भी मैं अत्यन्त आभारी हूँ, जिन्होंने अपने रात-दिन एक करके इसका तेलगू से हिन्दी में अनुवाद किया है। आशा है हिन्दी के पाठकों को यह पसंद आयेगा।

अस्तु,

शेषेन्द्र शर्मा

ज्ञान बाग़ पैलेस
गोशा महल
हैदराबाद-५०००१२ (आ०प्र०)

अनुक्रम

लक्ष्य और नियम

वैज्ञानिकों ने मनुष्य को सोचनेवाला पशु कहकर परिभाषित किया है। कविसेना कहती है कि मनुष्य आँसू बहानेवाला पशु है।

बेंज़ामिन फ्रांकलिन ने मनुष्य को औज़ार बनानेवाला पशु कहा है, किन्तु कविसेना कहती है कि वह शस्त्र बनानेवाला जंतु है।

आकाश में कौंधने वाली बिजली को बेंज़ामिन फ्रांकलिन ज़मीन पर ले आये हैं तो कविसेना कहती है कि नरक में कौंधनेवाले अश्रुओं को हम नक्षत्र लोक में पहुँचाएँगे—

बह-बह कर आज आँसू भी क्रान्तिकारी बन कर कह रहे हैं कि अब हम नहीं बहेंगे। कितने दिन और यह गाथा-भार को वहन करता फिरूँ— पूछ रहा है भूगोल।

सुनिए—

औज़ार बनानेवाले मनुष्य को आयुध बनानेवाले मनुष्य के रूप में बदलना है— अर्थात् जीवन के हाथों हारनेवाला न बन कर जीवन से बलवान बनना है मानव को।

मात्र मानसिक युग को स्वस्ति देकर मनुष्य को क्रियाशील युग का स्वागत करना है।

दराती किसान का शस्त्र है। हथौड़ी मजदूर का अस्त्र है। तलवार सैनिक का अस्त्र है। नारे राजनीतिक नेता के अस्त्र हैं—इसी तरह कविता ही कवि का अस्त्र होती है। प्रजा समूह के लिए कवि अपने अस्त्र का प्रयोग करता है। प्रजा की कहानी कहने के लिए कवि की मसि (स्याही) प्रवाहित होती है।

कवि ही देश का असली नेता है। राजनीतिक नेता नहीं। राजनीतिक नेता के नेतृत्व को तिरस्कृत करती है कविसेना। राजनीतिक नेताओं के भवनों में कुत्तों के समान जीनेवाले कवि-नेताओं को गर्हित करती है।

कवि को अपने अस्त्र की शक्ति जाननी है। अपने अस्त्र की प्रयोग-विधि जाननी है। उसका प्रयोग कब, क्यों और कहाँ, कैसे करना चाहिए— यह भी जानना है।

कवितास्त्र की प्रयोग-कला के रहस्यों को समझने के लिए कविता चेतना अपने ऊपर आवाहन करने के लिए और आधुनिक युग में उत्पन्न हुए श्रमिक-जगत् के महोत्सव में प्रथम ध्वज फहराने के लिए दिग्दिगन्तों में कविसेना को व्याप्त होना है।

कविसेना अपने लक्ष्यों, नियमों को संक्षेप में इस प्रकार परिभाषित करती है—

१. यह कवियों की पार्टी है। (अ) कवि-कविता शिल्प, (आ) कवि-समाज के बीच के संबंध—इन दोनों पर यह आन्दोलन रूपायित है।

२. कविता के लिए एक मानदण्ड निश्चित होना चाहिए। यह मानदण्ड संसार के कवित्व-तत्त्ववेत्ताओं द्वारा प्रतिपादित सिद्धान्तों के अनुशीलन के बाद किसी एक सार्वभौम सूत्र के रूप में स्वीकृत होना है। उसके साथ-साथ सब देशों में, सब कालों में अग्रणी कवियों की कृतियों को जोड़कर वर्तमान कविता का मूल्यांकन करना है। जो कविता नहीं है उसे निर्दयी हो बहिष्कृत करना है। कविता के लिए किसी प्रकार के मानदण्ड को न माननेवाली अशास्त्रीय दृष्टि का खण्डन करना है।

३. आर्थिक और सामाजिक समस्याओं तक इस शताब्दी के द्वारा स्वीकृत मार्क्सवादी सिद्धान्त को न्यूनतम समाधान के रूप में स्वीकार करना है।

४. समग्र मानव जीवन में राजनीति एक अंश मात्र ही है। राजनैतिक और सामाजिक समस्याओं के समाधान के लिए यह एक साधन है। लेकिन कवि संपूर्ण मानव जीवन से संबंध रखता है। इसीलिए कवि का कर्त्तव्य राजनीति तक ही सीमित नहीं रह सकता। समसामयिक संदर्भ के अनुसार कवि की दृष्टि में राजनीति के लिए कुछ अधिक प्रधानता दी जा सकती है, किन्तु वह संपूर्ण मानव जीवन के साथ अपने कर्त्तव्य को विस्मृत कर एक सीमित प्रयोजन के साथ प्रतिबद्ध नहीं हो सकता। कवि सीधे मानव जाति के लिए ज़िम्मेदार है, एक राजनीतिक पार्टी के लिए नहीं।

५. उपर्युक्त कारणों से, कवि समस्त मानव जाति के प्रति ज़िम्मेदार होने के कारण उसके कर्त्तव्य राजनैतिक कर्त्तव्यों से गुरुतर हो जाते हैं। इसीलिए मानव समाज की भलाई के लिए कवि का नेतृत्व **सबसे** पहले स्वीकृत होना है। इस प्रकार के मेधावी नेतृत्व की स्थापना के लिए कविसेना प्रधानतः प्रयत्नशील रहेगी।

६. कविसेना को जाति, धर्म, काल, भाषा और देश नामक पाँच प्रकार के बन्धनों को पार करना है और उन्हें तोड़कर आगे बढ़ना है।

७. कविता और कवि का योगदान—भाषापरक न होकर जब क्रियापरक समन्वय से सिद्ध होता है तभी वह सार्थक होता है।

८. कहानीकार, उपन्यासकार, आलोचक, नाटककार, सभी कवि के रूप में ही इस कविसेना परिवार में स्वीकार्य होंगे।

पुनश्च, यह राजनैतिक आन्दोलन नहीं है। यह प्रमुखत: मेधावी-वर्गीय आन्दोलन है। कवि का संबंध राजनीति से होता है, लेकिन राजनीतिक पार्टियों से नहीं। राजनीतिक पार्टियों से संबंधित लोग इसके सदस्य बन सकते हैं, किन्तु कविसेना के मूलभूत आशयों के आधार पर ही।

□

मेधावी का नेतृत्व

देश की चारों दिशाओं में बिखरे मेधावी वर्गों को संगठित करने के लिए कटिबद्ध होना ही कविसेना का प्रधान लक्ष्य है। कार्यशीलता खोकर निर्वीर्य बन राजनीतिक नेतारूपी राक्षसों के गुलाम बनकर पड़े रहनेवाले मेधावी वर्गों को जनजीवन में एक स्वतंत्र निर्भीक शक्ति के रूप में रूपायित करके खड़े करने की आशा रखती है कविसेना। एतद्द्वारा अपने प्रभाव के आधार पर मेधावी वर्ग देश में एक सचेतन क्रिया-समर्थ-प्रजा-दृष्टिकोण को मान्यता देकर उसे स्थापित भी कर सकता है। जिस प्रजा दृष्टिकोण को मान्यता देकर उसके सामने सरकार भी सर झुकायेगी और जिस प्रजा दृष्टिकोण के बल पर आम आदमी अपना सर उठाकर चल सकता है, उस दृष्टिकोण की स्थापना के लिए कविसेना मेधावी वर्ग का समीकरण करना चाहती है। इसके आधार पर ही प्रजा के अभिमत को एक नैतिक अदालत के रूप में प्रस्थापित करने की कोशिश कविसेना करेगी।

कवि समस्त मेधावी वर्गों का एक प्रतिनिधि है। वह एकमात्र प्रतिनिधि है, प्रतीक है। देश में क्षण-क्षण बढ़ते हुए भ्रष्टाचार में मग्न अनैतिक राजनैतिक नेतृत्व को अपने काबू में ले आने की ऐतिहासिक आवश्यकता आज उपस्थित हो गयी है। इसीलिए कविसेना राजनैतिक नेतृत्व का तिरस्कार कर मेधावी वर्गों के नेतृत्व की स्थापना के लिए संघर्ष करेगी।

कवि इस कर्त्तव्य को निभाने की क्षमता प्राप्त करना चाहता है तो वह किसी भी राजनैतिक पार्टी से प्रतिबद्ध नहीं हो सकता। एक पार्टी से प्रतिबद्ध हो जाने के कारण कवि विचारों के क्षेत्र में और कार्यान्वयन के क्षेत्र में अपनी स्वतंत्रता खो बैठता है—जो आज़ादी खो देता है वह अन्याय और अत्याचार का खण्डन नहीं कर सकता। न्याय के लिए अपनी आवाज़ नहीं दे सकता। इसीलिए कवि के लिए आज़ादी मूलभूत आधार है। अपनी आज़ादी खोये कवियों को, राजनीति की साँकलों में बँधे कवियों को, राजनीति से युक्त कविता को ही सर्वस्व समझकर उसके प्रचार और प्रसार में लगे कवियों को और राजनीतिक शक्तियों के भजन में व्यस्त कवियों को—कविसेना तिरस्कृत करती है। उन्हें दुकानों में बेची जानेवाली वस्तुओं के समान ही मानती है।

कवि राजनीति से संबंध रख सकता है, (और उसे रखना भी चाहिए), लेकिन राजनैतिक पार्टियों से नहीं, यही इसका मूलभूत रहस्य है। कवि को मात्र राजनीति का नहीं बल्कि सारी सामाजिक गतिविधियों का सम्पर्क चाहिए। सचेतन समकालीन कविता ही जीवन्त कविता बनती है तो कवि जीवन से कैसे असंपृक्त रह सकता है? कवि उससे बचकर कैसे निकल सकता है? कवि जीवन की ज्वालाओं के बीच में ही रहता है। यदि उन ज्वालाओं में राजनीति का अंश दो तिहाई है तो कवि उसकी ज्वालाओं के बीच रह जाता है।

यहाँ ध्यान देने की बात यह है कि राजनीति अलग है और राजनीतिक पार्टियाँ अलग हैं। आर्थिक और सामाजिक शास्त्रीय सिद्धान्तों के रूप में इस शताब्दी में जो उपलब्धिं हमें मिली है, वह किसी एक राजनैतिक पार्टी की बपौती नहीं है। वह युग युगों से गुजरी मानवीय विचारधारा के परिणाम-स्वरूप अर्जित उपलब्धि है। क्रान्ति, परिणाम, श्रमिकों का नेतृंत्व आदि से संबंधित विचार राजनीतिक पार्टियों की सम्पत्ति नहीं हैं। प्रजा की संपत्ति है। गंगा स्नान के लिए पण्डे की अनुमति क्यों? इस बिगड़ी कश्मकश में, विशेषकर राजनैतिक नेताओं और उनके गुलामों के आदेश क्यों? ये उन्हीं के लिए चाहिए जो कुत्तों के समान दुम हिलानेवाले हैं!

अगर कवि, दलों और वर्गों को नापसंद करते हैं तो फिर यह कविसेना नामक दल क्यों?

देश का (विशेषकर तेलुगु प्रान्त का) वातावरण ही ऐसा है कि तीस-चालीस साल पहले इस क्षेत्र में उभरे साहित्यिक मुखौटाधारी राजनैतिक नेता, उनके गुलाम और उनके भजन गाने वाले हमारे साहित्य के क्षेत्र में, निर्वीर्य मेधावी वर्ग की उपेक्षा के कारण, आज शीर्ष स्थानों को प्राप्त कर बैठे हैं। आज स्वेच्छाप्रिय कवि वैयक्तिक तौर पर खड़े होकर इन गुटों का सामना करने में अपने को शक्तिरहित महसूस कर रहा है। इसका सामना करना दुष्कर होगा। ये गुट, समाचार-पत्रों को, रेडियो को, मंचों को और समस्त प्रचार-प्रसार के साधनों को राजनीतिक नेताओं के सहारे अपने हाथ में ले लिये हैं। अकेले रहने वाले स्वेच्छाप्रिय कवि इस देश में आज असहाय स्थिति में हैं। इन गुटवादी कवियों की धाक न सह सकने के कारण वे सब किसी-न-किसी गुट में घुस कर राजनैतिक पार्टी की चापलूसी कर रहे हैं। इसीलिए स्वेच्छाप्रिय कवियों की रक्षा आज की आवश्यकता है। यह एक आन्दोलन के रूप में ही हो सकती है। इसकी अनिवार्यता आज अत्यावश्यक है। इसीलिए कविसेना नामक पार्टी की आज यह एक ऐतिहासिक आवश्यकता हो गयी है। इस ऐतिहासिक आवश्यकता को समझे बिना कविसेना को ठुकरानेवाले कवियों

और आलोचकों को या तो मूर्ख कहना है अथवा स्वलाभापेक्षी। ये असल में स्वेच्छावादी कवियों को और उनके अस्तित्व को, कविता संप्रदायों को और उनके स्वतंत्र विचारों को एवं उनकी विचार शक्ति को हानि पहुँचा रहे हैं। ऐसे लोगों के अविवेक के कारण इस देश में कुछ समय बाद स्वेच्छावादी कवि और आलोचक पूर्ण रूप से खत्म हो जायेंगे।

इसीलिए विवेकी कवि और आलोचक सब मिलकर कविसेना का समर्थन करें।

□

आज की यह सामाजिक चेतना क्या है ?

इस मुख्य विषय पर अपने विचार-शर का संधान कीजिए—

कवि के लिए सामाजिक स्पृहा चाहिए। लेकिन वर्तमान में कविता के क्षेत्र में (मुख्यतः तेलुगु कविता के क्षेत्र में) यह सामाजिक स्पृहा एक निम्न स्तर का नारा बनकर एक भयानक भँवर का रूप धारण कर गयी है। इस नारे से युवकों को बचाने की साहित्यिक आवश्यकता आज कर्त्तव्यनिष्ठ सामाजिक स्पृहायुक्त व्यक्तित्वों पर टिकी हुई है।

'सामाजिक स्पृहा' के नारे लगानेवाले सौ फीसदी आज के साहित्य के क्षेत्र के व्यक्ति वास्तव में साहित्यिक स्पृहा से रिक्त हैं। साहित्य के क्षेत्र में साहित्यिक स्पृहा रखनेवाले ही सामाजिक स्पृहा के संबंध में चिल्लाने के हकदार हैं। साहित्य स्पृहाहीन साहित्य के क्षेत्र में मात्र न्यूज-पेपर-बाय है। एक बात याद रखिए। इन सामाजिक स्पृहावादियों का व्यक्ति के रूप में अनुशीलन करके देखिए। उनमें किसी में भी सामाजिक स्पृहा की बात खोजना दुष्कर होगा। किसी प्रकार की भी स्पृहा का लेश मात्र भी नहीं मिलेगा। अगर कुछ मिलती है तो वह स्वार्थ स्पृहा मात्र होगी।

मानव समाज में सामाजिक समस्याएँ ही नहीं और भी उनके प्रकार की चित्र-विचित्र और क्लिष्ट समस्याएँ भी हैं।

समस्त मानव जीवन की सामग्री के साथ कवि का तादात्म्य रहता है। मूलतः समझने की बात यह है कि शीर्ष स्थान पर स्थित इस समस्त सामग्री को साहित्य की सामग्री के रूप में परिणत कर सकने की जो कलात्मक प्रक्रिया है वही साहित्यिक स्पृहा है। आज यही साहित्यिक स्पृहा चाहिए। प्रसिद्ध रूसी विदुषी षेर्बीना साहित्य सृजन व्यापार के संबंध में कहती हैं—

> "Most important here is to achieve the solution of the question of when and how the so called 'extra literary' categories (Social, Philosophical, ethical) and concrete real life material acquire an aesthetic nature and become literary phenomena." (Lenin and problems of literature).

अर्थात् सामाजिक, आध्यात्मिक, नैतिक आदि असाहित्यिक वस्तु और वास्तविक

मानव जीवन सामग्री कब और कैसे कलात्मक रूप धारण करती है, इस प्रश्न का समाधान पाना आज अत्यन्त आवश्यक है। षेर्बीना कहती हैं—

> "Without form, the content of literature deprived of its impact, its effective power, is immobile and remains out-side the framework of art."

इस बात को लेनिन के मन्तव्य के रूप में उन्होंने उद्धृत किया है। इसका अर्थ यही है कि शिल्प के बिना वस्तु प्रस्तुत होने पर अपनी प्रहारशीलता और तीव्रतर शक्ति को खोकर निर्जीव बन जाती है। ऐसी स्थिति में वह कलात्मक प्रक्रिया की सीमाओं में आयेगी ही नहीं। अर्थात् वह कला बनने से वंचित रह जाती है। मार्क्स ने इसी के संबंध में कहा है—

> "Truth is general, it does not belong to me alone, it owns me, I do not own it. My property is the form which is my spiritual individuality."

अर्थात् जीवन सत्य सर्वसामान्य है। वह मात्र मेरा ही नहीं, बल्कि मैं उसका हूँ। दरअसल मेरी सम्पत्ति मेरा शिल्प ही है जो मेरा आत्मिक व्यक्तित्व है।

प्रमाण दिखाकर वास्तविक साहित्यिक तत्त्व को प्रतिपादित करने के पश्चात् भी अगर कोई यह प्रश्न करनेवाला रह जाता है कि उसने कैसे कहा है? यह मुख्य बात नहीं, बल्कि क्या कहा है वही मुख्य है तो इस प्रकार का अभिप्राय सुनानेवालों के संबंध में क्या करना है? यही निश्चय लेने का ऐतिहासिक संदर्भ आज आ गया है।

सामाजिक चेतनारूपी मुखौटे के पीछे स्वच्छन्द विहार करनेवाले शिल्प रहित अकविता मालिन्य को देश से क्षालित करना है। जैसे पहले कहा जा चुका है, कवि के लिए सामाजिक चेतना एक अंश मात्र है। कवि के लिए आवश्यक बृहत् चेतना में वह सौवाँ अंश भी नहीं होगी। रेम्बो नामक फ्रांसीसी कवि की इस संबंध में धारणा है कि—

> "Poet is really the thief of fire.... He is responsible for humanity— even for animals."

अर्थात् कवि आग का चोर है (यानी कवि समस्त मानव समाज की पीड़ाओं को चुरा ले जानेवाला चोर है—सुख, गौरव और कीर्ति का चोर नहीं)। कवि समस्त मानव जाति का जिम्मेदार है— पशु समुदाय का भी। कालिदास का रघुवंशीय श्लोक भी इसी बात का समर्थन करता है—

सेकान्ते मुनिकन्याभिः तत्क्षणोज्झित वृक्षकम्।
विश्रम्भाय विहंगानां आलवालाम्बुपायिनाम्॥

रेम्बो महाकवि ने ही श्रमिक लोक के आधिक्य को उद्घाटित किया है। उनका मत देखिए—

> "The hand with the Pen is no better than the hand on the Plough."

अर्थात् जो हाथ हल धारण करता है वह कलम धारण करनेवाले हाथ से कम महत्त्वपूर्ण नहीं है। इतना विस्तृत दृष्टिकोण कवि को अर्जित करना है। मात्र सामाजिक चेतना को लेकर कूप मण्डूक के समान नहीं रहना चाहिए।

नारेबाजों के हाथों में रहनेवाली सामाजिक चेतना वास्तव में राजकीय चेतना है। वह भी किसी राजनैतिक पार्टी के लिए 'वेस्टेड इण्टरेस्ट' बना राजनीतिक चैतन्य। राजनीतिक पार्टी से संबंधित चेतना को ये रोमाण्टिक कविता अथवा समझ में न आनेवाली कविता कहकर गाली देते हैं। कवि को राजनीतिवादिता से ऊपर उठकर उन्नत स्तर पर अपने कर्त्तव्य का पालन करना है। हर कवि में सहज रूप में सामाजिक स्पृहा रहती है। जीवन जिस प्रकार सब पर सामाजिक स्पृहा थोपता है उसी प्रकार कवि पर भी। किसी को वह छोड़ता नहीं। लेकिन कवि का विशिष्ट योगदान होता है उस सामाजिक स्पृहा को कविता में रूपायित करने में, न कि 'सामाजिक स्पृहा' को लेकर नारेबाजी करने में।

कवि विशाल मानवता का जिम्मेदार है। समग्र मानव जीवन का जिम्मेदार है। मात्र राजकीय अंग का ही नहीं। भाषाओं की सीमाओं को पारकर, राजनीति की सीमाओं को पारकर, पहाड़ों को पारकर, सागरों को पारकर जहाँ-जहाँ मनुष्य का वास है, वहाँ-वहाँ दौड़कर जानेवाली मानसिकता ही कविता है। इसीलिए कवि अपने परिसरों में रहनेवाली छोटी सामाजिक टुकड़ी मात्र से बँधा नहीं रह सकता और न ही उसका जिम्मेदार हो सकता है।

इसी विस्तृत चैतन्याग्नि की ज्वालाओं में रोज जलनेवाले कवि के लिए सामाजिक चेतना और वस्तु कभी समस्याएँ नहीं बनती हैं। उसकी कविता में वस्तु और शिल्प का द्वैत भाव नहीं रहता। सामाजिक चेतना की अलग स्थिति नहीं रहती। उसकी साहित्यिक चेतना सब चेतनाओं को निगलकर पचानेवाली चेतना है। वह सामाजिक चेतना और वस्तु नामक वातापी और इल्वलों को निगलकर एक डकार लेनेवाला पौराणिक महामुनि अगस्त्य है। छोटे-छोटे क्षुद्र कीट और अल्प-क्षुद्र कविरूपी मक्खियाँ उसके अन्न पर आती जाती रहती हैं। उसके आसपास मँडराती हैं-भिनभिनाती और रुदन करती हैं।

शस्त्र, कला, खेती, राजनीति, वेदान्त इत्यादि समस्त नानारूपी मानव सफलताएँ संपूर्ण मानव जाति की समष्टि संपत्ति हैं। इस संपत्ति के कर्त्ता और भोक्ता के रूप में रहनेवाली मानव जाति के विश्वरूप का साक्षात्कार पाया हुआ मानव ही कवि है। विज्ञान का नेता वैज्ञानिक है, कलाओं का नेता कलाकार है, कृषि का नेता कृषक है, राजनीति का नेता राजनीतिवादी है—इस प्रकार ये सब अपने-अपने क्षेत्रों तक ही सीमित रहते हैं। किन्तु कवि समस्त मानव कार्यक्षेत्रों में उपलब्ध सफलताओं से उत्पन्न बृहन्मानव चेतना को अपने ऊपर आह्वान किये हुए उन्नतात्मा है। इसीलिए कवि समस्त मानव जाति का नेता है। समस्त मानव गाथाओं और पीड़ाओं का एकमात्र प्रतिनिधि है। इस प्रतिनिधित्व के लिए बृहन्मानव चैतन्य से जन्मा हुआ व्यक्ति है कवि। एक पदबन्ध में अगर कहा जाये तो कवि चलने-फिरनेवाला मानवता का संक्षिप्त शब्द-चित्र है। कवि का स्थान न वैज्ञानिक ले सकता है और न ही दार्शनिक, न कलाकार ले सकता है और न ही राजनीतिवादी।

कविता चेतना अथवा साहित्यिक चेतना का एक विराट् स्वरूप है तो राजनैतिक चेतना उसका एक लेश मात्र। वर्तमान (तेलुगु) साहित्य के क्षेत्र में उभरनेवाली सामाजिक चेतना भी लेशमात्र ही है।

जब हमारी आँखें अरुणोदय के लिए तरस रही थीं तब उषा वेला में दिखाई देनेवाले दो चेहरों में एक गद्य कविता मदारी है तो दूसरा सामाजिक चेतना गान करनेवाला सँपेरा है—दिखाई देते ही उन पर कीचड़ फेंकने का मन होता है। हम उनके इंतजार में नहीं हैं। हम तो अरुणोदय के इंतजार में हैं।

झूठे नारों के पंजों से सुरक्षा पाने के लिए असली कविताभ्यास करने के लिए कविसेना में शामिल हो जाइए।

□

आज की साहित्य समालोचना की असली समस्या : उसके वाक्य में चुम्बक शक्ति

भाइयो! आज साहित्य के क्षेत्र में सामाजिक चेतना कोई समस्या नहीं है, सामाजिक चेतना को साहित्यिक चेतना में परिवर्तित करने की क्षमता कवि को चाहिए। वही असली समस्या है, वर्तमान साहित्य-क्षेत्र में।

साहित्य चेतना ही कवि की असली कसौटी है। महाकवि चार्ल्स बोदिलेर का कथन है—

> "It is not given to every one to take a bath in the multitude; to enjoy the crowd is an art."

राजकीयवादी इससे ज्यादा जनता को अनुभव करता है। लेकिन बोदिलेर उनके संबंध में नहीं कह रहे हैं। साहित्यिक स्पृहा जिनको चाहिए उन्हीं के संबंध में वे कह रहे हैं। क्योंकि जन के बीच जल विहार करने की बात एक रसतत्त्वानुभूति है। इसी के संबंध में वे कहते हैं—

> "The perfume of another world with which I inebriated myself by means of a perfected Sensibility." (The double room)

इस तरह 'जन में जल विहार' की रसानुभूति अपने "Perfected Sensibility" के द्वारा अनुभव करने वाली अनुभूति है। इसीलिए 'जन में जल विहार' कर सकनेवाला कवि अन्धकार में भी स्नान कर पवित्र हो सकता है। बोदिलेर कहते हैं—

> "At last then I was allowed to refresh myself in a bath of darkness." (At one O'Clock in the morning.)

"Perfected Sensibility" का मतलब है कि कवि का पहले व्यथित होना, बाद में उस व्यथित होने को जीवन में बुद्धिपूर्वक निमंत्रित करना, उस व्यथा को एक कला के रूप में अभ्यास करना है। इस बृहत् चैतन्याविर्भाव में सामाजिक चेतना और राजनैतिक चेतना अल्प अंश है। ये सब चैतन्य की विराटता के अंग हैं। इस प्रक्रिया को 'अनुभूति कला' नामक अभिधान दे सकते हैं। इस अनुभूति-कलाभ्यास से ही जन्म लेनेवाली है कविता। वही साहित्य चेतना है, वही 'Perfected Sensibility' है। 'कविता जीवन में से जन्म लेती है' कहने का तात्पर्य भी यही है और कुछ नहीं। अन्यों की व्यथाओं को और सब व्यथाओं को अनुभव

करनेवाली इस कला को महाकवि बोदिलेर चामत्कारिक ढंग से 'आत्मा द्वारा किया जानेवाला पवित्र व्यभिचार' कहते हैं—

"This holy prostitution of the Soul" (Crowds)

रूसी कविता के लेनिन के रूप में अभिवर्णित महाकवि मायाकोवस्की इसी बात को एक स्थान पर किन शब्दों में कह रहे हैं देखिए—

"In order to understand the social demand properly, the poet must be at the centre of affairs and events." (How are verses to be made.)

वे ही उसी निबन्ध में एक और जगह पर अपनी आत्मिक दशा के संबंध में काव्य पंक्तियों को मन में संरचित करते हुए और खयालों में जुगाली लेते हुए कहते हैं—

"............I am always muttering something to myself. It is this concentration that accounts for the celebrated absent-mindedness of the poet."

इसी सत्य को और शक्तिशाली ढंग से एक स्थान पर उन्होंने इस प्रकार प्रतिपादित किया है—

"Replace the slow march of time with a change of place, fill an actual day with a century of fantasy."

सत्यान्वेषण के विचार रखनेवालों और तत्त्व की कामना करनेवालों द्वारा ध्यान दिये जानेवाले विचारों के कुछ टुकड़े हैं—

"The celebrated absent-mindedness of the poet." और उसके बाद "fill an actual day with a century of fantasy." बस।

महान् साहित्य का सत्य है— हम जिसे वस्तु कहकर पुकारते हैं उसकी साहित्य चेतना के रूप में परिवर्तित होनेवाली प्रक्रिया ही साहित्य में शीर्षस्थ प्रक्रिया है। यही शक्ति हासिल करनी चाहिए। संसार में वस्तु की कोई कमी नहीं है। 'न काव्यार्थ विरामोस्ति यदिस्यात् प्रतिभागुण:' कहकर ध्वन्यालोक भी इसी सत्य का उद्घाटन करता है। इस शक्ति को साधकर वज्रायुध के समान प्रयोग करनेवाले वाक्य में चुम्बक शक्ति रहती है। वह वाक्य लोहे के दिलों को भी अपनी ओर आकर्षित कर लेता है। लेकिन (तेलुगु) देश की वर्तमान मिट्टी के दिलों की कोई भी शक्ति, कुछ कर नहीं सकती।

इससे एक सारांश निचोड़ा जा सकता है — वस्तु स्वर्ण जैसी मूल सामग्री है। उसे आभूषण के रूप में परिवर्तित करने की कला ही शिल्प है। लेकिन मूल सामग्री, आभूषण और शिल्प तीनों के तात्पर्य स्वरूप पदार्थ एक होते हुए भी शिल्प तो शीर्ष स्थान पर ही रहता है।

साहित्य राजनीति में किराये पर रोनेवाले कुछ बालकों द्वारा सड़कों पर कुछ नारों को—ताजे नारों को—बेचते रहते हैं। ये किसी दाढ़ीवाले के शिष्य होते हैं। इसीलिए वे नारे उनकी अपनी औलाद नहीं होते। ऐसे नारों में वस्तु और शिल्प अलग नहीं रहते। एक नया नारा निकला है— वस्तु ही शिल्प है और शिल्प ही वस्तु है। शिल्पाभाव के कारण यह मरणोन्मुख कविता अकाल-पीड़ितों का रुदन मात्र है। साहित्य का सिद्धान्त नहीं। "हे कृषको! राजनीति की वर्षा हो रही है! धोखे में आकर मत बो अपने बीज!" (गुरिल्ला) कविता की कमी ही राजनीति के बुरके को चाहती है।

जैसे कहा जा चुका है, वस्तु नामक मूल पदार्थ शिल्परूपी जादुई छड़ी से कविता के रूप में परिवर्तित की जाती है। उस समय कविता में वस्तु क्या है, और कविता क्या है— इस प्रकार का विचार क्षुद्र दिखाई देता है, जैसे 'नीवी मोक्षण वेलायां वस्त्र मूल्य बिचारणम्'। किन्तु वस्तु और शिल्प दोनों को लें तो दोनों भिन्न-भिन्न विषय हैं।

इस संदर्भ में रूसी साहित्य आलोचना के पितामह लूनाषार्की के विचार को याद करना असमीचीन न होगा। मार्क्सवादी दृष्टिकोण के आधार पर रूसी साहित्य में नये सम्प्रदाय के निर्माण के लिए नींव डालनेवाले आदि ऋषियों में आप एक हैं। लेनिन के निकट मित्र हैं। उनका कथन है—

"It is especially evident in literature that the artistic content—the flow of thoughts and emotions in the form of images or connected with images—is the decisive content of the work as a whole. The content strives of itself towards a definite form."

वस्तु किस प्रकार शिल्प का रूप धारण करती है और उस समय वस्तु शिल्पधारी बनकर किस प्रकार कला अथवा कविता कहलाती है—इसी का रहस्योद्घाटन यहाँ किया गया है। उनका निश्चित अभिप्राय है कि 'लिटरेचर' (साहित्य) में 'आर्टिस्टिक कण्टेण्ट' (कलात्मकता युक्त वस्तु) शीर्ष स्थान पर रहती है। वस्तु कलात्मकता प्राप्त नहीं करती है तो वह न साहित्य होती है और न ही कविता। इसीलिए उन्होंने एक और संदर्भ में प्लेखनोव की प्रामाणिक बातों को अपने समर्थन में उदाहृत किया है। उन वाक्यों को लीजिए—

"......Literature is the art of images and every invasion of naked ideas of propaganda is always detrimental to the given work."

अर्थात् साहित्य एक शिल्प की कला है। शिल्पित न होनेवाले सामान्य नग्न विचारों

का आक्रमण अथवा प्रचार उस रचना के लिए कलात्मक दृष्टिकोण से देखें तो खतरनाक ही सिद्ध होगा। कहने का मतलब यही होगा कि वर्तमान गद्य कविता के क्षेत्र में कटे केश के समान उड़नेवाला नारा—'कहने का ढंग मुख्य नहीं, बल्कि क्या कहा जाय मुख्य है'—प्रजा पर थोपा जानेवाला राजनीतिक धोखा है। इसे सब लोगों को याद रखना होगा।

प्रसिद्ध रूसी लेखक गोर्की का कहना है—

"The art of literary creativity... call for imagination and inventiveness... if... the writer has produced what is more or less faithful photograph... that will be nothing more than a photograph without the least social or educative significance and will do almost nothing to extend our knowledge of man or life."

अर्थात् साहित्य कला को कल्पनाशीलता और शिल्पीकरणशीलता चाहिए। रचयिता अगर जैसा है वैसा ही कहता है तो वह मात्र फोटो हो जाता है। फोटो के लिए प्राप्त सामाजिक और वैज्ञानिक प्रमुखता अति अल्प ही है। मानव जीवन-विज्ञान की सीमाओं को वह किसी भी मात्रा में विस्तृत नहीं कर सकती। उन्होंने ही आगे कहा है—"Imagination is, in its essence, also a mode of thinking in terms of images."

कल्पना का मतलब है एक प्रकार से जीवन को समझाने का एक मार्ग। लेकिन यह बिम्बों, प्रतीकों और अलंकारों के रूप में परिणत करके समझने का प्रयत्न करना होता है। इसीलिए उनका तात्पर्य यही होगा कि साहित्य भी एक कला है। वह जैसा है वैसा कहने से सिद्ध नहीं होता। उसमें शिल्प शीर्ष स्थान पर रहता है।

मायाकोवस्की का निबन्ध "How are the verses to be made." पढ़ने योग्य है। इसमें उन्होंने शब्द चयन से लेकर हर वाक्य-विन्यास, संरचना, शिल्प-चातुरी, प्रयोग विशेष तक अनुक्षण और अनुशब्द पर्यन्त उनके द्वारा अनुसरित समस्त अभ्यास तंत्र का विवरण दिया है। उसे पढ़ेंगे तो समझ जायेंगे कि कविता का मतलब 'क्या कहना' नहीं है, 'कैसे कहना' है। यह 'कैसे कहना' एक असाध्य कला है। उसे छूना एक अग्नि ज्वाला को छूना ही है। उसके बाद या तो आप उसमें कूद पड़ेंगे या भाग जायेंगे। क्योंकि उस समय हाथों में रहनेवाले समस्त अस्त्र गिर जाते हैं और निरस्त्र हो जाते हैं। किन्तु आधुनिक कवि पढ़ेंगे नहीं। अज्ञान रूपी किले की प्राकारों में छिप जाते हैं। यही तेलुगु प्रान्त की प्रमुख विडम्बना है। मायाकोवस्की का एक और विचार देखिए—

"I think my own few modest examples should help to classify Poetry as one of the hardest things it is possible to attempt..."

हम चाहते हैं कि आधुनिक कवि जो कहना चाहते हैं उसे कहें, किन्तु उसे कैसे कहा गया है और उसमें कविता है या नहीं, इसका निर्णय लेना अलग बात है। अगर वह रचना कविता नहीं हो सकती है तो उसे साहित्य के क्षेत्र में कविता के रूप में प्रस्तावित नहीं किया जा सकता। अगर कहीं इस प्रकार का उल्लेख हुआ है तो उसे फाड़ फेंकने के लिए हम कह रहे हैं। आज प्रश्न है कि जो कविता नहीं है उसे कविता के क्षेत्र में लाकर किस उद्देश्य से उसे कलुषित किया जा रहा है?—आज हमारे सामने जो पेंच है वह आज लेखक जो कह रहा है उसे लेकर नहीं, असल में इस बात को लेकर है कि वह आज कविता के रूप में नहीं कह रहा है। समाजवादी साहित्य तत्त्वज्ञों में भी काव्यात्मा के संबंध में किसी भी प्रकार से लेश मात्र भी मतभेद नहीं है। यह इस 'मैनिफेस्टो' में भी स्पष्ट किया गया है। आज देश में (तेलुगु प्रान्त में) उभरनेवाला प्रश्न है कि आज यहाँ संसार के किसी भी कोने के किसी भी साहित्य सिद्धान्त को प्रामाणिक न मानकर अथवा न किसी महान् साहित्यकार को आधार बनाकर आज की अकविता— अश्लील गाली के समान अकविता, पक्की झूठ के समान लगनेवाली अकविता—कविता की छाप लगाकर उभर रही है। यही असली समस्या है—चाहे राजनीति के लिए यह समस्या हो, न हो। यहाँ हम फिर दुहराते हैं कि वस्तु को लेकर किसी प्रकार की पेंच नहीं है। अपनी इच्छा के अनुसार किसी भी वस्तु को ले सकते हैं। इस संसार में सैकड़ों की संख्या में नहीं, लाखों की संख्या में काव्य के लिए आवश्यक वस्तुएँ मिलती हैं। साहित्य के आलोचकों को इसे जानना है। असल में कविसेना इस बात की ओर कवियों से बढ़कर आलोचकों का ध्यान आकर्षित करना चाहती है। क्योंकि आज कविसेना जो स्थान लेना चाहती है उसे आलोचकों को ही लेना चाहिए था। आलोचकों को अपनी विज्ञता से, वैदुष्य से, यथार्थ वाग्मिता से साहित्य क्षेत्र को निर्दुष्ट रूप देने के प्रयत्न करने हैं। यह आलोचकों की जिम्मेदारी है। आलोचक के संबंध में लूनाषार्की कहते हैं—

"The Marxist critic is also to a significant degree a teacher. It is pointless to criticise unless the criticism produces some good, some kind of progress."

अयथार्थ और औपचारिक भाषा से भूषित आलोचना आलोचना कैसी हो सकती है। सच कहने के लिए आगे न बढ़नेवाला आलोचक उस क्षेत्र में पीछे ही रह जायेगा। इस प्रकार के वर्ग को दृष्टि में रखकर मायाकोवस्की एक स्थान पर कहते हैं—

"They heard five years after the event and made their decisions too late when the others had already done their job."

सबको यह जानना ही होगा कि आज देश (तेलुगु प्रान्त) के लिए आवश्यकता

है साहित्यिक चेतना की, न कि सामाजिक चेतना की। साहित्य को इस धरती पर नकली कवि और नकली आलोचक अनर्थ की ओर ले जा रहे हैं। माना जा रहा है कि चार पंचरत्नों (शादी के अवसर पर लिखे जानेवाले पाँच प्रशंसात्मक पद्य) को लिखना अथवा चार वाक्यों को तोड़कर भूख की कविता के रूप में रख देना ही कविता है। इसका दुष्प्रचार भी हो रहा है। इसीलिए चेचक के समान एक भ्रान्ति फैल गयी है साहित्य चेतना के संबंध में।

यह सब न जाननेवाले कविशेखर और महाकवि यह समझकर अपने आप को ढाढस दे जाते हैं कि उन्हें देखकर सब ईर्ष्या कर रहे हैं। हमेशा असली कविता की निंदा करने और जनता को धोखा देने के लिए उठाये जानेवाले अस्त्रों में एक यह प्रश्न है कि "अगर भूख मिटनी है तो पेट भरना है। क्या यह कविता से हो सकता है?" लेकिन कविसेना उनसे पलटकर पूछती है कि "वह क्या सामाजिक चेतनावाली कविता से होता है?" हमारे सामाजिक चेतना के कवि गत चालीस वर्षों से बहुत बड़ी तादाद में जन्मे हैं, भूख की कविता लिखते जा रहे हैं—रात और दिन एक कर और खाना-पानी छोड़कर! क्या भूख मिटी है? प्रजाद्रोही पालकों के पैर धोकर भजन कर रहे हैं सामाजिक चेतना के कवि। आज भी यह क्रम जारी है। हे सामाजिक-चैतन्य-सिद्धान्ती! इस स्थिति को देखकर तुम कहाँ अपना मुँह छिपा सकोगे? इन राजनीति के गुटों के आश्रय में रहने वाले गुटबन्दी कवियों और भजन एवं प्रशस्तियों की रचना करने में प्रवीणों को क्या पता कि सामाजिक चेतना का मतलब क्या है? कविसेना आज पूछ रही है। जब आँखों के सामने आदमी की हत्या हो रही है तो देखते चले जाते हैं यह मानकर कि इससे हमारा कोई संबंध नहीं है। राजनीति के कवि भी ठीक इसी सूत्र का पालन कर रहे हैं। अच्छी कविता अगर अपने गुट की कविता नहीं तो या तो उसे कविता ही नहीं मानते अथवा न समझ में आनेवाली कविता कहकर, रोमांटिक कविता कहकर, आत्माश्रयी कविता कहकर कुछ छाप दे देते हैं और उसे त्यागते हैं। कविता अगर समझ में नहीं आती है तो अपनी अज्ञानता पर उसे लज्जित होना है। अच्छी कविता लिखनेवाले कवि का कोई महत्त्व नहीं घटता। एक और बात यहाँ ध्यान देने की है। वे लोग यह भी नहीं जानते कि रोमांटिक कविता क्या है और उसके तत्त्व क्या हैं? आत्माश्रयी कविता क्या है और उसका स्वरूप क्या है? अरे भाई! वे जब मनुष्य ही नहीं बन सकते तो कवि कैसे बन सकते हैं? आज का साहित्य-क्षेत्र यह सिद्ध कर रहा है कि असल में मनुष्य बनना ही महान् दुष्कर कार्य है। गालिब कहते हैं—

'आदमी को मयस्सर नहीं इंसां होना।'

आज हम जो देख रहे हैं वह साहित्य का पतन नहीं, नैतिक मूल्यों का पतन है।

कविता क्या शब्द-शिल्प है ?

कविता रचना के संबंध में सबसे पहले एक पुरानी (तेलुगु प्रान्त की) आदत का पेट चीर परीक्षण करना आवश्यक है। इस देश में एक विश्वास अंधी परम्परा के रूप में परिव्याप्त है। इसके अनुसार माना जाता है कि कविता एक शब्द-शिल्प है। यह शब्द-शिल्प पदबन्ध पद्य-शिल्प से जन्मा है। पद्य-शिल्प अलग है, भाव-शिल्प अलग है। पद्य-शिल्प केवल शब्दों में छन्द-शिल्प द्वारा उत्खनित शाब्दिक शक्ति, अलंकारों के सहयोग से भ्रान्ति जनक रागात्मकता, तन्मात्र से परिमित किंचित् भाव सामग्री— आदि के योग से व्युत्पन्न एक सम्मोहक भौतिक प्रक्रिया है। इस प्रक्रिया के अवशेषवत् शिथिल अवस्था में व्याप्त शाब्दिक मोह के रूप में आज यह बचा है।

आरंभ से तेलुगु कविता प्रमुखतया नन्नया, श्रीनाथ और अल्लसानि नामक मूर्तित्रय की संतान सी है। ये शब्द-शक्ति सम्मोहित, छन्द-शिल्प- कल्पना-लोलुप और हमारे पूर्वज हैं। इसीलिए हमारे लिए पूज्य हैं। उस समय उनकी परिधि में व्याप्त सीमित जगत् का अनुसरण करते हुए उन्होंने कविता की। जब उन्होंने कलम उठायी थी तब ११वीं शती चल रही थी। उस समय तक संस्कृत में चाहे कितने ही काव्य-तत्त्व सिद्धान्त उभरे हों, उक्त त्रयी जब साँस ले रही थी तब भारत पर शासन करनेवाली काव्य-शैली 'रीति' (अर्थात् शब्द प्रधान मार्ग) थी। मुरारी और जयदेव तो क्षेत्र में उतरकर पैर जमाकर राज्य कर रहे थे। उनकी शैली देखिए—

"उद्दामद्युमणि द्युतिव्यतिकर प्रक्रीडदर्कोपल ज्वाला जाल
जटाल जांगल तटी वाचाल कोयष्टयः।"

"उन्मीलन्मधु गन्ध लुब्ध मधुप व्याधूत चूतांकुर क्रीडत्कोकिल
काकली कलरवैरुद्गीर्णकर्णज्वराः।"

ऐसी चली थी उनकी रचना। इसी व्यामोह ने देश (तेलुगु प्रान्त) की कवि परम्परा को ग्रस लिया था। इस व्यामोह में कविता स्पर्श के बिना अनन्त शब्द जाल के सूत्र में बँध कर चलने वाला सम्प्रदाय (तेलुगु) देश में स्थापित हो गया था। उसी संप्रदाय ने अपहास्य के पाताल में कविता को पहुँचा दिया।

आज कविता का मतलब अर्थ की वैचित्री है। शब्द वैचित्री नहीं। कविता

आज अनुभूति की कला है, अपूर्व कल्पना की चीज़ नहीं। आज कविता एक जीवन-विधान है, आजीविका का आधार नहीं। यही हमें प्रचार करना है। भाव-शिल्प की ओर लोगों को आमंत्रित करेंगे। हम प्रबोध देंगे कि सभ्य संसार में यही योग्य दिशा है। वाल्मीकि की ओर, गालिब की ओर और बोदिलेर की ओर आने का प्रबोध देंगे। भाव चमत्कार से युक्त कविता का अभ्यास करना है, न कि बटन दबाने से आटा पीसने की आवाज करनेवाली कविता सीखना। आज लोगों को जगाना है। हम घोषणा करेंगे कि इस देश में जन्म से लेकर अपनी ही भाव संस्कृति के लिए आधारभूत संस्कृत कविता सम्प्रदाय अपने ही देश की कवित्व-तत्त्व-मीमांसा और अड़ोस-पड़ोस की भाषाओं की कविता-रीतियों एवं बाह्य संसार की भाव-लहरियों को जानकर व्यवहार न करना कितनी मूर्खता है।

जिसकी काव्य-परंपरा देशी भाषाओं की साहित्य सरस्वती के लिए पुनीत स्रोतस्विनी है, जिसकी साहित्य संपत्ति देशी साहित्य के विस्तृत वाङ्मय के लिए क्रान्ति की भिक्षादायिनी है, उस संस्कृत के छन्द-शिल्प की नींव डालने के अलावा शब्दों के अन्तर्गत छिपी शक्ति-जगती को खोद निकालने के अलावा यह घोषित करना है कि कवित्व-तत्त्व विचार में तो कविता की आत्मा भाव-बन्ध में ही निहित है। वक्रोक्ति सिद्धान्त के प्रतिपादक भामह और कुन्तक अथवा उस परम्परा में आये जगन्नाथ आदि सबने यही घोषित किया है कि 'चमत्कार जनक भावना विषयार्थ प्रतिपादक शब्दत्व' ही काव्य है न कि केवल शब्द ही काव्य है। यही समस्त संसार के साहित्य शास्त्रियों ने भी प्रतिपादित किया है। मात्र तेलुगु साहित्य में उसके विपरीत चल रहा है। विशेषकर यह स्थिति वर्तमान कविता में और विषाद से युक्त है। इसीलिए कविसेना आज ऊँचे स्वर से आवाज़ दे रही है कि तेलुगु की कविता को आलंकारिकों के मानदण्डों का विधेय होना है, चाहे ये मानदण्ड किसी भी देश के क्यों न हों अथवा किसी भी काल के क्यों न हों। अपने मानदण्ड का चयन अपने आप करो और उसी का विधेय बनो—यही आज कवि के लिए चाहिए। लेकिन यह नहीं चल सकता कि कोई कहे कि मैं किसी भी मानदण्ड को लेकर नहीं चलता और अपनी इच्छा से बकवास करूँगा। हम जानते हैं कि कोई अपना मानदण्ड बना नहीं सकता। किसी एक व्यक्ति में इतनी शक्ति नहीं होगी कि वह स्वयं अपने लिए एक मानदण्ड बना ले। आज दृष्टिकोण जंगली लग रहा है। नागरिक दृष्टिकोण अवश्य शास्त्र विधेय होता है।

यह समझे बिना कविता कोई कर नहीं सकता कि कविता क्या है? गाय किसे कहते हैं समझे बिना गाय कैसे लायी जा सकती है? कुर्सी ले आओगे या घड़ा ले आओगे और कहोगे कि यही गाय है। समझोगे कि असल में यही गाय

है। क्योंकि तुम्हें पता ही नहीं है कि गाय क्या होती है। इसीलिए तुम पहले यह पहचानने का प्रयत्न करो कि कविता क्या है? इसके लिए अनेक युग-युगों से सिद्धान्त और ग्रंथ बनकर तैयार हैं। उन्हें अगर पढ़ोगे तो कविता की रूपरेखाएँ मालूम हो जाएँगी। तद्द्वारा तुम कविता को पहचान सकते हो अथवा तुम अच्छी कविता के रूप में प्रतिष्ठित कविता को पढ़ो। कुछ तो करो। लेकिन माता के गर्भ से एकदम कूदकर कलम और कागज पकड़कर कविता करने की उतावली दिखाओगे तो कैसे बनेगा? आज तुम्हारे लिए जो स्थान है वह तुम्हें अपनी कविता के कारण नहीं मिला है, जानो कि वह मात्र सामाजिक और राजनैतिक स्थितियों के कारण मिला है। तुम कवि ही नहीं, कविवेषधारी हो। तुम जैसों से परेशान होकर एक संस्कृत कवि ने पहले ही कहा था— "आबद्ध कृत्रिम सटा जटिलांस भित्ति, रारोपितो यदि पदं गजवैरिणः श्वानमत्तेभ कुंभ तट पाटन लंपटस्य, नादं करिष्यति कथं न मृगाधिपस्य" (एक कुत्ते को माया अयाल लगाकर शेर का स्थान चाहे दिलाने का प्रयत्न तो किया जा सकता है किन्तु मत्तेभ कुंभस्थल भेदन पराक्रमशाली सिंह का नाद कैसे कर सकता है वह!)।

हे भाई! अन्य भाषाओं में कविता करनेवाले तो अच्छी कविता पढ़कर अथवा विज्ञों के द्वारा कविता के लक्षणों को जानकर कविता का अभ्यास करते हैं। तुम तो यहीं, कृष्णाकावेर्योः मध्यप्रदेशे, एकदम राष्ट्रगीत के साथ अपनी कविता की युद्धयात्रा आरंभ करते हो। हम लोगों पर किंचित् भी दया नहीं है क्या? तुम हम अबोधों को अपनी कविता नामक क्रौर्य से बलिवेदी पर चढ़ाने के लिए अवतरित महानुभाव के रूप में कमर कस कर आगे बढ़ रहे हो। बस है बस! तुम्हारे अकवितारूपी यंत्रागार से उत्पन्न यह धंधा। उसे मानव प्रान्तों से दूर ले जाओ।

कोरे शब्द कविता नहीं हो सकते। यही पहला पाठ है तुम्हारे लिए। पत्थरों को उनसे बने मन्दिर का महत्त्व मालूम नहीं होता। इसी तरह शब्दों से संरचित कविता का महत्त्व उन्हें मालूम नहीं होता। शब्द ही कविता हो तो नये नये शब्द-विन्यास सृजित नहीं हो सकते। अज्ञान और अध्ययनहीनता के कारण शब्दों को ही कविता माननेवालों की परम्परा के हाथों से समय के परिवर्तन के बावजूद पंद्रहवीं और सोलहवीं शताब्दी के शब्दों को ही सामाजिक और राजनीतिक परदों के बुरक़ों में रखकर हमें दिया जा रहा है। खासकर इसे आलोचकों को समझना है। क्योंकि सर पर ताज रखकर बिठाये गये कवियों की कविता वास्तव में सोलहवीं शताब्दी के शब्दों की सरकस मात्र ही है। यह बीसवीं शताब्दी की सामग्री नहीं है। वह चाहे मार्क्स का जप करें अथवा किसी और देवता की उपासना करें, क्षुद्र देवता ही उसकी ओर आकर्षित होंगे, असली देवता उसकी ओर नहीं जायेंगे। क्योंकि

वे उसकी भक्ति और शक्ति जानते हैं। उन्हें तो हाथों से क्या तिनकों से भी छुएँगे नहीं।

चाहे वह किसी भी शताब्दी का हो, वह नौवीं शताब्दी की भाषा प्रयोग करनेवाला है। इतने मात्र से कविता नहीं उत्पन्न होती। नन्नया और पेद्दना के द्वारा प्रयुक्त शब्दावली को छन्दोबद्ध रूप में रखने अथवा वाक्यों के कमर तोड़कर निच्छन्द रूप में सजाने मात्र से कविता बन जायेगी क्या? इस विचारधारा के मूर्ख इस देश में बहु संख्या में हैं। इसी प्रकार इन मूर्खों के उस पार अतिवादी भी मिलते हैं जो सामान्य व्यावहारिक भाषा में अंग्रेजी शब्दों का बार-बार प्रयोग कर उसी को वीर आधुनिक कविता माननेवाले महाकवि नामक मूर्खशिरोमणि भी हैं। ये दोनों एक ही परिवार के हैं और इनके द्वारा सृजित वातावरण ही (तेलुगु) कविता की समाधि है। ये बन्धु इसी मीमांसा को लेकर देवता और राक्षसों के समान लड़ रहे थे कि छन्द कविता के लिए आवश्यक है कि नहीं। यह युद्ध आज रुक गया है। आज सब मिलकर 'सामाजिक चेतना' पर टूट पड़े हैं। लेकिन यहाँ समझने का एक ऐतिहासिक सत्य है कि आधुनिक (तेलुगु) कविता के क्षेत्र में हमेशा कविता को छोड़ अन्य विषयों पर ही झगड़े उठते रहे हैं, गोया वही कविता हो।

उपर्युक्त वर्गों में प्रथम वर्ग पत्थरों और टीलों पर की भाषा का ही प्रयोग करते-करते शब्दाडम्बर से झकझोरता-झकझोरता आज बुझ गया है। कुछ लोग उस बुझी परम्परा के शब्दों को ही पिरोते हुए युवक-वृद्ध-अज्ञान समाजों के साथ आधुनिक कवियों के रूप में प्रतिष्ठित होकर चल रहे हैं। विद्याधर नामक एक प्राचीन भारतीय आलंकारिक ने कहा है कि—

"रस:— तत् किंचित् कवि कर्म मर्म— न पुनर्वाग्डिंडिमाडम्बर:" कवि का लक्ष्य रस होता है। जब मात्र शब्द कविता नहीं हो सकता तब शब्द का आडम्बर कविता कैसे बनेगा। इसीलिए भट्ट लोल्लट नामक काव्यशास्त्रकार कहते हैं—

"यमकानुलोम तदितर चक्रादि भिदोति रस विरोधिन्य:
अभिमान मात्र मेतत् गड्डरिकादि प्रवाहोवा।"

वे कह रहे हैं कि यमक आदि शब्दालंकार रस विरोधी हैं। हमारे आधुनिक महाकवि सब शब्दालंकार वीराग्रेसर ही हैं। ये सब उसी घास-फूस में कविता को देखनेवाले हैं! इन सत्यों का उद्घाटन आधुनिक आलोचक क्यों नहीं करते? क्यों अपने हृदयों को चोरों को अर्पित करते हैं? "बुरे शासकों को अर्पित कर उस वेश्या वृत्ति से प्राप्त रोटी खाने से कृषक बनना बेहतर" क्यों नहीं समझते ये लोग? इस प्रकार समझनेवाले पोतन्ना का नाम तक लेने की योग्यता न रखनेवाले इस (तेलुगु) देश में क्यों रह गये? क्यों यह देश सो रहा है? कब सुबह होगी? कब हम न्याय का मुँह देखेंगे?

पुराने भाव और सठियाये राजनीतिक बदबू बिखेरनेवाले भावों को पिरोकर आधुनिक युग में महाकवि कहलाने वाले लोक वंचक शिल्पपारंगतों और साहित्यिक सियारों को ध्यान में रखकर ही लूनाषार्की कहते हैं—

"The epigonus thinks he is writing new poems while he is actually possessed by old words and thoughts...."

इन आधुनिक कवियों और उनकी संतानों को पढ़ने के बाद हमें उस पन्द्रहवीं शती अथवा सोलहवीं शती के पदबन्ध, समास और अलंकार ही चक्कर काटते मिलते हैं। वसन्त ऋतु, कोयल, मलयानिल, चाँदनी, सखी आदि ही उनकी रचनाओं में टरटराते रहते हैं कूपस्थ मण्डूकों की भाँति। आधुनिकता का अभिनय करनेवाले नाटक कीटकों ने शब्दों की उस सूची को छोड़कर अन्य सूची पकड़ ली है। बस यही अन्तर है। वे लोग कोयल, मन्दमारुत, कहते हैं तो ये भूख, रिक्शा, लपटें, मानव, ऊषा जैसे शब्दों को पिरोते हैं और अभिनय करते हैं। क्या सिर्फ शब्दावली कविता कहलाती है? एक ही ढाँचे में डालकर हजारों प्रतियाँ निकालने की प्रक्रिया जैसी प्रक्रिया है यह नूतन प्रक्रिया। कविता के नाम पर चलनेवाली वीर—गद्य—कविता व्यापार है यह! उस मान्यता प्राप्त सूची में स्वीकृत शब्द रचना में अगर नहीं दिखाई देते हैं तो उसे कविता के रूप में स्वीकार नहीं करते हैं। (अगर रचना छन्द में है तो वह हरगिज़ साहित्यालोचकों की परिधि में आ ही नहीं सकती, चाहे वह उत्तम जाति की कविता ही क्यों न हो! उसकी गति परमात्मा ही जाने!) इसी धंधे को देखकर लूनाषार्की कहते हैं—

"If a person did not know how to command words but merely repeated what others said before, he was like a conductor who comes to a well rehearsed orchestra and waves his baton after the musicians have already played a particular phrase, while the listeners think he is conducting."

इसी प्रकार के चोर हैं ये व्यापारी। इन लोगों के ढाँचेवाद के संबंध में वे आगे कहते हैं— "Reproduction is not an art but only a craft."

वास्तव में यह भी नहीं है हमारी वर्तमान गद्य कविता नामक गन्दगी की नहर। क्योंकि लूनाषार्की ने उपर्युक्त वाक्य में 'Craft' शब्द के बाद एक और शब्द का प्रयोग किया है 'albeit sometimes fine." यह गंदगी की नहर प्रथम से चाहे कहीं भी मिल जाय पर द्वितीय से कभी मेल नहीं खा सकती। इसी ढाँचेवादी कविता के दुर्भाग्य पर लेनिन ने कहा है—

"Literature is least of all subject to mechanical adjustment or levelling, to the rule of majority over the minority."

यही षेर्बीना भी कहती हैं—

"This thesis is a warning against a schematic, vulgarized approach, mechanical equivalization of politics and literature. It is impermissible, Lenin stressed, to automatically identify artistic creation with other forms of social activity."

यह ढाँचेवादी कविता के लिए कुठाराघात मात्र ही नहीं बल्कि राजनीतिक गुटवादी कवियों पर भी लेनिन का मारणास्त्र प्रयोग है।

रस विशिष्ट रचना को ही काव्य की मान्यता प्रदान करते हुए प्राचीन काव्यशास्त्र के आचार्य रुद्रट ने कहा है—

"तस्मात् तत्कर्त्तव्यं यत्नेन महीयसा रसैर्युक्तं उद्वेजनमेतेषां शास्त्रवदेवान्यथा हि स्यात्।"

(कवियों को महत्तर प्रयत्न से रसवद रचनाएँ ही करनी हैं। नहीं तो रसहीन रचनाएँ शास्त्रों के समान उद्वेजन करती हैं। अर्थात् आकर्षित करनेवाली रमणीयता की क्षमता उनमें नहीं रह जाती।) रूसी विदुषी षेर्बीना भी यही कहती हैं—

"Science cognizes reality in concepts, while art in images."

आगे वे प्रतिपादित करती हैं कि कविता स्पर्शरहित गद्य-प्राय-रचनाएँ जनता को आकर्षित नहीं कर सकती हैं और उसका विवरण इस प्रकार देती हैं—

"If literature is to reach millions of people, belong to them and enrich their culture, it must be artistically perfect and striking. Otherwise, the author's idea does not achieve expression. Lenin insisted that the ability to find the appropriate form is one of the most valuable qualities of the writer."

विद्यानाथ ने अपने 'प्रतापरुद्र यशोभूषणम्' में स्पष्ट किया है कि कोरा गद्य काव्यापकर्षकारण दोष है।—

"दोषः काव्यापकर्षस्य हेतुः शब्दार्थ गोचरः"

कहकर दोष-प्रकरण में शब्द, वाक्य और अर्थगत त्रिविध काव्य दोषों का उन्होंने उल्लेख किया है। किसी प्रकार की विशेषता से रहित और जैसा है वैसे ही कहने की गद्य-प्राय-रचना को उन्होंने अपने द्वारा प्रतिपादित अर्थ दोषों में 'निरलंकृति' नामक दोष के अन्तर्गत रखा है—

'अलंकारेण रहितं निरलंकारमुच्यते।'

इसका एक उदाहरण भी दिया है—

"आघ्राय सुरभेर्योनिं उन्मुखैर्दीर्घमेहनैः।
महोक्षैर्लम्बमानांडैः विश्वत् व्याकुलितं वनम्॥

इसके अर्थ की जरूरत नहीं है। इसे अश्लील नामक एक और दोष के उदाहरण के रूप में भी दिया जा सकता है। इस श्लोक के उदाहरण वाक्य कुछ इस प्रकार के हैं—'जंगल में पेड़ हैं, झरने हैं, पशु-पक्षी कलकल नाद कर रहे हैं।' इस प्रकार का वर्णन कविता नहीं हो सकता है। ये कोरे गद्य के वाक्य मात्र हैं। उपर्युक्त श्लोक को उदाहृत करते हुए विद्यानाथ ने कहा है—

"अत्र न कश्चिदलंकार: श्लाघ्य विशेषण अभावात् न स्वभावोक्ति:।"

इसकी व्याख्या करते हुए सोमपीथी ने स्पष्ट किया है—

"वर्ण्यमान वस्तु स्वभावस्तु ग्राम्य धर्मतया सहृदय श्लाघानधिरोहात् न स्वभावोक्ति बीजम्।"

सहृदय रंजक एक भी विशेषण के अभाव में यह रचना स्वभावोक्ति भी नहीं बन सकी है। यह गद्य की सूखी घास है—कोरा गद्य कविता नहीं हो सकता। इतना ही नहीं, सूखा गद्य कविता में एक दोष भी है। इसे जानने की ओर शास्त्रज्ञों ने जोर दिया है। कविसेना कहती है कि यह दोष मात्र ही नहीं, अपराध भी है। इसीलिए हर एक को इस तरह की गद्यकृति को हाथ में लेते ही सतर्क होकर देखना चाहिए कि कहीं यह 'निरलंकृति' दोष का उदाहरण मात्र तो नहीं है। तेरहवीं शती में ही विद्यानाथ ने कितनी अच्छी बात कही है। यह वर्तमान गद्य कवितारूपी सारा कूड़ा क्या उनके 'निरलंकृति' नामक काव्य दोष का ही उदाहरण बन कर नहीं रह जाता है!

इसीलिए कविसेना पुकार रही है कि हे लोग (तेलुगु प्रान्त के)! अपनी आँखें खोलो। कवि का मुखौटा ओढ़कर राजनैतिक नारों के साथ भजनपूर्वक अवसरवाद को हाथों में अस्त्र के रूप में धारण कर आज अकवि-कुकवि कविता के क्षेत्र में कदम बढ़ा रहे हैं, गद्दियों पर बैठ रहे हैं। साहित्य की आलोचना के नाम पर इन कवियों पर मोहर लगाकर मुखौटे पहनाकर उनके कूड़े पर पुस्तकें लिखनेवाले साहित्य-पुरोहितों को भी पकड़ लीजिए। उनकी शिखाएँ झड़ाइए। वे इन वर्तमान अकवि और कुकवि समूहों के संयोग-जनित हैं। इस समस्त कूड़े का ध्वंस करना है युवा पीढ़ी को। साहित्य के क्षेत्र में एक प्रलय लाना है। असली साहित्य का इतिहास फिर लिखा जाना है। आज के साहित्य का इतिहास सब साहित्य के महाचोरों की गाथाओं से युक्त है। इसकी घोषणा भी करनी है।

वर्तमान (आन्ध्र) अनपढ़ लोगों के द्वारा प्रतिपादित सिद्धान्त है— " 'कैसे कहना' मुख्य नहीं, 'क्या कहना' मुख्य है।" इस सिद्धान्त के कारण आज केवल गद्य की खोखली रचनाएँ मात्र तैयार हो रही हैं और कविता का लेबिल लगाकर मार्केट में भेजी जा रही हैं। इसकी एक परिणति है— 'जैसा है वैसा ही कहना' (यानी सपाट बयान) मानकर चलनेवाली अकविता। इस संदर्भ में षेर्बीना का कथन देखिए—

"Being true to life does not in itself ensure artistry. According to Lenin, art is a vitally important, essential form of human spiritual activity, intended to satisfy man's aesthetic requirements. Lenin wrote of the special nature of aesthetic perception, of beauty, of the satisfaction and joy works of art provide.... reducing the purpose of art to illustration of phenomena and situations, without taking into consideration the aesthetic substance of art and man's need for beauty, are extremely harmful to the development of art."

यहाँ प्रमुख रूप में ध्यान देने योग्य बातें हैं—

"aesthetic substance of art and man's need for beauty"

वक्रोक्ति सिद्धान्त के प्रतिपादक और प्रवर्तक आचार्य कुन्तक ने कहा है—

"गिरः कवीनां जीवन्ति न कथामात्र माश्रिताः।"

अर्थात् कवि के शब्द केवल कथन का आश्रय लेकर जी नहीं सकते। तो फिर कैसे जियेंगे? इसके प्रत्युत्तर में उन्होंने कहा है कि वह जब 'निरंतर रसोद्‌गार गर्भ संदर्भ निर्भराः' होते हैं तभी जी सकते हैं। सामान्य वचन कभी कविता नहीं हो सकता। कविता में रूपायित होने के लिए उसमें किसी न किसी प्रकार का विशिष्ट लक्षण होना चाहिए। जिस विशिष्ट लक्षण से काव्य भाषा साधारण व्यवहार की भाषा में भिन्न मानी जाती है, वह विशिष्ट लक्षण—रस, चमत्कार अथवा शिल्प—कोई न कोई एक उसमें होना ही चाहिए।

"न हि चमत्कार विरहितस्य कवेः कवित्वम्।"

कविकण्ठाभरण के रचयिता कहते हैं कि चमत्कार नहीं है तो कविता ही नहीं है। कविता में शिल्प की अनिवार्यता के संबंध में षेर्बीना कहती हैं—

"Form appears as one of the properties, one of the features of art itself."

आज हमें 'सपाट बयानी' सिद्धान्त जनित रोग से कविता की रक्षा करनी है। यह रोग बुरक़े बदल-बदल कर व्याप्त हो रहा है। मात्र छन्दोबद्ध रूप में कहे तो क्या "जैसा है वैसा कहना" नहीं होता? वाक्यों की कमर तोड़कर रखनेवाली गद्य कविता नामक प्रवंचना के रूप में रखे तो क्या वह सपाट बयाननुमा नहीं होगा? आज हमारे आलोचकों को हर कविता संग्रह में पहले कविता को ढूँढ़ना है। उसके बाद ही सामाजिक चेतना, अस्तित्ववाद अथवा और कोई वाद आदि को ढूँढ़ना है। आज जैसा कि हो रहा है, कविता हो न हो, उन कविता-बंजर भूमियों में उपर्युक्त सिद्धान्तों को ढूँढ़ना अपमार्ग में जाना ही है। क्योंकि आलोचक कविता की आलोचना कर रहा है, न कि किसी और की। इसलिए जब वह रचना कविता ही नहीं है तो उसे पहली सीढ़ी पर ही छोड़ देना है। लेकिन पता नहीं क्यों (तेलुगु का) आलोचक सामाजिक चेतनारूपी कूड़े में अपना सर घुसा रहा

है। उसका प्रथम लक्ष्य यह होना चाहिए कि रचना में कविता है कि नहीं, खोजना। वही कविता के क्षेत्र में रचना के लिए प्रवेश की टिकट साबित होगा। आज कवितारूपी डिब्बे में सभी बिना टिकट के यात्री हैं। एक और विशेषता यह देखी जा सकती है कि वे सब प्रथम श्रेणी के डिब्बे में ही बैठे हैं। उन्हें पकड़कर मैजिस्ट्रेट के सामने खड़ा करो। उसको छोड़कर नपुंसक शब्दों से गूँगे वाक्यों से झुक-झुक कर गुलामी मुद्रा में क्यों लिख रहे हो? सच बताने से उसे रोष पूर्ण भाषा कहेंगे। क्या इसीलिए तुम कतरा रहे हो? तब वह आलोचना कैसे बनेगी? देखिए लूनाषार्की क्या कह रहे हैं शिल्प की आवश्यकता के बारे में—

"It is impossible... to ignore the specialized task of the analysis of literary forms and the Marxist critic must not turn a blind eye to this."

इससे स्पष्ट होता है कि समस्त साहित्यवेत्ताओं के कहने का सारांश एक ही है।

जयदेव ने अपने काव्यशास्त्रीय ग्रंथ चन्द्रालोक में कितनी सुन्दर बात कही है—

"अंगीकरोति य: काव्यं शब्दार्थावनलंकृती असौनमन्यते कस्मादनुष्णमनलंकृती।"

अर्थात् काव्य को अलंकृति (अर्थात् चमत्कार, ध्वनि, वक्रोक्ति आदि में से कोई न कोई विशिष्ट लक्षण) के बिना मात्र शब्दार्थ के रूप में परिगणित करनेवाला क्यों उष्णता के बिना अग्नि के अस्तित्व को स्वीकार नहीं करता? वाक्यों में छिपी इसी ऊष्मा के संबंध में मायाकोवस्की कहता है— "Poetry is initially tendentious." कवियों (तेलुगु) को और आलोचकों को इससे ज्यादा कहने की बात और नहीं है।

अरे भाई! कविता कैसी होनी चाहिए? जयदेव के द्वारा प्रतिपादित उष्णता उसमें होनी चाहिए। एक मारणास्त्र सी होनी चाहिए। ऐसी डरावनी होनी चाहिए कि लोग उसे देखकर समझें कि छूते ही हम मर जायेंगे। पाठक को पढ़कर मरना है। उसे नया जन्म मिलना है। यही परमार्थ है। पुस्तक पढ़ने के बाद भी पुराना पाठक ही वह रहा जाता है तो उसे पुस्तक को आग में फेंक देना है। तत्क्षण मरण और पुनर्जन्म को न दे सकनेवाली रचना रचना ही नहीं है—तारीखों को सूचित करनेवाला कैलेंडर मात्र है! समय काटने के लिए कही जानेवाली तिलस्मी कहानी है।

लगभग चालीस वर्ष पर्यन्त (तेलुगु) कवि और आलोचक 'वस्तु' के संबंध में चर्चाएँ करते रहे हैं और किसी विषय के बारे में उन्होंने सोचा ही नहीं। सामाजिक चेतना की कविता, आत्माश्रयी कविता, रोमांटिसिज्म, मार्क्सवाद, अस्तित्ववाद आदि के लेबिल लगाकर कविता की खिचड़ी पकाते रहे। इसी से उनका अच्छा व्यापार चलता रहा है। अगर यह कहा जाय कि 'वस्तु' को लेकर ही चालीस वर्ष पर्यन्त इन लोगों ने चर्चाएँ कीं तो सारी दुनिया हँसेगी। अगर अक्लमंद हैं तो चार घण्टे

काफी है इस चर्चा के लिए, नहीं तो चार साल सही। हमारे लोगों ने यह घोषित किया है कि हमारे पास दिमाग नहीं है, कीचड़ है। ये चालीस साल से यही घोषित करते आ रहे हैं। अब भी यही चर्चा है! क्या यह साहित्य की चर्चा-वेदिका है अथवा रेलवे प्लेटफार्म! न आदि और न अन्त! मात्र अर्थहीन ध्वनि उत्पादन! एक जाति चालीस वर्ष तक एक ही विषय पर चर्चा करती रही—क्या यह बात उसकी अक्लमंदी के लिए अप्रतिष्ठाकारक नहीं है? क्यों यह नहीं सोचते? बस है 'वस्तु' पर आज चर्चाएँ। आज हम चिल्ला रहे हैं कि तुम किसी पर भी लिखो किन्तु कविता लिखो। हम चाहते हैं कि कम से कम अब भी सही, चालीस वर्ष बाद, वर्तमान विषयुक्त साहित्य से दूर रहनेवाले अन्य वर्ग जो हैं, वे ही सही, ठीक मार्ग पर चलकर वस्तु पर चर्चाएँ बन्दकर असली कविता की ओर दृष्टि डालें। 'क्या कहना है' नारे को छोड़कर 'कैसे कहना है' की ओर मुड़ें और उसी पर चर्चाएँ करें।

हे युवको! जागो! इस आधुनिक धंधारूपी गद्य-कविता-शरीर पर अपनी मेधारूपी चाबुक से मारो! उठो! वे अपने ही राग अलाप रहे हैं, प्रयुक्त शब्दों का ही प्रयोग कर रहे हैं। उनके कदमों में कदम मिलाकर तुम क्यों चलोगे? उनके बूढ़े शब्दों को ही क्यों अपनाओगे? लूनाषार्की के अनुसार वे तो—

"Imitators... continuing the process of world's growing decrepitude, repurgating... Songs that have been already sung."

उनके "Lyricism... all this musical chirping... all saccharine melodies.... and the desire to adorn life with artificial flowers."

पर थूक दे। आगे बढ़कर और नये ल़ोकों को ढूँढ़ और नयी आवाजें दो। गाओ लूनाषार्की द्वारा सूचित "New rhyme, not one that makes you older than you are......"

□

कविता एक आत्म कला है

(क) अनुभूति से इन्द्रियवाद की ओर....

असली कवि शब्दों की कोमलता, पौरुष, प्रवृत्ति आदि कर्णेन्द्रिय ऐन्द्रजालिक मर्मों को समझ ही लेता है। किन्तु वे कवि की रचना के लिए उपकरण मात्र हैं। इस तात्त्विक बात को समझकर वह मर्मज्ञ बन जाता है। तलवार का महत्त्व तलवार में ही है यह समझनेवाली मूर्खता को पार कर उसके महत्त्व को उसको चलानेवाले बाहु में देखने की ओर वह बढ़ता है। शब्द अपने आप में कोई अस्तित्व नहीं रखते। कवि उनमें प्राण फूँक देता है। उसी प्राण शक्ति से वे जीते हैं, फिरते हैं, बोलते हैं, झगड़ते हैं और उनको जो काम दिया गया है उसे समर्थता से निभाते हैं, नहीं तो वे निर्जीव पदार्थ ही के रूप में रह जाते हैं। इस रहस्य का बोध सच्चा कवि पाता है। जब यह बोध होता है, तभी उसे उसके शब्दों को एक दूसरे के शरीर में प्रवेश करने की तांत्रिक विद्या परकाय प्रवेश करने की कला का साक्षात्कार होता है। यही कविता का रहस्य है। इसी रहस्य का आकलन संस्कृत के महाकवि भवभूति ने पहले कर लिया था। इसीलिए उन्होंने कहा है कि कविता आत्मकला है—

"वन्दे महि च वाणीं तां अमृतां आत्मनः कलाम्।"

जो कविता करना चाहता है उसे आत्मकला का अभ्यास करना है। यही मार्क्स द्वारा प्रतिपादित "Spiritual Individuality" को प्राप्त करने का आत्मकलाभ्यास है— "My property is the form which is my spiritual individuality."

अनुभूतिमूलक आत्मकलाभ्यास के संदर्भों में से ही कविता की पंक्तियाँ उभरती हैं। एक बार मायाकोवस्की रेल में यात्रा कर रहे थे। एक लड़की उस डिब्बे में अकेली बैठी थी। उसके सामने अपनी ईमानदारी को निरूपित करने के भावावेग में उन्होंने एक वाक्य कह दिया— "I am not a man but a cloud in pants." (मैं पुरुष नहीं हूँ एक पतलून में बादल हूँ।) बाद में उन्होंने समझा कि यह वाक्य कविता में उपयोग करने के लिए बहुत अच्छा है। इसी तरह जीवन के संदर्भों में से एकत्रित पंक्तियाँ ही असली कविता में रूपायित होती हैं। (यही शेषेन्द्र की पद्धति है।)

कागज और कलम लेकर पुलिस की बनायी केसों के समान रची जानेवाली

रचनाएँ कविताएँ नहीं बन सकीं। रामायण की नांदी 'मा निषाद...' को वाल्मीकि ने जीवन से ही ग्रहण किया है। यह श्लोक शोकातुर वाल्मीकि के मुँह से अनायास ही निकल गया था। उसके बाद जो कुछ घटा है उसे जानकर स्वयं वाल्मीकि ही आश्चर्यचकित हो गये। मायाकोवस्की के समान ही उन्होंने कहा—

"शोकार्तेनास्य शकुनेः किमिदं व्याहृतम् मया...।"

"जब तुम चलो ज़मीं चले, आसमान चले, जब मैं चलूँ तो साया भी न मेरा साथ दे।" यह भी 'माया' के वाक्य जैसा ही है। मोहावेश पूरित देवता होकर कवि जलील ने किन्हीं कोमल चरणों पर गिरकर ये बातें कही होंगी? इकबाल ने कहा है—

"सितारों से आगे जहाँ और भी है, अभी इश्क के इन्तेहां और भी है।"

इसे मेज के सामने बैठकर लिखा गया माननेवाला और कहीं नहीं रहते एक तेलुगु प्रान्त के अलावा। दुनिया समझती है कि यह जीवन की दावाग्नि ज्वालाओं में घुसे मानव के मुँह से निकले सत्य की स्रोत है। मुगल वंश के अन्तिम सम्राट बहादुरशाह जफर ने अपने सर्वस्व को खोकर जब तूफान के पंजे में उखड़े बगीचे के समान रह गये थे, तब कहा था—

"उम्र-ए-दराज माँगकर लाये थे चार दिन,
दो आरजू में कट गये दो इंतजार में।"

क्या यह वाक्य जीवन के द्वारा प्रसाद के रूप में दिया गया चमत्कार नहीं है? अनुभूति कला द्वारा प्रदत्त वक्रोक्ति नहीं है?

"हजारों ख्वाईशें ऐसी के हर ख्वाईशें पे दम निकले,
बहोत निकले मेरे अरमान, लेकिन फिर भी कम निकले।"

— सुख-दुःखों के तरंगों पर तैरते जब पंख थक गये थे तब पीछे मुड़कर देखने के बाद ग़ालिब ने यह कहा था। "अय दोस्त! इस प्रकार के व़ाक्य हमारे नन्हें महाकवि, उनके परदादे दाढ़ीवाले कवि, पोपले मुँह के गद्य कवि और वर्तमान कवि नामक भजन कीर्तन परायण सियार कवि सब मिलकर सिरपुर कागज मिल के यंत्रों में सिर रखकर मचलने पर भी क्या बना सकते हैं? तुम्हारी असमय और अकारण कीर्ति की खुजली, तुम्हारी चपाती के समान छाती, खोखले क्रान्ति की लकड़ी की बंदूक, तुम्हारे टूटे शब्दों का आडम्बर, तुम्हारी सर्वज्ञता ज्ञापक वेषभूषा—इन सबके साथ तुम खतम हो जाओ। हमारी बातें सुनो! फिर असली मानव के रूप में जन्म ले लो। तभी तुम्हारे लिए कविता का स्वर्णयुग मिलेगा।"

जीवन वृक्ष की शाखाओं में फलकर पककर गिरते समय एक क्षण मात्र में ग़ालिब द्वारा प्रतिपादित सत्य को देखो। तुम्हें मालूम होगा कि मात्र सत्य को ही कविता बनने का हक है। अभूत कल्पनाएँ, कृत्रिम वाक्य निर्माण रूपी प्रवंचना-शिल्प

आदि किस प्रकार कविता उत्पन्न कर सकते हैं।

"पहले आती थी हाले दिल पर हँसी, अब किसी बात पर
नहीं आती, मौत का एक दिन मोइयन है,
नींद क्यूँ रात भर नहीं आती।"

निरर्थक प्रवाहित हो चली अपनी जीवन धारा को समझने के बाद विरक्त भर्तृहरि ने क्या कहा था—

"न ध्यातं पदमीश्वरस्य विधिवत् संसार विच्छित्तये।
स्वर्गद्वार कवाट पाटन पटुर्धर्मोपि नोपार्जितः॥
नारी पीन पयोधरोरु युगलं स्वप्नेपि नालिंगितम्।
मातुः केवलमेव यौवन वनच्छेदे कुठारा वयम्॥

अर्थात् मोक्ष के लिए, धर्म के लिए, कम से कम काम के लिए प्रयत्न किये बिना ही जीवन व्यर्थ बीत गया। अन्ततः ऐसा लग रहा है कि हम माता के यौवन रूपी सौंदर्य वन को काटने के लिए कुठारवत जन्मे हैं। जीवन के पच्चीस वर्षों का अमूल्य अंश एक सेकेण्ड में राजनीतिक राक्षसों द्वारा भस्मीभूत किये जानेवाले उस दिन पर, जब और किसी को उसके बारे में कुछ भी महसूस न होता न दिखाई देगा, तब सोचिए कि शेषेन्द्र के ये आप्त वाक्य उनकी अनुभूति के बिन्दु नहीं क्या? क्या उनकी आँखों से बहे अश्रु नहीं? गुरिल्ला के उन वाक्यों को देखिए—

"एय किसानो, तुम्हें मालूम नहीं, तुम क्या कर रहे हो राजनीतिक बरखा बरस
रही है मत बो धोखे में आकर अपने बीज।"

और देखिए—

"हे यार! आज हम सब नदी में डूबे हुए होंगे
किन्तु कल वह दिन भी आएगा जब नदी ही समुद्र में डूब जाएगी।"

जब यह कविता २७-६-१९७७ में हैदराबाद के हिन्दी कवि सम्मेलन में सुनायी गयी थी तब एकदम असंख्य आवाजों ने कह दिया था कि "यह हो ही गया है न?" 'वाचमर्थोनुधावति' — भवभूति के इन शब्दों में कितनी सत्य-वाग्मिता है! सत्य उठता है अनुभूति की ज्वालाओं में से ही।

कवि के लिए अनुभूति सर्वेन्द्रियों से लूटी जानेवाली वस्तु है। मार्क्स कहते हैं— "Man asserts himself in the material world not only by means of thought but also through all his senses."

बुद्धि के आधार पर भौतिक जगत को आकलन करने की पद्धति वैज्ञानिक की पद्धति है। वह तो मात्र तर्कोपजीवी है। कवि तो सर्वेन्द्रियों से आकलन करने की पद्धति पर चलता है। षेर्बीना साहित्यपरक विवरण देती हुई कहती है— "In Lenin's opinion Man's emotional self-assertion plays an important role in his aesthetical assimilation of the world."

उसके बाद कहती है— "Art embodies all the facets of man's spiritual life in their natural interpretation."

अनुभूति इन्द्रियों द्वारा समुपार्जित ज्ञान है। अर्थात् अनुभूति ज्ञान का एक प्रकार से रूपांतर है। तर्क के द्वारा अर्जित ज्ञान भी ज्ञान ही है। लेकिन इन्द्रियों द्वारा अर्जित ज्ञान ही कविता का आधार है। सर्वेन्द्रियों से कवि-जगत् को लूट कर जो ज्ञान का अर्जन करता है वह बहुवर्ण माया शँबलित है, शाक्त है, सम्मोहक है, सर्वेन्द्रियेभ्य: पानीयम् है और सर्व सुलभ है। हेतुवाद के द्वारा प्रदत्त ज्ञान पाक्षिक होता है। अनाकर्षक, नीरस और अवगाहन के लिए कठिन है। इसी बात को १५वीं शती के जयदेव ने इस प्रकार स्पष्ट किया है—

"न ब्रह्म विद्या न चराज्यलक्ष्मीस्तंथा यथेयं कविता कवीनाम्।"

अर्थात् कवियों की कविता की समता न मात्र ज्ञानमूलक ब्रह्मविद्या कर सकती है और न ही राज्याधिकार। हेतुवादी मार्ग से इन्द्रियवादी मार्ग बहुत ही कष्टप्रद है। ज्ञान देनेवाला हेतुवाद का प्रयोग कुर्सी पर बैठकर किया जा सकता है। लेकिन कविता को देनेवाला इन्द्रियवाद जीवन में डूबने से ही सिद्ध होनेवाली वस्तु है। इसीलिए यह दुर्गम मार्ग युक्त एक व्यवहार है। इन्द्रियवाद में मनुष्य समग्र रूप से, अर्थात् इन्द्रियों के साथ-साथ उसमें अन्तर्लीन अपनी चेतना, सुप्त चेतना, वासनाएँ, संस्कार आदि समस्त प्राकृतिक रहस्यमय शक्तियों का समाहार रूप में व्यक्त आदमी जीवन में डूब जाता है। ये सारी शक्तियाँ कवि द्वारा की जानेवाली अनुभूतिरूपी आक्रमण में कवि से मिलकर जीवन को लूटती हैं। इसीलिए षेर्बीना कहती है—

"The process of aesthetically exploring the world... is an extremely complex one and far from being confined to ideological selection, evaluation and rational perception, it involves intuition, imagination, emotions and subconscious impulses."

इस प्रक्रिया में कोई गुजरता है तो समझना चाहिए कि वह अग्निज्वालाओं से गुजर रहा है। फिर क्या भस्म नहीं होगा वह? वह भस्मोद्धरण ही कविता नहीं है क्या? कवि का भस्म होकर कविता को देने के संबंध में फ्रांसीसी कवि रेम्बो कहते हैं कि यह आविर्भाव लकड़ी को आरे का शिकार बनकर गानेवाले फिडेल में परिवर्तित होने के समान है।

इस संदर्भ में राजनीतिक दबावों और स्वप्रयोजनों की लब्धि में होनेवाली अड़चनों से डरकर सामने खड़े होने में असमर्थ (तेलुगु) साहित्यिक आलोचकों को ध्यान देने लायक एक मुख्य बात है। सोशलिस्ट साहित्य में आधुनिक युग के सृजनात्मक प्रक्रिया-शास्त्रवेत्ता सुप्त चेतना (Subconscious) को, वासनाओं को, संस्कारों को और अन्य स्वाभाविक जैविक द्रव्यों को प्रथम स्थान और शीर्ष स्थान दे रहे हैं। लेनिन, लूनाषार्की, गोर्की, प्लेखनोव, षेर्बीना आदि साहित्य तत्त्ववेत्ता और दार्शनिकों के ग्रंथों का अनुशीलन हमारे कवियों और आलोचकों को करने की बहुत ही आवश्यकता

है। विशेषकर षेर्बीना कहती है— "Lenin stresses the need to explore all these many facets of man's spiritual nature, not just in the sphere of consciousness, but also the subconscious, instincts habits."

इस तरह उन्होंने महाद्रष्टा लेनिन के मत का विवरण देकर बाद में उसे व्याख्यायित किया है। इसमें उन्होंने आधुनिक सोशलिस्ट साहित्य की आलोचना में निहित असमग्रता भी दिखाई है— "Among the general problems and notions that call for a more comprehensive scientific investigation, attention must be given, along side with social and individual psychology to the problem of the subconscious which has not yet found its true place in our methodological pattern, a place that would fully correspond to its role in the creative process and in the content of art."

सुप्त चेतना की कलात्मकता की समग्रता के लिए अनिवार्यता पर जोर देकर वे कहती हैं— "If the subconscious is disregarded the image produced will be one-dimentional and incomplete and the stimuli of his actions and passions both schematic and contrived."

अर्थात् सुप्त चेतना की भूमिका को कलात्मक प्रक्रिया के संदर्भ में गर्हित कर बहिष्कार करेंगे तो वह कलासृष्टि, चाहे कविता हो या काव्य, केवल कल्पना बनकर असहज और कृत्रिम दिखाई देती है। कहने का मतलब है कि वह निसर्ग मनोज्ञता रहित हो अनाकर्षक रह जाती है। सोशलिस्ट साहित्यालोचना में आधुनिक धारा ऐसी बह रही है तो आज (तेलुगु में) चित्त शुद्धि रहित वीर विप्लववादी वेषधारी 'सुप्त चेतना' की निंदा करते हुए क्रान्ति की मुद्रा लेकर अभिनय कर रहे हैं। सोशलिस्ट साहित्य आलोचना के पितामह ने इस प्रकार की आलोचना का तिरस्कार उसी समय किया था—

"The enlighteners of the eighteenth century were, as is well-known, intelectuals par-excellence, people for whom the rational approach remained supreme, people who are quite unable to appreciate the instinctive and the subconscious."

इसमें अन्तिम अंश ध्यान देने योग्य है। फिर वैयक्तिक राग-द्वेष प्रेरित आलोचकों को लेकर उन्होंने जो बात कही है, उसे देखिए—

"The critic who uses such a method to settle his personal accounts or deliberately slander some one, is a villain."

बुरी आलोचना के संदर्भ में यह कितना प्रकाश डालती है।

इस समस्त चर्चा का यह निष्कर्ष है कि कवि के लिए इन्द्रियवाद आवश्यक है न कि हेतुवाद।

आत्मकलात्मक अभ्यास के लिए गुरु हैं इन्द्रियाँ। इन्द्रियों के द्वारा सिखाये जानेवाले सुख-दुःखरूपी वेदनामय जीवनानुभूतियाँ ही सबक हैं। अग्निवलय के समान व्याप्त सायं संध्या में से उभरनेवाली चन्द्ररेखा तुल्य हैं उस सबक की ज्वालाओं में से उभरे कविता के वाक्य। ऐसे वाक्य सब घरों में घुसते हैं और सब जिह्वाओं पर नाचते हैं। एक वातावरण सृजित करते हैं। यही वातावरण इतिहास बनता है। इतिहास ही सम्प्रदाय बनता है। संप्रदाय बताता है कि जीवन विधान क्या है। ऐसे ही सम्प्रदाय के संदर्भ में कविता का मार्ग सुगम होता है। ऐसे वातावरण में लिखनेवाले कवि की अवगति और अवनति नहीं होगी। क्योंकि उसके लिए सत् कविता संप्रदाय की नींव है, पाठक गण है और श्रोता वर्ग है। कही गयी कविता उन पर प्रसरित होकर सफल बनती है। अन्य वर्गों के श्रोताओं के सामने कही गयी कविता और रेगिस्तान की वर्षा एक समान है। क्योंकि वह कहता है कि कविता समझ में नहीं आ रही है। जब समझ में नहीं आती है तो उसके ऊपर यह कहता फिरता है कि वह कविता ही नहीं है। (गोया समझ में आनेवाली सब कुछ कविता ही है)। इसीलिए कवि को जब (तेलुगु) भाषा सजीव समाधि बनी मिल रही है तो उसे एक ओर कविता लिखनी है और दूसरी ओर उसके लिए श्रोता समूह को भी तैयार करना है। अगर श्रोता एक ही हो कवि उससे कह सकता है कि मेरी ही असली कविता है। और वह पुचकारकर मनवा भी लेता है। लेकिन स्थिति उल्टी है। यह प्रजा समूहों की समस्या है। इसीलिए कविता वैयक्तिक धरातल पर सधनेवाली वस्तु होने पर भी उसके लिए 'आडियन्स' (श्रोता और पाठक) एक आन्दोलन द्वारा ही संभव है। इसीलिए आज देश को कविसेना की आवश्यकता है।

(ख) इन्द्रियवाद से आत्मकला की ओर......

आत्मकलाभ्यास अनुभूति कला के रूप में अभ्यास करने पर ही हासिल होता है। जीवन में अनुभव करना अलग है और अनुभूति कला के रूप में अभ्यास करना अलग है। अनुभूति का अभ्यास करने का मतलब है सचेतन रूप में बुद्धिपूर्वक संकल्प सहित जीवन का आचमन करना। एक बेवकूफ सा एक दम डूबकर शव रूप में ऊपर आना नहीं है। कला कवि के लिए जीवन का एक खेल है। वह तटस्थ होकर सोचनेवाला मात्र बन बैठेगा नहीं। सर्वेन्द्रियों के साथ मानव महार्णव में कूद पड़ता है, बाहर आता है, गहराइयों में घुसता है और तरंगों पर तैरता है। अनुभूति को कला के रूप में अभ्यसित करने की दशा में किसी एक बहिर्जगत् से बाधित होता है। लेकिन मूर्ख के समान न रह कर पीड़ा को सचेतन रूप से अनुभव करता है। इसीलिए वह बीतने वाली व्यथाओं और पीड़ाओं को निमंत्रित करता है। व्यथाएँ उसके लिए घर आये ऋषि हैं। वह कह देता है—

"तुम्हें ढूँढ़ते ढूँढ़ते तुम्हारे ही घर आये ऋषि हैं।"

व्यथा अन्तर्मुखता सिखाती है। तभी समस्त संसार को वह अपने में देख सकता है। अर्थात् जगत् कवि की आत्मा में घुल जाता है अथवा कवि जगत् में विलीन हो जाता है। इस प्रकार घटित होनेवाले बाह्याभ्यंतर यात्रा रूपी कलाभ्यास में वह सुख-दुःख का अन्तर खो देता है। यही प्रक्रिया आत्मकला कहलाती है। अणु विच्छेदन से अपार शक्ति का विमोचन जिस प्रकार होता है उसी प्रकार इस प्रक्रिया द्वारा आत्मा में निक्षिप्त चैतन्य महासागर सीमाएँ तोड़कर उमड़ पड़ता है। यही चैतन्य सागर का जागरण ही आत्मकलाभ्यास की उपलब्धि है। चैतन्य जागृति से मनुष्य समूल परिवर्तित हो जाता है, एक नव्यावेश से तर हो उठता है। सब कुछ नया दीखता है। एक विशिष्ट दृष्टि-विशेष का आविर्भाव होता है। उस दृष्टि-विशेष का शब्दान्तरीकरण ही कविता होती है। शब्दान्तरीकृत दृष्टि-विशेष के द्वारा दिये जानेवाले चित्र और उक्तियाँ हमें विचित्र लगती हैं, विस्मयजनक होती हैं। तद्द्वारा एक आह्लाद विशेष हमें मिलता है। इस प्रक्रिया में शब्द को प्राप्त वैचित्रि का जो स्पर्श होता है वही कविता का प्राण है। इसे ही मायाकोवस्की चैतन्य-महासागर के गर्जन से आत्मीय शब्दों का चयन कहते हैं— "To shape and plan the rhythm, the basis of all poetry, which runs through it in the form of a subdued roar. Gradually you begin to extract individual words from the roar."

आत्मकला को आत्मसात कर लेनेवाली दशा को ईशावास्योपनिषद् ने वर्णित किया है। औपनिषदिक बौद्धिक विचारधारा ने ही युग-युगों से प्रचलित होकर भारतीय काव्य-तत्त्व मीमांसा को प्रकाशपुंज प्रदान किया है। ईशावास्योपनिषद् का कथन है—

"यस्तु सर्वाणि भूतानि आत्मन्येनुपश्यति सर्वभूतेषुचात्मानं, ततो न विजुगुप्सते।"

अर्थात् जो सर्व चराचर जगत् के वस्तु समुदाय को अपनी आत्मा में देख लेता है और उसी प्रकार से अपने को जो सर्व चराचर जगत् के वस्तु समुदाय में देख सकता है उसके लिए न भेद है और न खेद ही। यह स्थिति कविताभ्यास के लिए आवश्यक घोषित करती है कविसेना।

उपनिषद् में भाषा और अभिव्यक्ति की पद्धति किंचित् भिन्न हो सकती है। लेकिन सत्य तो आज मार्क्स, बोदिलेर, रेम्बो और उनसे पहले भरत आदि द्वारा प्रतिपादित है! क्या संस्कृत भाषा कर्ण कठोर लगती है? क्या वह एक भाषा ही तो नहीं है? सत्य देश, काल आदि की सीमाओं के लिए अतीत महावस्तु है। यह ज्ञान तुम्हें मिलना है। देखो! षेर्बीना लेनिन के सत्य मार्ग का विवरण देती हुई क्या कह रही है—

"Lenin was against attempts of pseudo-innovators in art to reject what was truly beautiful— for the sole reason that it was old."

इसी सन्दर्भ में कालिदास ने भी कहा है—

"पुराणमित्येव न साधु सर्वं न चापि सर्वं नवमित्यवद्यम्।
सन्तः परीक्ष्य अन्यतरत् भजन्ते, मूढः परप्रत्ययनेयबुद्धिः ॥"

इसमें अन्तिम दो बातें प्रस्तुत संदर्भ के लिए उल्लेखनीय हैं। बुद्धिमान् लोग परीक्षा करके सत्य को ग्रहण करते हैं। मूढ़ अन्यों का अनुसरण करते हैं। भाई! तुम भेड़ों के समूह में मत शामिल हो। तुम्हारे श्रेय को चाहने वाली कविसेना इस ओर आने का तुम्हें निमंत्रण दे रही है।

(ग) आत्मकलाभ्यास में व्युत्पन्नता

इस चर्चा में प्रमुख रूप में उल्लेखनीय मूल्यवान सूक्ष्म रहस्य एक है— अनुभूति आत्मिक चेतना को जाग्रत करती है, विकसित करती है, विस्तृत करती है, मनुष्य में परिवर्तन लाती है और उसे एक विशेष दृष्टि प्रदान करती है।

आत्मा नामक जो चैतन्य महासागर है उसके क्रिया रूप ही हैं समस्त मानवीय निर्माण। कविता उन निर्माणों में उच्चकोटि की है। इसीलिए इसके अन्तर्गत चैतन्य सागर के गर्जन को सुन पाना ही कविता की साधना है। चैतन्य सागर के रहस्य की कुंजी है अनुभूति। लेकिन कवि के लिए आवश्यक कुंजी रूपी अनुभूति, अर्थात् जैसे पहले ही कहा जा चुका है "सचेतन रूप से बुद्धि पूर्वक संकल्प सहित जीवन का आचमन करना"— यहाँ चाहिए। फिर प्रश्न यह उठता है कि यह सचेतन बुद्धिपूर्वक संकल्प सहित विशेष दशा कैसे प्राप्त होगी? यहीं पर कविसेना एक अत्यन्त प्रमुख विषय को स्पष्ट करती है— व्युत्पन्नता! अनुभूति को चैतन्य सागर के रहस्योद्घाटन के लिए समर्थ बनाने के लिए व्युत्पन्नता अनिवार्य है, नहीं तो अनुभूति साधारण अनुभूति होकर मिट्टी के ढेले के समान पड़ी रह जाती है। इसीलिए जो विद्वान् नहीं है वह कवि नहीं हो सकता। यह सिद्धान्त है। इसी चैतन्य वस्तु को बोदिलेर ने 'Perfected Sensibility' कहा है। उसे लोर्का 'Sensibility' कह कर अभिवर्णित करते हैं—

"Sensibility cultivated by reading and experience."

व्युत्पन्नता का तात्पर्य यह है कि हमारे पूर्वजों की और हमारे सहचरों की अनुभूति का प्रकाश पुंज। यह हमें मानव सभ्यता ग्रंथ रूप में और नानाविध कलात्मक प्रक्रिया समुदाय के रूप में प्रदान करती है। उस रूप की अपार अनुभूति के समुपार्जन से हमारी वैयक्तिक अनुभूति विशाल बनती है। इससे हमारी अनुभूति साधारण अनुभूति से भिन्न होकर अन्तश्चैतन्य के जागरण के लिए योग्य बनती है और समर्थ होती है। ग्रंथों को मात्र कागज़ों का ढेर समझने की निम्न दशा से सबको उबारना है। कवि के लिए ग्रंथ-पठन अनिवार्य है। कवि का अर्थ ही पण्डित कवि होना है। कवियों में तरतम भेद हो सकते हैं, न कि कवि शब्द के अर्थ में। इसलिए साहित्य के आलोचकों को अपनी आलोचना की वस्तु कविता में व्युत्पन्नता की

मात्रा का परीक्षण करना चाहिए। व्युत्पन्नता जिसमें कम है उसे जमीन पर ही स्थान देना होगा न कि किसी ऊँचे आरक्षित स्थान पर। कविसेना इसी की घोषणा करती है। लेकिन व्युत्पन्नता के अभाव में जैसे कोई कवि नहीं हो सकता, वैसे ही व्युत्पन्नता के होने मात्र से हर एक आलोचक भी नहीं हो सकता। इसमें निहित अन्तर के कारण भारी पैमाने में अन्याय हो सकते हैं— जैसे आज (तेलुगु) साहित्य के क्षेत्र में हो रहे हैं।

(घ) आत्म कला के विषय में प्राच्य, पाश्चात्य और साम्यवादी साहित्य-सिद्धान्तों का समन्वय

अनुभूति कलाभ्यास में आत्मा और जगत् एक हो जाते हैं (Subject and Object)। आत्मा में जगत् का विलीन हो जाना और तत्परिणामस्वरूप अन्तर्गत सागर-जागरण का होना और उस जागरण से दृष्टि-विशेष का आविर्भाव होना होता है। यह सिर्फ अनुभव द्वारा ही महसूस किया जा सकता है। कविता अनुभूतिमूलक है तो शास्त्र अनुभूति का पथप्रदर्शक होता है। वह अनुभूति नहीं दे सकता। अनुभूति स्वसाध्य वस्तु है। कविता इन्द्रियवाद है। इस विषय को समझने के लिए (तेलुगु) तर्क को दूर फेंककर कुछ भावुकता, कुछ अनुभूति और कुछ चिन्तन का सहारा लेना आवश्यक है। अच्छा अध्ययन बहुत ही लाभदायक होता है। वीर वामपाक्षिक राजनैतिकवाद का अभिनय विषतुल्य होगा। कहने का तात्पर्य है कि कविता का अर्थ है जगत् को आत्मसात कर लेना।

इस आत्मीकरण की प्रक्रिया को और इस आत्मकलाभ्यास की आवश्यकता को प्राच्य और पाश्चात्य साहित्य तत्त्ववेत्ताओं ने एक स्वर से स्वीकारा है। विश्व में दृश्यमान विविध आलंकारिक काव्यशास्त्र के सिद्धान्तों का तात्पर्य एक ही है। आधुनिक संसार में साहित्य के आलोचक और कवि के लिए ध्यान देने योग्य परम सत्य यही है। साहित्य में तीसरी दुनिया के रूप में उदित सोशलिस्ट साहित्य चिंतन इन सबसे भिन्न समझने की गलती किसी को नहीं करनी चाहिए। इस मैनिफेस्टो में जगह-जगह पर सोशलिस्ट साहित्य द्रष्टाओं के उदाहरणों को प्रमाणों के रूप में प्रस्तुत कर अन्य प्रमाणों से उनकी पूर्ण सहमति का उद्घाटन भी इसीलिए किया गया है।

साहित्यमर्मज्ञा षेर्बीना कहती है— "Individualization is a distinctive feature of art, part of its very nature."

वे कविता के लिए आत्मीकरण को प्रमुख अंश मानती हैं। भारतीय आलंकारिकों का रसवाद भी यही कहता है। रसगंगाधर कर्त्ता और आलंकारिक सम्राट जगन्नाथ ने उन रसवादियों की परम्परा का उल्लेख करते हुए कहा है— "अभिवनगुप्त मम्मट भट्टादि ग्रंथ स्वारस्येन, भग्नावरण चिद्विशिष्टो रत्यादिः स्थायिभावो रसः इतिस्थितम्।"

आस्वादक की भावना विरोध के कारण रंगमंच पर स्थित पात्रों की लौकिकता मिटकर एक अलौकिक स्थिति को प्राप्त हो जाती है। (इसी भावना विशेष ही को हम आत्मीकरण की प्रक्रिया कहते हैं)। इस प्रकार अलौकिकाकृति में अवतरित पात्रों से आस्वादक तन्मयता पाता है। अर्थात् जब आस्वादक मंच पर स्थित पात्रों से अपने को अलग समझता है तब जगत् की चेतना उस पर एक आवरण बनी रहती है। पात्रों का अभिनय देखते-देखते आस्वादक पर छाया वह आवरण विगलित होता है और पात्रों से एकीकृत होता है। तब उसके पूर्व संस्कारों के कारण स्वस्वरूप धर्म प्रकाशित होता है। इसी को 'विगलित वेद्यांतर मति' की स्थिति, तन्मयीभाव स्थिति अथवा तादात्म्य की स्थिति कहा गया है। जो प्रक्रिया आस्वादक, सामाजिक अथवा सहृदय में संभवित होने की बात कही गयी है, वह पहले कवि के द्वारा बहिर्जगत् को आत्मीकृत करने और तद्रूपक आत्मकला की सिद्धि पाने के कारण ही उसे कविता की सिद्धि होती है।

"भग्नावरण चिद्विशिष्ट स्थिति" कहकर जो वर्णित किया गया है उसमें जो चित् है वह चैतन्य है और वह बाह्य जीवन से लिपटा हुआ है। अर्थात् जगत् और स्वयं को भिन्न समझने की मनोदशा से यह चैतन्य आच्छादित है। वही आवरण है। इस आवरण को भग्न करने का मतलब है बाह्य जीवन में कवि का लीन हो जाना अथवा दूसरे शब्दों में कहा जाय तो कवि द्वारा बाह्य जीवन को अपने में लीन कर लेना। वाल्मीकि के शोक 'मा निषाद'.... श्लोक के रूप में जन्म लेना यही है। अत: दृश्यमान समस्त जगत् को अपना बना लेना ही यहाँ मर्म है। (इस भग्नावरण चिद्विशिष्ट स्थिति को ही चैतन्य सागर रहस्योद्घाटन कहा गया है।) पेर्बीना इसी को सोशलिस्ट साहित्य सिद्धान्त के रूप में दिखा रही है— "Whereas the basic principle of... cognition is repetition of phenomena, serving as a basis for deducing general laws and tendencies, the basic principle of art is the individualization of phenomena."

'Individualization of Phenomena' का अर्थ ही है जगत् को आत्मीकृत कर लेना— 'Phenomena' का अर्थ है जगत्। इस प्रकार आत्म-साधना की दिशा में जन्म लेनेवाला वाक् ही कविता है। यही है जीवन में से कविता के जन्म का अर्थ, कहने का तात्पर्य है। लेकिन हमारे नीम हकीमों (quacks) के अनुसार साहित्य जीवन का प्रतिबिम्ब नहीं है। यह काम कवि से बेहतर रूप में कैमरा कर देता है। फिर कवि की आवश्यकता बीच में कहाँ है। यहाँ गोर्की ने फोटोग्राफ के संबंध में जो मंतव्य दिया है उसे याद करना अच्छा होगा।

बहुमुख प्रतिभाशाली और द्रष्टा लेनिन के कथन का अनुशीलन कीजिए— "The universal exists only in the individual and through the individual. Every individual is (in one way or other) a Universal. Every universal is (a fragment or an aspect or the essence of) an individual. Every universal only approximately embraces all the individual objects. Every individual enters incompletely into the individual etc."

(V. I. Lenin, Collected Works Vol. 38, p. 361.)

इस तरह की आत्मा और जगत् के बीच के अविनाभाव संबंध को अपने में जाग्रत कर लेना और इसी प्रकार की अद्वैत स्थिति प्राप्त करना ही आत्म-कला है। यही बाह्याभ्यंतर यात्रा की कला है। इस सूत्र को षेर्बीना ने साहित्यात्मक ढंग से सुन्दर व्याख्या की है—

"The problem of the transition of general principles into aesthetic ones assumes a special relevance today in veiw of sharpened polemics over style. In the process of style formation the general extra-aesthetic is fused with the individual aesthetic."

इस तरह की आत्मीकरण प्रक्रिया को ही यहाँ शैली कहा गया है।

(ङ) आत्मकला से 'विज़न' की ओर

पहले स्पष्ट किया जा चुका है कि जो बाह्याभ्यंतर यात्रा के कलाभ्यास तंत्र में लीन हो जाता है वह सुख-दुःख विवेक खो देता है। 'बाह्याभ्यंतरश्शुचिः'— यह भारतीय दर्शन का प्रतिपादित "कमल के पत्ते पर पानीं की बूँद सा" बन जाता है। इसीलिए वह कवि के रूप में चमकता है। मिट्टी में गिरी बूँद सा वह जीवन में गिर कर नहीं समा जाता। ऐसी स्थिति में उसके आँसू सुख और दुःख दोनों के प्रतीक बनते हैं। उस समय वह अपने आत्म जलों में नहलाता है जिन जलों में जीवन के सारे विष और पीयूष घुले रहते हैं। उस कवितावेश की दशा में जो अन्तर्भग्नता है उसी के संदर्भ में मायाकोवस्की ने अपनी चेष्टाओं को ध्यान में रखकर कहा है। वे बातें कानों में गूँज उठती हैं— "I go about waving my hands and mumbling almost incoherently, slowing down so as not to disturb my mumbling or mumbling quicker in order to keep time with my feet."

इस स्थिति के लिए क्या करना होगा? यहाँ मायाकोवस्की के पूर्व उदाहृत शब्दों का ही पुनश्चरण करेंगे— "...to fill an actual day with a century of fantasy."

(एक वास्तविक दिन में एक शताब्दी की काल्पनिकता को भरना भर है।)

इस स्थिति को उन्होंने "The celebrated absent-mindedness of the poet." कहा है।

यही होता है कवि का बहिर्लक्षण जब वह जगत् से तादात्म्य प्राप्त करता है। यही कवि के लिए आवश्यक है। यह स्थिति Dream (स्वप्न) अथवा Romantic (स्वच्छन्दवादी) स्थिति मानी जाती है— साहित्य कला की दृष्टि से। यह कवि

के लिए इसलिए आवश्यक है कि इसी में से कविता के लिए गर्भस्थान सदृश दृष्टि (Vision) उभरती है। जो दृष्टि कविता को जन्म देती है उस दृष्टि की अभिव्यक्ति ही कविता है। इसीलिए कीट्स (Keats) महाकवि नें कहा है— "Only a poem can record the dream."

अफसोस है कि काव्य विरोधी वर्गों के लिए तो Dream (स्वप्न) और Romantic दोनों निषिद्ध पदार्थ हैं। किन्तु सार्वदेशिक और सार्वकालिक द्रष्टाओं और साहित्य तत्ववेत्ताओं के अनुसार ये कविता के जन्म कारक द्रव्य हैं। इन दोनों के बीच हम कहाँ मरेंगे! .....लेकिन सत्य कह देना हमारा कर्त्तव्य है। सुनो! महाद्रष्टा लेनिन ने क्या कहा है— "People must dream." सुना है कि इस बात पर आक्षेप उन्हीं दिनों किसी अकविता के मरीज ने किया है। लेनिन ऐसों के सामने झुकनेवाले कहाँ थे? उनका नाम ही Kremlin Dreamer है। उन्होंने कहा— "Yes, dreams, young man dreams. If a man has no dream to cherish, he turns into an animal."

हमारे वाल्मीकि ड्रीमर हैं और क्रौंचहन्ता यहाँ Animal है। इसीलिए कविसेना कहती है कि वे क्रौंचहंतक ही वर्तमान आन्ध्र कविता के हंतक हैं। तुम्हारे तुच्छ जीवन से और अच्छे जीवन के स्वप्न तुम्हें देखने हैं। ऐसे जीवन के स्वप्न नहीं देखोगे तो तुम्हारे लिए प्रगति का मार्ग कैसे मिलेगा? जनता को चाहिए सब रूमानी-तिलस्मी कहानियाँ और काल्पनिक जगत्। आपको उन्हें वास्तविक बनाने के लिए प्रयत्न करना है। इसी प्रयत्न का दूसरा नाम है क्रांति! इसीलिए लेनिन कहते हैं— "Dreams impel progress. And the greatest dream is socialism....Socialism will open up new and magnificent vistas for the boldest of dreams."

आत्मकला सिद्धि की दशा में कवि एक असाधारण और विशिष्ट स्थिति में रहता है। रामायण और महाभारत की अवतारिकाओं में उन महाकवियों के काव्यात्मक आवेश दशा विशेष का वर्णन किया गया है। वह इस मैनिफेस्टो में वर्णित दशा से तुल्य ही है। रामायण की रचना में प्रवृत्त होने के समय के वाल्मीकि की स्थिति को देखिए—

> "ततः पश्यति धर्मात्मा तत्सर्वं योगमास्थितः
> पुरा यत्तत्र निर्वृत्तं पाणवामलकं यथा तत्सर्वं
> तत्त्वतो दृष्ट्रवा.....।" (बालकाण्ड)

यहाँ "योगमास्थितः" और "तत्त्वतो दृष्ट्रवा" को समझना है। तत्त्व दृष्टि का ज्ञान चक्षु है। वह योग स्थिति से प्राप्त होता है। (योग का मतलब ही है जगत् से आत्मा की एकता)। इसी प्रकार व्यास द्वारा महाभारत रचना में प्रवृत्त होने से पहले प्रविष्ट विशिष्ट दशा का वर्णन संभव पर्व में किया गया है—

"पुण्ये हिमवत: पादे मध्ये गिरि गुहालये विशोध्य देहं धर्मात्मा दर्भसंस्तरमाश्रित:। शुचि: सनियमो व्यास: शान्तात्मा तपसिस्थित: भारतस्येतिहासस्य धर्मेणान्वेक्ष्यतां गतिं। प्रविश्य योगं ज्ञानेन सोपश्यत् सर्वमंतत:......।"
इस का हर शब्द समीचीनतया चर्वण योग्य है। प्रमुखत: 'ज्ञानेन सोपश्यत्' और 'अन्तत:' शब्द अधिक ध्यान देने योग्य हैं। तद्द्वारा ही ज्ञान दृष्टि का प्रसार हुआ है। इस ज्ञान दृष्टि के लिए ही योग और ध्यान हैं। इन्हीं योग और ध्यानों के पीछे ही पूर्व कथित बाह्याभ्यंतर यात्रा के कलाभ्यास के फल हैं। कविता जब जीवन का विधान होती है तब ये ध्यान और योग की स्थिति के लक्षण जीवन के दीर्घकालीन प्रधान लक्षण बन जाते हैं, न कि अल्पकालिक। ऐसी स्थिति कवि के अधीन रहती है और जब चाहे तब बुलाने पर प्राप्त हो जाती है।

उस विशिष्ट स्थिति में इन्द्रियों पर पड़ी साधारण धूल धुल जाती है। जगत् फिर एक नव्य अनुभूतियों का स्रोत बनकर शिशु के इन्द्रियों में प्रवाहित हो जाता है वैसे ही कवि के इन्द्रियों में बहने लगता है। शिशु पहली बार जगत् के वस्तु-समुदाय को देख कर जिस प्रकार आश्चर्यचकित और आनन्दविभोर हो जाता है उसी प्रकार कवि भी एक अपूर्व रसनीय दशा में पहुँचकर आश्चर्यचकित हो जाता है। इस स्थिति में कवि को प्राप्त मुख्य उपलब्धि एक अनिर्वचनीय दृष्टि विशेष है। यहीं से कविताभिव्यक्ति निकलती है। एक जापानी कवि जमीन पर से उड़कर एक डाली पर बैठी तितली को देखकर कहता है— "The fallen flower—I see returning to its branch, Oh, a butterfly."

उन्होंने देखा है एक तितली को, लेकिन महसूस किया है कि झड़ा पुष्प फिर अपनी डाली पर लौट रहा । देखने वाली है चर्म चक्षु और अनुभव करनेवाली है ज्ञान चक्षु। माल्कम् दे षजाल नामक मारिषश के फ्रेंच कवि कहते हैं—
"A flower is pure Poetry. If a man can see a flower smile to him, he is captured in the essence of poetry. But if he paints the flower smiling to him, he is in the essence of art. He is coexistent to God."
इन थोड़े शब्दों में उन्होंने आत्मकला विलास के बारे में सब कुछ कह दिया है। इन बातों पर चिन्तन कीजिए। पूर्व उद्धृत कवियों के समस्त वाक्य आत्मकलाभ्यास लब्ध विशेष दृष्टि से देखे गये मानव जीवन के दृश्य ही हैं।

फ्रेडरिक गार्षिया लोर्का कुत्सित लोक के लिए पशु बने हुए अपने संबंध में कहते हैं— "Murdered by Heaven." देखने के लिए दुस्सह इस लोक के संबंध में उन्होंने कहा है "Landscape of vomitting multitudes"। और एक जगह कहा है— "Half a planet was sand, to other half.... quick silver."

दुनिया में धोखा, प्रभुत्व, तृष्णा, माया जाल आदि को देखकर ही उन्होंने ये बातें कही हैं। स्पैनिश के राष्ट्र कवि गोनगोरा को समुद्र "Crude emerald, ever undulant, set into marble" सा लगता है। पोप्लार वृक्ष 'Green Lyre' के समान दिखाई देता है (अर्थात् उसकी डालियों में कोई पक्षी गाता रहता है।) "The furniture appears to be dreaming. The cloth materials speak a silent language like flowers."—

ये वचन चार्लेस बोदिलेर के हैं। वे ही कहते हैं— "The vast park abandons itself to the scorching eye of the Sun like youth to the domination of love."

यह सब जगत् के वस्तु समुदाय का साधारण सा दिखना नहीं है। एक और ही तरह से दृश्यमान होना है। उन्हीं आँखों को और तरह से दृश्यमान कैसे होने हैं? देखनेवाले में कुछ घटित हुआ होगा— अगर उसे लोक और ही तरह से दीखना है। वही आत्मकलाभ्यास लब्ध दृष्टि विशेष की सिद्धि है। अन्यथा वाल्मीकि को सुन्दर नारी कुच मण्डल मध्य लंबमान मुक्ताहार सुप्त हंसों की पंक्ति के रूप में कैसे दिखाई देगा—

चन्द्रांशुकिरणाभाश्च हाराः कासांचिदुत्कटाः।
हंसा इव बभुः सुप्ताः स्तनमध्येषु योषिताम्॥

इसी तरह बंदर के द्वारा फल, पुष्प और पत्रों से रहित करने पर दिखाई देनेवाला वृक्ष शरीर के वस्त्राभरणों को द्यूतक्रीड़ा में खोने के बाद नग्न खड़े द्यूत व्यसनी के समान लगता है, वाल्मीकि को—

निर्धूत पत्र शिखराः शीर्ण पुष्प फल द्रुमाः।
निक्षिप्त वस्त्राभरणाः धूर्ता इव पराजितः॥

(एक वचन लीजिए बहुत ही सुन्दर लगता है)। प्रियतमाओं के बाहु बन्धनों में प्रेमी और प्रेमियों के आलिंगनों में प्रियतमाएँ रात्रियों में फूलों के आलिंगन में सोनेवाले पक्षी जैसे लगती हैं —

निशीथ काले रमणोपगूढाः ददर्श काश्चित्।
प्रमदोपगूढाः यथा विहंगाः कुसुमोपगूढाः॥

ये सब अलंकार हैं। ये कवि इसी तरह वक्रोक्ति, ध्वनि आदि उक्ति वैचित्र्यों के प्रयोग ही करते हैं। दुनिया को देखते हैं हजारों तरह से जिन्हें हम बता नहीं सकते। और उस देखने को अनेकों प्रकारों से शाब्दिक रूप देते हैं। यह समस्त चर्चा एक ही बात व्यक्त करती है— जो कवि बनना चाहता है उसे इस दृष्टि को प्राप्त करना है। वही ध्वनि, वक्रोक्ति, रीति, अलंकारादि समस्त चमत्कारों की जन्मभूमि है।

इस दृष्टि विशेष को ही बाल्ज़ाक "Second Visions" कहते हैं। बाल्ज़ाक

को गोर्की ने Such splendid writers as Dickens and Balzac.... and Dumas.", कहकर प्रशंसित किया है। बाल्ज़ाक द्वारा उल्लेखित यह Second Vision ही ज्ञान चक्षु है। अर्थात् कवि को त्र्यंबक होना है। गोर्की ने इस दृष्टि विशेष के संबंध में कहा है— "The more varied one's experience, the greater the stature one aquires and the wider the field of the vision."

समस्त पूर्व चर्चा का सार इस एक वाक्य में समाया हुआ है। ध्यान देने की बात है कि Experience और Vision को गोर्की ने किस प्रकार यहाँ मिलाया है। इस Vision से ही कलात्मक सृजन जगता है। इसी Vision में ही, कल्पना, सुप्त चेतना, वासनाएँ, संस्कार आदि समस्त प्राकृतिक जैवी द्रव्यों की सामग्री निहित है। इसीलिए षेर्बीना कहती है— "What distinguishes an artistic vision of the World from all the other forms of knowledge is its much larger content of fantasy, imagination, intuition, conjecture, instinct and subconsciousness."

"नानृषिः कविरित्युक्तः ऋषिश्चकिल दर्शनात्"— इस भारतीय आलंकारिक सूक्ति का तात्पर्य भी यही है। इस प्रकार का दर्शन प्राप्त होने पर ही कवि चाँदनी के सौंदर्य को देखकर कह सकता है (वक्र उक्ति द्वारा)— "रात चाँदनी में नग्न हो स्नान कर रही है।"

क्या डर लग रहा है, इस 'बखेड़े' को देखकर? फिर क्या समझते हो कि कविता एक मजाक है? यह सब इसलिए कहा जा रहा है कि इससे डर जाओ। कम्युनिस्ट मैनिफेस्टो में मार्क्स लोगों के डर जाने के भय से सत्य कहने से नहीं हटे। अरे! कविता किस प्रकार गिर गयी है इन लोगों की नज़रों में (खासकर तेलुगु प्रान्त में)। कभी तुमने असली कवियों के जीवन चरित पढ़े हैं? पढ़ना है। तभी तुम्हें पता चलेगा कि अच्छी कविता लिखने के लिए उन्होंने अपने जीवन का कितना भाग नष्ट कर दिया है। बोदिलेर का जीवन चरित पढ़ो, रेम्बो का जीवन चरित पढ़ो, वाल्मीकि का जीवन चरित पढ़ो, ग़ालिब का जीवन चरित पढ़ो। पता लगता है कि कविता कैसे जन्म लेती है। बिना व्यथाओं के, बिना जीवन विधान में परिवर्तन के और कम से कम अध्ययन के बिना यों ही कविता कैसे आयेगी? कविता का मतलब सड़कों के अगल-बगल में प्रवाहित होने वाली नालियाँ समझ रखा है क्या? दुनिया अपने नगरों और गाँवों के पार भी है। लंबी दूरियों तक विस्तृत भी है। उसके बारे में समझने के लिए बहुत है। अपने गाँव का ही कूपस्थ मण्डूक के समान सब कुछ समझकर मत बैठो। तुम्हें आमंत्रित करनेवाले सागरों में कूदो, तूफानों से होड़ लगाकर मचलनेवाले गगनचुम्बी तरंगों पर यात्राएँ करो, उन पर्वतों के उस पार, उन समुद्रों के उस पार न मिलनेवाली दूरियों, क्षितिजों की ऊँचाइयों के मानदण्डों से मापो, यहाँ इन अकवियों के कबन्ध हस्तों में बन्दी बनकर मत

मरो— इसे ही सर्वस्व मानकर।

"यस्तु पर्यटते देशान् यस्तु सेवेत पण्डितान्।
तस्य विस्तारिता बुद्धिः तैलबिन्दुरिवांभसि॥"

यह मान कर मत डरो कि कविता को एक भयानक वस्तु के रूप में चित्रित किया जा रहा है। वास्तव में कविता भयानक वस्तु ही है। कुछ विचार करो कि तुम्हारे लिए इठलाते फिरने के लिए रंग-बिरंगे कपड़े बुननेवाला किस मिल की चिमनी के नीचे और किन चक्रों के दाँतों के बीच दब कर मर रहा है? कविता पढ़कर 'ठीक है' कहकर फेंकने से काम खतम नहीं होता। उसकी उत्पत्ति में निहित कठिनाइयों का आकलन करना है। हम यह नहीं कह रहे हैं कि डर कर भाग जाओ। हम यही समझा रहे हैं कि इस सब का अभ्यास करो। लेकिन तुम अपनी मनमौजी और अपनी राजनीतिक दाँव-पेंचों को सुरक्षित करते हुए सबको निसैनी बनाकर कविता लिखना चाहते हो। इतना ही नहीं महाकवि बनकर शिखर पीठ पर बैठना भी चाहते हो। समझो कि यह खुजली तुम्हारी कविता साधना के लिए बाधक है। कविता जीवन विधान को ही बदलनेवाली एक प्रक्रिया है। 'हरे राम' भजन समाज में मिलने से पता लगेगा कि मूँड़ मुँड़ाकर गेरुवा वस्त्र पहनना है। साधारण भजन समाज में मिलने के लिए इतना बनना होता है तो कविता के क्षेत्र में घुसने के लिए और कितना होना होगा? कविसेना कहती है कि जब सच्चे कवियों को तैयार होना है तो इसका मतलब यही है कि नये मनुष्यों की भीड़ तैयार होनी है। चालीस साल पहले कम्युनिस्ट कैसे रहते थे? सब कुछ छोड़कर संन्यासियों का सा जीवन व्यतीत करते थे। आज के जैसे कहाँ रहते थे? ऐसे अनेकों को सरकार ने मार दिया है। उनके जीवन उन दिनों में हमेशा ज्वालामुखी के शिखरों पर बैठे से लगते थे। यह सब इसलिए कहा जा रहा है कि अगर हमें महत्त्वपूर्ण कार्य संपन्न करने हैं तो जीवन को और ही रूप से परिवर्तित करना है। और ही मानव बनना है। मनुष्य का परिवर्तन ही कविता का जन्म स्थान है। इसीलिए अनुभूति के द्वार खोलो। समझ जाओगे कि कविता जीवन की गलियों में, सड़कों के किनारों पर, होटलों में, बस अड्डों में प्रजा-प्रवाहों में मिलेगी। वहाँ ढूँढ़ो कविता के लिए अपने तृतीय नेत्र से। अर्थात् जगत् की उपासना करो। समझो कि इस कविता नामक आत्मकला की उपासना में ऋषि कवि हैः और देवता जगत् है। बीज व्यथा है और शक्ति रस है। 'कीलक' वैचित्रि है और उसका विनियोग विश्वश्रेय है। (राजनीतिक नेता का श्रेय नहीं है।)

कवि को प्रथमतः अनुभूति का कला के रूप में अभ्यास करना है। आत्मीयकरण कला का अभ्यास करना है। उसके बाद अभिव्यक्ति को कला के रूप में अभ्यास करना है। अविच्छिन्न अभ्यास तंत्र में जब लीन होगे तो तुम्हारा समस्त जीवन

एक तपस्या बनकर काव्यतंत्रमय हो जायेगा। इसीलिए कविसेना जोर देकर कहती है कि कविता पहले एक जीवन विधान है, न कि केवल शब्द रचना व्यापार। इस महान् सत्य को कविसेना रेखांकित करती है।

वास्तव में त्रिकरण शुद्धि की रिक्तता सब अवलक्षणों का मूल कारण है। इसे दूर रखो। अपने को परिवर्तित करो। अगर तुम अपने को ही परिवर्तित नहीं कर सकते हो तो देश में परिवर्तन कैसे लाओगे? कैसी कविता करोगे? सच्चाई से रहना सीखो। कविता के लिए वही पहली सीढ़ी है। कम्युनिस्ट मैनिफेस्टो में जो बात कर्ण-प्रिय स्वर में कही गयी है उसे अपने कानों में गूँजने दो—

"The communists disdain to conceal their views and aims. They openly declare that their ends can be obtained only by the forcible overthrow of all existing social conditions. Let the ruling classes tremble at a communist revolution."

कम्युनिज्म शब्द का उच्चारण करना ही क्या ग़लत है? कुछ के लिए वह ग़लत है और कुछ के लिए वह ठीक है। लेकिन कविसेना के लिए कोई भी ग़लत नहीं है, मात्र एक चोरवाद को छोड़कर। सभी फूलों से संचित मधु का भंडार है कविसेना। सोचिए, प्रश्न कीजिए। मनुष्यों को अन्धे बनानेवाले नारों का विरोध कीजिए। अध्ययन, विचार-विमर्श और आत्मकला के अभाव में लिखनेवाले कवियों और उनके काव्य सिद्धान्तों को सशरीर होमकुण्ड में फेंक दीजिए। कविसेना में मिल जाइए।

□

काव्यकला में शब्द का योगदान

कविताएँ अनोखे चित्र और विचित्र उक्तियाँ ही होती हैं। कुछ उदाहरण लीजिए—

People are boats although on land,
while life is being roughed,
all sorts of trash from the rocks,
and sand stick to the sides of our craft.

(Mayakovsky, V. I. Lenin)

In my soul there is not a single gray hair,
No senile tenderness does it hold,
My voice thundering everywhere I go,
.....handsome twenty years old.

(Mayakovsky, Cloud in Pants.)

"निद्राबल्र पराजिता:" — वाल्मीकि।

(निद्रा के बल के हाथों पराजित।)

"नागांश्चद्रुम वैरिण:" — वाल्मीकि

(द्रुमों के शत्रु हाथी।)

"नदीं पुष्पोडुप वहाम्" — वाल्मीकि

(फूलों की नावों को वहन करती हुई नदी।)

"मत्त: प्रियतरानूनं वानरेन्द्र मही तव।
शेषेहि तां परिष्वज्य मांच न प्रतिभापसे॥"— वाल्मीकि

(राज्य के लिए युद्ध में मरे बालि के शव पर गिरकर विलाप करती हुई तारा के ये वचन हैं। बेकार की भूमि के लिए युद्ध मैदान में जाने से रोकने पर भी पत्नी की बात का तिरस्कार कर बालि गये और मारे गये। तारा ने कहा ही था कि आप मर जायेंगे। इस संदर्भ में तारा की बातों में चमत्कार देखिए— "हे नाथ! मुझसे भी आपको भूमि ही प्यारी है, प्रियतर है। अन्यथा मेरे 'हे नाथ, हे नाथ' कह कर पुकारने पर भी आप उसी को आलिंगन में लेकर सो रहे हैं। मुझे जवाब ही नहीं दे रहे हैं।)

"दशरथात्मज युग्म निरीक्षण क्षण समाकुल बुद्धिरियं दधौ।
उभय कूल समस्थित शाद्वल भ्रमगतागत खिन्न गवी दशाम्॥"

(भोज चम्पू)

(यहाँ वनवास काल में एक स्थान पर बैठे हुए राम-लक्ष्मण के समान सौंदर्य को देखकर मोहपरवशा शूर्पणखा की विरह दशा का वर्णन कर रहा है कवि— नहर के दोनों तटों पर बिछी हरी घास को देखकर गाय असमंजस में पड़ी कि वह किस तट की ओर जाये, ऐसी ही स्थिति में शूर्पणखा पड़ी थी उन दोनों भाइयों के समान सौंदर्य को देखकर।

शब के पैके सफर को रोके कोई
जानेवाले खमर को रोके कोई
सोया है थककर वो जानू पे मेरे
रोके, रोके सहर को रोके कोई॥ — जोश मलीहाबादी

(रात के बाण की यात्रा कोई रोके, जानेवाले चाँद को कोई रोके, थककर कोई मेरी जाँघ पर सो रहा है, कोई ऊषा को कोई रोके— यहाँ थककर सोनेवाले प्रिय पर प्रणयार्द्र रमणी की अनुकंपा ध्वनित होती है। एक और बात चाँद को रात का बाण कहने से रात का बीतना नायिका के हृदय को किस प्रकार सालता है, यह भी स्पष्ट होता है। बाण के आगे के लोहे के टुकड़े को अर्द्ध चन्द्र आकार का सूचित करते हुए नानाविध मनोहर ध्वनि स्फुरण कितना रम्य है?)

नावक ने तेरे सयेदने न छोड़ा जमाने में।
तड़पे हैं मुर्गे खिबूलानुमा आशियाने में॥— सौदा।

(कवि का कहना है— "तुम्हारे बाण ने इस दुनिया के किसी भी निशाने को नहीं छोड़ा। तुम्हारा बाण लगकर पश्चिमाभिमुखी मुर्गा तड़प रहा है अपने नीड़ में)— इसमें दो-तीन रमणीय अर्थ प्रतीयमान होते हैं।— तुम्हारी दृष्टि-रूपी बाण का मैं शिकार बन गया हूँ। डूबने वाला सूरज भी बाण से विद्ध होकर रक्त सिक्त अवस्था में तड़पते पश्चिम नीड़ की ओर दौड़ते मुर्गे के समान लग रहा है। एक और बात मुसलमान रोज पश्चिम दिशा की ओर मुँह करके नमाज अदा करते हैं। मैं भी प्रार्थना के लिए जब बैठा तो तेरी दृष्टि मेरे हृदय को सालती ही रही थी। अर्थात् मैं अपने मन को किसी पर न लगा पा रहा हूँ।— इस तरह रमणीयार्थ प्रतिपादन करने की शक्ति से निहित यह शब्द हैं। (सौदा ग़ालिब से भी पहले के हैं।)

एक वर्तमान उर्दू युवा कवि अलीउद्दीन नवीद कहता है— "आज यह पत्ता झड़कर फुटपाथ पर चाहे गिरा हो, लेकिन यही एक दिन डालियों के बीच में रहकर जुल्म चलाती बहनेवाली झंझावातों का तो सामना करता रहा था— जान लो।" उर्दू मूल में इसी प्रकार के सामान्य शब्दों के सहारे ही कविता वाक्य व्यक्त हुए हैं। किसी प्राचीन शब्द का प्रयोग नहीं था।

"तुम जानते हो! किसानों का आकाश वर्षाएँ ही बरसाता है, वसन्तों को नहीं।"

—गोरिल्ला

"मैं एक मुट्ठी भर धूल ही हूँ। —पर जब मैं अपनी कलम उठाता हूँ तो मुझमें उतना ही अहं होता है जितना कि लहराते हुए एक देश झंडे में। कष्टों को आँसुओं में डुबोकर बिस्कुटों सा खाता हूँ। और उद्घाटित करता हूँ कि वही जो जीवन से बलवान है रूपायित कर सकता है जो शब्द से शताब्दी तक को।"

—गोरिल्ला

"तुम्हारे शब्दों के देशों से कोयलों को निष्कासित करो, आनेवाले इतिहास के लिए अपने शब्दों को भाँज लो— उसका हृदय कितनी बंदूकों की दूरी पर है पूछताछ कर लो।

—गोरिल्ला

"गंगा पहले एक देवता थी। फिर नावों का रास्ता और
उसके बाद हमारे खेतों में बहनेवाली सिंचाई की नहर। देखो!
समय के हाथों में देवताओं के रूप भी बदल जाते हैं—
हे दोस्त! आज हम सब नदी में चाहे डूब जायँ, लेकिन
कल नदी को भी समुद्र में डूबने का दिन अवश्य आएगा।"

—गोरिल्ला

मैं जेब में कोकिल नहीं लाया हूँ, मेरी मुट्ठियों में
बम्ब है; कुछ नक्षत्र सपने बनकर मेरी
उँगलियों पर उतर रहे हैं और कुछ अप्सराएँ बन मेरी आँखों
पर। मैं घुटनों के बल प्रार्थना कर रहा हूँ— तुझसे हे जिंदगी!
मुझे मत चढ़ाना सुख की सलीब पर।

—गोरिल्ला

"उसके रोने के समक्ष सभ्यता ने सर झुकाया है। स्वर्गों को
मुट्ठी में कसकर, लाया हुआ वह नादान शिशु-अश्रु बनकर
सो रहा है— हे गुलाब की झुरमुट! तुम अगर कुछ भी
शर्म रखती हो तो मत गाओ! तुम्हारे गले में जो बुलबुलें हैं
उन्हें वमन करो।"

—गोरिल्ला

"अमावस्या ने चन्द्रमा का आखिरी टुकड़ा भी अपने मुँह में डाल लिया।"

—पानी बनकर बह गयी

"कल दिन भर सताया आकाश को जिस तूफान ने
वह पिघल जाता चाँद उसका एक पूर्ण विराम है।"

—पानी बन कर बह गयी

"चाँदनी में विहरनेवाली मेघ नौका चन्द्र द्वीप से टकराकर टूट गयी; मैं अपने दुखों और प्यार को लिफाफे में बंद कर डाक में डाल आया।"

—पानी बन कर बह गयी

"कोई अव्यक्त अनुभूतियाँ मेरी आँखों की सूक्ष्म नसों में व्याप्त
हो जाती हैं; सारा लोक ही एक नया दृश्य बन जाता है।
वृक्ष गालों को फुलाकर दो शाखाओं से एक फूल पकड़कर शहनाई बजा रहा है।
एक राग फेंककर बुलबुल सारे बगीचे को अपने नन्हें पंखों पर उड़ा ले गयी।"

—पानी बन कर बह गयी

यहाँ उदाहृत समस्त वाक्य विशिष्ट शक्ति से समन्वित हैं। समाचार पत्रों के वाक्यों जैसे नहीं है। चमत्कार स्फोरक हैं। एक 'लोकोत्तराह्लाद जनक ज्ञान गोचरत्व' के हेतु बने हुए हैं। ये समाचार पत्रों में भी प्रयोग में आनेवाले शब्द होने पर भी यहाँ कविता की उपाधि से युक्त होकर वे असाधारण व्यवहार कर रहे हैं, नये भासित हो रहे हैं। कोई नये इन्द्रजाल का प्रदर्शन कर रहे हैं। लेकिन शब्दों के रूप में देखें तो सब मामूली शब्द ही हैं और सब के द्वारा प्रयुक्त शब्द ही हैं। इस अद्भुत विषय को ध्वन्यालोककार ने इस प्रकार स्पष्ट किया है—

दृष्टपूर्वा अपिह्यार्थाः काव्ये रस परिग्रहात्।
सर्वे नवा इवाभान्ति मधुमास इव द्रुमाः॥

अर्थात् वृक्ष पुराने होने पर भी चैत्र के इन्द्रजाल में वे जैसे नूतन वृक्षों में परिवर्तित होते हैं वैसे ही शब्द और अर्थ सर्वसामान्य और सबके द्वारा जाने माने होने पर भी काव्य की प्रक्रिया से गुजरकर एक नवीनता प्राप्त करते हैं। यहाँ 'रस परिग्रहात्' और 'मधुमासे' शब्द तात्पर्य की दृष्टि से एक ही है। (रस शब्द यहाँ पूर्वोक्त आत्मकला आदि काव्य प्रक्रिया से अनुसंधेय है।)

जो लोकोत्तराह्लाद जनक होता है उसके संबंध में संस्कृत के महाकवि माघ ने अपने 'शिशुपालवध' काव्य में रैवतकाद्रि का वर्णन करते हुए साहित्यपरक अर्थ ध्वनित कराया है—

दृष्टोपि शैलस्समुहुर्मुरारेरपूर्ववत् विस्मय माततान्।
क्षणे क्षणे यन्नवतामुपैति तदेवरूपं रमणीयतायाः॥

रमणीयता का वास्तविक स्वरूप नव्यता ही है। (शायद इस श्लोक का प्रभाव पूर्वोक्त 'दृष्ट पूर्वा अपिह्यार्थाः......' पर भी हो।) इसी नव्यता को ही कवि के वाक् को प्राप्त करना है। मायाकोवस्की कहते हैं—

"Newness— newness of material and of method is essential for every poetic composition."

—गोरिल्ला

अर्थात् नव्यता प्राणतुल्य ही है। लूनाषार्की मायाकोस्की के संबंध में चर्चा करते हुए कहते हैं— "Mayakovsky created a great many new words." नये शब्दों की सृष्टि का मतलब क्या है? कोई भी कवि नये शब्दों का सृजन नहीं कर सकता। लूना की भावना है कि मायाकोवस्की ने शब्दों में नव्यता उत्पन्न की है।

आम जनता द्वारा प्रयुक्त नित्य व्यवहार में व्याप्त शब्दों का ही प्रयोग करता है कवि। लेकिन उनका प्रयोग दैनंदिन व्यापार के लिए ही करते हैं। अर्थात् दैनंदिन जीवन की अनुभूतियों की अभिव्यक्ति के लिए ही करते हैं। लेकिन कवि अनुभूतिमूलक आत्मकला के अभ्यास द्वारा सिद्ध विशिष्ट दृष्टि द्वारा दृश्यमान विचित्र चित्रों को और विचित्रोक्तियों को व्यक्त करने के लिए ही उन शब्दों का उपयोग करता है। यहाँ एक मुख्य अन्तर मिलता है। साधारण व्यक्ति नित्यव्यवहार की भाषा को साधारण उपयोग के लिए प्रयुक्त करता है। इसलिए शब्द के ऊपरी तह का ही उपयोग होता है। किन्तु कवि यद्यपि उसी भाषा का प्रयोग करता है, फिर भी एक असाधारण अभिव्यक्ति के लिए। इसीलिए शब्द को विविध प्रायोगिक विशेषताओं के साथ संबद्ध करके उसकी गहराइयों को लूटता है। चाहे भाषा वही क्यों न हो। प्रयोग और प्रयोजनों के भेदों के कारण सामान्य भाषा और काव्य भाषा अलग-अलग हो जाती हैं। निद्रा बल है और उससे मानव पराजित होता है। मानवता के संबंध में कोई साधारण व्यवहार में ऐसा नहीं कहते कि उसी प्रकार वृक्ष गालों को फुलाना, आकाश वसन्तों को बरसना आदि भी है। सामान्य व्यावहारिक भाषा और काव्य भाषा के इस अन्तर को विशेषकर (तेलुगु प्रान्त को) पहचानना है। इसी सूक्ष्मता के संबंध में गोर्की कहते हैं—

"To speak of the language of literature and that of the people, is merely a way of saying that one is 'raw material', while the other has been worked on by the masters. Pushkin was the first to fully realise this and it was he, too, who showed how the speech material provided by the people should be used and worked on."

अतः तात्पर्य यह है कि साधारण भाषा कविता के लिए प्रयुक्त होकर एक नया रूप धारण करती है, एक नव्य प्रभाव से व्यवहार करती है। इसी नवीन प्रवृत्ति विशेष के कारण काव्य शब्द को मनुष्य पर प्रभाव डालने वाली शक्ति प्राप्त हो जाती है। इसी का विवेचन करते हुए ग्रीक दार्शनिक अरस्तू ने अपने काव्यशास्त्र Poetics (ch. 22) में कहा कि—

"Out-of-the way usages give dignity and transform the common speech." (Aristotle, Poetics, ch. 22)

शब्द का नव्य रूप में दृश्यमान होना पाठक को अपने बन्धन में ले लेना और उसे अपने में, भावना चंक्रमण में, पड़े रहने के लिए बाध्य कर देना। पाठक

में इस प्रकार अनुल्लंघनीय आकर्षण उत्पन्न करने की शक्ति इन सामान्य शब्दों को कैसे प्राप्त हो जाती है? ये साधारण शब्द ही, सब के द्वारा प्रयोग में लाये जानेवाले शब्द ही, असाधारण शब्दों में कैसे परिवर्तित किये जा रहे हैं कवि के हाथों? ये ही शब्द साधारण दशा में हमें प्रभावित नहीं कर सकते। किन्तु रचना-बन्ध-विन्यास में हमें आश्चर्याघात के शिकार बनाते हैं, सामान्य स्थिति में रहने नहीं देते हैं। यह शक्ति इन्हें कैसे मिली है? इसी साहित्यिक मर्म को जानना होगा।

जीवन को झकझोरनेवाले किसी क्षण में, गुदगुदी पैदा करनेवाले किसी समय में, हृदय में ज्वालाएँ उत्पन्न होनेवाले किसी संदर्भ में कवि की दृष्टि असामान्य विन्यास में उलट-पलट हो जाती है। यही— "कोई अव्यक्त अनुभूतियाँ मेरे नयनों की सूक्ष्म नसों में व्याप्त होती हैं, सारी दुनिया एक नये दृश्य में परिवर्तित हो जाती है। वृक्ष गालों को फुलाकर दो शाखाओं से एक फूल को पकड़कर शहनाई बजाता है।" (पानी बनकर बह गया)। इसीलिए शब्द को प्राप्त होनेवाली असाधारण शक्ति अथवा इन्द्रजाल का मूल कवि की अनुभूति में ही निहित है और इस विशिष्टता में जो कवि के आत्मिक लक्षण की छाप उस अनुभूति पर डालती है और फिर इस दृष्टि विशेष में है जो पूर्वोक्त विशिष्टता की महत्ता से कवि को प्राप्त होती है और अन्ततः उस वाग्विशेष में है जो वह दृग्विशेष प्रदान करता है। यही है कविता का पिण्डोत्पत्ति आदि जन्म का क्रम। यही काव्य प्रक्रिया है। इसीलिए कहा जा सकता है कि हम पर आश्चर्य का आघात पहुँचानेवाली वैचित्रि से युक्त विशिष्ट कवित्व-वाक् लक्षण कवि द्वारा शब्दों पर किया जानेवाला षड़यंत्र नहीं, बल्कि जीवन का कवि पर किया जानेवाला षड़यंत्र है।

एक रात में शुभ्र ज्योत्स्ना बिखरी है, वह सब लोगों के लिए साधारण रूप में दिखाई देनेवाली सामान्य दृश्य ही है। उसी को देख कवि कहता है— 'रात नग्न बन चाँदनी में नहा रही है।' कारण क्या है? कवि को वह सामान्य दृश्य वैचित्र्य से युक्त दिखाई देता है। उसे ऐसा लगता है, क्यों? यह कवि को सिद्ध एक दृष्टि-विशेष के कारण है। उसी दृग्विशेष के कारण ही 'नदीं पुष्पोडुपवहाम्' जैसे विचित्र चित्रों को और "मैं धूल हूँ सम्भवतः एक मुट्ठी भर।" जैसी विचित्रोक्तियाँ बनती हैं। उभयत्र, अथवा कविता में सर्वेसर्वा वैचित्रि समान लक्षण है।

इस प्रकार के जन्म क्रम को सोशलिस्ट मेधावी साहित्यशास्त्रकारों ने समग्र रूप से समझा है। षेर्बीना सोशलिस्ट विचार को इस प्रकार व्यक्त करती है— "The whole of the artist's spiritual being is engaged in the work of creation.... His imagination or fantasy is the creative force that arranges the material artistically, shapes it into a single whole and lends it the form into which he pours his stream of impressions."

जिसे भारतीय आलंकारिकों ने लोकोत्तर आह्लाद कहा है, वह उस आश्चर्याघात

को हम पर प्रसारित करानेवाले कवि के वाक् द्वारा हम तक पहुँचने वाली विचित्रोक्ति ही है, न कि मात्र वाक्। वाक्, चित्र-वैचित्रि अथवा उक्ति-वैचित्रि को लादकर हम तक पहुँचाने का कर्त्तव्य निभाता है। इस भूमिका निभाने से ही काव्य शब्द को साहित्य में एक अद्वितीय स्थान प्राप्त हो गया है। "वागर्थाविव संपृक्तौ...." इत्यादि प्रशंसाएँ उसे मिली हैं।

यहाँ समझने की बात यह है कि दृष्टि-विशेष के द्वारा प्रदत्त विचित्र चित्र अथवा विचित्रोक्ति को शब्दरूप देना ही काव्य निर्माण से संबंधित वास्तु-शिल्प है। इस शिल्प में कवि को मयब्रह्म बनना होता। यह शब्दीकरण-विधान सरल नहीं है। कवि के देखे गए चित्रों को कवि की वाक्य रचना शब्दों में समग्ररूप से करना चाहिए। अन्यथा कवि को दीखनेवाला चित्र एक और शब्दों द्वारा दृश्यमान चित्र और एक हो जाता है। इस विपदा से बचने के लिए शब्द रचना प्रावीण्य आवश्यक है। तदर्थ कवि को इसका मर्मज्ञ होना चाहिए। वाक्य में जिस शब्द को जिस स्थान पर रखने से, जिस शब्द को जिस शब्द के साथ मिलाने से और समस्त वाक्य निर्माण व्यूह को किस प्रकार रचने से भाषा कवि द्वारा वीक्षित चित्र का फोटो ले सकती है— इस मर्म से कवि को ज्ञात होना चाहिए। वाक्यों में शब्द का स्थान और तत्परिणाम वाक्य विन्यास ही वैचित्रि को प्रदान करने में या न करने में एक मात्र क्षमता रखता है। तद्द्वारा उस क्षण में कवि की हत्या करने का भी सामर्थ्य पा जाती है भाषा। ऐसी स्थिति में भाषा के अलावा कवि की सहायता करनेवाली कोई भी वस्तु इस संसार में नहीं रह जाती है। इसीलिए साहित्य में शब्द सिंहासन पर अधिष्ठित हो जाता है। अतः कवि के लिए शब्द वेतृता और वाक्य निर्माण कौशल अनिवार्य हो जाते हैं।

यह रचना मर्मज्ञ ही जानते हैं कि शब्द को भिन्न-भिन्न स्थानों पर रखने के फलस्वरूप उस वाक्य में अर्थ-छवियाँ किस प्रकार बदलती जाती हैं। जिन-जिन कवियों की रचनाओं का हम पर आश्चर्यजनक प्रभाव लक्षित होता है, वे सभी रचनाएँ इसी प्रकार की जागरूकता बरतकर रची गयी हैं। ऊपर से चाहे जितना ही सरल लगे, फिर भी उनके पीछे उतनी ही रचना व्यूहज्ञता निहित है। उसे केवल वे ही नाविक जानते हैं जो रचना शिल्प की गहराइयों में यात्राएँ करते हैं। इसकी थाह वे ही निकालते हैं। जैसे वाल्मीकि ने कहा था—

"अहिरेवह्याहे: पादान विजानाति न संशय:"

वैसे ही मायाकोवस्की ने स्वानुभव के आधार पर स्पष्ट किया है—

"The effort of organizing movement, or organising the sounds one hears, finding their character and their idiosyncracies is one of the most important and continual tasks of poetic composition."

वसन्त मास का आगमन हुआ। वृक्ष फूले। अंगांग में उल्लास प्रवाहित हुआ।

लगता है कि लोक सामान्य रूप में नहीं है। सर्वत्र नये रूप अवतरित हुए से भासित होता है। एक सिनेमा कंपनी के ट्रेड मार्क— दो सुन्दर सुडौल बच्चे खड़े शहनाई जैसी किसी को हाथों में लेकर बजानेवाला कोई चित्र मन में उभर रहा है। तुरन्त एक पुष्पित वृक्ष सामने दिख गया। यह है कल्पना में उतरा चित्र। इस चित्र को शब्द रूप देना है—

(१) आज सारे वृक्ष डालियों में फूलों को पकड़कर शहनाइयाँ बजा रहे हैं।
(२) बजा रहे हैं ये वृक्ष फूलों को पकड़कर शहनाइयों सा।
(३) वृक्ष फूलों को शाखाओं से पकड़कर शहनाइयों सा बजा रहे हैं।
(४) दो शाखाओं से एक फूल को पकड़कर वृक्ष शहनाई बजा रहा है।
(५) वृक्ष गालों को फुलाकर, दो शाखाओं से एक फूल पकड़कर शहनाई बजा रहा है।

'पानी-बन कर बह गया' कविता में यह वाक्य इस प्रकार अभिव्यक्ति के अनेक स्तरों को पार करते-करते स्थिर हो पाया है। फिर भी छपने के बाद लगा है— 'गालों को फुलाकर' वाक्यांश को 'एक फूल को सँजोकर' के बाद रखा जाता हो शायद और अच्छा होता। लेकिन फिर लगा कि चित्र ठीक ही उभर आया है और बदलने की क्या जरूरत है। इस बिन्दु तक पद्य को तराशते ही जाते रहना है। (यह सारी चर्चा तेलुगु मूल के अनुवाद को आधार बनाकर की गयी है। तेलुगु मूल को ही देखने से कविता में बिम्ब के उभरने का अच्छा चित्र सामने आता है।) मायाकोवस्की कहते हैं— "The poem must be worked to the absolute limit of expressiveness."

यहाँ डाली का शाखा बनना, पकड़कर का सँजोकर होना रेखांकित करने की बातें हैं। इसके बाद शब्दों का स्थानगत परिवर्तन और कर्त्ता, कर्म और क्रियाओं के क्रम में स्थानांतरण, बहुवचन रूपों का एकवचन रूपों में परिवर्तन, आज शब्द का गायब हो जाना आदि दृश्यादृश्य मर्म सूक्ष्म दृष्टि से अनुशीलन के योग्य विषय हैं।

कविता में वाक्य रचना पहले शब्द समूह के साथ संक्षेपण की प्रक्रिया को अमल में लाती है। वाक्य में संक्षेपण के लिए जितनी संभावना रहती है उसी सीमा तक शब्दों को निकालती जाती है यह प्रक्रिया। उसी तरह अंतर में पूरी कविता में समाये वाक्य वृन्द को भी जहाँ तक संभव हो कम करती जाती है यही प्रक्रिया। यह प्रक्रिया उस सीमा तक चलती है जहाँ पर शब्दों और वाक्यों को ऐसा छोड़ते जाने से मूल पदार्थ के लिए किसी प्रकार की क्षति नहीं पहुँचती। मायाकोवस्की कहते हैं— "Always bear in mind that economy in art has invariably been the most important rule if you are going to produce a work of aesthetic value."

(How are Verses to be made).

इसी बात को लूनाषार्की माया के संबंध में चर्चा करते हुए कहते हैं—
"Mayakovsky said he was ashamed of those lines which added nothing new."

यह दूसरा वाक्य रचना-व्यूह है। अर्थात् वाक्य में कर्त्ता, कर्म,. क्रिया और अन्य शब्द किन-किन स्थानों में रखे जाने पर कवि की कल्पना में उतरा चित्र समग्र रूप से भाषा नामक ब्रोमाइड पेपर पर उतरता है, वही रचना-व्यूह है। इस के लिए शब्द तत्त्व के ज्ञान की आवश्यकता है। (यहाँ यह मत समझिए कि प्राचीन काव्य की भाषा के संबंध में कहा जा रहा है— यह सब वर्तमान भाषा के बारे में ही कहा गया है।) शब्द और उनके स्थान, उनके स्वरूप एवं उनके श्रव्य स्वभाव के प्रभाव, उनके परम्परागत प्रयोग व्यवहार से प्राप्त सांस्कृतिक संबंध बन्धन आदि के रहस्यों का अध्ययन, अनुभव और कल्पनाओं के आधार पर कवि को करना है। "Essentials for the composition of Poetry" के संबंध में विवरण देते हुए मायाकोवस्की कहते हैं— "Word processing, techniques and methods, infinitely individual and only to be acquired after years of daily toil."

इस प्रकार की शाब्दिक स्पृहा से शब्दों का चयन होता है। चुने गये शब्द वांछित प्रभाव उत्पन्न कर सकते हैं कि नहीं इस का अनुशीलन होता है। अगर आवश्यक समझता है तो कवि एक और शब्द का चयन करता है। अपना वांछित प्रभाव जब तक उत्पादित नहीं होता तब तक कवि की यही प्रक्रिया रहती है। उपर्युक्त उदाहरण में 'डाली' शब्द की जगह 'शाखा' का प्रयोग, 'पकड़कर' शब्द की जगह पर 'सँजोकर' शब्द आदि इसी प्रक्रिया के उदाहरण हैं। अन्तिम क्षण के परिवर्तन से ही चित्र उभर आता है।

वाक्य रचना शिल्प में शब्द की महत्ता की गरिमा का अंदाज इस चर्चा से हो जाता है। इसीलिए यहाँ एक और बात का भी जिक्र करना आवश्यक होता है। कविता में शब्द अथवा भाव के माध्यम से 'दुर्गन्ध' का प्रवेश नहीं होना चाहिए। यह कवि के द्वारा प्राप्त संस्कार की परिणति से ही संभव होता है। इस संस्कार से ही कवि शब्दों का जन्म, वंश, प्रवृत्ति, वातावरण सब जान लेता है। पुलिस के समान, उनकी योग्यता के अन्तरों का ग्रहण कर सकता है। तदुपरान्त ही वाक्यों में उनके स्थान निर्धारित करता है। यह संस्कार औचित्य और 'अनौचित्य के ज्ञान से और नैतिकता से प्राप्त होता है। अनुभव और अध्ययन भी यह प्रदान करते हैं। सत्ताईस अनौचित्य दोषों का निर्धारण करते हुए क्षेमेन्द्र शब्द और अर्थ दोषों का भी उल्लेख करते हैं—
"पद वाक्य प्रबन्धाथे गुणेलंकरणे रसे....."
यह कहकर वह काव्य मर्म स्थानों को बताकर उन स्थानों को अनौचित्य दोषों

से बचाने के लिए चेतावनी देते हैं। अर्थात् एक प्रकार से औचित्य संप्रदाय रसविच्छित्ति के विषय में दोष को केन्द्र स्थान देता है। इसलिए यहाँ उचित और अनुचित का विवेक काव्य में मर्मस्थान ग्रहण करता है। राजशेखर का कहना है—

"उचितानुचित विवेको व्युत्पत्तिः"

साहित्य के संदर्भ में आजकल एक विकट प्रश्न का सामना करना पड़ रहा है। वह यह है कि जीवन में जो दुर्गन्ध है उसे कविता से कैसे निकाला जाय? यह हमारा मुख्य प्रश्न है। आँसू, मुसीबतें, लपटें, मानव अत्याचार, मक्कारी आदि क्या ये सब दुर्गन्ध नहीं हैं? इस तालिका में आये किसी को भी छोड़ने पर कविता जासूसी-तिलस्मी कहानी बन जाती है तो फिर कविता सामाजिक प्रयोजन को कैसे साफल्य दे सकती है? ऐसे ही अनेक प्रश्न साहित्य श्रृंगों को धारण किये हुए राजनैतिक जीर्णतृणोपजीवियों में उभरते हैं।

किन्तु ये प्रश्न साधारण पाठक के लिए भ्रान्ति जनक हो जाते हैं। एक व्यक्ति ने 'बाधाओं की बस्ती' शीर्षक कविता लिखी थी। उसमें प्रमुखतः गंदे और गलीज परिसरों का वर्णन किया गया है। कुछ महीनों से नगर पालिका द्वारा साफ न की गयी एक 'पायखाना' भी आ जाती है उसमें और प्रमुख पात्र का भी वहन करता है। उस कविता का उस कवि भाई ने बहुत समय तक समर्थन किया। उसकी जिद भी थी कि उसमें से एक भी शब्द हटाया नहीं जा सकता। उनका विश्वास था कि एक शब्द को भी हटा दें तो वह सामाजिक प्रयोजन की सिद्धि से कोसों दूर भाग जायेगी।

उस कवि को पहले जो कहना है, उसके संबंध में इस मैनिफेस्टो में कहा गया है। कविता हेतुवाद से बढ़कर इन्द्रियवाद पर आधारित रहती है। इसलिए उनकी आखिरी बात के रूप में जो कुछ कहना था कहकर वाद-विवाद खतम किया गया— "हे दोस्त! तुम्हारी कविता को खाने से पहले और खाने के बाद तीन घण्टों तक हमें भूल जाना चाहिए, अगर हम चाहते हैं कि हमारा खाना हमारे शरीर को लगे।

यहीं पर कविता को असंदिग्ध रूप से व्यक्त करना है कि वह जीवन के साथ कहाँ तक जा सकती है? जीवन की अच्छाइयों और बुराइयों को पेट में रखकर एक माँ के समान कविता जीवन का उपकार करती है। वह रण्डीबाजी के बाजार में नहीं उतर सकती। इस बात को कविता को निष्कर्षतः कहना होगा। इसीलिए कहा गया है कि कविता में दुर्गन्ध का प्रवेश नहीं होना चाहिए। यह ध्यान देनेवाली बात है। यों दोनों परस्पर विरोधी तत्त्व भी हैं।

तो फिर यह दुर्गन्ध क्या? जिसंका उच्चारण हम करना नहीं चाहते हैं, वह दुर्गन्ध है। स्थूल रूप से इसे याद रखना है। पिशाबघर के संबंध में हम जोर-शोर से नहीं बोलते। कभी जीवन की आवश्यकता के लिए उसका नाम लेते भी हैं

तो तुरन्त भूल जाते हैं— प्रयत्नपूर्वक नहीं, सहज भाव से। हमारा शरीर विधान ही उसे और उसकी स्मृति को सहज रूप से बाहर ढकेल देता है। इस सूत्र के आधार पर मूत्रशाला कविता में घुसने की योग्यता नहीं रखती।

अगर इस दुर्गन्ध को हम अप्रयत्न ही भूल जाते हैं तो इसका अर्थ यह होता है कि हमारा शरीर, मन, सभ्य जीवन की अभिरुचि आदि सब मिलकर उसे तिरस्कृत कर बाहर ढकेल देते हैं। जब वह कविता में प्रवेश करेगी तभी नागरिक अभिरुचि उस पर विद्रोह कर बैठती है। मातृ व्यभिचार और बच्चों के सामने अपनी काम-क्रीड़ाओं की चर्चा आदि सैकड़ों उदाहरण सेक्स के बारे में और सेहत के बारे में दिये जा सकते हैं। ऐसी बातों को कविता व्यक्त नहीं करती। सुबह उठते ही श्री राम के प्रात:कालीन शारीरिक धर्म से संबंधित जरूरतों से निवृत्त होने के बाद कलेवा का वर्णन ही होता है। उन समस्त प्रात:कालीन शारीरिक धर्मों की लंबी सूची कोई नहीं देता। असल में उनका जिक्र ही अनावश्यक है। 'दुर्गन्ध' को ही नहीं बल्कि इसी प्रकार की अनेक बातों को कविता व्यक्त किये बिना छोड़ देती है। यह सब पीछे संक्षेपण की प्रक्रिया के संबंध में चर्चा करते हुए स्पष्ट किया गया है। यह भाव स्तर से संबंधित विषय है।

इस संदर्भ में गालियों की साहित्यिक योग्यता पर भी कुछ चर्चा करना असमीचीन न होगा। गालियाँ एक प्रकार से निषेध करने योग्य हैं। लेकिन गालियाँ 'दुर्गन्ध' शब्द की परिभाषा में नहीं आती हैं। गालियाँ पात्र और संदर्भ की सीमाओं के अनुसार प्रयुक्त होने पर 'दुर्गन्ध' नहीं होतीं। लेकिन यहाँ पात्रोचिति और संदर्भोचिति प्रमुख है। भामह कहते हैं—

सन्निवेशविशेषात्तु दुरुक्तमपि शोभते।
नीलं पलाशमाबद्धं अन्तराले स्रजामिव॥

'दुरुक्त' का अर्थ है गाली। सन्निवेशविशेष की आवश्यकता से गाली का प्रयोग किया जा सकता है। तब वह फूलों के बीच गूँथे पलाश के पत्ते के समान सुन्दर लगता है।

संस्कृत नाटकों में विदूषक आदि पात्र गालियों का प्रयोग करते हैं। उसी को भामह ने 'सन्निवेशविशेषात्तु' कहा है। कालिदास ने शाकुंतलम् के द्वितीयांक में विदूषक से कहलवाया है—

"ततो महत्येव प्रत्युषे दास्या: पुत्रै: श्वगणलुब्धै: वनग्रहण कोलाहलेन प्रबोधितोस्मि।"

(तड़के ही मैं जाग गया हूँ, इन दासी पुत्र शिकारियों के वन ग्रहण कोलाहल के कारण)। द्वितीयांक में ही एक अन्य जगह विदूषक सेनाध्यक्ष को "गच्छ, दास्या: पुत्र' कहता है। षष्टांक में विदूषक ही कहता है— "आ: एषा दास्या: पुत्र: कुसुम

रस पाटच्चरः तत्र भवत्या वदनमभिलंघति मधुकरः।" (आः, देखो यह दास्य पुत्र रूपी भ्रमर मधु चोर उस (नायिका) के मुँह की ओर आक्रमण करने दौड़ रहा है)। दासी पुत्र शब्द के लिए 'दास्यापुत्रः' संस्कृत शब्द है। श्रीहर्ष की 'प्रियदर्शिका' के प्रथमांक में ही विदूषक— "भो वयस्य, कथं तमेव दास्याः सुतं बन्धन हतकं प्रशंससि।" उसी नाटक के तृतीय अंक में विदूषक कहता है— "दास्याः सुते, त्वमपि न ददासि मे स्वपितुम्? (अरी, दासीपुत्री तुम भी सोने नहीं दोगी क्या?) संस्कृत साहित्य से इस प्रकार के सैकड़ों उदाहरण दिये जा सकते हैं। अँग्रेजी और अन्य साहित्यों में भी इस प्रकार के उदाहरण प्राप्त हो ही जाते हैं।

एक प्रकार से गालियाँ तंदुरुस्ती की प्रतीक हैं। अगर एक व्यक्ति में अन्याय पर आक्रोश न उभरता, उल्टे उसको सहनकर चुप रह जाता है और हँसता भी रहता है तो उसकी तंदुरुस्ती पर शंका करनी पड़ती है। उसमें मानव सहज लक्षणों के लुप्त होने के कारणों को लेकर हमें आश्चर्य करना ही होगा। अन्याय, धोखा, जाति-धर्म, राजनीति आदि नानाविध सड़े नग्न स्वार्थों को गर्हित करते हुए क्रोध और उद्रेक से एक बार भी अगर दासीपुत्र कह नहीं सकते तो वह कैसी नैतिकता होगी? वह कैसा पौरुष होगा? वह किस प्रकार की सभ्यता होगी? सत्याग्रह को सभ्यता का एक अंश न मानने की स्थिति तक जितना शीघ्र गिर गया है यह भारत? अरे मित्र! क्रोध भी नव रसों में एक है ही। सकारण परिस्थितियों में सहज रूप से गाली न देना और असहज रूप में रहना कृत्रिम और शंका का कारक हो जाता है। जो 'डिप्लोमाटिक' दिखाई देता है इस देश को उसे मारना चाहिए। तभी संभव है निर्मल वातावरण और शुद्ध कविता। कविता और 'डिप्लोमसी' दोनों परस्पर शत्रु हैं। अनुभूति को सहज स्वरूप न देना ही अगर 'डिप्लोमसी' है तो वह कविता की शत्रु नहीं तो और क्या होगी? ऐसा व्यक्ति चोर है। यह कवि कैसे होगा?

भाषा के स्तर पर कुछ शब्दों और कुछ दैनिक भाषा प्रयोगों एवं व्यवहारों का भी परिहरण होना चाहिए। प्रमुखतः पीढ़ी-दर-पीढ़ी चबाकर वमन किये गये शब्द और चूसकर थूकी गयी लोकोक्तियों और मुहावरों को भी छोड़ना होगा। इसकी भूरि–भूरि प्रशंसा करते हैं कुछ प्रकाण्ड पण्डित! दूसरी ओर वीर गद्य शार्दूल हैं। उनके द्वारा प्रयोग में लाये जानेवाले शब्द अनुल्लेखनीय हैं। खाने को पेट में पचने नहीं देते! कविता को जीवन का प्रतिबिम्ब माननेवाले ये महानुभाव व्यावहारिक भाषा का ज्यों-का-त्यों प्रयोग ही मानते हैं। इस पवित्र सूत्र की विधेयता को स्वीकार करते हैं। इन बड़ों की बुद्धि के अनुसार साहित्य कला में भी उसका ज्यों-का-त्यों प्रयोग ही होना चाहिए। वही उनकी वीरता का निदर्शन है। एक बार गुरु और उनके शिष्य यात्रा के लिए निकले। गाड़ी में से चीजें गिरती जा रही थीं। शिष्यों

ने ध्यान नहीं दिया। तब गुरु ने सावधान करते हुए कहा कि जो भी चीज गिर जाती है उसे गाड़ी में तुरन्त रख देना। उसके बाद गुरु जी का आदेश ग्रहण कर शिष्य आचरण में रखने लगे। यहाँ तक कि बैलों द्वारा छोड़े जानेवाले गोबर को भी वे गाड़ी में डालने लगे! यही आज चल रहा है हमारे भयंकर वीर गद्य राजकीय कवि गुटों के हाथों व्यावहारिक भाषा के साथ। और कुछ महाकवि हैं। उनकी भाषा ही उनकी संतानवत कवियों की नसों में प्रवहमान है। उनके शरीर इस भाषा के (बेसिलै Bacilli) गंदे कीटाणु से घुट रहे हैं। चिमटों से पकड़ने लायक उन पुस्तकों को पढ़ रहे हैं और समीक्षाएँ भी लिख रहे हैं कुछ लज्जाहीन। 'इनके द्वारा प्रयुक्त शब्द' पर ही एक अच्छा शोध प्रबन्ध लिखा जा सकता है। साहित्य कला की दृष्टि से ये सब निम्न स्तरीय प्रयोग हैं।

ये प्रयोग दैनंदिन व्यवहार की दुनिया में हमारी सेवा के लिए उपयुक्त होते हैं, न कि साहित्य के ड्राइंग रूम में बुलाकर कुर्सी देकर बिठाने के लिए। ये जलाकर फेंकी गयी बीड़ी की टुकड़ियों के समान हैं, चबाकर थूकी गयी पीक के समान हैं। पढ़कर फेंके गये समाचार पत्रों के समान हैं। इनको इकट्ठा करके कविता में लायें तो कैसे चल सकता है?

असल में कहने योग्य एक बात है। कविता में प्रयोग फेंके गये पद और पदबन्ध, बिम्ब और प्रतीक, अलंकार आदि किसी को भी पुनः आने देना नहीं चाहिए। दो शब्दों को पहले मिलाकर जुड़वा रूप दिया गया है तो बस— फिनिश— उनको वैसे ही जीने देना चाहिए। उन पदों का जीवन एक साथ गुजरना चाहिए। उसी जोड़े को एक और प्रयोग में कोई लाता है तो उसमें सृजनात्मकता नहीं होगी। इसलिए कि वह कुछ नया नहीं कर पाया। अतः कवि का लक्ष्य हमेशा प्रयुक्त पदों के पास न जाना ही होना चाहिए। इस एक रहस्य के ज्ञान के बल पर ही कवि आधी नव्यता को प्राप्त करता है। यह बहुत ही प्राण तुल्य बात है। कारण, कविता नव्यता के आधार पर ही जीती रहती है। नव्यता के आधार पर ही जन्म लेती है। नव्यता ही आकर्षण का एक मात्र हेतु है। आकर्षण ही लोकोत्तराह्लादजनक है। इसीलिए नव्यता के अन्वेषण में से ही, नव्य के सृजन में से ही कविता जन्म लेती है। इसी कारण कविता सृजनात्मक कला कही गयी है। इसी अर्थ में लूनाषार्की मायाकोवस्की के संबंध में कहते हैं— "Mayakovsky created a great many new words."

उसी को सृजनात्मकता कहते हुए आगे कहते हैं— "Here each person is a virtuoso and creator, a person who creates forms of speech which have never been used before.... naturally a person who

is truly creating in the sphere of language."
इस प्रकार नयी भाषा की सृष्टि होती है। "निद्रा बल पराजिता:" में निद्रा पर बल शब्द का आरोप किया गया है गोया निद्रा को बल है। सोनेवालों पर 'पराजिता:' शब्द का प्रयोग किया गया है। इसी तरह "मुझमें एक देश के झंडे में जितना अहं है, उतना ही है" कहने में झंडे पर अहं का आरोप करना और "हे गुलाब का पौधा! लज्जा है तो मत गाना" कहकर पौधे में लज्जारहितता का आरोप करना आदि है। "प्रसिद्धाभिधान व्यतिरेक' प्रयोगों से कवि उक्तियों में विचित्र शक्तियों का उत्पादन करता है।

इस प्रकार की अपूर्व सृष्टि द्वारा ही नवता का जन्म होता है। काल के बीतने पर भी वह नवता, वह वैचित्रि वैसी ही रह जाती है। इसी कारण से वाल्मीकि, शेक्सपियर आदि कवियों को आज भी चाव से बार-बार पढ़ते हैं। वे काल गति से कलंकित नहीं होते। "दिक्कालाद्यनवच्छिन्नानन्त चिन्मात्र मूर्तये" के अनुसार कवि देश और काल से अतीत मूर्तिमत्रता अर्जित कर लेता है। अत: जो कवि है वह नवता के लिए अवरोधक हर छोटी बात का परिहार करता है। फिजूल बकवास कोई भी इसके सहायक नहीं होते। किसी भी दृष्टि से "क्षणे क्षणे यन्नवतामुपैति तदेव रूपं रमणीयताया:" ही होता है।

दोस्त! हर कविता एक मंदिर है। उसमें प्रवेश करने के लिए शब्दों को, भावों को और अन्तत: भगवान् को भी पवित्र स्नान करके शुद्ध रूप में आना होगा।

इस प्रकार के शब्दार्थ प्रयोग औचित्य का विचार प्राचीन और अर्वाचीन प्राच्य और पाश्चात्य आलंकारिकों ने किया है। मायाकोवस्की के विचार देखिए—
"Next comes work on the selection of verbal material. It is essential to bear in mind the exact medium in which the poetic work is being developed, so that no word alien to this medium should accidentally get in."
यहाँ "Selection of verbal material" और 'No work alien to this medium' वाक्यांश ध्यान देने योग्य हैं। एक पद को त्यागने के कारणों पर विचार करते हुए वे कहते हैं— ".....Second, we have never used this term in our poetic environment. Third, it is a trivial expression normally heard in insignificant small talk."

अरस्तू ने अपने 'पोयटिक्स' के १९ से २२ तक के प्रकरणों में बहुत ही सूक्ष्म रूप से शब्द पर विचार किया है। सभी भारतीय काव्यशास्त्रज्ञों ने शब्दार्थ विद्या और दोष विचार का मंथन किया है। हेमचन्द्र ने 'काव्यानुशासन' में 'अदोषौ सगुणौ सालंकारौ शब्दार्थौ काव्यम्' कहकर शब्दार्थ दोष का परिहार करने पर जोर

दिया है। सर्व आलंकारिक सिद्धान्तों का क्रोड़ीकृत रूप 'प्रताप रुद्र यशोभूषण' में विद्यानाथ ने "गुणालंकार सहितौ शब्दार्थौ दोष वर्जितौ... काव्यम्" कहकर दोष प्रकरण में 'दोषः काव्यापकर्षकस्य हेतुः' कहा है। १७ शब्दपरक दोष, २४ वाक्यपरक दोष और १८ अर्थपरक दोष निरूपित किये हैं। यह बात 'निरलंकृति' नामक अर्थ दोष के विवरण के संदर्भ में पूर्वप्रकरण में स्पष्ट की गयी है। उनके द्वारा दिये गये शब्दार्थ दोषों में उभयक्षेत्रों में अश्लीलता एक है और अर्थ की दृष्टि से निरलंकृति एक है। इनका इस संदर्भ में बहुत ही जागरूकता से अनुशीलन करना है। इस मैनिफेस्टो में जो 'दुर्गन्ध' कहा गया है वह प्राचीन काव्यशास्त्रियों द्वारा प्रतिपादित त्रिविध दोष समुदाय का स्वरूप है और उसमें अधिकांश अश्लील शब्द के अन्तर्गत आ जाता है।

काव्यप्रकाशकार मम्मट के दोष प्रकरण की प्रथम कारिका इस प्रकार है—

"मुख्यार्थ हतिर्दोषः रसश्च मुख्यः तदाश्रयाद्वाच्यः।
उभयोपयोगिनः स्युः शब्दाद्याः तेन तेष्वपि सः॥

शब्द दोषों में अश्लीलता एक है। वह तीन प्रकार की है— व्रीडा, जुगुप्सा, तथा अमंगल व्यंजक। अर्थात् शब्दार्थ व्यंजना से भी व्रीड़ा, जुगुप्सा और अमंगल अर्थ स्फोरक नहीं होना चाहिए। आज हमारे वर्तमान (वीर) कवियों की कविता में अभिधा में ही इस प्रकार के प्रयोग मिल रहे हैं। उनको पाठक, आलोचक आदि चर रहे हैं। समीक्षाएँ भी लिखी जा रही हैं और साथ-साथ अपने पाण्डित्य की विदग्धता का प्रदर्शन भी हो रहा है।

यहाँ मम्मट द्वारा अश्लीलता के शब्दपरक दोष को स्पष्ट समझाने के लिए तीन उदाहरण दिये जा रहे हैं। देखिए—

१. व्रीडा —

साधनं सुमहद्यस्य यन्नान्यस्य विलोक्यते।
तस्य धीशालिनः कोन्यः सहेत अरालितं भ्रुवम॥
(अत्र सैनाधिकस्य साधक शब्दस्य पुंव्यंजनं अर्थान्तरम्।)

२. जुगुप्सा—

लीलातामरसाहतोन्य वनिता निश्शंकदष्टाधरः
कश्चित्केसर दूषितेक्षण इव व्यामील्य नेत्रेस्थितः
मुग्धा कुट्मलिताननेन ददती वायुं स्थिता तस्या सा
भ्रान्त्या धूर्ततया धवानतिमृते तेनानिशं चुम्बिता॥

(अत्र वायु शब्देन अपान वायुं स्मारयति, न तु तदर्थ तया वाक्यं उपपद्येत।)

३. अमंगलम्—

मृदु पवन विभिन्नो मत् प्रियाया विनाशात्
घन रुचिर कलापो निस्सपत्नोद्य जातः
रति विगलित बन्धे केशपाशे सुकेश्याः
सति कुसुम सनाथे कं हरेत एष बर्हि॥
(अत्र विनाश शब्दस्य विवक्षित एव अर्थः अमंगलः।)

प्रथम श्लोक में 'साधन' शब्द लैंगिक अश्लील का स्फुरण कराता है, द्वितीय श्लोक में 'वायु' शब्द अपानवायु का और तृतीय श्लोक में 'विनाश' अमंगल का। इसीलिए मम्मटार्य ने इन शब्द प्रयोगों को काव्यापकर्ष हेतु शब्द दोष कहा है। इसी तरह अर्थ दोष के लिए निम्न उदाहरण प्रस्तुत किया गया है—

उद्धतस्य परं हंतुं स्तब्धस्य विवरैषिणः।
यथास्य जायतेपातो न तथा पुनरुन्नतिः॥

यह अश्लीलोदाहरण है। नागेश्वर भट्ट की व्याख्या में इसका विवरण है। देखिए।

भामह के समान वामन ने भी अपने 'काव्यालंकार सूत्र वृत्ति' में संदर्भानुसार इन शब्दों के प्रयोग से शब्दार्थ दोष के गोचरत्व के न होने की बात कही है— "भगिनी भगवत्यादि सर्वत्रैवानुमन्यते शिवलिंगस्य संस्थाने कस्य असभ्यत्व भावना?" (भगिनी, भगवती इत्यादि शब्दों को दोष भय से मुक्त होकर प्रयोग में ला सकते हैं, शिवलिंग के सामने असभ्यता की भावना किसमें उदित होती है?)

शब्द दोषों के लिए दिये गये उदाहरणों में दो और तीन श्लोक अमरु कवि और कालिदास के हैं। इसे आलोचकों को ध्यान में रखना है। अर्थात् प्राचीन काल में जब देश ठीक रास्ते पर चल रहा था शास्त्रकार सत्य बोलने में कभी पीछे नहीं देखते थे— चाहे वह कवि कालिदास ही क्यों न हो या उसके पितामह, दोष दोष ही है।

इतनी कशकश है एक सच्ची कविता के हर वाक्य के पीछे! इतनी पुंजीभूत रचना-व्यूह-चतुरता को लेकर कवि को क्षेत्र में उतरना है, अगर कविता को सफल बनाना है तो। इतनी शब्द-तत्त्व-चेतना को लेकर निर्मित अपने एक कविता-वाक्य के संबंध में अदम्य उत्साह से मायाकोवस्की कहते हैं— "I could deliver a whole speech for the defence of the last line."

वास्तव में इतनी चेतना से भरी कविता की पंक्तियाँ कैसे भूली जाती हैं दुनिया में? लूनाषार्की इसी को दूसरे कोण से देखकर कहते हैं—

"In order that a poem be remembered it is important to have ...a new rhyme... a truly new exchange of words, so original and amazing as to make it memorable."

यहाँ 'Original' और Amazing' इन दो शब्दों को पहचानिए। ये नव्यता और विस्मय के केवल पर्यायवाची नहीं हैं। वेलेरी ब्रुवुसोव (Valery Bryusov) ने शायद कहा था—

"A poet who has forgotten his own poems is either a poor poet or else he has written poor poetry. A good poet remembers all his good poetry."

लूनाषार्की ने इतनी मेहनत को मायाकोवस्की में देखा है और यह भी समझा है कि मायाकोवस्की ने कविता के लिए प्राणवत नूतनता को शब्दों में उत्पन्न किया है। इसीलिए लूनाषार्की ने उनकी कविता की निम्न शब्दों में प्रशंसा की है—

"Each line is worth its weight in gold because each line has been discovered, each has been created... Mayakovsky is poetry's labourer."

□

कविता में प्राचीन भाषा और वर्तमान भाषा

अनुभूति काव्य-कला में भाषा की भूमिका क्या है? यह बहुत ही ऐतिहासिक महत्त्व रखनेवाली समस्या है। जैसे पहले ही कहा गया है, हमारे लोग (खासकर तेलुगु प्रान्त के) शब्दों को ही कविता मान रहे हैं। उसमें भी कुछ प्रबन्ध युग (प्राचीन युग) के शब्द भण्डार (जैसे— मंजुल, मनोहर, मृदु, मधुर आदि) के प्रयोग मात्र से और उस समय के भाव-बन्धों एवं समासों के प्रयोग मात्र से कविता बन गयी समझते हैं। उसी को कविता मानकर अपने कन्धों पर उन्हें बैठाकर चलनेवाला पाठक समूह भी तैयार है, वाहन के समान। ऐसे नादान पाठक, चाहे कोई भी रचना हो उसमें उन्हीं शब्दों और उन्हीं अलंकारों को ढूँढ़ते हैं। उनके दिखाई देने मात्र से उसे उत्तम जाति की कविता मान बैठते हैं। उनके अभाव में उस रचना में शिल्प ही नहीं मानते हैं। ये अपनी सीमाओं को पार कर उस ओर नहीं जाकर आजन्मान्त अपने ही (तेलुगु) भाण्डागारों में सड़े आम सदृश हैं। लेकिन इन पर चढ़कर सवार होनेवाले आधुनिक कवि बहादुर वास्तव में केवल पुराने दकियानूसी हैं। केवल कवि नामधारी है। जनपदीय गीतों से स्मगलिंग करके शब्द व्यापार-वेत्ता बने हैं। भक्त बन भजन मार्ग से मोक्ष की साधना करनेवाले महाकवि उपाधिधारी ये लोग बड़े ही लज्जाहीन हैं। इनमें शिल्प को देखनेवाले उनके भक्त-प्रवर आलोचकों को मृगमरीचिकारूपी महाकाव्य भाषा ही दिखाई देती है और कुछ नहीं। उनके द्वारा कभी-कभी प्रयोग में लायी जाने वाली शब्दावली में लपटें, भूख, मानव, ऊषा आदि शब्दों के प्रयोग मात्र लोक प्रवंचना के लिए हैं। आरंभिक पृष्ठों में यह समग्र रूप से समझाया गया है कि मात्र शब्द कविता नहीं है। उस मारणायुध के हाथों इन कवि नामधारी लोगों के शब्द भी मारे जायेंगे। असली कविता तो पुरानी काव्यभाषा में भी लिखी जा सकती है और आधुनिक अथवा वर्तमान भाषा में भी। शिलालेखों की भाषा में लिखी जाने मात्र से वह कविता न बन जायेगी और न ही वर्तमान भाषा में होने के कारण कविता बनने से वंचित ही रह जायेगी। वर्तमान समय की भाषा में होने पर भी कविता ही है—

"भिक्षुणा कक्ष निक्षिप्तः किमिक्षुर्नीरसो भवेत।"

भिखारी के बगल में रहने मात्र से गन्ने की मिठास क्या ओझल हो जाएगी? ईख चाहे किसी भी व्यक्ति के बगल में हो ईख ही होती है।

यहाँ ध्यान देने की बात एक ही है— चाहे किसी भी प्रकार की भाषा

में लिखी जाय कविता कविता ही है। पाठक आस्वादित करता है कविता को ही। लेकिन वर्तमानता को खोयी भाषा में लिखने पर पैदा होनेवाली समस्या यह है कि कविता और कविता का आस्वाद लेनेवाले पाठक के बीच ऐसी भाषा एक पक्की दीवार बनकर खड़ी होती है। पाठक को कवि के चमत्कारों, ध्वनियों और अलंकारों के आस्वादन के लिए पहले इस दीवार को लाँघना होता है। यह सरल कार्य नहीं है। एक दिन अथवा एक वर्ष इसके लिए काफी नहीं है। इसीलिए ११वीं अथवा सोलवीं-सत्रहवीं शताब्दी की भाषा में रचित प्राचीन प्रबन्ध काव्यों के अध्ययन के लिए हमारी शिक्षा प्रणाली बचपन से सुमति शतक[१], रुक्मिणी कल्याण[२], गजेन्द्र मोक्ष[३] आदि को पाठ्य पुस्तकों में शामिल कर पढ़ाई आरंभ करती है। इन पुस्तकों को पढ़-पढ़ कर विद्यार्थी जब तक यौवन में पदार्पण करता है तब तक गत शताब्दियों की भाषा सीखने में उसका सारा बचपन बीत जाता है। लगभग यौवन भी बीत जायेगा। अर्थात् महाकाव्यों की भाषा सीखने में उसका सारा समय बीत जाता है। इतना ही समय अगर बितायेगा तो वह और कोई भी भाषा सीख सकता है। कहने का मतलब यह है कि बीती शताब्दियों की भाषा का हमारी समझ में आना तमिल, जर्मन, रूसी आदि भाषाओं के हमारी समझ में आने के समान ही है। अन्तर इतना ही है कि इस भाषा का प्रयोग हमारे पूर्वजों ने किया है। हमारी भाषा-भाषी जनता का बीता इतिहास इसी भाषा में लिखित है। बीती भाषा और उस भाषा में रचित कविता का क्या हमें बहिष्कार करना है? यह दूसरा प्रश्न है। यह प्रश्न हमें फिर वहीं ले जाता है। भाषा चाहे कोई भी कविता के लिए हो, एक ही है। क्योंकि मात्र भाषा कविता नहीं हो सकती। बीते युगों के भाषा-प्रयोग को सीखना है या नहीं, यही प्रश्न मुख्य हो जाता है। अध्ययन में इसका बहिष्कार कैसे हो सकता है? ठीक तरह से वाल्मीकि का काल निर्धारण न होने पर भी आज तक बहुत ही तत्परता, अनुरक्ति, आत्मीयता और श्रद्धा से वाल्मीकि का अध्ययन हम कर रहे हैं। क्यों? हम उनकी कविता के लिए ही वाल्मीकि को पढ़ते हैं, न कि संस्कृत भाषा के लिए। उनके द्वारा प्रतिपादित धर्म और तात्त्विक बातों के लिए भी उनको उतना नहीं पढ़ते जितना कि उनकी कविता के लिए। चाहे हम इनके लिए पढ़ें भी तो यह समझने की बात है कि वाल्मीकि ने इन्हें कविता में प्रतिपादित किया है। युग-युगों से करोड़ों लोगों के

१- बछेना कवि कृत तेलुगु नीति शतक

२- पोतन्ना कृत श्रीमदान्ध्रभागवत के दो प्रसंग

३- वही।

लिए यह उपादेय ग्रंथ रहा है। अगर कविता के द्वारा धर्म प्रतिपादित नहीं होता तो लोग उस ग्रंथ की ओर जाते भी नहीं। क्या कोई सामान्य पाठक मनुस्मृति, आपस्तंब सूत्र, दर्शनशास्त्र आदि पढ़ते हैं? उनके द्वारा प्रतिपादित विषयों को ही रामायण भी प्रतिपादित करती है। लेकिन मात्र शास्त्राध्ययन की इच्छा रखनेवाले ही उनको देखते हैं। अन्य तो उनके नाम तक ही जानते हैं। शायद बहुतों को नाम भी मालूम न हो! लेकिन अति प्राचीन काव्य रामायण का आज भी पाठ हो रहा है। यह भाषा के लिए नहीं हो रहा है। वह भाषा आज किसी के लिए उपयोगी नहीं है। उस प्रक़ार की भाषा को सीखकर ही उस कविता का आस्वादन करने की इच्छा लेकर आज रामायण पढ़ रहे हैं। यहाँ ध्यान देने की बात है कि प्राचीन काव्यों में भाषा को नहीं कविता को ही शीर्ष स्थान मिला है। कविता के लिए आधुनिकता नहीं और प्राचीनता भी नहीं। वह अजरामर है। यही कविता का प्रधान लक्षण है।

चाहे किसी भी महाकवि को लीजिए, जिन्होंने प्रजा को प्रभावित किया है, जिन्होंने सभ्यता और संस्कृतियों का निर्माण किया है, उन सभी ने अपनी कविता समकालीन भाषा में ही की है, गत युगों की भाषाओं में नहीं। एक और रहस्य है कि उन लोगों ने कविता कविता के लिए नहीं की है, यश के लिए नहीं की। उपाधियाँ अर्जित करने के लिए नहीं की, मनुष्यों को बदलने के लिए कविता की है। नये मनुष्यों को रूपायित करने के लिए कविता की है। अर्थात् वह एक महत्तर द्रष्टा का काम था। इसीलिए उनकी वाक् को मनुष्य को परिवर्तित करने की शक्ति मिली है। उस शक्ति से युक्त शब्द ही कविता कहलाता है। कहलाया गया भी है। अन्यथा कविता ही क्यों? रोने के लिए?

किं कवेस्तस्य काव्येन किं काण्डेन धनुष्मतः।
परस्य हृदये लग्नं न घूर्णयति यच्छिरः॥

बंदूक दिखाकर धर्मशास्त्र मानव द्वारा बलात् कर्म कराता है। लेकिन शक्तिवान शब्द मनुष्य में निहित निज पदार्थ को ही परिवर्तित कर देता है। तद्द्वारा एक ऐच्छिक एवं आन्तरिक परिर्वतन ला देता है। बंदूक की शक्ति और शब्द की शक्ति के बीच का अन्तर यही है। मनु, आपस्तंब आदि के द्वारा दिखायी गयी बंदूकें आज नहीं हैं, मानव को उनका डर दिखाकर चलाने के लिए। लेकिन वाल्मीकि का शब्द आज भी है और मानव को रास्ता बता भी रहा है। बंदूक हर कोई पकड़ सकता है, किन्तु कलम हर किसी के पकड़ने की चीज नहीं है। आज हमारे देश में मनुष्य एक सामाजिक जीवन व्यतीत कर रहा है, वन-जंतु जीवन नहीं तो इसके मानी यही है कि वह सभ्य जीवन रामायण और महाभारत द्वारा प्रदत्त भीख ही है। आज

काल प्रवाह की तेज गति में अन्य आधुनिक मूल्यों से कुछ रामायण द्वारा प्रतिपादित मूल्यों के किनारे क्रमशः कटते गये होंगे। हमें उसका विरोध करने की आवश्यकता भी नहीं है। हर युग की प्रजा अपने युग के लिए अपने जीवन मूल्य, अपनी दुनिया और अपनी भाषा को नये सिरे से निर्मित कर लेती है। यह युग धर्म होता है। "प्राप्तकालमुपास्यताम्" —वाल्मीकि ने कह दिया था। उन महाकवियों ने कुछ मूल्यों का प्रतिपादन करके उनके विशाल जाल में प्रजा को फँसा कर रखा है। नहीं तो यह प्रजा किसी भी क्षण में तिरोगमन कर अपनी पूर्व पशु स्थिति पर जा पहुँची होती। इसीलिए दुनिया के लिए हर युग में एक युग कर्त्ता की आवश्यकता होती है। इसी तरह आज तक इतिहास भी चला है। मानव का पुरोगमन वलयाकार में ही चल रहा है, न कि शिखरारोहणवत्।

अतः कविता द्वारा मनुष्य को बदलना चाहे, मनुष्य को पतित होने से बचाकर रखना चाहे तो कविता को मनुष्य से मिलना होगा। मनुष्यों के जीवन-मरण की समस्याओं से सम्मिलित होना होगा। तभी कविता सफल होगी। उसको समग्रता की सिद्धि होगी। असल में यही मुख्य बात है तो गत शताब्दियों की भाषा में कविता कैसे लिखी जायेगी? वर्तमान की भाषा में ही लिखी जानी चाहिए। जन-सामान्य के लिए जो भाषा दीवार नहीं बनेगी, उसी में कविता लिखी जानी चाहिए।

दूसरा शीर्षस्थ कारण यह है कि कविता वह शब्द है जिसमें मनुष्य को बदलने की शक्ति है। कविता की पहचान के लिए यह एक मोटी निशानी है। क्योंकि शक्तिरहित सामान्य शब्द मनुष्य पर कोई असर नहीं कर सकता। यूनान के तात्त्विकों ने कविता को Art of Persuation कहा है। यह शक्ति शब्द को वक्रोक्ति, ध्वनि, अलंकार आदि बहुविध चमत्कारों के प्रयोग से उपलब्ध करायी जानेवाली एक विशिष्ट सिद्धि है। इस शक्ति को मनुष्य पर प्रसरित होना है तो उसके उत्पादक हेतु चमत्कार विशेषों का साक्षात्कार मनुष्य के लिए होना है। कवि प्राचीन भाषा का जब प्रयोग करता है तब उसके इस दीवार को लाँघने पर ही कविता शक्ति का साक्षात्कार होता है। कविता और पाठक के बीच अगर यह दीवार नहीं होती है तो कवित्व शक्ति का साक्षात्कार बिना व्यर्थ श्रम की अपेक्षा रखे शीघ्र ही मिल जाता है। यह श्रम प्राचीन काव्यों को पढ़ने के लिए आवश्यक हो सकता है। लेकिन आज की कविता पढ़ने के लिए इसकी क्या आवश्यकता है? प्राचीन भाषा प्रयोग पाठक के लिए व्यर्थ प्रयत्न का हेतु बनता है। उसमें भी 'कविता' में यह बेकार ही है। प्रथमतः इसे जानने की जरूरत है। केवल प्राचीनों पर गौरव भाव के कारण ही उस वर्तमानात्व से रहित भाषा में ही लिखने की जिद रखना मूर्खता मात्र होगी—

"तातस्य कूपोयमिति ब्रुवाणाः क्षारं जलं के पुरुषाः पिबन्ति।"
(दादा के द्वारा खुदवाये कुआँ होने के बावजूद उसका क्षार जलं कौन पीता है?)
"How is poetry to be extracted from popular speech?"

इस संबंध में मायाकोवस्की ने नये रूप में सोचा है।

इसीलिए इस देश (तेलुगु प्रान्त) की प्रजा को अपने प्राचीन काव्य राक्षसों के पंजों से मुक्त होना है। वर्तमान भाषा प्रयोग ही प्राणवान् कविता के लिए आवश्यक है। वर्तमान भाषा अलग और वीर आधुनिक नामक नाट्य कला प्रपूर्णों द्वारा प्रयोग में लायी गयी गद्य-कविता की भाषा अलग है। इस पर गत दोष प्रकरण में विस्तारपूर्वक विचार हुआ है। वीर आधुनिक नाट्य भाषा के दो प्रकार हैं— एक जहाँ चाहे तहाँ अंग्रेजी शब्दों को बिखेरना, जैसे बीड़ी के टुकड़ों को फेंका जाता है। उनकी आशा है, इससे उसे प्रजा भी एक महान् आधुनिक कवि समझेगी! अगर अंग्रेजी शब्दों का प्रयोग ही आधुनिकता का लक्षण है तो क्लाइव और वारन हेस्टिंग्स के बावर्ची भी अच्छे आधुनिक कवि माने जायेंगे। कोरे शब्द कभी कविता नहीं बनते। इसी मारणास्त्र से अंग्रेजी शब्द प्रयोगरूपी आधुनिकताभिनय मारा जाता है। दूसरा है— किसी एक प्रान्त से संबंधित बोली का प्रयोग करके पाठक की जान ले लेना। इस प्रकार का Shock Treatment देकर लोगों की दृष्टि को बलात् अपनी ओर आकर्षित करना ही यहाँ प्रधान लक्ष्य होता है। यह सब जब असफल हो जाते हैं तो इस वर्ग के लोग नंगे घूमने के लिए भी तैयार हो जाते हैं। कारण किसी भी तरह से अपनी धाक जमाने का प्रयत्न करना ही उनका ध्येय है। अरस्तू भी यही कहते हैं— "To use.... any other kind of language outrageously or with the deliberate intention of being funny would produce the same effect." (Poetics, Ch. 22.)

उसे हास्यास्पदकारक बताते हुए Standard Words का प्रयोग करने की सलाह देते हैं। Standard Words का अर्थ है सार्वजनीन व्यवहार में सिद्ध शब्द। असल में देखा जाय तो शिलालेखों की भाषा और प्रान्तीय बोली समझ में न आने के पीछे अन्तर क्या है? कहीं श्रीकाकुलम् के जंगलों में व्यवहार में रहनेवाली भाषा को मान लीजिए किसी एक ने प्रयोग किया है, हैदराबाद में पढ़नेवालों के लिए कैसी लगेगी? उस जंगल की भाषा और शिलालेखों की भाषा में उन्हें कोई अन्तर नहीं मिलेगा। क्योंकि दोनों उसकी समझ में नहीं आयेंगी। कविता में शब्द का अर्थ समझ में न आने का कारण होता है कवि द्वारा बुद्धिपूर्वक ऐसे शब्द का प्रयोग करना। अगर ऐसा करता है तो वह दोष ही माना जाता है।

जहाँ तक संभव हो, साधारण पाठक की समझ से परे शब्दों का प्रयोग

कविता में नहीं होना चाहिए। इससे अत्यंत लाभदायक उपाय कविता की सफलता के लिए और विजय की साधना के लिए और कोई नहीं है। इस चर्चा से एक सिद्धान्त उभरता है— कविता की भाषा (Poetic Diction) पर विचार करते हुए अरस्तू ने भी कहा है— सामान्य भाषा का विचित्र (असामान्य) प्रयोग ही कविता है। आगे और स्पष्ट करते हुए उन्होंने कहा है कि साधारण व्यवहार में जीवित शब्दों को ही काव्य में प्रयोग करना है और शब्दों की दृष्टि से स्पष्टता का होना आवश्यक है। इस संदर्भ में उनका वक्तव्य देखिए—

"The virtue of language is to be clear without being low. Language formed of standard words is clearest, but it is low.... Out-of-the-way usages give dignity and transform the common speech; by 'out-of-the-way' I mean loan words, metaphors, extended words and all departures from the standard.... For being unfamiliar because of its variation from standard speech, this will prevent commonness and at the same time clearness will be preserved by the partial familiarity of words." (Poetics, Ch. 22.)

यहाँ Virtue of language का मतलब है कविता में भाषा का स्थान, Clear without being low का मतलब है भाषा की दृष्टि से दैनंदिन व्यवहार सिद्ध सरल शब्द प्रयोग की आवश्यकता, न कि ज्यों-का-त्यों प्रयोग। इस ज्यों-का-त्यों का प्रयोग कविता की दृष्टि से Low (नीच) हो जाता है। अर्थात् चमत्कार की रिक्तता से शुष्क गद्य बनकर कविता के क्षेत्र में अधम स्थान प्राप्त कर लेता है। इसलिए कविता सृजन के लिए साधारण भाषा का ही विपरीत पद्धति में (Out of the way use) असाधारण रूप में प्रयोग करना है। इससे व्यावहारिक बोली (Common Speech) रूपांतरित (Transform) होकर गरिमा (Dignity) प्राप्त करती है। अर्थात् वह कविता के रूप में परिवर्तित होती है। यह अरस्तू का मन्तव्य है। यहाँ 'Standard', 'Standard Speech' इन शब्दों का अर्थ है नित्य जन-व्यवहार में प्रचलित भाषा। वक्रोक्तिकार कुन्तक द्वारा प्रतिपादित सिद्धान्त देखिए—

"प्रसिद्धाभिधान व्यतिरेकिणी विचित्रैवाभिधा वक्रोक्तिः।"

अरस्तू और कुन्तक के विचारों में समता बहुत आश्चर्यदायक है। यहाँ केवल भाषाएँ ही भिन्न हैं विषय में कितनी संपूर्ण एकता है। इससे यह महान् सत्य स्थापित होता है कि समस्त विश्व में मत-मतान्तर दृश्यमान भ्रान्तियाँ मात्र हैं। मानव चाहे जहाँ भी हो एक ही है।

उपर्युक्त चर्चा का तात्पर्य यही है कि शब्द के धरातल पर पाठक को किसी भी हद तक क्लेश नहीं पहुँचना है। भाषा को बगल में ढकेलकर पाठक का परिचय सीधे कविता से ही होना है। उसके बाद कविता और पाठक— दोनों पक्ष आमने-सामने होकर एक दूसरे को देख लेंगे— दूसरों के हस्तक्षेप के बिना। अर्थात् कविता के

न समझ में आने का प्रश्न ही नहीं उठना है और शब्द पर यह आरोप भी नहीं लगना चाहिए। इस तरह से शब्द जब रास्ते से हट जाते हैं तब भी कोई कहता है कि कविता समझ में नहीं आ रही है, तो हमें समझना होगा कि कवि द्वारा प्रयुक्त चमत्कार, वक्रोक्ति अथवा ध्वनि को समझने की क्षमता उस कंगाल में नहीं है। तब उसे अपने रास्ते पर छोड़ देने के सिवा और कुछ किया नहीं जा सकता। शब्द प्रयोग आदि स्वदोषों से उभरे कारणों तक ही कवि का दायित्व होता है। लेकिन कविता समझ में नहीं आयी तो इस विषय में सारी जिम्मेदारी पाठक की ही होगी। अगर कोई एक कवि द्वारा प्रयुक्त चमत्कार को नहीं समझ पाता तो उसकी जिम्मेदारी कवि की कैसे हो सकती है? चमत्कार पर ही वह कवि के रूप में जी रहा है। उसको भी त्यागने के लिए कहे तो कोई हजाम ही मान लेगा, कवि कैसे मान सकता है? कवित्व हेतु चमत्कार विशेषों को न समझ सकनेवाले बहुत मिल जाते हैं, खासकर आधुनिक गद्य कविता (वचन कविता) दीक्षितों के कारण। क्योंकि इन गद्य कविता नामकों में गद्य ही मिलता है, कविता नहीं। आज तक प्रजा के सामने इसी गद्य की सूखी घास डाली गयी है। जनता में कविता चेतना मार दी गयी है। इस ऐतिहासिक संदर्भ के द्वारा मिली हिम्मत के कारण (तेलुगु प्रान्त में) हर बच्चा कविता लिखे बिना नहीं रह पा रहा है। किसी में यह हिम्मत ही कहाँ रह गयी है कि पूछे, इसमें कविता कहाँ है? तत्परिणामस्वरूप उपस्थित परिस्थिति में क्या हो रहा है— जहाँ कहीं भी अच्छी कविता मिले तो डट कर कहा जा रहा है कि वह समझ में नहीं आ रही है। इससे वे समझ रहे हैं कि कविता की ही बेइज्जती हो रही है। लेकिन वे बेशर्म लोग यह नहीं समझते कि इनकी ही बेइज्जती हो रही है। क्योंकि उनका दृढ़ विश्वास है कि उससे उनकी कोई अप्रतिष्ठा नहीं हुई। बौद्धिक रूप से ऐसे नादान बच्चों को अच्छी कविता समझ में आयेगी कैसे? ऐसा सोचना भी हमारी गलती ही होगी।

> नहि स्तनंधयी बुद्धिर्गंभीरं गाहते वचः।
> तलं तोयनिधेर्द्रष्टुं यष्टिरस्ति न वैणवी॥

(नन्हा बच्चा वाक् की गहराई में जा नहीं सकता, समुद्र की गहराई देखने के लिए बाँस काफी नहीं है।)

एक बार एक वक्ता ने अपने भाषण में प्रश्न किया था कि आज समझ में न आनेवाली कुछ सौ वर्षों पहले की भाषा में लिखी गयी कविता का अध्ययन क्यों करना है? सरकारी दफ्तरों में तो एक वर्ष से लेकर दस वर्षों तक के बीच की फाइलों को जला देते हैं। यह एक रिवाज है। इन काव्यों को सैकड़ों वर्षों के बाद भी क्यों नहीं जलाते? आज भी इन ग्रंथों को पढ़ने के लिए क्यों कहते हैं? सरकारी कागजों से भी क्या ये मूल्यवान हैं? उसका भाषण आगे भी ऐसा

ही चलता रहा। भाषण के अन्त में एक महानुभाव उठे और कह गये कि पुराने कवि बहुत अच्छे आदमी थे। पूर्व वक्ता ने अकारण ही उनकी निंदा की है। इतना कहकर महाशय बैठ गये। किन्तु प्राचीन साहित्य पर अपनी श्रद्धा की भावना व्यक्त कर ही गये। बिचारे इस महाशय में साहित्य पर भक्ति ही थी और किसी प्रकार की बुरी भावना नहीं। उसे यह पता नहीं था कि पूर्व भाषण एक प्रकार से चमत्कार ही था और उसे व्याजस्तुति कहा जाता है। ''कालिदास राक्षस के द्वारा अपने पृष्ठों में बन्दी अप्सराओं को, छोड़ दोगे''— यह वाक्य गोरिल्ला नामक काव्य का है। क्या कालिदास को राक्षस कहा जा सकता है? कितना अपराध है? कुछ विवेकियों के तेवर चढ़ गये। यह इसलिए हुआ कि इन 'विवेकानन्दों' का कविता के चमत्कारों से कोई परिचय ही नहीं था। अकविता के गद्य रूपी जीर्ण तृण को चरते-चरते जाति की जिह्वा की स्वाद लेने की शक्ति खतम हो गयी। महाकवि भोज ने वाल्मीकि को ही परम किरात कहा है—

इत्थं विलप्य विपिने दयितां विचिन्वन्, रामो न तत्र धृतिमान नहि लक्ष्मणश्च
ता दृग्विधामपि कथां कथयन स्ववाचा वल्मीकजन्ममुनिरेव कठोरचेताः॥

(रामायण चंपू)

अर्थात् सीताहरण के बाद सारे वन को छानते हुए रोनेवाला राम धीर नहीं है और भाई का अनुसरण करनेवाला लक्ष्मण भी। लेकिन ऐसी हृदयविदारक कथा को अपने मुँह से ही जो कह सका वह वाल्मीकि तो कठोर हृदयी है। (यहाँ वाल्मीकि के जन्मतः किरात होने की ध्वनि है।) इस श्लोक में अलंकार भी है और ध्वनि भी। इसीलिए इसे अलंकार ध्वनि कहते हैं। व्याजस्तुति अलंकार को परिभाषित करते हुए जयदेव ने गंगा माता की निंदा की है। मतलब भोज से भी महान् पाप उन्होंने किया है—

''उक्तिर्व्याजस्तुतिर्निन्दा स्तुतिभ्यां स्तुति निंदयोः।
कः स्वर्धुनि विवेकस्ते नयसे पापिनो दिवम्॥

अरी गंगा! तेरे पास अक्ल ही कहाँ? तू पापियों को स्वर्ग ले जाती है। अगर अक्ल हो तो क्या ऐसी करेगी? अर्थात् यहाँ यह कह कर कि घोर पाप करनेवालों को भी परिशुद्ध करने वाली पवित्रता है, गंगा माता की प्रशंसा ही की गयी है।

सार रूप में कहा जा सकता है कि (१) कविता में सहज वर्तमान भाषा आवश्यक है; (२) व्यावहारिक भाषा में जिस प्रकार कहनेवाली बात की प्रधानता होती है उसी प्रकार कविता में किस प्रकार कही गयी बात की प्रधानता। क्योंकि विशिष्ट रूप से कही जानेवाली बात ही कविता बनती है। उसी में मनुष्य को परिवर्तित करने की शक्ति होती है।

□

वह कविता समझ में नहीं आती-वह रोमांटिक कविता है वह प्रेम कविता है- वह आत्माश्रयी कविता है

अच्छी कविता की निन्दा करने के लिए देश में (प्रमुखत: तेलुगु प्रान्त में) अकवियों और कुकवियों द्वारा प्रचार में लाये गये दो प्रमुख अस्त्र हैं— एक समझ में नहीं आ रही है और दूसरा रोमांटिक पोयट्री अथवा आत्माश्रयी कविता है। इस जाति के लोग असली कविता को देखते ही भयभ्रान्त हो जाते हैं मानो उन्होंने एक भूत का दर्शन किया हो। तुरन्त ही उसे 'सब्जेक्टिव पोयट्री' अथवा सौंदर्य की आराधना, अथवा कुछ और कह देते हैं। जिस प्रकार बिजली के गिरते समय 'अर्जुन: फल्गुन: पार्थ: किरीटि: जैसे अर्जुन के नामों की रट लगाते हैं उसी प्रकार ये लोग अच्छी कविता को देखते ही जल्दी जल्दी 'सब्जेक्टिव पोयट्री', 'सौंदर्याराधना' जैसे मंत्रों का जप करने लगते हैं। जिस प्रकार भयभीत अर्जुन के नामों की रट से सुख का अनुभव करता है, उसी प्रकार ये भी 'सौंदर्याराधना' वगैरह शब्दों का जप करके कविता-भूत का उच्चाटन हो गया समझ कर आराम की साँस लेते हैं। इस प्रकार की एक जाति प्राय: हर देश में मिल जाती है। अल्बर्ट कामू ने 'Le Mythe De Sisyphe" नामक अपने सिद्धान्त ग्रंथ को जब प्रकाशित किया था तब इस जाति के लोग बहुत ही मानसिक व्यथा से गुजरे थे। उनको अन्तत: कुछ-न-कुछ लेबल दे न सके तब तक वे सो भी न सके। जान क्रूकषांक नामक साहित्यकार ने कामू की बौद्धिक विचारधारा के संबंध में चर्चा करते हुए इसका उल्लेख इस प्रकार किया है—

"Readers and critics alike are often quick to find some label by means of which they can characterize or summerise an original writer and thereby render him less disturbing. Once the formula has been found the actual work itself can be largely ignored. Camus was subjected to such a labelling process at an early stage and soon he came to be generally regarded as a 'Philospher of the Absurd'."

साहित्य में इस प्रकार नाम देने के व्यवहार निन्यानबे फीसदी चलते हैं। असलियत में ये व्यापारी न कवि हैं और न ही आलोचक। एक ऐसा चिकना पदार्थ है जो देश को अज्ञान और अन्धकार में डुबोना चाहता है। अच्छी कविता को देखते

ही दाँत पीसकर तलवार उठानेवाले वीर 'पोज़' मारकर ललकारते हैं— "अरे, इस कविता में सामाजिक चेतना कहाँ हैं? ऐसे चीखते हैं कि चारों दिशाएँ प्रतिध्वनित हों। तुरंत ही उनके बाल खींचकर उनके गले काटनेवालों के न रहने के कारण ही उनके दिलों को इतना आधुनिक भरोसा मिल गया है।

ऐसे लोगों का विश्वास है कि सामाजिक चेतना और कविता दोनों एक साथ मिलकर नहीं रहतीं। पता नहीं कि यह उनका विश्वास है अथवा आत्मरक्षा के लिए उनके द्वारा स्वीकृत सिद्धान्त! ऐसा लगता है कि उनका सिद्धान्त है कि कविता रहित 'पोयम्' में ही सामाजिक चेतना रह सकती है। इसीलिए उनका आक्षेप है कविता पर ही! इस सबका निष्कर्ष क्या है? वे कह रहे हैं कि कविता मत लिखो। असली बात यही है! वे ऐसी ही कविताएँ लिखकर गद्दी पर बैठे हुए हैं। अब असली कविता को अगर वे स्वीकारते हैं तो उनकी गद्दियाँ छूट जायेंगी। इसीलिए चाहे उनके सामने मृत्यु की घड़ी आ जाय, तो भी वे कविता से युक्त वाक्यों को मान्यता दे नहीं सकते! आत्म धर्म से बड़ा धर्म कहाँ है? जीवन विधान में रथ पर चढ़कर चलनेवाले चोर हैं ऐसे लोग। अच्छी कविता को ढकेल देने के लिए उन्हें कारण चाहिए। इसीलिए 'सामाजिक चेतना' 'समझ में नहीं आती है' आदि नारों को बढ़ावा दे रहे हैं।

आज देश में (आन्ध्र प्रान्त में) कविता के लिए प्रथम शत्रु हैं 'समझ में नहीं आयी' कहने वाले नारेबाज। यह सब एक गड़बड़झाला है। इसमें उभरे कुछ वाक्य हैं— इतने बिम्ब क्यों? यह सब तमाशा क्या है? जो कहना है उसे क्यों सीधे कहा नहीं? ऐसा क्यों रखा गया? कहने के लिए कुछ नहीं है तो यह क्यों? क्या कविता रोने के लिए है?— इसी रास्ते पर वे चले हैं।

'समझ में नहीं आता' सिद्धान्त असली कवि के लिए तो एक बड़ी कब्र है! वह कभी उससे बाहर नहीं निकल सकता। इसलिए आज की युवापीढ़ी को इस प्रश्न पर आमूल चूल विचार करना है और उसे अन्तर-बाह्य विचार का खास मुद्दा बनाना चाहिए। मंथन करवाना है। असल में तो इस प्रश्न में ही यह बात निहित है कि असलियत में इस प्रकार की बात उठानेवाला ही एक महान् पागलपुरी है! लेकिन इस प्रश्न के पीछे कुछ रोग-द्वेष हैं। किन्तु यह भी कहा नहीं जा सकता कि सभी संदर्भों में ऐसा ही है। राग-द्वेषों के प्रभावों के सामने झुककर कविसेना द्वारा प्रसारित नये मार्ग को ग्रहण कर आनेवाली कविता को नकारनेवाले भी प्राय: आज ४० वर्ष की उम्र को पार कर चुके हैं। उनकी डिग्रियाँ और उनके द्वारा पढ़े गये ग्रंथ (अगर पढ़े हों तो) उनकी कोई सहायता नहीं कर सकते कविता के विषय में। ये अब अकविता के पितामहों के रूप में प्रतिष्ठित हो गये हैं। ये लोहे के कठघरों में फँसे हलकी आवाजों के अथवा तरक्की आदि नौकरी से संबंधित सपनों

से हत अथवा विश्वविद्यालय, अकादमी आदि के लौह मुष्टि घातों के भय से चुप पड़े बलहीन हैं। और नहीं तो एक ओर जब देश जल रहा है तो दूसरी ओर ये खण्डहरवत पुरस्कारों के लालच में गंदी नालियों के मछवाहे क्यों बने रहते? लगता है कि ये सामाजिक चेतनारूपी कूप के मण्डूक हैं या साहित्यमुख राजनीतिक नेताओं के गुलाम। ये सब नहीं तो अक्षर के कागज पर आते ही सबको निगलने की खुजली से उभड़नेवाले अकारण अहंभावी बालकवि सम्राट ही होंगे। इस प्रकार बूढ़ेपन की बदबू बिखेरनेवाली असंख्यक असाहित्यिक जातियाँ हैं। फिर भी कुल मिलाकर इनकी संख्या केवल जिज्ञासा लेकर साहित्य को पढ़नेवाले पाठकों की संख्या के सामने नगण्य ठहरती है। लेकिन साहित्य का दुर्भाग्य यह है कि समाचार-पत्रों, रेडियो आदि प्रचार के साधन इन पक्षधर गुटों के हाथों में फँसे हैं। यह स्थिति स्वच्छ स्वेच्छावादी साहित्य की उन्नति के लिए एक महान् ग्रहण सदृश है। आधिकारिक साहित्यिक संस्थाएँ भी इनके साथ जुड़ी हुई हैं। इस तरह निष्पक्ष स्वच्छ साहित्य आधुनिक युग में देश में लकवा पीड़ित हो गया है। इस ऐतिहासिक बवंडर से उसे मुक्त करने के लिए कविसेना की आज बड़ी आवश्यकता है।

आश्चर्य की बात यह है कि उपर्युक्त सभी असाहित्यिक जातियाँ साहित्य में घुस गयी हैं। असल में इनमें से किसी को कविता और साहित्य से किसी प्रकार का संबंध नहीं है। कोई 'बार्बर शाप' 'लांडेरी' अथवा 'मुनिसिपल काउनसिलियर' का पेशा अपनाने के बजाय उन सब लोगों ने कविता को अपनाया है। क्योंकि उन लोगों ने इसे आसान पेशा समझा है। सांत्वना की एक बात है कि सौभाग्यवश उनके साहित्य की ओर और उनकी बातों की ओर जनता ने अधिक ध्यान नहीं दिया। उनकी पीठों पर से होकर जनता का प्रवाह प्रवाहित हो चला है। लेकिन आज जो कुछ राजकीय कवि हैं उनके संबंध में ही मन आर्द्र हो जाता है। वह भी उनके चित्त की शुद्धि के कारण। उनमें सब कुछ है, बस मात्र कविता पर ही उनको विश्वास नहीं है। मोक्ष प्राप्ति राजकीय मार्ग से भी हो सकती है और कविता के मार्ग से भी। मिलावट के मार्ग को पकड़कर उभयभ्रष्टता पाने के बजाय वे केवल राजनीतिकवादी के रूप में ही बन जाते तो देश की अमूल्य सेवा होती। इससे बढ़ कर वाङ्मय की सेवा भी हो जाती।

"कविता समझ में नहीं आ रही है" कहनेवाले साहित्य के हत्यारों को यह साहस मिला है देश की परिस्थितियों के सहारे। वे यह नहीं समझते हैं कि इस प्रकार कहना निर्लज्जता को ज्ञापित करता है। यह उनके दिमाग के लिए भी अप्रतिष्ठाकारक है। वह इस तेलुगु प्रांत की गलियों में जितनी स्वतंत्रता से घूम रहा है उतनी ही स्वतंत्रता से और जगह यानी हिन्दी-उर्दू प्रान्तों में घूम नहीं सकता। अगर घूमेगा तो अवश्य उसे एक विचित्र जंतु समझकर किसी अजायबघर के पिंजड़े

में बन्द करके रख देंगे वहाँ के लोग। "कविता समझ में नहीं आ रही है" कहने वाले मूर्ख के संबंध में एक संस्कृत कवि ने जो मंतव्य दिया है वह यहाँ उल्लेखनीय है—

विपुल हृदयाभियोगे खिद्यति काव्ये जडो न मौर्ख्येस्वे।
निन्दति कंचुकमेव प्रायः शुष्कस्तनी नारी॥

(बुद्धिमान जिस काव्य को समझ सकता है उसकी मूर्ख निंदा करता है कि उसकी समझ में नहीं आ रहा है। अपनी मूर्खता की निंदा नहीं करता। शुष्क स्तनोंवाली नारी हमेशा चोली की ही निन्दा करती है।)

असल में व्यक्ति के इतिहास का अनुशीलन करने पर ही हमें पता चलता है कि कविता समझ में न आनेवाली बीमारी उसे कैसे लग गयी है। अच्छी कविता अगर वह पढ़ेगा तो समझ में कैसे आयेगी? कविता को समझने की आदत उसे पीढ़ियों से नहीं पड़ी है। आज वह आदत डालने की स्थिति में नहीं है। उसने मात्र कुछ प्राचीन तेलुगु काव्यों अथवा आजकल की गद्य कविताओं को ही पढ़ा है। आज वह जो कविता लिख रहा है उसका प्रमाण वही है, उसका शास्त्र वही है— सब 'अथारिटी' वही है। अच्छी कविता समझने के संदर्भ उसके जीवन में कब आये? जो जी में आया है वह लिख गया है और उसके आसपास जो भी धूर्त पंडित हैं और तोते शास्त्रज्ञ हैं— सब मिलकर उसकी कविता की भूरि-भूरि प्रशंसा कर रहे हैं तो उसकी दुनिया चल रही है। ऐसी स्थिति में उसे न तो अच्छी कविता पढ़ने की जरूरत है, न ही अच्छी कविता लिखने की। उसे पूछनेवाला ही कहाँ है? देश की कविता का इतिहास ऐसा बन रहा है। यह बुद्धिपूर्वक बने उन्मादियों की बात है। अब साधारण वर्गों की बात देखें—

असल में शब्दों में ही कविता को निहित माननेवाला एक अद्वितीय अनोखा संप्रदाय इस पृथ्वी पर अवतरित होने के कारण ही दो प्रकार की विपत्तियाँ भारी रूप में उत्पन्न हो गयी हैं। उक्ति-चमत्कार से कभी भी परिचय न होने के कारण उक्ति-चमत्कार से युक्त पंक्ति के सामने आते ही तुरन्त उसके समझ में न आने की बात कह जाने की प्रवृत्ति एक है। और दूसरी बात है-कविता उक्ति-चमत्कार मात्र होने के नाते किसी एक शताब्दी की भाषा में ही लिखने का नियम अथवा ऐसी आवश्यकता नहीं रखती। इसीलिए कोई भी अध्ययन से अथवा अन्य साहित्यों के संपर्क से प्राप्त अनुभूति से उक्ति शिल्प को ही वास्तव में कविता समझकर अपनी कविता लिखता है तो ये लोग उसमें पुराने पदबन्धों का सौन्दर्य नहीं दिखाई देने और उनसे संबंधित मंजुल, मनोहर, मृदुल आदि शब्दावली के अभाव के कारण, पुरानी भाषा रीतियों के अभाव के कारण इस नयी कविता को शिल्प रहित घोषित कर रहे हैं। ये कविता से संबंधित धारणाएँ काव्य सिद्धान्तों के प्रतिमानों के सामने ठहर नहीं सकतीं। सुप्रतिष्ठित काव्यगत मानदण्डों से मापने पर क्या यह कविता

टिक नहीं सकेगी? देखना है। उस पद्धति का अनुसरण न कर उसमें पुराने तत्त्वों का अन्वेषण करना क्या अपमार्ग पर चलना नहीं होगा? अग्निपुराण केवल अर्थ-सौंदर्य को ही कविता के लिए आवश्यक प्रतिपादित करता है—

अलंकरणमर्थानां अर्थालंकार इष्यते।
तं विना शब्दसौंदर्यमपिनास्ति मनोहरम्॥

इतना ही नहीं और प्रखर स्वर में यह भी घोषित किया गया है—

"अर्थालंकाररहिता विधवेव सरस्वती।"

यह मैनिफेस्टो भी एक बड़ा अग्निपुराण है।

आज भी पुराने काव्य मूलक समासों की गुफाओं में मृत भाषा विन्यासों के कंटकाकीर्ण कुंजों से बाहर न निकलनेवाले मौलिकतारहित कविपुंगव महाकवि की छाप लगाकर त्योहार मना रहे हैं। उन महोत्सवों को कन्धों पर लादकर ढोते हुए आजीवन प्रायश्चित्त करते संचार करनेवाले साहित्यिक पंडे ही अधिक समालोचनाएँ लिख रहे हैं। इसलिए आज (तेलुगु) जाति इन अकवियों और कुकवियों के गुटों के पंजों से विमुक्ति पाने में विलम्ब महसूस कर रही है। इन साहित्य के महानुभावों को उनके किलों सहित खतम करने का ऐतिहासिक कार्य संपन्न करने के लिए कविसेना ने जन्म लिया है। उन विध्वस्त खण्डहरों के ऊपर ही एक नया साहित्य युग का उदय होना है।

शाखाओं में छिपी कोयल दिखाई नहीं देती। वह गाती है। उस अनुभूति से बँधा कवि जब कह जाता है कि आम्र वृक्ष गा रहा है पंचम में तो हमारा भाई मचल पड़ेगा— नहीं समझने के कारण। बहिर संसार के कोलाहल से थककर घर लौटा एक व्यथित जीवी किवाड़ बन्द करके ओढ़नी में अपने शरीर को घुसाकर एकदम सहज रूप से स्वेच्छा का अनुभव करता साँस लेता है। उसे देखकर कवि "अन्ततः दुनिया से अपने को बचाकर प्रशान्त अन्धकार में नहा रहा है" कहा है तो हमारा भाई चिल्लाता है कि यह मेरी समझ में नहीं आ रहा है। अगर यही उर्दू, हिन्दी, फ्रेंच वगैरह अन्य साहित्य जिज्ञासुओं को लक्षित करके कहा जाता है तो, उसे शिरोधार्य कर लेंगे। इस प्रकार की कविता के लिए प्राचीन काव्य-भाषा की जरूरत नहीं है और उसके सड़े समासों की भी। ऊपर से ये कविता की आत्मा के दर्शन के लिए लोहे के दरवाजे बनकर एक अनावश्यक भाषा कसरत की समस्या उपस्थित कर पसीना बहा देते हैं और कविता की आनन्दानुभूति के लिए बाधक बन जाते हैं।

एक और कंगालों का वर्ग है। उसे मंजुल, मनोहर, मधुर वगैरह शब्दों से

कोई काम नहीं। लेकिन यह नूतन कविता साधारण शब्दावली से युक्त होने पर भी उसके वाक्य-विन्यासों और शब्दार्थ प्रयोग पद्धतियों के अनोखे होने के कारण और इनसे पूर्व परिचय के अभाव में ये लोग कह जाते हैं कि यह कविता समझ में ही नहीं आयी। दैनिक पत्र-पत्रिकाओं की रचना से भिन्न न ठहरनेवाली रचनाओं को 'गद्य कविता' नाम देकर साहित्य के मार्केट में बिकनेवाले कूड़े को चरने के आदि प्राणी हैं ये। उस तरह की 'प्लैन प्रोज़' को खानेवाले इस वर्ग के लोग असली कविता को विचित्र दृष्टि से देखते हैं। सस्ते उपमान, सड़े पुराने गंध युक्त रूपक, गद्य कवि के दिमाग से उगली गयी उत्प्रेक्षाएँ आदि शुष्क पकवानों के साथ परोसा गया मोटा चावल खानेवाले को नाजुक Intellectual, metaphysical, aesthetic भोजन कैसे भायेगा? वास्तव में उनको नाजुक कविता सुनाना गँवारों के गीतों पर झूम जाने वाले को रूना लैला के नाजुक रिकार्ड सुनाने जैसे होता है। उसे 'सिम्बालिज़्म', उक्तियों की शक्तियों का उपयोग करके कही जानेवाली वक्रोक्ति, चमत्कार आदि विचित्र-रचना-विशेष कैसे रुचेंगे? उसे मालूम ही नहीं है कि कविता सामान्य भाषा से भिन्न भाषा में उत्पन्न होती है। इस पर वह जोर शोर करके कहता है कि कविता सामान्य भाषा में ही होनी चाहिए। उसके मानदण्ड के रूप में मार्क्सवादी साहित्य को देखने के लिए कहता है। हे देश (तेलुगु प्रान्त) के भाइयो! सच मानिए कि वह मार्क्सवादी साहित्य के क ख ग नहीं जानता। वह यों ही बक रहा है। देखिए लूनाषार्की इस संबंध में प्लेखनोव के मंतव्य को किस प्रकार प्रस्तुत कर रहा है—

"Literature is the art of images and every invasion of naked ideas or propaganda is always detrimental to the given work."

(साहित्य बिम्बों का शिल्प है। नग्न भाव अर्थात् अनलंकृत भाव अथवा नग्न प्रचार साहित्य पर किये जानेवाले आक्रमण हैं। ये साहित्य के लिए खतरनाक सिद्ध होते हैं।) इससे स्पष्ट है कि लूनाषार्की और प्लेखनोव साहित्य को कोरा गद्य नहीं मानते। ये दोनों मार्क्सवादी आलोचना के लिए नींव डालनेवाले आदि पुरुष हैं।

इतना समझाने पर भी इस वर्ग के लोग मानेंगे नहीं क्योंकि उन्हें यह बीमारी तीन-चार दशकों से लगी है और वह हड्डियों में उतर गयी है। जन्म से मिली बुद्धि मृत्यु तक बदलेगी नहीं। हेतुवाद से बदलेगी नहीं। इतना ही नहीं, ये लोग इन तीस-चालीस वर्षों में बिना समझे ही गुटबाजी की हवाएँ लेकर बढ़ते गये हैं। इन सब अड़चनों को पार करना है— अगर इन लोगों को ठीक करना चाहते हैं। समझ में नहीं आता कि ग़ालिब, बोदिलेर, वाल्मीकि सदृश महाकवियों की रचनाएँ इनकी समझ में कैसे आती हैं। मायाकोवस्की कहते हैं कि "लोग नाव

हैं सड़कों पर'', बोदिलेर कहते हैं कि ''कुर्सियाँ सपने देख रही हैं और ''खिड़कियों के परदे खामोशियों की भाषा में 'फूलों की भाषा में' संध्याओं की भाषा में बोल रहे हैं।'' यह कविता इन लोगों की समझ में कैसे आयेगी? क्या इनकी समझ में न आयी तो कह सकते हैं कि वे कवि ही नहीं हैं? क्या उन्हें लोकप्रिय कवि नहीं मानेंगे? मायाकोवस्की में भी इसी प्रकार के वाक्य लबालब भरे हैं। उन्हें तो लूनाषार्की ''Lenin of Poetry'' कहते हैं। इस संबंध में क्या कहा जाय? खैर, आज देश (तेलुगु प्रान्त) के सामने उभरनेवाला प्रश्न एक ही है— क्या साहित्य को अपने पुरोगमन के लिए इन लोगों की आयु खतम होने तक हाथ बाँध कर रहना है? क्या इतिहास को तब तक रुकना होगा? सोचिए, निर्णय लीजिए— यही आज कविसेना पूछ रही है।

यह भाषा की समस्या भी नहीं है। कवि में एक भाव के उभरनेवाली प्रक्रिया, उस प्रक्रिया को भाषा रूप में संचरित होते-होते रूपायित होनेवाली विन्यास-विशेष से जुड़ी समस्या है। यह समस्या परिचय, अभ्यास और आदत रूपी सोपान त्रयी के अधिरोहण के बिना कैसे संभव होगी? कविता कहलानेवाली इस अनोखी भाषा पर अभिरुचि उत्पन्न करनी होगी। कवि के द्वारा भेजी गयी कविता को लौटानेवाले अज्ञानी पत्रिका-सम्पादकों के बारे में मायाकोवस्की कहते हैं—

''Editors can only say 'I like' or 'I do not like', forgetting that taste also can and must be cultivated. Nearly all the editors of my aquaintance have complained to me that they do not know how to reject poetry manuscripts...''

इसी प्रकार के संपादकों के बारे में उल्लेख करते हुए वे आगे कहते हैं—

''Eighty percent of all the rhymed rubbish printed is published simply because the editors either have no conception of the poetry that preceded, or because they do not know what poetry is all about.''

मायाकोवस्की ने संपादकों के संबंध में जो मंतव्य दिया है वही बहुत से कवियों, आलोचकों और पाठकों के संबंध में भी लागू हो जाता है।

मानव समाज में भाव-रीति और तदभिव्यक्ति से संबंधित भाषा-रीति सब एक स्तर पर नहीं रहती। भिन्न-भिन्न वर्गों के मनुष्य भिन्न-भिन्न कर्मों, भिन्न-भिन्न स्तरों, भिन्न-भिन्न बौद्धिक स्तर के भेदों आदि के अन्तरों के कारण समाज में तरह-तरह के तारतम्य भेदों से युक्त भाव और भाषा रीतियों का प्रवर्तमान होना देखा जा सकता है। सभ्यता का स्तर जैसे-जैसे बढ़ता है, वैसे भावना का स्तर भी बढ़ता है। इस संदर्भ में सभ्यता का अर्थ है भौतिक सुविधाओं के समुपार्जन के प्रयत्न, तत्संबंधी व्यवहारों से मनुष्य का न्याय, धर्म, बौद्धिकता, सौंदर्य बोध आदि बौद्धिकाहार अन्वेषण की ओर ध्यान देना और तदर्थ प्रयत्न करना है। इसमें प्रयत्न भेद के

कारण और तत्परिणाम स्वरूप उभरनेवाले , दृष्टिकोण, मानसिक प्रवृत्ति, प्रवृत्तिगत भेद आदि के कारण मनुष्य सहज एवं सरल रूप से अवगाहन करनेवाले भावों के स्तर से अवगाहन की क्लिष्टता से युक्त भावों के स्तर तक यात्रा करता है। खेत जोतना, बीज बोना, फसल काटना, धान्य का उपयोग करना आदि मानव जीवन में एक स्तर के कार्य हैं। हम जिस मिट्टी को जोत रहे हैं वह क्या है? उसमें स्थित लवण कौन-कौन से हैं? उसमें पानी कौन सा है? सूर्योदय और सूर्यास्त क्या हैं? सूर्य और नक्षत्र आकाश से क्यों गिरते नहीं हैं? आखिर 'नीचे' शब्द का मतलब क्या है? इन प्रश्नों की ओर अन्वेषण बौद्धिक तृष्णा है? उसकी तृप्ति के लिए किये जाने वाले प्रयत्न दूसरे स्तर के प्रयत्न हैं। यह पहाड़ सुन्दर है। यह पेड़ बहुत सुन्दर है। यह पंक्षी सुन्दर है। ये उदय और अस्त के समय बहुत ही सुन्दर हैं। इस सौंदर्य के पीछे रहनेवाला अन्वेषण एक सौंदर्य पिपासा ही है। उसकी तप्ति के लिए किये जानेवाले प्रयत्न और एक स्तर के हैं। ये सब मानव जीवन को परिपुष्ट करने के लिए समाज में सहज रूप से उत्पन्न होनेवाले विभिन्न प्रयत्नों की रीतियाँ हैं। ये ही विभिन्न भाव रीतियाँ हैं और उनके कारण विभिन्न अभिव्यक्ति की रीतियाँ उत्पन्न होती हैं। एक स्तर से दूसरे स्तर का अवगाहन करना सहज रूप से कठिन होगा। समाज में सामान्य सब साधारण स्तर से संबंधित व्यवहारों से ताल्लुक रखनेवाले भावों से और उनकी अभिव्यंजक रीतियों से ही परिचित रहते हैं। लेकिन यहाँ ध्यान देने की बात है कि इन साधारण व्यवहारों से संबंधित अभिव्यंजक रीतियों को भी मनुष्य एक दिन में हठात् अप्रयत्न सीख नहीं सकता। जीवन के अनेक वर्षों के प्रयत्नों से ही वह सीख सका है। जन्म लेने के एक दो वर्ष के बाद से ही खाना, माता-पिता, भाई-बहिन, अपने-पराये आदि को एक क्रम में पहचानना आदि आरंभ कर देता है। बीस वर्ष का जब होता है तब उसे जो भाव और उनकी अभिव्यक्ति की रीतियाँ मालूम होती हैं वे उसके दो वर्ष की आयु के समय उसकी समझ में नहीं आतीं। इसी प्रकार एक क्रम में काम, क्रोध, लोभ, मद, मोह, मात्सर्य आदि का जगन्मोहिनी जाल उस पर बिछता जाता है। इसी के साथ उसमें लोकज्ञता बढ़ती है। उसका भाव स्तर बढ़ता है। तत्परिणामस्वरूप अभिव्यंजक स्तर भी बढ़ता है। इस तरह मानव की अभिव्यंजक शक्ति मातृ गर्भ से वह जैसे-जैसे अपने आंगिक विकास पाता बढ़ता है, उसी प्रकार वह बढ़ते-बढ़ते पाता है। निष्कर्ष के रूप में कहा जा सकता है कि मानव को साधारण व्यवहारों से संबंधित अभिव्यंजक शक्ति का अर्जन करने के लिए लगभग २० वर्षों तक प्रयत्न करना पड़ा है।

यह प्रयत्न मानव अपने आप नहीं कर सकता। माँ-बाप, भाई-बहन, दादी माँ, आदि अनेक गुरु मिलकर सिखाते हैं और सहायता करते रहते हैं। इस प्रकार

अभिव्यंजक शक्ति एक समवेत प्रयत्न का फल है। सार रूप में कहा जाय तो इस प्रकार होगा— साधारण ज्ञान का अर्जन एक शिशु द्वारा संपन्न होने के लिए सामाजिक परिसर गुरु बनकर रास्ता दिखाते हैं। एक व्यक्ति अपने बीस वर्षों तक के प्रयत्न से जो भाव स्तर और उसकी अभिव्यंजक रीति पाता है वह अनेकों की सहायता और योगदान तथा उसके अथक श्रम से ही साध्य होता है। साधारण व्यावहारिक ज्ञान अर्जन के पीछे इतनी साधना है और इतने योगदान की आवश्यकता है तो फिर सापेक्ष सिद्धान्त, कविता जैसे बौद्धिक व्यवहारों से संबंधित अभिव्यंजक शक्ति बिना किसी प्रयास के कैसे प्राप्त हो सकती है? यों ही प्राप्त करने की कामना कितनी मूर्खता है! इसी को जानने की आज सबको आवश्यकता है।

कविता किसी पुस्तक, किसी गुरु के उपदेश और किसी परिसर की सहायता के बिना करनेवाले और कर सकने के उपदेश देनेवाले मूर्खों के बारे में क्या कहा जा सकता है? बस हमें इतना ही समझना है कि ये मूर्ख किन गर्तों में गिरे हुए हैं। इस पर विश्वास रखनेवालों के लिए तो और खाइयों में गिरने के अलावा कोई रास्ता नहीं रह जाता।

"मेरी स्मृति पर एक स्तंभ टूट पड़ा है; मेरे गले पर घास उग आयी है..." (पानी बनकर बह गया)। इस वाक्य को देखकर एक महापुरुष ने कहा था कि समझ में नहीं आ रहा है। यह तो स्पष्ट है कि इस वाक्य की भाषा सरल है। यह वाक्य पद्य-प्राणी के अंगों में एक अंग है। इस अवयव की विशेषता को समझने के लिए अवयवी की संपूर्ण मूर्ति को दृष्टि में रखकर ही देखना है। समस्त मानव जीवन के कल्लोलित दृश्य को बुननेवाली आवाजें करोड़ों हैं, लेकिन कवि के कान तक पहुँचनेवाली आवाज़ उस क्षण में एक ही होती है। उसकी बुलन्दी और परिसरों को प्रभावित करनेवाली उसकी शक्ति की विशिष्टता से वह कवि के ज्ञान नेत्ररूपी काँटे में मछली सा फँस जाती है। कवि को मालूम है अपनी आवाज़ की महत्ता। वह समय के साथ मिलकर यात्रा करती है एक महान नदी के समान अपने में उपनदियों जैसी आ समानेवाली अनेक आवाज़ों को लीन करती हुईं। अपनी यात्रा में रास्ते भर वह आवाज़ सैकड़ों मानव जीवन क्षेत्रों को सींचती और सफल करती हुई चलती है। इस प्रकार की बुलन्द आवाज़ सभ्यताओं को जगाती-ढहाती आगे बढ़ते इतिहासरूपी काल के पैरों तले रौंदी जाती है। लेकिन तब वह याद में बदल जाती है। याद में बदली ऐतिहासिक आवाज़ पर काल के कदमों के निशान जैसी घास उगती है। (—यही तो है आज हमारे श्रुति, स्मृति और इतिहासों की दशा)। इस तरह इन समस्त वाक्यों पर एक लम्बी व्याख्या की जा सकती है। कविता द्वारा धारण किया गया परिधान हटाकर उसके नग्न शरीर का दर्शन कराना है। लेकिन यह व्याख्या कविता नहीं है। अगर व्याख्या को ही कविता मानते हैं तो

क्या होगा? 'कविता समझ में नहीं आती है' कहनेवाला प्रथमत: शब्द का अर्थ चाहता है। किन्तु उक्त वाक्य में तो सभी सामान्य व्यावहारिक शब्द ही हैं। फिर भी वह सामान्य शब्दों का द्रौपदी वस्त्रापहरण चाहता है। वह भी सामान्य तरह का नहीं पैर के पैर, हाथ के हाथ, नाक के नाक, आँख की आँख, चीर-फाड़ कर रखना है उसकी आरज़ू। वह चाहता है कि कविता का शव ही उसके हाथ में रखा जाय!

इस पद्धति में कविता का अर्थ माँगना, हठमान कहना है कि समझ में नहीं आ रही है, एक जांतव लक्षण है। सभ्यता का लक्षण नहीं है। कविता के सौंदर्य को पुचकारकर अपने वश में करने का संस्कार नहीं है इसमें। तेलुगु का दुर्भाग्य है कि बचपन से ही पाठशाला की दशा से ही इस भाषा में कविता प्रत्यक्ष होती है— चार-चार वाक्यों के टुकड़ों के भाषा-समूहों में। ये ही रहते हैं हर पृष्ठ पर। हर चार वाक्यों के नीचे प्रति-पद-अर्थ, टीका एवं तात्पर्य भी रहते हैं। मामूली भाषा तो किसी प्रकार की मर्यादा से रहित पृष्ठ की एक छोर से दूसरी छोर तक लिखी जाती है। प्रति-पद-अर्थ आदि उपर्युक्त मर्यादाएँ बीच-बीच में नहीं रहतीं और वह भाषा ऐसी सुगम रहती है कि बार-बार कोश की ओर भागने की जरूरत नहीं पड़ती जबकि कविता की भाषा कोशों की ओर दौड़ाती है। तेलुगु प्रान्त में कविता पहले के लक्षणों से युक्त होने पर ही कविता मानी जाती है। यह एक आदत हो गयी है। अन्यथा वह साधारण गद्य मानी जाती है। यह न सिर्फ संप्रदाय है बल्कि जाति का लक्षण बन गया है। (इसका विवरण तो जन्तुशास्त्र ही ठीक तरह से दे सकता है!) इसी लक्षण की आलोचना करते हुए अरस्तू ने कहा है—

"Even if some one produces a work on medicine or music in verse form, they are in the habit of calling him a poet."

(Poetics, Ch. 1.)

इस जाति लक्षण से ही कहा जाता है कि कविता समझ में नहीं आ रही है और कवि को सताया जाता है अर्थ समझाने के लिए। कविता की क्षमताओं से परे ये कवि नामक अज्ञानी महाकवि कहलाने की खुजली से पीड़ित हो कविता के नाम पर जो कुछ सूझता है लिख फेंक रहे हैं। आत्मरक्षार्थ वे साधारण जनता में व्याप्त उल्लिखित जाति लक्षण के तहत शरणार्थी हो जाता है। यही आज कविता के नाम पर चलता तमाशा है। राजनीतियाँ, स्वार्थियों के दाँव-पेंच, समकालीन सामाजिक परिस्थितियाँ आदि सब मिलकर कुछ और मसाला मिलाकर साहित्य को 'सादा दोसे' से 'मसाला दोसे' में परिणत करते हैं। इनके बीच सच्चा कवि क्या करेगा? रोयेगा!

इस प्रकार हेतुवाद युक्त अनेक बौद्धिक कारण चाहे जितने भी प्रस्तुत किये जायँ, हमारा वामपंथी तो कहता है कि कविता सबकी समझ में सरलता से

आनी है। हमारी पृथ्वी पर जांतव बीजों का रोपन करना ही उसका लक्षण है और लक्ष्य भी। वास्तव में समझ में न आना ही उसकी व्यथा है। (वामपंथी का यहाँ अर्थ असली वाममार्गी से नहीं, खोखले वामपंथी से है।) अपनी कमी को वह परदे में ढंकने के लिए उसको Nationalize (राष्ट्रीयकरण) करता है। प्रजा की समस्या बनाकर भारी भरकम रूप में चित्रित करता है। कविता क्या समाचार पत्र है?— पढ़ते ही तुरंत 'गरमागरम' समझ में आने के लिए। क्या मात्र कविता को ही तुरन्त समझ में आना जरूरीं है? उतना तुरन्त और तत्त्वों को समझ में आने की कोई जरूरत नहीं है क्या? आइन्स्टीन द्वारा प्रतिपादित सापेक्ष सिद्धान्त अगर समझ में नहीं आता तो क्यों धूर्तपंथी चुप रह जाता है? क्यों चुप रह जाता है यह भयंकर प्रजा कवितावादी? गाली क्यों नहीं देता? उसे 'डास कैपिटल' तुरन्त समझ में आ गया क्या? हर विषय को समझने के लिए प्रयत्न करने की आवश्यकता है तो क्या कविता ही इस दुनिया में नाचीज़ है? कविता और सामान्य प्रजा दोनों के बीच के संबंधों पर तुम्हारे परदादाओं ने ही विचार कर रखा है? तुम्हारे अधकचरे ज्ञान को कौन मानता है? अधूरे ज्ञान के मेधावियों को ध्यान में रखकर लूनाषार्की क्या कह रहे हैं—

"...The criterion of Universality must be treated with great care. In our press, in our propagandist literature we are going from the very complicated books, journals and papers which demand considerable intelligence from the reader to the most elementary popular level. Similarly we can not bring all our literature down to the level of the as yet uncultured peasant masses or even of the workers. This would be a very serious mistake."

साहित्य को शिक्षा संस्कार रहित मजदूर, फैक्टरी वर्कर वगैरह सामान्य समूह के स्तर तक उतारना नहीं चाहिए। उस स्तर तक उतारना गलत भी है। यही प्रतिपादित करते समय उनके द्वारा व्यक्त ये शब्द हैं। सबकी समझ में न आनेवाले तत्त्व को आधार बनाकर कविता की पुस्तक को नकारनेवाले सिद्धान्त के संबंध में उन्होंने विशेष रूप से इस प्रकार कहा है—

"One should not deny the value of works which are not sufficiently intelligible for every literate person, which are addressed to the upper stratem often proletariat, to the sophisticated party members, to the reader who has attained a considerable level of culture."

असल में कविता ही एक विचित्र भाषा है। सामान्य भाषा से भिन्न है। इसीलिए सबकी समझ में उतरनेवाली कविता है, कविता को सबकी समझ में आनेवाले रूप में ही प्रस्तुत होना है— इस प्रकार के आदेश देना तुगलक शासन की याद दिलाता है।

कहने का तात्पर्य यही है कि न समझ में आनेवाली बात कविता से संबंधित विषय है। जहाँ तक कविता का संबंध है, उसमें कवि से उत्पन्न ध्वनि, वक्रोक्ति, 'सिम्बालिज्म' आदि किसी एक चमत्कार को समझना है। यहाँ पर भाषा को समझना है अथवा चमत्कार को समझना है, यही समस्या है। इन दोनों में कौन सी है वामपंथी की समस्या, इसका निर्णय उसी को लेना पड़ेगा। इस विषय पर सोशलिस्ट साहित्य सिद्धान्त-वेत्ताओं के अवगाहन स्वरूप और उनके द्वारा स्वीकृत दृष्टिकोण तथा रास्ते को भी इस मैनिफेस्टो में समझाया गया है— खासकर इस वामपंथी के लिए।

यह सब विवाद शायद तेलुगु प्रान्त तक ही सीमित है। यह स्थिति अन्यत्र इतनी नहीं दिखाई पड़ती। वास्तव में आज तेलुगु प्रान्त में कविता अकविता के राक्षस मुख में फँसी हुई है। इस स्थिति को एक प्राचीन मुक्तक कविता सुन्दर रूप में स्पष्ट कर सकती है— (कविता रूपी) हंस की ओर देखकर आश्चर्य विभोर बगुलों का समूह पूछता है—

कौन हो तुम? तुम्हारे पैर मुँह लाल हैं?
हंस हूँ।
तुम्हारा वास कहाँ है?
सुदूर मानस।
बताओ वहाँ के विशेष समाचार क्या हैं?
सुवर्ण पद्म और मोतियाँ।
फिर, सीपियाँ?
हम जानते नहीं उनको।
फिर सीपियाँ नहीं,
'अहहा!' —ठहाका मारा बगुलों के समूह ने!

रोमाण्टिक' पोयट्री

और एक बात! .....क्या यह कविता है, निरी रोमाण्टिक पोयट्री, प्राचीन परम्परा की है..... कह देता है एक अच्छी कविता पर एक और अस्त्र चलाते हुए। —गोया उसके दादा-परदादाओं के ज़माने में रौमांटिक पोयट्री लिखी गयी है और इसने देखा हो! उसे और उसके मुँह की ओर देखने से ही पता चल जाता है कि वह परम्पराओं को भी न जाननेवाला और आधुनिकता की आड़ में चलनेवाला ढोंगी है। सच पूछा जाय तो आधुनिकता की ओढ़नी पहने साहित्यिक विधवा है। अगर उसे नमस्कार करेंगे तो आशीर्वाद देगा कि 'तू भी मेरे ही समान हो

जा'। असलियत पहचान लीजिए। उसे रोमाण्टिसिज़्म की ही जानकारी नहीं है। रोमाण्टिसिज़्म की जन्मभूमि यूरोप में भी उसके संबंध में अनेक मतभेद हैं। उसके बारे में एक जो कहता है वही दूसरा नहीं। वह अनिर्वचनीय ब्रह्म पदार्थ के समान है। उसके संबंध में यह क्या जान सकता है? और उसकी बात पर क्यों विश्वास करेंगे? उसमें भी साहित्यपरक सिद्धान्तों के विषय में! मैक्सिम गोर्की कहते हैं—

"Several definitions of Romanticism have been brought forward, but till now no precise or exhaustive definition has been evolved that will satisfy all historians of literature."

बहुत बड़ी संख्या में बड़े-बड़े लोग साहित्य के दुशाले ओढ़कर इठलाते फिर रहे हैं। उनके विषय में जनता को सजग रहना है। ये रोमाण्टिसिज़्म सररियलिज़्म, डाडाइज़्म आदि अनेक 'इज़्मो' को हम पर झाड़ते चलते हैं। वास्तव में वे गांधीइज़्म भी नहीं ज़ानते। मार्क्सिज़्म के बारे में भगवान् ही जाने! वास्तव में उनको आधुनिक बौद्धिक आन्दोलनों के जन्म वृत्तान्त और उनसे संबंधित साहित्यिक एवं सामाजिक संबंधों के बारे में कुछ भी पता नहीं है। वे जानने का प्रयत्न भी नहीं करते। क्योंकि वे केशव, नारायण, माधव ... आदि केशवनाम जप के समान ही इन नामों की रट लगाये रहते हैं। जब इस रट से उन्हें मोक्ष मिल रहा है तो उनके संबंध में अध्ययन दिशा में चल कर वे तपस्या क्यों करते हैं? "कलौ नाम्ना विमुच्यते"— पुरखों का सूत्र वाक्य है! असल में उनका बड़प्पन है बिना पढ़े ही समस्त को साधने की कामना करने में! 'पण्डित कवि' शब्द से ही वे लोग चिढ़ते हैं। अध्ययन के बिना कुत्ते की लार के समान कविता को बहाने का प्रयत्न ही उनकी विशेषता है। उसको अग्र स्थान देते हुए हर वर्ष एक तुच्छ साहित्यिक आलोचना नामक वार्षिक पंचांग का आविष्कार भी हो जाता है। इसका पाठ भी हो जाता है। यही आज साहित्य के पंडों का काम बन गया है।

रोमाण्टिसिज़्म, सब्जेक्टिव पोयट्री, मार्क्सिज़्म आदि के संबंध में कुछ जानकारी पाना सबके लिए आवश्यक है। इसकी प्राप्ति के लिए सरल से लेकर क्लिष्ट स्तर के अनेक ग्रंथ उपलब्ध हैं। सीधे उन पुस्तकों को मँगाकर यथाशक्ति पढ़ना ही सीधा मार्ग है— बीच के इन दलालों की क्या आवश्यकता है?

आधुनिक साहित्यिक आन्दोलनों की जन्मभूमि यूरोप में रोमाण्टिसिज़्म नामक तात्त्विक भाव के अनेक अर्थ दिये गये हैं। उनमें एकमतता नहीं है। रोमाण्टिसिज़्म साहित्य धर्म के रूप में अवतरित नहीं है। पुरानी दुनिया से नई दुनिया में पहुँचने की नयी तृष्णा से जनित विविध मानवीय कार्य रूपों को उस भूखण्ड में दी गयी अभिव्यक्ति के लिए अभिधान है रोमाण्टिसिज़्म। गिरनेवाले सेब से गुरुत्वाकर्षण सिद्धान्त को निचोड़ने वाले न्यूटन; प्रभुता को दैवदत्त अधिकार माननेवाले सिद्धान्त को चूर-चूर कर उसे राजा और प्रजा के बीच रूपायित एक नैतिक समझौते के रूप में प्रतिपादित

करनेवाले रूसो; मनुष्य को तत्कालीन हेतुवाद से मापकर वास्तविकता के नाम से चित्रित साहित्य मार्ग को त्यागकर वास्तविक स्थिति से असंतुष्ट हो किसी एक सुदूर आदर्शयुक्त मधुर स्वप्न के लिए लालायित होने वाले व्यथित प्राणी के रूप में चित्रित करनेवाले बोदिलेर, रेम्बो, एडगार आलन पो, वड्र्सवर्थ, कीट्स जैसे कवि; उसी प्रकार नियट्षज़े, षोपेनहोवर, हेगेल, मार्क्स आदि दार्शनिक— सब उस समय के समाज में उभरी भाव-क्रान्ति की ऋतु में विकसित फूल हैं— आज यहाँ वहाँ और सर्वत्र हमसे स्वीकृत आधुनिक जीवन विधान भी उन्हीं का फल है।

फिर इसमें क्या दोष है? आप ही सोचिए। रोमाण्टिक लक्षण को कविता के लिए पौधों को नाश करनेवाले कीड़े के समान बताकर क्यों रोता है हमारा गद्य-कवितासुर! उसका कालर पकड़कर आप ही पूछिए। इस तरह पूछने की हिम्मत इस प्रान्त में किसी में न होने के कारण ही, वह जनता को भेड़ बकरी समूह मानकर अपनी जिह्वा चला रहा है। उसे मायाकोवस्की की कविता 'Don't Your Shoulder Blades Itch ?'' पढ़ने के लिए कहिए। उसमें मायाकोवस्की ने रोमाण्टिसिज़्म की जो पराकाष्ठा दिखाई है, उसका पता उसे लगेगा।

रोमाण्टिक युग के उदय काल में यूरोप में स्थित वातावरण के संबंध में जानकारी प्राप्त करना हमारे लिए बहुत ही आवश्यक है। रोमाण्टिकवादी ने स्पष्ट किया है कि साहित्य में अपना पात्र विनोद प्रदान करना नहीं है, उसका लक्ष्य जनता को प्रबोध देना है और एक नये जगत् के लिए जिज्ञासा उत्पन्न करना है। इससे पूर्व के महाकाव्यवादियों ने कहा था कि जो जैसा है उसे वैसे ही दिखाना और अच्छे-बुरे को स्पष्ट करके चुप रह जाना ही अपना कर्त्तव्य है। किन्तु रोमाण्टिकवादी कवि ने प्रबोध को अपना कर्त्तव्य माना है। इसीलिए वही पहले अपनी प्रबोध वस्तु को आचरण में लाकर दिखानेवाला हो गया है। कहने का मतलब यही है कि रोमाण्टिक कविता एक जीवन विधान ही है न कि कार्य रहित तार्किक सिद्धान्त का चित्र रूप मात्र। १८वीं शती के नियोक्लासिस्ट नेता श्याम्यूल जानसन ने सर्वमानव समानता सूत्र को मान लिया था। किन्तु कहा जाता है कि उनकी एक रिस्तेदारिन का अपने नौकर के साथ एक पंक्ति में बैठकर भोजन करना उन्हें अच्छा नहीं लगा था। यही है जानसन और उनके बाद आनेवाली पीढ़ी के लोगों के जीवन विधान में उभरा अन्तर। यही अन्तर जानसन के बाद के साहित्य में भी प्रतिफलित हुआ है। इस पीढ़ी के लोगों ने माना है कि कविता में जो कथित है उसी को जीवन में आचरणीय होना है। इसीलिए अश्रु कवियों के अक्षरों में गिरकर समाप्त न होकर मानव जीवन क्षेत्रों को सींच कर नवीन युग के उदय को रूपायित होने के रास्ते बनाने लगे। रोमाण्टिकवाद ही यूरोप में अन्ततः सामाजिक भूकंपों और राजनैतिक विद्रोहों को लाकर पाश्चात्य जगत् में सोशलिस्ट राज्य के उदय का कारण बन

गया है।

यहाँ (तेलुगु प्रान्त में) हमारा खोखला साहित्यिक वामपंथी रोमाण्टिक कविता को दिवास्वप्नों की चीज़, अवास्तविक पंथी और प्रगति निरोधक समझकर उसके संबंध में कुप्रचार में लगा है। इन सबका कारण साहित्य पद का मोह ही था। रोमाण्टिसिज़्म उसकी अल्प शक्ति की पहुँच की वस्तु नहीं थी। डालियों पर दौड़नेवाली गिलहरी पर्वतों को कैसे निगल सकती है? स्वप्न देखना ही अगर रोमाण्टिसिज़्म है तो सुनिए लेनिन की आवाज़— "People must dream." उनकी मान्यता है कि अगर स्वप्न नहीं देख सकता है तो मनुष्य पशु हो जाता है—

"If a man has no dream to cherish he turns into an animal. Dreams impel progress and the greatest dream is socialism."

लेनिन को 'Kremlin Dreamer' कहते हैं। प्रगतिवादी साहित्य के लिए स्वप्नों की आवश्यकता के संबंध में षेर्बीना कहती है—

"Useful dreaming, while giving wings to socialist-realist literature, is at the same time one of its organic components. The fruitfulness of inspired dreaming, of revolutionary romanticism has been conclusively confirmed by our country's heroic history and by what the Soviet people have achieved, in science, in art and in construction of a new society."

रोमाण्टिसिज़्म का विरोध करनेवाली अज्ञानी शक्तियों का खण्डन करती हुई वे आगे कहती हैं— "The erroneous view that romanticism is alien to socialist literature was at one time put forward in the proletkult and LEF declarations and the programmes of various vulgar sociological groups... Its untenability is clearly demonstrated by the actual development of soviet literature.

माक्सिम गोर्की रोमाण्टिसिज़्म की समाज और साहित्य के लिए आवश्यकता पर जोर देते हुए कहते हैं—

"Romanticism as the teaching of an active attitude to life, of the dignity of labour and the will to live, as the source of inspiration in the building up of new forms of life and as the hate of the old world, whose evil heritage we are eliminating so painfully."

गोर्की ने बताया है कि रोमाण्टिसिज़्म को और वास्तविकतावाद को साहित्य में अलग-अलग करना कठिन है और साहित्य के महान् स्रष्टाओं में रोमाण्टिसिज़्म और वास्तविकतावाद दोनों मिश्रित रूप में ही रहते हैं—

"The fusion of Romanticism and realism is highly characteristic of our great writers, imbuing their works with an originality and a forcefulness that has exerted an ever mounting and telling influence on the literature of the entire world."

कुछ महान् लेखकों को उदाहृत करते हुए वे कहते हैं—

"It is hard to say with sufficient precision whether such classics as Balzac, Turgenev, Tolstoi, Gogol, Leskov and Cherkov were romanticists or realists, for, in great artists realism and romanticism seem to have blended."

हे भाई! यह सोशलिस्ट युग है। इसके लक्ष्यों और लक्षणों को हर ज्ञान पिपासु को जानना चाहिए। ऐसी स्थिति में पुस्तक लिखनेवालों को इसे जानने की कितनी आवश्यकता है, कहने की बात नहीं है। लेकिन तेलुगु पुस्तकों के रचयिता तो 'सोशलिस्ट युग' के नारे लगाने और अपने को एक महान् विप्लव वीर के रूप में चित्रित करने में होड़ लगा रहे हैं, न कि इस युग के लक्षण को प्रतिपादित करनेवाले तत्त्वशास्त्रों का अध्ययन कर उसे अवगाहन करने के नैतिक कर्त्तव्य को समझने में।

इस संदर्भ में हमें एक और चोरबाजी नारे का भी अनुशीलन करना है। इस प्रगतिवाद के अभिनय करनेवाले बार-बार चमकाते हैं— अपनी गद्दी को सुरक्षित रखने के लिए, न कि देश पर और प्रजा के प्रति प्रेम के उफान के कारण। वे कहते हैं कि प्रेम कविता साहित्य में पाप है! यह तो मात्र अज्ञान प्रेरित झूठा नारा है। इस पर विश्वास मत कीजिए। मजे से प्रेम कविता कीजिए। मनुष्यों के समान जीवन बिताइए। झूठे संन्यासी मत बनिए। रूसी लेखक विक्टर सर्ज (Victor Serge) की बातें सुनिए—

".....by the side of patriotic prose overwhelming with its monotony the Russo-Soviet literature has just produced some poems of love... to show that the Russian man continues to live deeply even under the heaviest constraints."

प्रेम की कविता को दुनिया के किसी प्रगतिवादी शास्त्र और किसी सोशलिस्ट साहित्य सिद्धान्त ने बहिष्कृत नहीं किया है। ली झी नामक एक प्रसिद्ध चीनी सोशलिस्ट साहित्यशास्त्री ने सन् १९६४ में 'पोयट्री जर्नल' नामक प्रसिद्ध सोशलिस्ट साहित्यिक प्रत्रिका में "Thought, Feeling, Language" शीर्षक के अन्तर्गत प्रेम कविता के बारे में लिखते हुए कहा है—

"We must not say that writing about love is vulgar."

मानव जीवन में, खास कर श्रमिक जीवन में, प्रेम की बहुत ही सुन्दर भूमिका है, वे बहुत ही शक्तिशाली पात्र हैं। स्त्री-पुरुष समान स्तर पर मिल-जुलकर सामाजिक जीवन में भागी होने के कलात्मक चित्रों को देना ही उत्तम कर्त्तव्य है। वही सामाजिक प्रगति के लिए सहायकारी और अकृत्रिम प्रक्रिया होगी। इसीलिए ली झी कहते हैं—

"Love among labouring people is a beautiful thing. It is only natural for a leader comrade to be pleased when he sees young people happy. The elders in the revolution struggled hard for the liberation of the masses so that the future generations could have a happy life."

वास्तव में प्रेम को मानव जीवन से निकाल कर फेंक देनेवाले सिद्धान्त का समर्थन करनेवाला दृष्टिकोण ही असमीचीन है, असहज है और साहित्य की सृजनात्मकता संबंधी मूल सिद्धान्त का विरोधी है। प्रेम को मानव-जीवन के अविभाज्य अंग के रूप में परिगणित करना ही स्वस्थ प्रगतिवादी दृष्टिकोण है। इसीलिए ली झी पूर्व प्रस्तावित लेख में कहते हैं—

"Regardless of who he is, a person's love life is inseparable from his life as a whole. The capitalist class ascribes a monetary character to love and working people's love is tied in with their physical labour and struggle."

अत: साहित्य को स्त्री और पुरुषों को समान रूप से सामाजिक जीवन में भागीदारों के रूप में ही चित्रित करना है। तदर्थ उनके प्रेम को आधार के रूप में ग्रहण करने से बढ़कर आकर्षक और कौन सा मार्ग हो सकता है? इसे खोनेवाला रचयिता और अपना अज्ञान के कारण इसे छोड़नेवाला लेखक साहित्य सृजन में विजय प्राप्त नहीं कर सकता। ऊपर से वह साहित्य में ग़लत ही सिद्ध होगा।

वर्तमान समय में (तेलुगु प्रान्त में) गुजरनेवाला एक हास्यास्पद संदर्भ है। असत्य सिद्धान्तों की दुर्गन्ध से कलंकित कुछ लेखक, आलोचक और पाठक अपनी प्रियतमा के नाम पर लिखी गयी सच्ची प्रेम कविता की आलोचना करते हैं और सिनेमा के प्रेम गीतों पर आनंदित होते हैं जो वास्तव में मजदूरी लेकर की गयी कविता है। फिर मान लेते हैं कि उन्होंने बहुत ही महत्त्वपूर्ण काम किया है। लेकिन यहाँ ध्यान देने की बात है कि मजदूरी लेकर प्रेम की कविता करनेवाले ही मजदूरी लेकर प्रगतिवादी कविताएँ भी लिखते हैं। बस, फर्क इतना ही है कि एक जगह 'कैश' पाते हैं तो दूसरी जगह 'कैंड'। सहृदयी सब जगहों पर सहृदयी ही होता है। बेदिल हर जगह बेदिल ही। प्रगतिवादी शास्त्रकारों को इस ओर जागरूक रहना है, अन्यथा ये धूर्त डुबो देंगे।

स्त्री को साहित्य से बहिष्कृत करनेवाले साहित्य को प्रगतिवादी साहित्य कैसे कह सकते हैं? माता स्त्री और बहिन स्त्री का पुरुष द्वारा प्यार किये जाने में कोई विशेषता नहीं है। स्त्री को प्रेयसी के रूप में प्रेम कर पत्नी के रूप में स्वीकार करनेवाले संदर्भों में ही जीवन की समस्या का सामना करने का विशिष्ट संदर्भ उपस्थित होता है। वहीं पर मनुष्य में नैतिकता और साहस की परीक्षा होती है। उस संदर्भ का साहित्य में निषेध होने के बाद फिर बचा क्या रहता है? भैया!

लड़कियों को जन्म देनेवाला पिता ही जानता है कि इस देश में स्त्री कितनी असहाय है। उसकी व्यथा कवि क्या जानते हैं? ये धूर्त कवि कौन हैं? स्त्री को साहित्य से बहिष्कृत करके स्त्री की समस्या को समाज की दृष्टि में न आने देनेवाले द्रोही ही हैं। मजदूरी लेकर प्रेम कविताएँ लिखनेवाले रचयिता कौन हैं? स्त्री को रसोई घर और शयन कक्ष तक ही सीमित माननेवाली प्रगति निरोधक शक्तियों के प्रतिनिधि हैं ये। स्त्री को जीवन के समस्त क्षेत्रों में समान रूप से भाग लेने देने की दृष्टि ही प्रगतिवादी दृष्टि है, न कि साहित्य मैं स्त्री का नाम ही न लेने देनेवाली दृष्टि। कविसेना पूछती है कि स्त्री पर बिना हेतु ही द्वेष भावना का प्रचार करनेवाले प्राचीन वेदान्तियों और इनमें क्या अन्तर रह गया है? नारी को नरक का हेतु बताकर वे डराते हैं तो ये नारी के कारण ही प्रगतिशीलता साहित्य से बहिष्कृत हो जाने का डर दिखाते हैं। किन्तु श्रम के क्षेत्र में और रमण के क्षेत्रों में सर्वत्र स्त्री-पुरुषों को समान रूप से भाग लेना है। इसी दृष्टि को प्रगतिशील समाज दृष्टि के रूप में कविसेना स्वीकार करती है।

पहली बार तेलुगु कविता में 'ना देशं ना प्रजलु' (मेरी धरती मेरे लोग) के कुछ सर्गों में सोशलिस्ट दृष्टिकोण से प्रेम का प्रतिपादन देखकर हमारे वीर गद्य बकासुर कवियों ने उसे रोमाण्टिक पोयट्री कहकर निन्दा की। कहा जाता है कि वे 'रोमाण्टिक पोयट्री' को 'लौव पोयट्री' समझते हैं! इसी में उनके पाण्डित्य की महानता प्रकट हो जाती है।

किन्तु संसार के अन्य देशों में कहीं इन तेलुगु मुनीश्वरों द्वारा प्रतिपादित यह प्रगतिवादी कविता सिद्धान्त दिखाई नहीं देता। आधुनिक उर्दू कविता में मार्क्सवादी दृष्टि रखनेवाले प्रथम गण्य कवि फ़ैज अहमद फ़ैज, अली सरदार जाफ़री आदि कवियों द्वारा सोशलिस्ट मार्ग पर प्रेम कविता करने के उनके संदर्भ उदाहृत किये जा सकते हैं। इतना क्यों हमारे वामपंथी का मुँह बन्द करने में सक्षम एक उत्कृष्ट उदाहरण 'सोशलिस्ट कविता लेनिन' मायाकोवस्की ही हैं। उन्होंने "Cloud in Pants, Lilly Dear ! In lieu of a letter, you, It आदि प्रेम कविताएँ लिखी हैं। Cloud in Pants में प्रेम कितने नग्न रूप में व्यक्त है—

"But can any one turn inside out like I to be nothing but lips, bodiless and limbless..."

"If you want I can be all crazy flesh the antipode of polite romance or sweet and delicate as you wish, not a man but a cloud in Pants...."

"A letter from Paris to Comrade Kostrov on the essence and meaning of Love."

शीर्षक कविता में मायाकोवस्की मानव पर प्रेम का प्रभाव कितना है बताते हुए

कहते हैं—

"I'll stand till the very last beat in my breast as if on a rendezous, and listen to love booming on in its nest, simple human and true."

इसी कविता में उनके द्वारा प्रस्तावित प्रेम तत्त्व में से सोशलिस्ट जीवन दृष्टि के अनुसार प्रेम के स्वरूप का साक्षात्कार इस प्रकार होता है—

"Love for us is not Eden and so on. Love for us booms that once again our hearts too-long-cooling engine will go on working against odds and pain."

आधुनिक युग में स्त्री शयन कक्ष में ही नहीं, साहित्य मंदिर में भी गद्दी पर अधिष्ठित होती है। निश्चित रूप से स्त्री प्रेम स्वरूपा है, गौरव का पात्र है और पूजनीया भी। स्त्री के ये सब रूप साहित्य में चित्रित किये जायेंगे। स्त्री एक कोने में ढकेली नहीं जा सकती। इसके विपरीत दृष्टिकोण के लेखकों को साहित्य से बहिष्कृत होना है। यही आधुनिक साहित्य दृष्टिकोण है। गुटों के अधिपतियों और उनके अन्ध भक्तों की ओर से अच्छी कविता पर उठनेवाला दूसरा हथियार है— 'वह आत्माश्रयी कविता है' कहना ऐसा भासित होता है कि आत्माश्रयी कविता होने मात्र से घर डूब जायेगा! होनेवाला लोकमंगल एकदम रुक जायेगा! यह एक बड़ा 'हमबग' है। उसकी आत्माश्रयी कविता है क्या?— उसकी अधपकी ज्ञान जनित सन्तान! उसके अनुसार अगर एक व्यक्ति अपना रोना रोता है तो वह आत्माश्रयी कविता है। अगर एक का रोना दूसरा रोता है तो वह आत्माश्रयी कविता नहीं है। शायद उसे हमारा (तेलुगु) साहित्य पुरोहित पराश्रयी कविता कहेगा! नहीं तो कुछ और! उसके अनुसार कृष्णशास्त्री की कविता 'उर्वशी' आत्माश्रयी कविता है, कालिदास की कविता 'मेघसंदेशम्' आत्माश्रयी कविता नहीं! जब प्रश्न किया जाय कि 'मेघसंदेशम्' क्यों नहीं, तो वह अपना विश्वास प्रकट करता है कि उसमें कालिदास का अपना रोना कुछ नहीं है। उसे मालूम ही नहीं कि उन दिनों ध्वनियों, वक्रोक्तियों और अन्यापदेशों की बड़ी माँग थी। उसे कैसे पता चलेगा कि 'मेघसंदेशम्' उन पद्धतियों में से एक नहीं है? क्या वह उस समय में मौजूद था? क्या कालिदास ने इसके साथ बैठकर काफी पीते समय इससे कहा था कि यह मेरा विषय नहीं है? क्या दोनों में वस्तु एक नहीं है? दोनों प्रेम काव्य नहीं क्या? अपने-पराये का भाव कविता में नहीं रहता। यही पण्डा कहता है कि कवि द्वारा अनुभूत तादात्म्य से कविता उद्भूत होती है। तो फिर आत्माश्रयी और पराश्रयी क्या है? उसकी दृष्टि में 'रोना' प्रधान वस्तु नहीं है, कौन कह रहा है वही मुख्य है— कविता की आत्माश्रितता और पराश्रितता के निर्णय के लिए। क्या यह परिभाषा के रूप में ठहरेगी? किसने कहा एक बात है और चाहे जिस किसी ने कहा तो और बात है? पाठक कही गयी बातों को ही पढ़ता है और उन कही गयी बातों पर ही उसका प्रभावित होना

और न होना ठहरता है, न कि कहनेवाले के नाम पर। तिक्कना ने अपने महाभारत को किस मानसिक अवस्था में लिखा है, स्वयं ही कह दिया है। वाल्मीकि ने रामायण को किस मानसिक स्थिति में लिखा है उसे और किसी ने स्पष्ट किया है। एक जगह पर स्वप्न और एक जगह पर समाधि। एक जगह पर हरिहर नाम का आगमन और दूसरी जगह पर ब्रह्म का आगमन। दोनों पर साक्षात्कृत देवता काव्य सृजन का आदेश देते हैं और काव्य लिखा जाता है। हमारे पण्डों के अनुसार प्रथम अनुभूति 'सब्जेक्टिव' है तो दूसरी अनुभूति 'आब्जेक्टिव'। इसका वर्गीकरण शास्त्रानुमोदित पद्धति पद्य नहीं हो सकता। यह भेड़ पद्धति है। मायाकोवस्की द्वारा रचित "Brooklyn Bridge, A Sky-Scrapper Dissected"; जैसी कविताओं को आत्माश्रयी कविताएँ कहेंगे या पराश्रयी कविताएँ? उनको एक बार पढ़कर फिर इन पृष्ठों को पढ़िए। हमारे पण्डों के हिसाब से वह आत्माश्रयी कविता है। किन्तु माया के संकलन की भूमिका लिखने वाले विक्टर परस्टोव (Victor Perstov, Ph.D.) के अनुसार वह पराश्रयी कविता है। वे कहते हैं— "On arrival in New-York, the city of sky-scrappers, Mayakovsky paid tribute to the genius of the American Engineers." (Brooklyn Bridge.) अर्थात् वह 'आब्जेक्टिव थीम' ही है। लेकिन जो बात कही गयी है वह आत्मानुभूति के रूप में चित्रित हुई है। अमेरिकी इंजीनियरों के कौशल का वर्णन आत्माश्रयी कविता नहीं है और न ही "Brooklyn Bridge" आत्माश्रयी वस्तु।

अब लोर्का की कविता "Poet in New York" आत्माश्रयी कविता है कि नहीं? अगर उसे पढ़ेंगे तो स्पष्ट होगा कि वह आत्माश्रयी ही नहीं, बल्कि अधिवास्तविकतात्मक भी लगती है, कम से कम, दुरूह है। वह सब एक मायाजाल! सर्रियलिज़्म क्या है? क्या वह आत्माश्रयी कविता है? क्या वह पराश्रयी कविता है? क्या वह सामाजिक चेतना से युक्त कविता है? परम्परागत हेतुवाद की कृत्रिमता से वस्तुजाल को मुक्त कर सीधे हमारे अकलुषित इन्द्रियों से अनुभूति कर उन अनुभूतियों को भाषा द्वारा ज्यों-का-त्यों व्यक्त करना सर्रियलिज़्म का संक्षेप में स्वरूप है। हेतुवाद को हटाना, इन्द्रियों द्वारा अनुभव करना वगैरह प्रक्रियाओं द्वारा सर्रियलिज़्म में आत्मिक प्रक्रिया प्रवेश कर संपूर्ण चैतन्य पर आक्रमण कर बैठ जाती है। तद्द्वारा सर्रियलिज़्म जो कवि की आन्तरिक मार्मिकता और असंबद्ध भाव विकीर्णता की अभिव्यक्ति है उसे आत्माश्रयी कविता ही कहना होगा हमारे पण्डों के शास्त्र के अनुसार वास्तव में 'Poet in New York' सर्रियलिस्ट कविता मानी गयी है कुछ आलोचकों के द्वारा। Roy Campbell ने कहा है कि साल्वेडोर डाली के सर्रियलिस्ट चित्रों से प्रभावित होकर लोर्का ने 'Poet in New York' कविता लिखी है—

"Lorca attempted to follow the catalonian (साल्वेलोर डाली) into the complex world of surrealism and lost his depth. In Lorca's New-

York poems "the Poeta en Nueva York", his metaphors and images fall out of focus, his verse becomes loose, plaintive and slightly mephitic" (Roy Campbell)

लेकिन लोर्का के मित्र और "Poet in New York" की भूमिका के लेखक Angel Del Rio कहते हैं—

"...All the elements of the book's style are organised in a dynamic and at the same time dialectic tension as a result of seeing the world of reality torn by a permanent duality and conflict... The contrast is one between the premitiveness of human appetites without moral restraints and the perfecting technology. Man emptied of his spiritual content in a mechanized world, returns to barbarity... the book is not so much an impression of New York as an indictment of modern civilization."

इस वक्तव्य का अर्थ क्या है? Poet in New York आत्माश्रयी कविता नहीं है। आधुनिक सभ्यता पर निन्दा और तीव्र तिरस्कार है। क्या यह पराश्रयी नहीं? सामाजिक चेतना नहीं? क्या है यह? फिर Roy Compbell ने और उनके साथ कुछ औरों ने उसे सर्रियलिज़्म कहा, अर्थात् हमारे पण्डों की भाषा में आत्माश्रयी कविता। यहाँ देखने की बात है— मायाकोवस्की और लोर्का। एक कवि तेलुगु पुरोहित की परिभाषा के अनुसार पूर्ण रूप से सामाजिक चेतना के कवि हैं और दूसरा कवि इस काव्य में सामाजिक चेतना की वस्तु को लेनेवाला। दोनों अमेरिका गये। उस पर दोनों ने कविताएँ लिखीं। दोनों ने उसमें अमेरिका की सभ्यता को एक अमानवीय आधुनिक व्यवस्था के रूप में वर्णित किया। लेकिन यहाँ दोनों ने आत्माश्रयी पद्धति अर्थात् 'सब्जेक्टिव' पद्धति का आधार लेकर 'आब्जेक्टिव' वस्तु को कविता के रूप में परिवर्तित किया। अत: यहाँ पहचनाने की बात है— आत्माश्रयता और पराश्रयता के बीच दिखाई देनेवाली रेखा सच्ची कविता में हमेशा मिट जाती है। अरस्तू ने इस के संबंध में कहा है—

"The universal occurs when a man says or does what is characteristic of his temperament, probably or necessarily in the circumstances." (Poetics. Ch. 9)

पराश्रय को आत्माश्रय बनाने में से ही कविता जन्म लेती है। 'सब्जेक्ट' में 'आब्जेक्ट' के विलीन होने में से ही कविता निकलती है। इसी को पूर्व पृष्ठों में आत्मा का जगत् में और जगत् का आत्मा में विलीन होना कहा गया है। इस कवितोत्पत्ति क्रम को ही षेर्बीना कहती है—

"In the process of style-formation the general extra-aesthetic is fused with the individual aesthetic...."

अर्थात् कला रहित वस्तु सामान्य है। कलात्मक वस्तु व्यक्तिगत है। यानी कला का सब कुछ आत्माश्रय लक्षण पर ही आधारित रह जाता है। इसी साहित्यिक सत्य को 'Poet in New York' पर अन्वित करते हुए Angel Del Rio ने इस प्रकार कहा है—

"Everything indicates that New York poems are the result of an authentic artistic and personal experience which, as in all true poets transcends the purely personal."

ठीक इसी बात को लगभग इसी प्रकार के शब्दों में रसूल गेंजटोव (रूसी कवि) ने इस प्रकार व्यक्त किया है—

"I think that when a true poet succeeds in deeply voicing a personal feeling, it becomes, in some inscrutable way, a feeling common to all men. But when a poet sets out to voice feelings common to all men he is crushed beneath the very rock he cannot lift, for, without personal feelings there can be no feelings common to all men."

यह अन्तिम वाक्य कितना बड़ा साहित्यिक सत्य है और वह किस प्रकार देश और काल से अतीत होकर विभिन्न साहित्य सिद्धान्तों को जोड़कर बाँधनेवाला एकमात्र मूलाधार सूत्र हुआ है, इस बारे में इस मैनिफेस्टो में अब तक के समस्त प्रकरणों में संदर्भ के अनुसार स्पष्ट किया गया है। आगे के प्रकरण भी इसका विवरण प्रस्तुत करेंगे। क्योंकि समस्त सृजनात्मक साहित्य प्रक्रियाओं का वही एकमात्र मूलाधार है। Universal and Individual के बीच के अविनाभाव संबंध की व्याख्या करते हुए लेनिन द्वारा व्यक्त विचारों का मनन करना यहाँ आवश्यक होगा जिनका उल्लेख पूर्व प्रकरणों में भी किया गया है।

इस प्रकार शास्त्रीय दृष्टिकोण से देखने पर (वर्तमान कलुषित (तेलुगु) दृष्टि से न देखें तो) मायाकोवस्की द्वारा रचित 'न्यूयार्क में कवि' नामक पद्यावली और लोर्का द्वारा रचित न्यूयार्क में कवि आत्माश्रयी कविता, पराश्रयी कविता, आत्माश्रय चेतना, सामाजिक चेतना नामक अज्ञान प्रेरित कृत्रिम वर्गीकरण में न समायी जा सकनेवाली सच्ची कविताएँ सिद्ध होंगी। अतः यह स्पष्ट होता है कि सच्ची कविता कभी भी किसी प्रकार के विभाजन और किसी प्रकार के नामकरण के अधीन नहीं होती। खासकर हमारे देशी पण्डों के प्रयत्नों के सामने झुकेगी भी नहीं (V.I. Lenin, Collected Works, Vol. 38, p. 361)

मायाकोवस्की के कविता संकलन (Progressive Publishers, Moscow-2, Print 1976) को भी लीजिए। उसमें Listen शीर्षक कविता Subjective कविता है। 'Morning' subjective cum objective कविता है।

अर्थात् आत्माश्रयी और सामाजिक चेतना दोनों का मिश्रण है। सामाजिक चेतनावादी से कविसेना पूछती है कि Clouds नामक कविता में प्रकृति वर्णन ही है या कुछ और? उसमें कोई और ध्वनि है? अगर है तो क्या वह सामाजिक चेतना से संबंधित अथवा आत्माश्रय चैतन्य से संबंधित है? वाच्यार्थ प्रकृति और कवि द्वारा उद्दिष्ट ध्वनि सामाजिक चेतना से युक्त है तो हमारे पण्डों के अनुसार उसे क्या कहना चाहिए? An Amazing Adventure of Vladimir Mayakovsky नामक कविता ध्वनि स्फोरक है। वह ध्वनि क्या है? आत्माश्रय चैतन्य है या सामाजिक चैतन्य? इस ध्वनि के स्वरूप का निर्धारण कौन करेगा? क्या उस निर्णय से सब बद्ध हो जायेंगे? आरंभ से आज तक क्या कोई किसी ध्वनि से बद्ध होकर चुप रहा है, आज इसके द्वारा प्रवचित ध्वनि से बद्ध होने के लिए? अत: क्या इस कविता में ध्वनि को 'आब्जेक्टिव' अथवा सामाजिक चेतनाश्रित कहकर पूर्णविराम रख सकते हैं? Tastes may differ नामक कविता आत्माश्रयी है अथवा विद्रोह-मूलक? विद्रोहमूलक हो तो क्या आत्माश्रयी नहीं होगी? A letter from Paris to comrade Kovstov on the essence and meaning of Love." नामक कविता का क्या नामकरण करेंगे? खैर, उपनिषदों की कविता को क्या कहेंगे? क्या उसे कविता ही नहीं मानेंगे? अगर नहीं कहेंगे तो उसी मानदण्ड पर कितने गद्यकवितासुरों के सर कट जायेंगे? अगर कविता कहेंगे तो किस नाम की कविता? आत्माश्रयी कविता है, पराश्रयी कविता है अथवा मिस्टिक कविता है? मिस्टिक कविता आत्माश्रयी कविता है अथवा पराश्रयी कविता? आत्माश्रयी कविता कहने पर उभरनेवाला प्रश्न है— 'चराचर सृष्टिरूपी जगत् क्या है?' इस प्रश्न से संबंधित उपनिषदों का इतिवृत्त तुम्हारी निजी पीड़ा तो नहीं है? उसे फिर आत्माश्रयी कविता कैसे कह सकते हैं? और एक बात है— उपनिषद् कहते हैं कि वह सारा जगत् तुममें है और तुम उसमें। इस 'त्वमेवाहं' का अर्थ क्या है? जगत् कहने पर पराश्रयता और तुम कहने पर आत्माश्रयता हो? माना जाय तो दोनों एक होने पर कौन सा आश्रय होगा? निराश्रय? "Don't your shoulder-blades itch" शीर्षक माया की कविता को रोमाण्टिक कहेंगे अथवा अट्लांटिक या कौन सा 'टिक'? रोमाण्टिक आत्माश्रयी है या पुरोहिताश्रयी है या किसी झंडे की आश्रयी? सच्ची कविता किसी प्रकार का झंडा फहरायेगी नहीं। उसका कोई नामकरण नहीं कर सकता। नामकरण सब झूठा प्रहसन है— आज के साहित्य पौरोहित्य में।

इसीलिए सुनो— कविता मानी कविता ही है। अगर कविता क्या है पूछोगे तो वह शास्त्र है। अत: कविता पर चर्चा शास्त्रीय पद्धतियों में ही होनी चाहिए। कविता को इन्द्रियवाद और कवित्व तत्त्व विचार के लिए हेतुवाद की जरूरत है। यही सोशलिस्ट साहित्य सिद्धान्त का सार है—बूँद-बूँद चखकर नया जन्म धारण करो।

आइए अब हम अपने देश की ओर चलें। क्या भक्ति आत्माश्रयी है या पराश्रयी? भगवद्भक्ति आत्माश्रयी है तो देशभक्ति भी आत्माश्रयी होनी चाहिए? भगवद्भक्ति, देशभक्ति जिस प्रकार आत्माश्रयी हैं, उसी प्रकार प्रेम भी आत्माश्रयी है। फिर विप्लव (क्रान्ति) क्या है? क्रान्ति के लिए केन्द्र पदार्थ क्रोध है। (१) क्रोध के अभाव में क्रान्ति क्रिया रूप धारण नहीं कर सकती। क्रोध हृदय है तो क्रान्ति शरीर। (२) क्रोध के बिना क्रान्ति नहीं है ("है" मानना राजनीति का मायाजाल है)। (३) अब प्रश्न उभरता है कि क्रोध आत्माश्रयी है अथवा पराश्रयी है? भक्ति, प्रेम, क्रोध, शोक, करुणा आदि सब आत्माश्रयी ही हैं। इन्हीं को Feelings कहते हैं अंग्रेजी में। भारतीय भाषाओं में भाव कहते हैं। शास्त्र की परिभाषा में किंचित् विस्तरण है। काव्य शास्त्र रस प्रकरण में मानव चेतना के अन्तर्गत भाव जगत् को स्थायी भाव, व्यभिचारी भाव, और भाव कहकर सूक्ष्मातिसूक्ष्म विश्लेषण करके उनके परस्पर संबंध निरूपण करता है। सजातीय और विजातीय भावों से विच्छिति पाये बिना अनुभूति पर्यन्त रहनेवाली चित्तवृत्ति विशेष रूपी भाव स्थायी भाव कहलाते हैं। रति, शोक, हास, क्रोध, भय आदि नौ स्थायी भाव हैं। (रति का अर्थ यहाँ विलीनता या निर्भग्नता है।) तात्कालिक भाव (वे भी चित्तवृत्ति विशेष ही हैं, समुद्र की लहरों के समान) व्यभिचारी भाव कहलाते हैं। वे इन मूलभूत स्थायी भावों के परिपोषक हैं। निर्वेद, शंका, दैन्य, मोह, हर्ष आदि ये तैंतीस हैं। "व्यभिचारी व्यंजितो भावः" — रसगंगाधरकार ने हर्षादि चौंतीस भावों को दिखाया है। इस परिभाषा को शायद अंग्रेजी शब्दों में अनुवाद कर दिखायें तो अवगाहन के लिए सहायकारी हो सकता है। स्थायी भाव को Basic Feelings embedded in human nature कह सकते हैं। व्यभिचारी भाव को Feeling कह सकते हैं। भाव को Thought कह सकते हैं। मन का विकार ही भाव है। लेकिन इस संदर्भ में रसानुकूल मनोविकार से ही हमारा संबंध है। भानुदत्त ने कहा है—

"रसानुकूलो विकारो भावः।"

वास्तव में समस्त स्थायी, व्यभिचारी और अन्य इतर भावों को सात्विक भाव कहा जाता है। सात्विक भाव के दो प्रकार होते हैं— आन्तरिक और बाह्य। जो आन्तरिक हैं वे स्थायी और व्यभिचारी हैं। जो बाह्य हैं वे स्वेद, आँसू इत्यादि हैं। वे शारीरिक चिह्न हैं। ये दूसरों के सुख और दुख के प्रभाव से पैदा होते हैं। अनुभाव वे भाव हैं जो पात्रों के शरीर पर व्यक्त होकर देखनेवाले प्रेक्षकों को प्रभावित करते हैं। इस तरह से बहिर सात्विक भाव अनुभाव से भिन्न हैं। इस संदर्भ में हम सिर्फ मनुष्य के अन्तर्गत जो भाव जगत् है उसका विश्लेषण कर रहे हैं। इस कारण अनुभाव अथवा बहिर सात्विक भाव प्रस्तावित नहीं किये गये। इनके विवरणात्मक विस्तार के लिए विशेषतः शास्त्र ग्रंथों को देखना होगा। यहाँ ध्यान देने योग्य मुख्य विषय

है कि जीवन नामक मोटा पदार्थ सब कविता की प्रक्रिया में गुजर कर भाव नामक नाजुक रेणुओं के रूप में परिवर्तित होता है। इन भावों की रेणुओं से बनी कविता, जीवन के मोटे पदार्थ से बनायी गयी नहीं है। मोटे पदार्थ को भावों के रूप में परिवर्तित करना ही कवि का जीवन की घटनाओं की प्रतिक्रिया के रूप में (Reaction) द्रवित होकर भावों के रूप में परिवर्तित होना है। उस क्षण में कवि भावैक मात्र स्थित होकर रह जाता है। यही पूर्व प्रकरणों में कविता प्रक्रिया के विश्लेषण के साथ कहा गया विषय है। इसीलिए भारतीय काव्यशास्त्र कविता की वस्तु को लेकर स्थायी भावों और व्यभिचारी भावों के रूप में विश्लेषित कर उसकी आलोचना करता है। यह विधान कथाश्रित काव्यों के साथ ही नहीं, बल्कि 'वाक्यं रसात्मकं काव्यम्' के अन्तर्गत आनेवाली कथारहित कविता के साथ भी अनुवर्तित होता है। कैसे? इस दूसरे प्रकार की कविता से संबंधित ध्वनि, वक्रोक्ति अथवा अलंकार आदि में से कोई एक चमत्कार, एक जीवानानुभूति को व्यक्त करनेवाली अभिव्यक्ति-परकता के अनुसार प्रवृत्त होता है, न कि स्वतंत्र हो हवा में उड़ता है। अभिव्यक्ति में हमें प्रतीयमान ध्वनि, वक्रोक्ति, अलंकारादि चमत्कार; अनुभूति कवि में द्रवीभूत होकर भावों में परिणत होने के क्षण में उत्पन्न होनेवाले हैं। यह द्रवीभवन क्रिया विभावानुभावादि की निष्पत्ति का ही अनुसरण करती है। इसी प्रकार वह चमत्कार पाठक में भी उसी क्रम का अनुसरण करता हुआ द्रवीभवन क्रिया को संभवित कर रसोत्पादन (लोकोत्तराह्लादानुभूति) का कारण बनता है। इसीलिए अभिनव गुप्त ने कहा है— "वस्त्वलंकार ध्वनिस्तु सर्वदा रसं प्रतिपर्यवस्यते।" यहाँ केन्द्रीय बात है कि काव्य अनुभूति मूलक है और अनुभूति का भावांतरीकरण ही कविता है। यही तत्त्व उभय प्रकार के काव्यों के लिए समान रूप से वर्तित होनेवाला सत्य है।

कवि में अनुभूति के आधार पर ही Feeling होती है और Feeling स्थायी भाव का भँवर बन जाती है। किन्तु कवि लिखने के लिए जब बैठता है तो रस को वाक् रूप नहीं देता, समाहित स्थिति में पहुँचकर अपने रसीभवन के लिए हेतुभूत स्थायी भाव का आश्रय लेता है और उसे वाक् रूप देता है। अनुभूति यद्यपि मोटा पदार्थ है फिर भी वह कच्चा माल है। कवि उस चित्र को वाक् रूप नहीं देता। वह तो स्थायी भाव के इन्द्रजाल में प्राप्त विचित्र स्थितियों और विचित्र भंगिमाओं को वाक् रूप देता है। अत: रचना की दशा में कवि रसीभूत दशा से बाहर निकलकर एक कदम पीछे चलकर स्थायी भाव का आश्रय लेता है रचनार्थ। यही लोर्का का मंतव्य भी है—

"One returns from the inspired state as one returns from the foreign country. The poem is the legend of the journey. Inspiration furnishes the image, but not the investiture. To clothe it, it is necessary to weigh the quality and sonority of each word, cooly and without afflatus."

(The poetic image in Don Luis De Gongra).

रामायण की रचना के समय पर वाल्मीकि ने भी यही किया है। बालकाण्ड पढ़कर जान लीजिए।

कवि का स्थायी भाव वाक् रूप प्राप्त कर कवि में तत्पूर्व घटित समस्त परिवर्तन को फिर पाठक के सामने लाता है। वह चक्र पाठक में फिर गुजरता है। कवि के स्थायी भाव को पाठक फिर अनुभव कर एक अनुभूतिपरक स्थिति में रसीभूत होता है। अत: वह कवि की अनुभूति है और पाठक की सह-अनुभूति है। कवि की हृदयता है तो पाठक की वह सहृदयता है। अत: इस आत्माश्रय कविता के नारे का प्रकरण का तात्पर्य यही होगा कि कविता के जन्म लेने से पहले कवि में स्थित समस्त अनुभूतियों को भावों में परिवर्तित होना है। समस्त भाव आत्माश्रयी हैं। अत: समस्त कविता आत्माश्रयी ही है। अगर आत्माश्रयी नहीं होगी तो वह कविता ही नहीं बनती। इसीलिए 'आत्माश्रयी कविता' शब्द ही पुनरुक्ति दोष युक्त हो जाता है। इसे काव्य शास्त्र को नकार कर अहं शास्त्र को हाथ में लेनेवालों ने ही गढ़ा है। अत: यह साहित्य की आलोचना में प्रयुक्त होने के लिए उपयुक्त शब्द ही नहीं है। अकवियों और कुकवियों द्वारा आत्म रक्षार्थ उपयोग में लाया गया वह एक मात्र नारा है।

विगत तीन-चार वर्षों से देखा जा सकता है कि कविता बदल रही है। कविसेना के प्रहार से कविसेना लक्षण-लक्षित रचना व्याप्ति के प्रभाव से कविता की रूपरेखाएँ बदल गयी हैं। कुछ दिनों पूर्व राजनैतिक नारेबाजी के अलावा कुछ और लिखने के लिए डरनेवाली युवापीढ़ी आज लौह शृंखलाओं को तोड़कर निर्भय हो कविता को स्वेच्छा रूप प्रदान कर रही है। राजनैतिक झूठे कवियों और आलोचकों को देखकर डर नहीं रही है। किसी क्षुधा मुद्रावाले कवीन्द्र की पुकार सुनकर अन्धाधुन्ध दौड़ नहीं लगा रही है आज की युवापीढ़ी। कविता की दिशा को पहचान पायी है। जिसको जो अच्छा लगता है वही लिख रहा है। उसकी अपनी सच्ची अनुभूतियों को अपने शब्द अर्पित कर रहा है आज का युवा कवि। वह राजनीति से डर कर भूख की कविता मात्र ही नहीं कर रहा है। इसीलिए पहली बार तेलुगु में एक ऐतिहासिक घटना घटित हुई है। कविता कृत्रिम शब्द व्यापार धुरीण वर्णिक श्रेष्ठियों के पंजों से और साहित्य मुखी राजनीतिक सियारों के बाहुवलयों से मुक्त हो गयी है। यह वास्तव में तेलुगु कविता के इतिहास में अपूर्व वसन्तागमन है। आइए कविसेना से जुड़िए। इन फूलों की मालाएँ गूँथकर गलों में धारण कीजिए और गंधर्वों के समान विहार कीजिए।

□

कवि बनने के लिए पाण्डित्य क्यों ?

"अथात: कथइष्यामो व्युत्पत्तिः काव्य मातरम्"
(काव्य मीमांसा-४ अ-२४ श्लो०)

(क)

"कविता एक आत्मकला है" शीर्षक प्रकरण में और "काव्यकला में शब्द का योगदान" शीर्षक प्रकरण में कविता के जन्मक्रम और उसके हेतुओं को विश्लेषणात्मक रूप से स्पष्ट किया गया है। उस संदर्भ में बहिर-अन्तर जगत् के ऐक्य रूप का योग, तद् दशाविशेष से उत्पन्न विलक्षण दृष्टिरूपा प्रतिभा, और तल्लीन अभिव्यंजना विशेष रूप शब्द-व्यूह-रचना-चातुरी पर विशेष रूप से चर्चा हुई है। "पुनः-पुनः प्रवृत्ति" रूप अभ्यास की बात भी संकेत रूप में उठायी गयी है। लेकिन समकालीन (आन्ध्र) साहित्य की स्थिति की भूमिका में कविता रचना के लिए "पाण्डित्य की आवश्यकता" विषय पर विचार करने की जरूरत है। अपण्डित कवि नहीं बन सकता। इसका अगर बोध नहीं कराया जाय तो कविता पर ही महान् लांछन लगने की और कविता को महान् हानि पहुँचने की संभावना अधिक हो जाती है।

"कविता करने की प्रज्ञा जन्म से ही आनी चाहिए। अन्यथा कविता प्राप्त नहीं हो सकती" —यह भावना एक अन्धविश्वास के रूप में वर्तमान गद्य-कवि-रत्नों के साथ एक पूँछ के समान उपयोग में आ रही है। इस अन्धविश्वास की महिमा से वे दुम हिला रहे हैं। पाश्चात्य और प्राच्य संसार में सुदृढ़ रूप से प्रतिष्ठित शास्त्र ज्ञान इस पूँछ को खण्डित करता है।

कविता कोई भी कर सकता है। जन्म इसका निरोध नहीं करता। यही बात मैनिफेस्टो के पूर्व प्रकरणों में स्पष्ट की गयी है। कवित्व सिद्धि के लिए पद्धति का आविष्कार भी किया गया है। उस पद्धति में पाण्डित्य को शीर्षस्थान दिया गया है। खास कर उन प्रकरणों को पढ़िए।

अनुभूति के बिना कविता नहीं है। फिर प्रश्न उठता है कि जब अनुभूति सर्व मानव सहज ही है तो क्यों सब कवि नहीं बन रहे हैं? इस प्रश्न का समाधान यही बताता है कि सामान्य अनुभूति कविता के लिए काफी नहीं है। तदर्थ विलक्षण अनुभूति चाहिए। इसी को पंडितराज जगन्नाथ ने पहचान कर स्पष्ट किया है कि

कविता के लिए 'विलक्षण व्युत्पत्ति' की जरूरत है—

"क्यचिच्च विलक्षण व्युत्पत्ति काव्य करणाभ्यासौ।" (रसगंगाधर)

उन्होंने यह स्पष्ट नहीं किया कि विलक्षण व्युत्पत्ति क्या है। लेकिन समस्त भारतीय काव्यशास्त्र के आचार्यों ने व्युत्पत्ति को समझाया है। उन्होंने कहा है कि वह लोकानुभव, काव्यानुशीलन और न्याय-वैशेषिकादि पदार्थ शास्त्र ज्ञान है। अतः माना जा सकता है कि पण्डितराज के अनुसार वह लोकानुभव से उज्ज्वलित व्युत्पत्ति है। अर्थात् विलक्षण अनुभूति ही विलक्षण व्युत्पत्ति है। इससे स्पष्ट होता है कि सामान्य अनुभूति मात्र अथवा सामान्य पाण्डित्य मात्र कविता हेतु बन नहीं सकता। इसका निष्कर्ष यही निकलता है कि कविता के लिए अनुभूति और पाण्डित्य दोनों चाहिए। इन दोनों से युक्त भासित मल्लिनाथ आदि व्याख्याकार क्यों कवि नहीं बन सके? उनमें अनुभूति और पाण्डित्य दोनों अलग-अलग हैं, जैसे— तीर्थ और प्रसाद। वाल्मीकि, व्यास, कालिदास आदि के समान मल्लिनाथ आदि ने पाण्डित्य दीप लेकर जीवन के कोने-कोने में जाकर अनुभूतिमूलक अनुशीलन नहीं किया। इस मैनिफेस्टो में जैसे पहले ही कहा जा चुका है वैसे उन्होंने सचेतन रूप से "सबुद्धिपूर्वक संकल्प सहित जीवन का आचमन" नहीं किया। अतः पाण्डित्य उज्ज्वलित अनुभूति और अनुभूति प्रज्वलित पण्डित्य मिथुन का शिशु ही कवि है। काव्य मीमांसाकार राजशेखर इसी सत्य को इन शब्दों में उद्घाटित करते हैं—

"प्रतिभा व्युत्पत्ती मिथः समवेते श्रेयसौ।"

प्रतिभा और व्युत्पन्नताओं के परस्पर प्रज्वलन से उत्पन्न अग्नि समान कवि साधारण मनुष्यों से अलग होकर विशिष्ट व्यक्ति बनता है। इस मिथः प्रज्वलन प्रक्रिया के कारण उसकी सुषुप्ति की दशा में स्थित आत्मिक शक्ति का विस्फोटक होता है। अतः हमें समझना चाहिए कि सामान्य जन में सुषुप्ति दशा और कवि में जाग्रत दशा उपस्थित हैं। कवि की इस विशिष्टता को अग्निपुराण-कर्त्ता ने पहचानकर कहा है—

श्रृंगारीचेत् कविः काव्ये जातं रसमयं जगत्।
सचेत् कविर्वीतरागो नीरसो व्यक्तमेव तत्॥

उन्होंने कहा है कि कवि को श्रृंगारी होना है। श्रृंगार का अर्थ जैसे आम तौर पर समझा जाता है वैसा स्थूल श्रृंगार से जोड़ा नहीं जा सकता। वह जीवन का आचमन करने के लिए निकले साहस यात्री का लक्षण है। धैर्य, करुणा, शौर्य और त्याग नामक चतुर्विध लक्षणों से मानव का अन्य मानवों में विलीन होने की महाप्रस्थान दशा है। शृंगार शब्द का अर्थ हमारे हाथों उसी प्रकार पतन हुआ है जिस प्रकार गंगा का पतन हुआ है— आकाश से शंभु के सिर, वहाँ से हिमालय, वहाँ से पृथ्वी और वहाँ से पाताल। अग्निपुराण कर्त्ता के अभिप्राय को भोज ने सरस्वतीकण्ठाभरण में समीचीन रूप से आविष्कृत किया है—

रसोऽभिमानोऽहंकारः शृंगार इति गीयते।
योऽर्थस्तस्यान्वयात् काव्यं कमनीयत्वमश्नुते॥

(रस मानी अभिमान और अहंकार है— उसी का नाम शृंगार है। रस शब्द का अथवा शृंगार शब्द का इस अर्थ में अनुवर्तन से ही काव्य कमनीयता को प्राप्त करता है।) इसका अनुवर्तन करानेवाला कवि ही है। क्योंकि वही कवित्व लाभ का आकांक्षी है। कवि सुख-दुःखात्मक जीवन में लीन होते समय अपने को विभिन्न रसों में विश्लेषित कर लेता है; अनेक रस बनकर जीवन के मैदानों में प्रवाहित हो जाता है। आत्मशक्ति से (योग से) ही उसकी साधना करता है। आत्मशक्ति का नानाविध रस रूपों में विश्लेषित होकर मानव जीवन में प्रवाहित होना ही काव्य प्रक्रिया है। अर्थात् कवि नामक व्यक्ति रसनीय होकर रसत्व को प्राप्त करता है। ऐसी रसत्व दशा विशेष का अक्षर स्वरूप ही काव्य है। भोज ने अपने एक और ग्रंथ 'शृंगार प्रकाश' में शृंगार रस के शब्दार्थ को लेकर विशिष्ट चर्चा की है—

रसाहि सुखदुःखावस्था रूपाः ते च शरीरिणां चैतन्यवताम्।
न काव्यस्य, तस्य शब्दार्थ रूपातया अचेतनत्वेन॥

अर्थात् रस सुख-दुःखावस्था रूपक है। ये चैतन्यवान शरीरधारियों के लिए संभावित होते हैं, न कि काव्य को। काव्य अचेतन है। अतः शब्दार्थरूपी काव्य द्वारा प्राप्त होनेवाली रसनीयता अथवा कमनीयता के लिए कवि जन्म स्थान है। वे आगे कहते हैं—

आत्मस्थितं गुण विशेषमहंकृतस्य शृंगारमाहुरिह जीवितमात्मयोनेः।
तस्यात्मशक्ति रसनीयतया रसत्वं युक्तस्य येन रसिकोऽयमिति प्रवादः॥

उद्बुद्ध अहंकारयुक्त ज्ञानी में आत्मस्थित गुण विशेष ही शृंगार हैं। लेकिन मात्र आत्मस्थित रहने से उसे वह अभिधान नहीं मिलता। उसे उसके जीवन से प्रतीयमान होना है। अर्थात् उस रूप में उसे जीकर दिखाना है। तभी वह शृंगार कहलाता है। यह 'जीवन' शब्द केन्द्रीय स्थान पर है। कहने का तात्पर्य यही है कि भोज (या अग्निपुराण कर्त्ता) कविता को जीवन का रूपांतर कह रहे हैं। इसी को इस मैनिफेस्टो ने आत्मकला का अभ्यास रूप में प्रतिपादित किया है। आत्मशक्ति, जिसका रूपांतर अहंकार है, उसके विस्फोट से उत्पन्न होती है रसनीयता। अर्थात् कवि का पिघलकर प्रवाहित होना ही रसत्व है। यही 'गोरिल्ला' काव्य में निम्न शब्दों में दिखाई देता है— "मैं तूफानों को, घावों को,पियक्कड़ों को ढूँढ़ता फिरनेवाला हूँ; लेकिन प्रजा शिखरों को देखते ही पिघलकर एक छन्द बन कागज पर रिस जाता हूँ।"

भोज ने इसी बात का विवरण यों दिया है—

मनोऽनुकूलेषु दुःखादिषु स्वाभिमानः रसः।
और
शृंगारः सोऽभिमानः तत एते रत्यादयो जायन्ते

तैश्चायं प्रकर्ष प्रापै: सप्तार्चिरर्चिश्चयैरिव
प्रकाशमान: शृंगारिणामेव स्वदते

सुख-दु:खात्मक जीवन में व्यक्ति को निमग्न करनेवाला स्वाभिमान ही रस है। वह अभिमान ही शृंगार है। उसी से रत्यादि रूप अनुभूतियाँ प्रकर्ष प्राप्त करने पर (अभिमान से) अग्नि ज्वालाओं के समान प्रकाशमान होते हुए, शृंगारी को ही वह अभिमान अपना भोजन बना लेते हैं। इसी को भरत ने नाट्यशास्त्र में—

"योऽर्थो हृदयसंवादी तस्य भावो रसोद्भव:।
शरीरं व्याप्यते तेन शुष्कं काष्ठमिवाग्निना॥"

कहा है। अहंकार, अभिमान इत्यादि शब्दों को भरत के 'हृदय संवाद' से अनुसंधित होना है। अहंकार और अभिमान मनुष्य को जीवन संघटना में लीन कर अनुभूति का शिकार बना देते हैं। (इसीलिए हृदय संवाद का अर्थ होता है मनुष्य का नख-शिख पर्यन्त उस अर्थ से अभिव्याप्त होना।) संघटनाओं को भरत ने अर्थ कहा है। लीन करने को उन्होंने हृदय संवाद कहा है। फल को काष्ठ को जलाने से उपमित किया है। अत: यह स्पष्ट है कि भोज की भावना के लिए अग्निपुराण और नाट्यशास्त्र मूल है। 'अहंकारोभिमानेन....." कहते हुए शारदातनय भी अपने 'भावप्रकाश' में इसी मार्ग पर चलते हैं। इसी मार्ग को एक संदर्भ में आनन्दवर्द्धन ने भी स्वीकार है।

कवि को शृंगारी होना है अर्थात् उसे जीवन में लीन होना है। अन्यथा काव्य जन्म नहीं ले सकता। इसी को अग्निपुराण कर्त्ता ने पूर्वोक्त श्लोक में इस प्रकार व्यक्त किया है—

"सचेत्कविर्वीतरागो नीरसोव्यक्तमेवतत्।"

लेकिन कवि को शृंगारी होकर काव्य-करण दक्षता प्राप्त करने के लिए साधारण तल्लीनता काम नहीं आती। पाण्डित्य प्रज्वलित तल्लीनता चाहिए। वही आत्मा और जगत् के ऐक्य रूप तादात्म्य के रास्ते पर ले जाती है। "भग्नावरण चिद्विशिष्टस्थिति" के द्वार खोलती है वह। उस रास्ते पर पहुँचानेवाली ही है "विलक्षण व्युत्पत्ति"।

आचार्य दण्डी के समय से लेकर हेमचन्द्र सूरि तक के समय के बीच के प्राय: सभी भारतीय काव्यशास्त्रियों ने (अर्थात् ७वीं सदी से १२वीं तक के) साहित्यशास्त्र में मौलिक सिद्धान्त प्रतिपादित किये हैं। उनमें ९० प्रतिशत ने काव्योत्पत्ति के हेतुओं में 'समाधि' को प्रथम स्थान दिया है। उसके बाद ही प्रतिभा व्युत्पत्ति और अभ्यास की चर्चा की है। समाधि को स्थान देनेवालों में भी कुछ ने प्रतिभा, व्युत्पत्ति और अभ्यास सबको मिलाकर एक ही हेतु के रूप में प्रतिपादित किया है तो कुछ ने मात्र प्रतिभा को हेतु कहा है। कुछ और लोगों ने व्युत्पत्ति और अभ्यास को प्रतिभा के संस्कार के लिए उपकरण माने हैं। इस प्रकार विभिन्न मत प्रतिपादित तो हुए हैं, किन्तु १७वीं शती के आचार्य जगन्नाथ तो पूर्वाचार्यों के समान ऊँचे

व्यक्तित्व के ठहरते हैं। उन्होंने यह स्पष्ट किया है कि केवल व्युत्पत्ति और अभ्यास से प्रतिभा प्राप्त की जा सकती है। यही बात दण्डी ने भी कही है। इन समस्त काव्यशास्त्र वाङ्मय की समीक्षा के निरीक्षण से स्पष्ट होता है कि काव्य हेतु और उसमें पाण्डित्य के स्थान पर काव्य सम्प्रदायों के प्रायः सभी आचार्यों ने सूक्ष्मता से, तर्क युक्तता से और समीचीन रूप से विवेचन किया है। किन्तु इन सब ने समाधि, प्रतिभा, व्युत्पत्ति और अभ्यास इन चारों के पारस्परिक संबंधों को सुनिश्चित रूप से स्पष्ट नहीं किया है। समाधि को प्रथम स्थान देकर व्युत्पत्ति को समुचित गौरव प्रदान किया है। किन्तु समाधि की प्राप्ति और प्रतिभा की प्राप्ति के मार्ग उन्होंने स्पष्टतः रेखांकित नहीं किये। समाधि और प्रतिभा की व्याख्या तो उन्होंने की है। कुल मिलाकर काव्योत्पत्ति के केन्द्रीय हेतु प्रतिभा की सिद्धि के संबंध के रुद्रट, राजशेखर, हेमचन्द्र सूरि और जगन्नाथ के सिवा किसी और ने कुछ भी नहीं कहा है। अन्तिम दोनों के प्रतिपादन समग्र नहीं लगते।

दण्डी (७वीं शती) ने अपने काव्यादर्श में कहा है कि काव्य सर्वस्व अर्थात् कवि कर्म समाधि है और सब कवि इसी समाधि मार्ग का अनुसरण करते हैं—

तदेतत् काव्य सर्वस्वं समाधिर्नाम यो गुणः।
कवि सार्थः समग्रोऽपितमेनमनुगच्छति॥

इस संदर्भ में 'समाधि' के संबंध में कुछ विवरण देना आवश्यक है। भामह ने प्रसाद, माधुर्य और ओज नामक तीन ही गुणों का उल्लेख किया है। जिस प्रकार भरत को अलंकारों के लक्षण कहकर उनका निर्धारण करते समय अलंकारों को कच्चा माल समझकर उनके अंतस्सार के लिए ढूँढ़ने में उन्हें लीन हम मानते हैं उसी प्रकार दण्डी और वामन के संबंध में भी यही मानना होगा कि उन्होंने गुणों को समाधि के संबंध में विचार करते समय अलंकारों को अन्तःसार ही माना है। यह इसलिए कि उन्होंने उनका विचार कुछ तिरछे मार्ग से ही किया। दस गुणों को बता कर दण्डी ने कहा है कि सभी कवि समाधि का ही अनुसरण करते हैं। भामह ने समाधि का उल्लेख नहीं किया। सिर्फ दण्डी ने ही इसके संबन्ध में विचार करना आरंभ किया है। एक वस्तु के धर्म को दूसरी वस्तु पर आरोपित करने को ही उन्होंने समाधि कहा है। इसी प्रक्रिया को उन्होंने चमत्कारकारक बताया है। और इस संदर्भ में घोषणा की है कि सभी कवि इसी का अनुसरण करते हैं। वामन ने इसकी ओर आकर्षित होकर उसका विस्तार किया है। उसमें आरोह और अवरोहों को देखकर उन्हीं को प्रधान लक्षण मानकर वामन ने कहा है—

"आरोहावरोह क्रमः समाधिः।"

"निरानन्दः कौन्दे मधुनिपरिभुक्तोज्झित रसे" आदि उदाहरण भी उन्होंने दिये हैं। लेकिन

"ऐसी समाधि के गुणों की प्राप्ति के लिए समाधि अनिवार्य है"— इस प्रकार की ध्वनि से युक्त एक श्लोक भी उन्होंने ही कहा है—

"आरोहन्त्यवरोहन्ति क्रमेण यतयोहितत्।
समाधिर्नाम सगुणस्तेन पूता सरस्वती॥"

(अर्थात् यतियों का आरोहण-अवरोहण क्रम ही समाधि है। उससे सरस्वती परिपूता होकर प्रकाशमान होती है।) कहने का तात्पर्य यह है कि एक वस्तु के धर्म को दूसरी वस्तु पर आरोपित करनें की काव्य-प्रक्रिया यतियों द्वारा अभ्यास किये जानेवाले योगफल के समान सूचित की गयी है। यह सब तृतीय अधिकरण के प्रथम अध्याय में कहा गया है। फिर द्वितीय अध्याय में समाधि गुण को और विस्तार से इस प्रकार विवेचित किया गया है—

"अर्थ दृष्टिः समाधिः"

यह सूत्र है तो इसकी वृत्ति उन्होंनें इस प्रकार दी है—

"अर्थस्यदर्शनं दृष्टिः। समाधिकारणत्वात् समाधिः।
अवहितंहि चित्तं अर्थान् पश्यतीत्युक्तं पुरस्तात्।"

'पुरस्तात्' का अर्थ पहले प्रथमाधिकरण के तृतीय अध्याय में काव्यांगों की चर्चा करते हुए प्रकीर्ण नामक तीसरे अंग में छह अंशों को बताकर उन के छठवें अंश के रूप में 'अवधान' को निरूपित कर के उसका लक्षण उन्होंने बताया है—

"चित्तैकाग्र्यमवधानम्।"

"चित्तैकाग्र्यम् बाह्यार्थनिवृत्तिस्तदवधानं। अवहितंहि चित्तं अर्थान् पश्यति"

यह पूर्व सूत्र की वृत्ति है। अतः दण्डी ने जिस समाधि को गुण के रूप में गिनाया है उसे वामन ने 'तदन्तर्हित विशालार्थ प्रद्योतक'— इतनी लंबी व्याख्या अपने काव्यालंकार सूत्रवृत्ति में देकर दण्डी की 'समाधि' के स्वरूप का आविष्कार किया है। उनके बाद आगे रुद्रट ने—

मनसि सुसमाधिनि विस्फुरणमनेकधाभिधेयस्य।
अक्लिष्टानि पदानि च विभान्ति यस्यां असौ शक्तिः॥

कहकर प्रतिभा का वर्णन किया है।

प्रतिभा, पाण्डित्य और अभ्यास तीनों को मिलाकर एक हेतु रूप में भी दण्डी ने माना है—

नैसर्गिकी च प्रतिभा शृतंच बहु निर्मलम्।
अमंदश्चाभियोगोऽस्याः कारणं काव्य संपदः॥

फिर यह प्रश्न रह जाता है कि काव्य के लिए मार्ग समाधि है अथवा प्रतिभा-श्रुत अभियोग त्रितयैक रूप कारण? ऊपर से उनका कहना है कि जन्म सिद्ध प्रतिभा

के अभाव में भी व्युत्पत्ति और अभ्यास से कविता साध्य की जा सकती है—

न विद्यते यद्यपि पूर्ववासना गुणानुबंधि प्रतिभानमद्भुतम्।
श्रुतेन यत्नेन च वागुपासिता ध्रुवं करोत्येव कमप्यनुग्रहम्।।

प्रतिभा, व्युत्पत्ति और अभ्यास सबको मिलाकर काव्य का एक ही हेतु माननेवालों के द्वारा व्युत्पत्ति भी अलग हेतु के रूप में प्रतिपादित होने के कारण दण्डी के मत में विषमता और स्ववचन व्याघात गोचर होते हैं। समाधि-जन्य काव्य, प्रतिभा, व्युत्पत्ति और अभ्यासजन्य काव्य एवं व्युत्पत्ति और अभ्यासजन्य काव्य रूप से त्रिविध काव्यों को अगर हम लेना चाहते हैं तो दूसरी ओर उन्होंने प्रतिपादित किया है कि व्युत्पत्ति और अभ्यास दोनों एक ही हेतु हैं।

दण्डी में मिलनेवाली तीनों धारणाएँ उनके बाद आनेवाले आचार्यों द्वारा स्वीकृत हुई हैं। प्रतिभा, व्युत्पत्ति और अभ्यास सबको मिलाकर एक ही काव्य हेतु के रूप मे ११वीं शती के आचार्य मम्मट ने अपने 'काव्य प्रकाश' में माना है—

शक्तिर्निपुणता लोकशास्त्र काव्याद्यवेक्षणात्।
काव्यज्ञ शिक्षयाभ्यास इति हेतुस्तदुद्भवे।।

इस कारिका की वृत्ति में उन्होंने कहा है—
"......इति त्रयः समुदिता न तु व्यास्ताः तस्य काव्यस्योद्भवे निर्माणे समुल्लासे च हेतुः न तु हेतवः।"

व्युत्पत्ति और अभ्यास को ही काव्योत्पत्ति हेतु माननेवाले दण्डी की बात को १७वीं शती के जगन्नाथ ने रसगंगाधर में एक बड़े सिद्धान्त के रूप में प्रतिपादित किया है। उन्होंने काव्य के लिए प्रतिभा को हेतु कहा है और उस प्रतिभा के लिए देवता और महापुरुषों के प्रसादादि अदृष्ट हेतु एक और विलक्षण व्युत्पत्ति और अभ्यासरूपी दृष्ट हेतु एक प्रतिपादित किया है—

"तस्याश्चय हेतुः क्वचित् देवता महापुरुष प्रसादादि जन्यमदृष्टम्। क्वचिच्च विलक्षण व्युत्पत्ति काव्य करणाभ्यासौ। न तु त्रयमेव बालादेस्तौ विनापि केवलान्महापुरुष प्रसादादपि प्रतिभोत्पत्तेः, न च तत्र तयोः जन्मांतरीय योः कल्पनं वाच्यम्।"

इस दृष्टि से दोनों दृष्ट कारण इसी जन्म में जब कविता प्रदान कर रहे हैं तो कविता के लिए जन्मांतर हेतु के होने की बात को गलत सिद्ध करते हुए सतर्क उसका खण्डन कर इसी जन्म में ही प्रतिभा को साध्य प्रतिपादित करके जगन्नाथ ने तत्पूर्व काव्यशास्त्र के क्षेत्र में व्यवहृत 'कवित्व को जन्मांतर संस्कार लब्ध' माननेवाले सिद्धान्त के मूल में व्याप्त अन्धविश्वास को ध्वंस किया है। किन्तु उनके द्वारा

प्रतिपादित देवता, महापुरुष प्रसादादि अदृश्य हेतु को वे अपने समकालीन प्रभाव के कारण नहीं टाल सके। सुकरात जैसे हेतुवादी भी, कहा जाता है, शारीरिक रोगों को दूर करने के लिए मंत्रों पर विश्वास करते थे। कहने का मतलब यही है कि तर्क बुद्धि से भासित जगन्नाथ को भी प्रतिभा हेतु का रहस्य मिल नहीं सका। अतः व्युत्पत्ति पर जो गौरव था उसे काव्य हेतु बनाने की इच्छा रखने पर भी व्युत्पत्ति से युक्त अनेकों को कवि न होते देखकर उन्होंने विलक्षण व्युत्पत्ति कह कर व्युत्पत्ति में एक विशेषता को प्रविष्ट किया है। (इसके बारे में इसी प्रकरण में अन्यत्र चर्चा की गयी है)। इस विषय में जगन्नाथ के सिद्धान्त की विशेषता यह है कि कविता को जन्मान्तर का संस्कार न मानकर इसी जन्म में प्राप्त की जानेवाली शक्ति के रूप में उसे प्रतिपादित करना।

आचार्य दण्डी से शुरू होकर ७वीं शती से १२वीं शती के हेमचन्द्र सूरि तक लगभग ५०० वर्षों के अन्तराल में अविछिन्न रीति से चली काव्य मीमांसा में कविता करने की शक्ति को समाधि स्थिति से उत्पन्न माननेवाले अधिक हो पाये हैं। शायद दण्डी के बाद के रुद्रट ने (९वीं शताब्दी) अपने काव्यालंकार में बहुत ही समीचीन रूप से सहेतुपूर्वक विवरण दिया है। समस्त भारतीय काव्य शास्त्र के क्षेत्र में इस विषय में रुद्रट का मत ही शिरोधार्य लगता है—

मनसि सुसमाधिनि विस्फुरणमनेकधाभिधेयस्य।
अक्लिष्टानि पदानि च विभान्ति यस्यां असौ शक्तिः॥

इसका तात्पर्य यह है कि सुनिष्ठित समाधिगत मन में नानाविधार्थ का स्फुरण और उनका अक्लिष्ट पदों के साथ मिलकर प्रकाशमान हो लुढ़कते आना ही शक्ति है। वही शक्ति 'प्रतिभेत्यपरैरुदिता' है। शक्ति का अन्य नाम ही प्रतिभा है। व्युत्पत्ति की आवश्यकता का प्रतिपादन करते हुए उन्होंने कहा है—

"छन्दो व्याकरण कला लोक स्थिति पद पदार्थ विज्ञानात् युक्तयुक्त विवेको व्युत्पत्तिरियं समासेन।"

छन्द, व्याकरण, चौंसठ कलाएँ, लोकज्ञता, न्याय वैशेषिक आदि पदार्थ शास्त्र ज्ञान और उनके आधार पर सिद्ध युक्तायुक्त विवेकरूपी औचित्य स्पृहा— सब मिलकर ही व्युत्पत्ति होगी। महानुभाव रुद्रट ने इन शब्दों द्वारा आज के कवियों और आलोचकों को अच्छी तरह से समझाया है, यह कह कर कि इतने भार को तुम वहन नहीं कर सकते हो तो साहित्य के क्षेत्र में कदम मत रखो। उक्त दोनों श्लोकों का आधुनिक रीति में चलकर वर्तमान भाषा में दिया गया विवरण ही है पूर्वप्रकरणों में प्रस्तुत "कविता एक आत्म कला है" और "कवित्व कला में शब्द का योगदान" शीर्षकों के अन्तर्गत विवरण। इस मैनिफेस्टो में प्राचीन काल में और आधुनिक युग में

काव्यशास्त्र के अधिकारी विद्वानों के सिद्धान्तों को आधार बनाकर ही कवित्व तत्त्व विवरण प्रस्तुत किया गया है। शास्त्र में प्रामाणिक ग्रंथों में जो नहीं है वह इस में नहीं है। इसमें जो है वह सब प्रामाणिक ग्रंथों में है। इस मैनिफैस्टो में एक ही नया काम किया गया है। वह है वर्तमान संसार के लिए उपलब्ध प्राचीन और प्राक्पश्चिम काव्य तत्त्व चिंतन एवं आधुनिक काव्य तत्त्व चिंतन तथा सोशलिस्ट काव्य तत्व चिंतन नामक चिंतन त्रय अथवा चतुष्टय शाखाओं का समवेत रूप में अनुशीलन व उन चारों में उपलब्ध आश्चर्य चकित करनेवाले भावैक्य को, अभिन्नता को प्रतिपादित कर आधुनिक मानव को इन समस्त ज्ञान के वारिस के रूप में प्रतिपादन। इसके अतिरिक्त यह भी दर्शित कराता है कि उसके भार को वहन करने के कारण ही वर्तमान मानव के ज्ञान को परिपूर्णता आती है। बस, इत्यलम्।

९वीं शताब्दी के राजशेखर ने रुद्रट के मत की पुष्टि करते हुए कहा है कि समाधि से काव्योत्पादक शक्ति की साधना की जा सकती है। अर्थात् प्रतिभा समाधि से साध्य हो सकती है। अपने 'काव्यमीमांसा' में उन्होंने प्रतिपादित किया है—
"समाधिरान्तरः प्रयत्नः बाह्यस्त्वभ्यासः तावुभावपि शक्तिमुद्भासयतः सा केवलं काव्य हेतुरिति यायावरीयः।"
समाधि अन्तः प्रयत्न है और अभ्यास बाह्य प्रयत्न है। दोनों मिलकर मनुष्य में सुषुप्तावस्था में स्थित प्रतिभा को उद्भासित करते हैं। वही शक्ति (प्रतिभा ही) काव्य हेतु है और कुछ नहीं। मायाकोवस्की द्वारा प्रतिपादित—
"The celebrated absent-mindedness of the poet."

इसी अन्तर प्रयत्न का परिणाम है। यह राजशेखर के द्वारा प्रतिपादित महोत्कृष्ट प्रतिपादन है कि समाधि कविता के लिए किया जानेवाला अन्तः प्रयत्न है और कविता प्रयत्न साध्य भी है। यह प्रतिपादन जगन्नाथ के बहुत पूर्व ही हो चुका है। उन्होंने इस दुष्प्रचार का खण्डन भी किया है कि जन्मान्तर संस्कार विशेष सब के लिए प्राप्य नहीं है। उन्होंने ही रुद्रट का अनुसरण करते हुए प्रतिभोत्पत्ति का साधन समाधि के लिए व्युत्पत्ति की अनिवार्यता का प्रतिपादन कर कवि बनने के लिए पण्डित होने की आवश्यकता का निरूपण किया है। काव्यमीमांसा में वे कहते हैं—
"प्रतिभाव्युत्पत्ती मिथः समवेते श्रेयसौ इति यायावरीयः।"
(यायावरीयः का अर्थ है कि यायावरीज वंशज ग्रंथ कर्ता राजशेखर।) शायद राजशेखर को आधार बनाकर ही जगन्नाथ ने व्युत्पत्ति को अलग करके उसी को एकमात्र कारण बताया है—

> "नानृषिः कविरित्युक्तं ऋषिश्च किल दर्शनात्।
> विचित्र भाव धर्मांश तत्त्व प्रख्या च दर्शनम्।।

इस वक्तव्य को प्रतिपादित करनेवाले तौतभट्ट १०वीं शताब्दी के थे। उन्होंने अपने 'काव्यकौतुकम्' में यह प्रतिपादित किया है कि तत्त्व दर्शन से ही कवि का उद्भव होता है और ऐसे तत्त्व दर्शन सिद्धि से पहले उसे शास्त्राध्ययनादियों से दर्शन सिद्धि के लिए आवश्यक परिपक्वता का अर्जन करना है। इस प्रकार से प्राप्त दर्शन से किये जानेवाला वर्णन ही किसी को भी कवि कहलाने लायक बना देता है। इस प्रतिपादन से यह स्पष्ट होता है कि उन्होंने रुद्रट और राजशेखर की पद्धति का ही विस्तार किया है। काव्यकौतुकम् में तौतभट्ट ने कहा है—

'सतत्व दर्शनादेव शास्त्रेषु पठितः कविः।
दर्शनाद्वर्णनाश्चाथ रूढालोके कवि श्रुतिः॥

हेमचन्द्र ने अपने 'काव्यानुशासन' में एक अनोखी बात का प्रतिपादन कर इस समाधि पद्धति की परम्परा को सुप्रतिष्ठित किया है। उन्होंने "प्रतिभा नवनवोन्मेषशालिनी प्रज्ञा। अस्य काव्यस्येदं प्रधानं कारणम्।" कहकर "सा च सहजौपाधिकी चेति द्विविधा" कहा है। अर्थात् नवनवोन्मेषशालिनी प्रज्ञा ही प्रतिभा है। उसके दो रूप हैं— सहजा और औपाधिकी। "सावरणक्षयोपशम् मात्रात् सहजा, मंत्रादेशौपाधिकी" — अर्थात् भग्नावरण चैतन्य ही सहज प्रतिभा है। चिंतामणि आदि मंत्र सिद्धियों द्वारा प्राप्त प्रतिभा औपाधिकी है। इसमें प्रथम भाग "मनसि सुसमाधिनी" इत्यादि रुद्रट वचन की अनुसृति है। किन्तु रुद्रट ने जिसे शक्ति और 'प्रतिभेत्यपरैरुदिता' कहा है उसे सीधे प्रतिभा कहने से और उस प्रकार से समाधि से सिद्ध प्रतिभा को सहज प्रतिभा कहने से हेमचन्द्र ने चरम वाक्य के रूप में हमसे जन्मांतर लब्ध और अन्यथा अनुपलब्ध समझी जानेवाली प्रतिभा को उस तरह की न बतलाकर उसे यत्न से साध्य फल बताया है। तदर्थ समाधि को साधन एवं उस विधि से प्राप्त प्रतिभा को स्वाभाविक ही सिद्ध कर उसे हमसे मानी जानेवाली प्रतिभा ही कही है। इस प्रकार प्रतिभा को असाधारण और अलभ्य समझनेवाली भ्रान्ति का निराकरण भी हो जाता है। लेकिन "मंत्रादेरौपाधिकी" कहते हुए कुछ और कहकर एक सीढ़ी नीचे फिसल आये हैं। किन्तु उनके प्रतिपादन के प्रथम खण्ड के समाधिवाद परम्परा तक (अर्थात् आत्मकलाभ्यास वाद तक) का प्रतिपाद्य एक अमूल्य देन है। इसमें से समाधि संबंधी व्यवहार को छोड़कर बचे मंत्र-व्यवहार को लिया है जगन्नाथ ने। फलतः उन्होंने अपनी तर्कशीलता और हेतुवादी मार्ग को दुर्बल बना लिया है।

रुद्रट, राजशेखर और मम्मट ने 'शक्ति' का प्रयोग किया है। शक्ति शब्द के कारण यह व्यंजित होता है कि वह प्रयत्न से शक्य है। यानी साध्य है। लेकिन 'प्रतिभा' शब्द जन्म-संस्कार-भाव-संपर्क की छाप से युक्त है। दण्डी समाधि पद्धति

को पहले प्रतिपादित करनेवाले आचार्य होने पर उन्होंने 'प्रतिभान' शब्द का प्रयोग किया है। उन्होंने 'शक्ति' नहीं कहा। लेकिन इस सबसे पहले अग्निपुराण में 'शक्ति' शब्द का प्रयोग हुआ है और उसे सुदुर्लभ कहा है—

नरत्वं दुर्लभं लोके विद्या तत्र सुदुर्लभा।
कवित्वं दुर्लभं तत्र शक्तिस्तत्र सुदुर्लभा॥

यहाँ कष्ट साध्य होने की बात कही गयी है, न कि प्रयत्न से भी न मिलनेवाली। इससे यही सूचित होता है कि तप और समाधि की पद्धतियों से कवित्व हेतु शक्ति प्राप्त हो सकती है।

काव्य-तत्त्वशास्त्र के लिए रुद्रट और राजशेखर द्वारा किया गया महान् उपकार है, कविता को सर्वजन साध्य प्रतिपादित करना। साथ-साथ तदर्थ आवश्यक साधना तंत्र के पालन करने की बात भी उन्होंने निष्कर्षतः प्रतिपादित की है। (हेमचन्द्र और जगन्नाथ दोनों ने भी इसी पद्धति का अनुसरण किया है, किन्तु उनका स्थान द्वितीय वर्ग में ही आता है।) प्रतिभा समस्त जीव राशियों में रहनेवाला चैतन्य है। देवी भागवत में कहा गया है—

"सर्व चैतन्यरूपां तां आद्यां विद्यां च धीमहि बुद्धिं यानः प्रचोदयात्।"

पुष्पित होने की शक्ति जिस प्रकार वृक्ष में निहित है उसी प्रकार प्रतिभा मनुष्य में रहती है। नीलगिरि पर बड़े-बड़े गुलाब खिलते हैं, किन्तु वे ही पौधे हैदराबाद में छोटे साइज के गुलाब देते हैं। पौधे लगाकर देखिए मालूम हो जायेगा। लेकिन उनके लिए आवश्यक वातावरण कृत्रिम रूप में उपस्थित करके अच्छी खाद देने पर वे ही अच्छे फूल देंगे। उसे भी हैदराबाद में ही देखा जा सकता है। फल दैवाधीन नहीं है। श्रम से फल मिलता है। फल और फूल के संबंध में उसे कृषि कहते हैं। कविता के विषय में उसे तपस्या कहते हैं। समाधि-योग कहते हैं। संसार के सब लोग वह तपस्या योग या समाधि का आचरण करते तो सर्वत्र उनके रामायण और अनेक महाभारत आ गये होते। कृषि के बिना जिस प्रकार हैदराबाद में छोटे साइज के गुलाब खिलते हैं उसी प्रकार छोटे साइज के काव्य भी जन्मते हैं। छोटे कवि, बड़े कवि, सुकवि और अकवि वर्गों में बाँट कर कवियों में भेद करने का मात्र आधार उनकी तपस्याओं में अन्तर ही है। प्रतिभा सब में समान होने पर भी तपस्या से वह प्रतीयमान होती है, प्रबुद्ध होती है। अर्थात् प्रतीयमानता में गोचर होनेवाले न्यूनाधिक्यताओं के लिए, तपस्या में जिन न्यूनाधिक्यताएं हैं वे ही कारण हैं।

दण्डी आदि शास्त्रकारों ने वाल्मीकि, व्यास आदि कवियों की रचना में प्रवृत्त होने के समय की दशा का विवेचन करने के बाद ही अपनी समाधि पद्धति का प्रतिपादन किया होगा। एक ओर प्रत्यक्ष रूप में व्यास, वाल्मीकि आदि की कवि

परम्परा ने और दूसरी ओर उनसे पूर्व मिलनेवाले श्रुति-वचनों के प्रमाणों ने उनको समाधि पद्धति सिद्धान्त को स्फुरित कराया होगा। तैत्तिरीयोपनिषद् कहता है—

"ऋतं तपः सत्यं तपः श्रुतं तपः शांतं तपोदमस्तपश्शमं तपो दानं तपो यज्ञं तपो भूर्भुवस्सुवः ब्रह्मेतदुपास्य एतत् तपः।"

इस में श्रुतं का अर्थ पाण्डित्य ही है। उसे वेद तपस घोषित कर रहा है। इससे ही समझ लीजिए कि पाण्डित्य कितनी बड़ी बात है। केवल वेद वाङ्मय पाण्डित्य को ही यहाँ 'श्रुतं' के अर्थ रूप में प्रस्तावित करना दुष्ट अन्वय और अज्ञान मूलक दृष्टि को ही व्यक्त करता है। 'श्रुतं' का अर्थ यहाँ पाण्डित्य से ही लेना है। इसी को काव्यशास्त्रियों ने व्युत्पत्ति कहा है। दण्डी ने भी श्रुतं शब्द का प्रयोग इसी अर्थ में किया है—

"नैसर्गिकी च प्रतिभा श्रुतं च बहु निर्मलं..."

केवल व्युत्पत्ति लक्ष्य तक नहीं पहुँचाती। वह ग्रंथ पठन मात्र ही है। इसीलिए उपनिषदकार ने ऋतं, सत्यं, श्रृतं शान्तं, दमं, शमं, दानं एवं यज्ञं सभी को मिलाकर 'एतत् तपः' कहा है (समासेन)। उन्होंने यह भी कहा है कि इनको सुनने से अथवा कहने से कुछ नहीं होता। उनसे जीवन को तपाना है। दीक्षा लेकर आचरण करना है। ये सारे तप परस्पर संबंध से जुड़े हुए हैं। इसीलिए समासेन तपः— एक साथ समवेत रूप में लेना है, दण्डी, मम्मट आदि से प्रतिभा, व्युत्पत्ति और अभ्यास के समान। किसी एक का अनुसरण करने से नहीं चलता। शमदमादियों के बिना शान्त संभव नहीं है। शान्त के बिना सत्य साध्य नहीं होता। श्रुतं के बिना इन में कोई भी साध्य नहीं है। श्रुतं, ऋतं, सत्यं, शांत, शमं, दमं, दानं और यज्ञं मनुष्य के अपने आप को बदलने के प्रयत्न हैं। ("सामाधिरांतरः प्रयत्नः" कहकर राजशेखर द्वारा जो प्रतिपादित है वह यही है)। लेकिन अपने आप को बदलने की स्पृहा को जाग्रत करनेवाला है 'श्रुतं'। इसी को इस मैनिफेस्टो में पीछे 'सचेतन रूप से सबुद्धिपूर्वक ससंकल्प जीवन का आचमन करना' कहा गया है। उसने कोरी चैतन्यरहित अनुभूति का निराकरण किया है। अनुभूति को "सचेतन सबुद्धिक संकल्प सहितत्व" का लक्षण प्रदान करनेवाली के रूप में व्युत्पत्ति को ही प्रतिपादित किया गया है। पूर्वोक्त उपनिषद् मंत्र का यही अर्थ है। ब्रह्म सिद्धि के लिए और गम्य सिद्धि के लिए उपनिषद् कहता है—

"तपसा ब्रह्म विजिज्ञासस्व।" किन्तु "तपसा जगद्विजिज्ञासस्व" —काव्योपनिषद् का प्रतिपाद्य है। तैत्तिरीयोपनिषद् कहता है कि जगत् और ब्रह्म विकल्प और रूपांतर हैं और तपः पूर्वक जिज्ञासा से ही सृष्टि उत्पन्न हुई है—

"सतपोतप्यत सतपस्तप्त्वा इदगं सर्वमसृजत।" (७ अनु०)

तपस एक आत्म दण्डन प्रक्रिया है। यही आत्म दण्डन प्रक्रिया कवि के लिए चाहिए। इसी को प्राचीन भारतीय आचार्य दण्डी, रुद्रट, राजशेखर, तौतभट्ट आदि ने वाल्मीकि, व्यास आदि कवियों में देखा है—

विशोध्य देहं धर्मात्मादर्भसंस्तरमाश्रितः।
शुचिः सनियमो व्यासः शान्तात्मा तपसि स्थितः॥
भारतस्येतिहासस्य धर्मेनान्वेक्ष्यतां गतिम्।
प्रविश्ययोगं ज्ञानेन सोपश्यत् सर्वमन्ततः॥

काव्य रचना में मग्न होने के समय व्यास की स्थिति का यह वर्णन महाभारत का है। शास्त्रकार और ज्ञानी व्यास काव्य रचना के लिए समाधि में बैठ गये। उपनिषद् द्वारा प्रतिपादित सभी लक्षण इसमें हैं—ऋृतं, सत्यं, श्रुतं, शांतं, दमं, शमं, दानं, यज्ञं सभी। इसीलिए 'विशोध्य देहं', 'धर्मात्मा', 'शुचिः सनियमः', 'शांतात्मा' जैसे विशेषणों का प्रयोग हुआ है। व्यास जी का ऐसा ही व्यक्तित्व था। यह सब सामान्य बात नहीं है। यह एक आत्माग्नि प्रवेश है। यही संसार के सभी महात्मा कवि जनों के संबंध में अनुवर्तित होता है। फ्रांसीसी महाकवि चार्लेस बोदिलेर की कविता का अध्ययन करने से स्पष्ट होता है कि उनके लिए भी 'विशोध्य देहं धर्मात्मा' विशेषण अनुवर्तित होता है। आर्थर रेम्बो ने स्वयं ही कहा है कि उन्होंने अपने देह को कैसे विशुद्ध कर लिया है कविता सिद्धि के लिए—

"I want to be a Poet and I am working to make myself a Seer. The Poet makes himself a Seer by a long prodigious and rational disordering of the senses. There is unspeakable torture during which he becomes the great Patient the great criminal and the learned one among men; for he arrives at the Unknown."

इसमें समाधि और समाधि के लिए आवश्यक जीवनानुभव-ज्वाला-संपत्ति मिश्रित अध्ययन रूप व्युत्पत्ति, समाधिजन्य प्रतिभा शक्ति, उस शक्ति से सिद्ध दृष्टि विशेष (अर्थात् ज्ञान चक्षु), उसको गोचर होनेवाले और सामान्यजन को न दिखाई देनेवाले विशिष्ट सत्य, दृश्य आदि सब इस मैनिफेस्टो के पूर्व प्रकरणों में प्रस्तावित किये गये हैं— यही वाल्मीकि के विषय में रामायण का प्रतिपाद्य है—

"ततः पश्यति पश्यति धर्माता तत्सर्वं योगमास्थितः।"

श्रवण, मनन, निधिध्यासादि रूपी अष्टांग योग के तैत्तिरीयोपनिषद् में प्रतिपादित लक्षण औपनिषदिक 'श्रुतं' हैं। शास्त्रार्थों को प्रतिभान्वित दृष्टि से ही समझना चाहिए। इसीलिए राजशेखर ने "प्रतिभा व्युत्पत्ती मिथः समवेते श्रेयसौ" कहा है। इस समस्त चर्चा का तात्पर्य यही है कि प्रतिभा अर्थात् समाधि से प्राप्त आत्म विस्फोट से उद्भासित दृग्विशेष शक्ति ही है और कुछ नहीं है। उसकी सिद्धि का साधन समाधि

है। समाधि के लिए मानव को परिपक्व बनानेवाली है व्युत्पत्ति नामक "छन्दो व्याकरण कला लोकस्थिंति पद पदार्थ विज्ञानात्" लब्ध "युक्तायुक्त विवेक" रूपक चेतना। उसके बिना व्यक्ति समाधि स्थिति प्राप्त करने के लिए उपयुक्त नहीं बनता। अतः व्युत्पत्ति कवित्व सिद्धि के लिए अनिवार्य होती है।

(ख)

फिर यह व्युत्पत्ति क्या है? भारतीय काव्यशास्त्र के आचार्यों ने व्युत्पत्ति शब्द का ही प्रयोग किया है। पांडित्य शब्द का नहीं। व्युत्पत्ति के बारे में प्रथमतः दण्डी ने "श्रुतेन यत्नेन च वागुपासिता" कहकर 'श्रुत' शब्द का प्रयोग किया है। दण्डी के पूर्व आचार्य भामह आदि में से किसी ने इस संबंध में कुछ प्रस्तावित नहीं किया है। किन्तु व्युत्पत्ति शब्द से आचार्यों ने जिस सामग्री की चाह की थी उस सब को उन्होंने स्पष्ट किया है। भामह ७वीं शताब्दी के थे। भामहालंकार में उन्होंने कहा है—

शब्दश्च्छन्दोऽभिधानार्था इतिहासाश्रयाः कथाः।
लोकोयुक्तिः कलाश्छेति मंतव्याः काव्य वेदिभिः॥

शब्द, छन्द, अभिधादि त्रिविध शब्द शक्तियाँ, लोक, राज्यतंत्र, चौंसठ कलाएँ सब काव्य वेत्ताओं द्वारा अवलोढित होती हैं। "विलोक्यान्य निबन्धाश्च" अन्य काव्यों को भी देखना है। "काव्यवेदिभिः काव्य क्रियादरः" से यह स्पष्ट होता है कि कवि के लिए जो सामग्री चाहिए उसकी ओर स्पष्टतः संकेत हुआ है। पूर्वाचार्य भरत ने भी—

सर्वशास्त्रार्थ संपन्नं सर्वशिल्प प्रवर्तकं.....
कर्मभावन्वयापेक्षी नाट्य वेदोमयाकृत....

आदि वाक्यों में व्यंजना द्वारा कवि के लिए आवश्यक सामग्री में सर्वशास्त्रार्थ संपन्नता, सर्वशिल्प वेत्तृता, लोकवृत्त विशेषज्ञता आदि को माना है।

११वीं शताब्दी के मम्मट ने अपने काव्यप्रकाश में व्युत्पत्ति के संबंध में कहा है—

"निपुणता लोकशास्त्र काव्यद्यवेक्षणात्।"

इस कारिका के लिए वृत्ति इस प्रकार है—

"लोकस्य स्थावर जंगमात्मक लोक वृत्तस्य, शास्त्राणां छन्दोव्याकरणाभिधान कोश कला चतुर्वर्ग गज तुरग खड्गादि लक्षण ग्रंथानां, काव्यानांच महाकवि संबंधिनां आदि ग्रहणात् इतिहासादीनांच विमर्शनात् व्युत्पत्तिः।" अर्थात् कवि को सर्वज्ञ होना है। अन्य सब आचार्यों ने भी इसी प्रकार की बात कही है। उदाहरण स्थालीपुलाक न्यायानुसार दिये गये हैं।

सभी आचार्यों के द्वारा व्युत्पत्ति की जो व्याख्याएँ की गयी हैं उनमें प्रमुखतः प्रस्तावित बात है कि तदर्थ स्थावरजंगमात्मक लोक गाथाएँ, पदार्थ-विज्ञान-शास्त्र, चौंसठ कलाएँ, अर्थशास्त्र, धर्मशास्त्र, सेना-व्यूह-रचना शास्त्र आदि का अध्ययन करना है। यह ध्यान देने की बात है। जैसे वर्तमान तेलुगु पण्डित समझते हैं वैसे कवि बनने के लिए मात्र साहित्य ग्रंथों का अध्ययन करना पर्याप्त नहीं, बल्कि न्यूक्लियर फिजक्स, डैनमिक्स, जेनिटिक्स, फ़िलोसफी, अस्ट्रोनामी, अस्ट्रालोजी, वारक्राफ्ट, कैमेस्ट्रि, बायालॅजी, जुवालॅजी, फिजियालॅजी, प्रपर्टीस ऑफ मेटर, एयरक्राफ्ट, सामान्य विज्ञान, सिविक्स, समाजशास्त्र, अर्थशास्त्र, स्टेटस्टिंस्, राजनीति विज्ञान, समाचार पत्र आदि सबका भी ज्ञान प्राप्त करना है। समाचार पत्र पढ़ना भी अनिवार्य है। समाचारपत्र मनुष्य को झकझोर कर सद्यः कालीन चैतन्य-प्लावित बना देता है। मानव की व्यावहारिक चेतना को वर्तमान बनाकर सुषुप्तावस्था से उसकी रक्षा करता है। कवि को समाचार पत्र से वेदान्त तक विस्तृत मैदान में चरना है। चरकर वाग्धेनु बनकर दूध प्रवाहित करना है। ऋग्वेद के एक मंत्र में कहा गया है कि वशिष्ठ ने शाद्वल में चरकर दुधारी धेनु के समान सूक्तों का सृजन कर प्रवाहित किया है। ठीक यही करना है कवि को। समाचार पत्र सद्यःकाल ज्वालाओं से मस्तिष्क की भूख मिटा देते हैं। उनमें मानव-लावा-प्रवाह प्रवाहित होते रहते हैं। उसे छूते ही हाथ जलते हैं। उसी दृष्टि से उन्हें देखना है। प्राचीन समय के कवियों से आधुनिक युग के कवियों पर अधिक ज्ञानार्जन का भार पड़ा है। इस भार को स्वीकार नहीं करेंगे तो आधुनिक कवि नाम जोड़ने की योग्यता रखनेवाले नहीं बनेंगे। इन सारे शास्त्रों का अध्ययन विशेषज्ञों जैसा करने की आवश्यकता नहीं है। यही आचार्यों का मत भी है। किन्तु उनको पढ़कर मानव जाति से अनुभूत समस्त जय और पराजय एवं तद्द्वारा मानव के महास्वरूप का कवि को दर्शन करना है, अगर वह कवितानुग्रह प्राप्त करना चाहता है तो, अगर वह कविता को संसार का दीपांकुर बनाना चाहता है तो।

व्युत्पत्ति रहित कुछ लोगों द्वारा यत्र-तत्र कविता की जाती है। इसे हम देख सकते हैं। इस स्थिति को लेकर प्रश्न होगा तो समाधान यही कि ऐसा कोई नहीं होगा। क्योंकि वे जिसे कविता कहते हैं, वह असल में कविता नहीं है। 'बालादेः' कहकर आचार्य जगन्नाथ ने जिन बालकों की ओर संकेत किया है वे और व्युत्पत्ति के बिना कविता लिखनेवाले लोग सब भ्रांतिजनक दृश्य ही हैं। —पूर्व पद्धति में आयी असली कविता समाज में भर कर उफनती है और सभ्यता की दशा तक पहुँचती है। कविता के असंख्य विन्यास, विशेष रीतियों और लोकोक्तियों के समान नित्य व्यवहार में प्रवेश करेंगी तथा घर-घर व्यापेंगी। सभ्य समाज होने के कारण शास्त्र दृष्टि उदित होगी। और उस वातावरण में शास्त्रों का निर्माण होता है। शास्त्र

परिशीलन के क्रम में प्राप्त रत्न हैं अलंकार। भरत, भामह आदि के समय से इनकी संख्या बढ़ी है। जिस प्रकार आकाश के नक्षत्र ढूँढ़े गये हैं और पहचानने के लिए उपयुक्त रूप से अश्वनि, भरणि आदि नाम देकर पुकारे गये हैं उसी प्रकार वाग्विन्यास विशेषों को भी उपमा, उत्प्रेक्षा आदि नाम देकर शास्त्रकारों ने शास्त्र रूप दिये हैं। समस्त अलंकार, कविता के असंख्य विन्यास विशेष और रीतियाँ सब तत्त्वतः अलंकार और बहुविध चमत्कार हैं। युग-युगों से कवियों के शब्दों में समाये इन चमत्कारों को विशेष रूप से पहचानकर उनके रूपों का चयन कर शास्त्रकारों ने उन्हें सूत्र रूप दिया है। वही शास्त्र बना है। चमत्कार पूर्वक वाक् रूप अति विशिष्ट रहता है। इसीलिए वह विवेकियों की दृष्टि को ही मिलता है।

इस प्रकार कवि वाक् में निहित चमत्कार विशेषों को पहचानकर नाम देना आरंभ करनेवाले आदिपुरुषों में एक भामह को आज हम प्रथम गण्य स्थान देते हैं। उन्होंने अलंकार समझे जानेवाले काव्य वाक् को तात्त्विक रूप से विवेचित किया है और उसे 'वक्रोक्ति' कहा है। कविता के लिए प्राण समान लक्षण के रूप में कही जानीवाली वैचित्री उनमें होने के कारण ही भामह ने उन्हें वक्रोक्तियाँ कही हैं। उन्होंने यह सवाल भी किया है कि वक्रोक्ति के बिना कौन सा अलंकार है—

सैषा सर्वेव वक्रोक्तिः अनयार्थो विभाव्यते।
यत्नोस्यां कविना कार्यः कोलंकारोनया विना॥

इस अलंकार विवेचन के परिणाम को आगे बढ़ते-बढ़ते उसकी पराकाष्ठा में हमें और स्पष्ट रूप से व्यंजना धीरे-धीरे प्रवर्द्धमान होती हुई दिखाई देनेवाली अप्रस्तुत प्रशंसा, पर्यायोक्ति, समासोक्ति आदि आते हैं। ऐसी स्थिति में फिर अलंकारों का तात्त्विक दर्शन विशद रूप लेने पर शास्त्रकारों में अलंकारों में सुप्त रूप से स्थित वक्रोक्ति, चमत्कार, व्यंजना आदि की झलक से ध्वनिवाद जन्म लेता है। यहाँ यह जानना आवश्यक है कि भामह ने अलंकारशास्त्र का इस तरह से आरंभ किया है। इसके बाद नाट्यशास्त्र इस देश में लिखा नहीं गया। फलस्वरूप यह स्पष्ट होता है कि अलंकारशास्त्र युग का आरंभ कर्त्ता भामह है तो अंतिम नाट्यशास्त्र कर्त्ता भरत है।

इस समस्त शास्त्र चर्चा से बने वातावरण ने महाकवियों के उक्ति विशेषों को उभारकर दिखाकर साहित्य निर्माण मार्ग को प्रशस्त किया है। किन्तु उन चमत्कारों के ही समस्त समुदाय ने अनुकरण अपनी काव्य रचना में करना आरंभ कर दिया। इसीलिए संस्कृत कवियों में ९वीं और १०वीं शताब्दियों के कवि प्राचीन कवियों से तुल्य नहीं हो सके। सुसंपन्न कविता संप्रदायों से युक्त उर्दू और फारसी में भी यही हो गया है। अपक्व वयस्क भी हमें आश्चर्य चकित करनेवाली कविता पंक्तियों को बिखेर देते हैं। संप्रदायों के वातावरण द्वारा प्रदान किया गया एक वरदान है।

यह किन्तु वह सब वास्तविक कविता नहीं है। फिर भी उसे लक्षणतया कविता के रूप में ही स्वीकार करना है। वह भी आह्लादजनक है! लेकिन यहाँ ध्यान देनेवाली बात है कि यह व्युत्पत्तिरहित कविता नहीं है। यहाँ प्रतिभा, अभ्यास और व्युत्पत्ति के दीर्घकालीन क्रमागत संप्रदाय का प्रभाव है। उस प्रभाव में व्युत्पत्ति है जैसे, फूल में बीज और बीज में फूल होता है। ऊपर से 'बालादे:' कवि भी उनकी सुन्दर पंक्तियों को कवि सम्मेलनों में कविताएँ सुनकर, कुछ पुस्तकें पढ़कर और स्पष्टत: न दिखनेवाली प्रक्रियाओं का आधार लेकर कविता करने की आदत बना लेते हैं। यह भी एक प्रकार की व्युत्पत्ति ही है। इस आधार पर नहीं कहा जा सकता है कि कविता अप्रयत्न ही जन्म संस्कार रूप प्रतिभा से ही प्राप्त होनेवाली अलभ्य वस्तु है। लोक साहित्य की बात भी इसी प्रकार की है। शोध करने पर इस प्रकार का कोई कारण प्राप्त हो जायेगा। समाधि इत्यादि शास्त्र प्रतिपादित पद्धति भिन्न रूप में होती है। अत: लोक साहित्य के मानदण्ड से सभ्यता सूचक शास्त्र को ध्वंस करने की बुद्धि निंदायोग्य बुद्धि है। अन्ततः जानने की बात है कि कविता में सहज कवित्व (Poetic) पंक्तियाँ हैं और सीखी हुई कविता (Poetical) पंक्तियाँ हैं। उन्हें विवेक दृष्टि से समझने की आवश्यकता है। वाल्मीकि, भवभूति, कालिदास आदि की पंक्तियाँ सहज़ कवित्व की पंक्तियाँ हैं। भारवि, माघ, भट्‌ट, हर्षादि की कविता पंक्तियाँ सीखी हुई कविता के उदाहरण हैं। दोनों शिरोधार्य ही हैं।

उक्त चर्चा का अर्थ यह कहना नहीं है कि अगर तुम उक्त प्रकार कविता करोगे तो तुम्हें फाँसी दी जायेगी। शास्त्र हमेशा वास्तविक स्थिति को ही प्रस्तुत करता है। बुद्धिमान उसकी सहायता से कविता को पहचान सकता है और समझ सकता है। कविता कविता में अन्तर ग्रहण कर सकता है। ज्ञानवान होता है। इस मैनिफेस्टो में भी तात्पर्य इतना ही है। कविता लक्षणों की ओर प्रकाश की किरणों को प्रसारित करना ही वह प्रयत्न है। किस मार्ग पर चलना है— वह ऐच्छिक है। मात्र चोरों और ज्ञान विरोधियों पर, उन्हें प्रजा विरोधी मानकर ही कुछ कटु भाषा का प्रयोग किया गया है, वह भी अपना कर्त्तव्य समझकर....

(ग)

तुममें सब कुछ है, तुम में जो नहीं है, वह है ही नहीं। यही विज्ञानशास्त्र कहता है। तुममें कवि भी है और शास्त्रकार भी है। तुममें सप्त समुद्र हैं, पर्वत हैं, पक्षी हैं, चराचर सृष्टि है, सब कुछ है। लेकिन पंख दुबकाकर घोंसले की चिड़िया के रूप में हैं। इसीलिए तुम्हें अपनी महिमा मालूम नहीं है। पहले तुम मछली के समान धरती पर तैर गये, पशु के समान हाथ और पैरों को काम में लाकर दौड़े, फिर दो पैरों पर चले, धीरे-धीरे सूर्य और चन्द्र के गमन स्थल गगन

को तुम पहचानने लगे। पशु पक्षी तो ग्रहण, भूकम्प, तूफान आदि को पहले ही भाँप सकते हैं। उनकी शक्तियाँ तुममें भी थीं आज भी हैं। सृष्टि का समस्त चक्र तुममें घूम रहा है। तुम्हें संकल्प लेना है, बस— कुछ भी ऐसा नहीं जो तुम बन नहीं सकते? समस्त भारतीय काव्यशास्त्रियों की परम्परा यही कहती है। तुम्हारी अन्तःचैतन्य शक्ति पर जमी परतों को फाड़ कर उस शक्ति को मुक्त करो। बस, उसका फल देखो! राजशेखर ने काव्य मीमांसा में कहा है—

"समाधिरांतरः प्रयत्नः बाह्यस्त्वभ्यासः।
तावु भावपिशक्तिमुद्भासयतः ॥

यही शक्ति प्रतिभा है।"

"In the frequent introspective sorties that I make into myself I discovered the great truth that man is deeper than ocean. But one scarcely realises one's own depths. The modern science of genetics tells us that the tape-like threads called chromozomes of the blood-cells on which all the physical and mental charateristics of the human being lie recorded, are abnormally long in the sense of human distance; one expert in the chemistry of heredity has estimated that the chromozomes in a single human egg contained information equivalent to a thousand printed volumes each the size of the Encyclopedia Britannica.

It is the development of power to realise these depths that leads to the birth of a poet. I would rather put it in another way; it is one's power to wake up one's own depths that makes one come out with rich and strange poetic wares from the unknown of the dark human abyss.

It is the magnetic storms and disturbances on the external plane caused by the strange materials that have sunk deeper and deeper into the human-self during their journey stretching over a time of perhaps infinite number of centuries, that are responsible for the commonly inexplicable phenomenon called Poetry. Poetry which is not merely a jugglary of words but an alloy of alchemy of dreams, visions, raging storms and convulsions of passionate desires, inchoate word-pictures of impressionistic landscapes and humanscapes, a whole flux of scalding emulsion of time and space that passed through the veins and arteries of life on the earth.

How many fascinating dreams I dream, how many visions of men and women of the earth of the creation I get, how many ravishing desires infest my being to fashion and pattern the world at the point of my will, how many impulses and instincts goad me and lead me to the fantastic articulation of speechless metaphors and dumb symbols helplessly swimming in the dormant waters of my consciousness. They all seem to be the natural citizens of the psychic realms of volcanic men like me, susceptible to sporadic paroxysms of expression.

Poet makes a fuller exploitation of the human being whereas others react only to his outer features of existence. The poet sees deeper into the essence, into the invisible, into the unknown in man. But he is not merely confined to or concerned with man's essential existence. He is concerned with man's whole existence including the psychic being. Poetry as I understand is a complete science of being; it covers the true and the real, the essence and the existence; it bridges the chasm between the abstract truth and the palpabel reality. In other words, it joins the cleavage between the subject and object. Man has always striven in his pursuit of knowledge in whichever line it may be, to achieve this synthesis of the visible and the invisible, of the essence and the existence. Pascal the scientist or Socrates the philosopher, strove to find place for "the heart's reasons which the reason knows not of" -----There has been consistently through out the history of thought an attempt to overthrow the totalitarianism of reason which dominated even the most illustrious cases like Shankara and Hegel."

(शेषेन्द्र की कृति "प्रानी बनकर बह गया" की स्वलिखित भूमिका से)

प्रतिभा को साधने के लिए राजशेखर ने जो अन्त:प्रयत्न की बात कही है उसे कवि को करना है। महाभारत में अर्जुन ने पर्वतों में जाकर जिस प्रकार पाशुपतास्त्र प्राप्त किया है उसी प्रकार का प्रयत्न करना है। इस अन्त:-प्रयत्न के लिए ही व्यक्ति को परिपक्व बनाकर योग्य बनाने के लिए व्युत्पत्ति (बाह्यांभ्यंतर शुचि नामक देह शोधन) आवश्यक है। हमारे काव्यशास्त्रियों द्वारा प्रतिपादित व्युत्पत्ति एक मिथुन है। उसमें एक लोकानुभव है और दूसरा अध्ययन। लोकानुभव साधारणत: सबको प्राप्त होनेवाला है। अध्ययन प्रयत्न के बिना प्राप्त होनेवाला नहीं है। लेकिन मुख्य बात यह है कि उस लोकानुभव को अध्ययन से उज्ज्वल बनाना है। अन्यथा वह लोकानुभव समाधि के लिए मनुष्य को परिपक्व नहीं बना सकता। व्यक्ति द्वारा प्राप्त लोकानुभव उसकी सीमित वैयक्तिक सीमाओं की उँगलियाँ पकड़ने मात्र तक ही रहता है। लेकिन अध्ययन अनेक जीवात्माओं द्वारा अपनी उँगलियों से संगृहीत और अनन्त बहुयुगीन अनुभव है। अर्थात् व्युत्पत्ति उज्ज्वलित अनुभव है। इन दोनों का मिश्रण ही व्युत्पत्ति का यथार्थ रूप है। यह अनुभव ही मनुष्य को सचेतन अन्तर्मुखता प्रदान करता है। फिर यहीं से आत्मिक विस्फोट, दृष्टि विशेष इत्यादि कवितोत्पत्ति क्रम का अनुगमन होता है। आत्मिक विस्फोट से विमुक्त शक्ति ही प्रतिभा है। उस प्रतिभा से ही समस्त वस्तु समुदाय में एक विशेष को खोजता है नेत्र। उसकी क्रिया ही अपूर्व रूप से नवनवोन्मेषरूपा होती है। अभिनव गुप्त ने लोचन में—

"प्रतिभा अपूर्व वस्तु निर्माणक्षमा प्रज्ञा"

कहा है। वही कविता हेतु है। इसीलिए व्यक्ति को प्रतिभा सिद्धि के लिए आजन्म सिद्ध जडत्वाच्छादना विच्छेदक प्रयत्न करना है। तदर्थ प्रथम कार्य है अध्ययन।

The doubts about book-reading are dangerous signs. The ignorant, the shortsighted and at times the interested men misguide the young generation against books by playing down their importance in human progress. Particularly in the case of a writer, a poet, he cannot ignore books.

It is the output of consciousness which the poet can wake up within him, that is the causative factor of the great heights to which he rises. Then the crux of the problem is how can the poet develop such consciousness ? One vital act in this direction is to keenly amass as much varied experience as possible. The crucial role a book plays in the development of human consciousness and in the perception of civilisation and culture, is not fully realised by many of us. If one realises that human memory is the basic brick of human time and civilization or rather the space-time-continuum, it is easy to understand that the book in fact takes the place of memory and fulfils the role played by the latter in perpetuation of civilisation and continuity of human thought.

The consciousness that develops on the basis of the personal experience of the individual is generally limited. Together with this fact if the quantum of genetic inheritance on the intellectual plane derived by the individual is also meagre, then he is confined to common levels of consciousness and his achievements are also bound to be correspondingly on that scale only. Even the genetic inheritance gets its full manifestation only when it is sufficently stimulated by the impact of experience and by the sequential ignition of thought. Naturally if the experience that is to act as stimulant, is limited to one's physical plane only, the manifestation of genetic inheritance also will be limited to the extent of that experience. It therefore follows that the individual experience and genetic inheritance by themselves cannot take an individual very far, as explained above and that the response of genetic inheritance is restricted to the extent of experience.

In a case where genetic inheritance is not worth mentioning, the individual then has to draw only on his own experience and therefore in his case experience assumes still greater significance. Now it follows that for a full blossoming of consciousness one has to improve one's own experience enormously. Is it not then unwise to be content with the personal experience of the individual gathered from narrow surroundings with his own imperfect sensory organs and his own limited mental resources.

Therefore it becomes incumbent on human beings to explore methods and techniques of extending the frontiers of experience. The obvious method which mankind was sensible enough to recognize was naturally to annex to themselves all valid experience of others. Such annexation was rendered possible by various clever contrivances out of which the most outstanding have been the documented and the oral transmissions. Of the two again, the hazards encountered by the oral medium being more preponderant the documentary medium has survived in the human society as the single important contrivance that man invented and maintained through out history for communication of experience. The last species in the process of evolution of documented transmission is of course the book, which in its modern form is the latest product.

Now, the function of the book obviously is as a vehicle of human experience, human thought being auxiliary to it or rather its by-product. The individual living somewhere in India is able to graft into his own, the experience of another living somewhere else, say in Greece or Germany, just by means of a book written by the latter. Thus the boundaries of man's experience are stretched beyond his personal limitations along space by reading the book of an author of another country. Similarly by reading the book of an author who lived a few centuries before in the past, one extends the territory of one's own experience along time. It is therefore possible to thrust yourself forward time-wise and space-wise with the help of a book and enlarge your experience which is the birth place of consciousness.

The direct relationship of experience and consciousness is a vital link in the chain of the evolutionary process of life, because experience results in a keen seuse of environment and this sense leads to the friction of being and becoming; and life is passed through the process of what is known as the adaptive radiation. The capacity to experience is the crucial characteristic of all living matter and certainly not of non-living matter. Out of experience evolution proceeds and the simple principle of natural science is that where experience is absent evolution also ceases to be present and life becomes extinct.

This shows that in life, experience and consciousness are mutually related to each other and that the latter is directly proportionate to the magnitude of experience acquired by the individual and that it is this consciousness which is the final cause of the calibre of poetry or any other achievement of man. Man therefore has to read and read as many books as possible and extend the empire of his experience and grow into the most conscious human being possible.

That is why I say that a poem is not born on paper or born in the raw mind of an individual but it is born in the medium of consciousness, or you may say, in the womb of life." (In Defence of People and Poetry, p. 25 by Seshendra Sharma)

अल्पसंख्यक महापुरुषों में से दो का जन्म अमेरिका खण्ड में हुआ है। वे हैं वाल्ट विट्मन और एमरसन। एमरसन एक प्रभावपूर्ण आकर्षण में हमें डाल देते हैं। उन्होंने प्रज्ञा के बारे में और कवि व्यक्तित्व के अध्ययन के बारे में जो सूक्तियाँ कही हैं वे मानव मेधा के शिखरों को छूती हैं। वे उच्च कोटि की हैं और सब लोगों के लिए अवश्य जानने की हैं। इस प्रकरण में प्रस्तावित भारतीय काव्यशास्त्रीय आचार्यों की विचारधारा से समग्र रूप में मिलती है उनकी सूझ-बूझ। वे कहते हैं— "In our happy hours we should be inexaustible poets, if once we could break through the silence into adequate rhyme." (Intellect).

"Every man is so far poet as to be susceptible to these enchantments of nature. Is it only poets, and men of leisure and cultivation who live with her ? No; but also hunters, farmers, grooms and butchers, though they express their affection in their choice of life and not in their choice of words. The school of Poets and philosphers are not more intoxicated with their symbols than populace with theirs... see the power of national emblems. Some stars, lilies, leopards, a crescent, a lion, an eagle, or other figures which came into credit, God knows how, on an old rag of hunting, blowing in the wind, on a fort, at the ends of the earth, shall make the blood tingle under the rudest or the most conventional exterior. The people fancy they hate poetry and they are all poets and mystics!"

सब जन्मत: कवि ही हैं। स्त्री पुरुष भेद इस क्षेत्र में नहीं है। काव्यमीमांसा में कहा गया है—

> "पुरुषवत् योषितोपि कवी भवेयु: संस्कारोह्यात्मनि
> समवैति। न स्त्रैणं पौरुषं वा विभागमपेक्षते।"

इस प्रकार सब अगर कवि ही हैं तो कुछ ही क्यों कवि कहलाते हैं? इसके समाधान में एमरसन कहते हैं— "In our experience the rays or appulses have sufficient force to arrive at the senses, but not enough to reach the quick and compel the reproduction of themselves in speech. The poet is the person... who sees and handles that which others dream of, traverses the whole scale of experience and is representative of man, in virtue of being the largest power to receive and impart."... "The world being thus put under the mind for verb and noun, the poet is he who can articulate it... The poet by an ulterior intellectual perception, gives them (things) a power which makes their old use forgotten and puts eyes, and tongue into every dumb and inanimate object..." (The Poet).

फिर कवि के लिए आवश्यक ज्ञान चक्षु (Intellectual perception) को व्यक्ति कैसे प्राप्त करता है? इस प्रश्न का उत्तर उन्हीं के शब्दों में देखिए और उस विधान को पहचानिए— "It is a secret which every intellectual man quickly learns, that beyond the energy of his possessed and conscious intellect, he is capable of a new energy (as of an intellect doubled on itself) by abandonment to the nature of things; that besides his privacy of power on which he can draw, by unlocking, at all risks, his human doors and suffering the etherial tides to roll and circulate through him. Then he is caught up into the life of the universe, his speech is thunder, his thought is law and his words are universally intelligible as the plants and animals." (The Poet).

उन्होंने इसी संदर्भ में आगे कुछ और भी कहा है— "The sublime vision comes to the pure and simple soul in a clean and chaste body." (The Poet).

क्या महाभारत द्वारा प्रतिपादित स्थिति यह नहीं है?—

विशोध्य देहं धर्मात्मा दर्भसंस्तरमाश्रितः।
शुचिः सनियमो व्यासः शांतात्मा तपसिस्थितः॥

महाकवि मिल्टन का कहना है—

"The lyric poet may drink wine and live generously, but the epic poet, he, who shall sing of the gods, and their descent unto men, must drink water out of a wooden bowl."

यह ९वीं शताब्दी के तौतभट्ट के इस विचार से कितना साम्य रखता है—

"नानृषिः कविरित्युक्तं ऋषिश्च किल दर्शनात्।"

यहाँ एमरसन ने पुस्तकों के प्रभाव के संबंध में जो अभिप्राय व्यक्त किया है, देखने योग्य है—

"Consider what you have in the smallest chosen library. A company of the wisest and the wittiest men that could be picked out of all civil countries, in a thousand years, have set in best order the results of their learning and wisdom. We owe to books those general benefits which come from high intellectual action. Thus, I think, we often owe to them the perception of immortality. They impart sympathetic activity to the moral power. Go with mean people and you think life is mean. Then read Plutarch, and the world is proud place, peopled with men of positive quality with heroes and demigods standing around us who will not let us sleep."

"All these books are the majestic expressions of the universal conscience." (Books).

व्युत्पत्ति को साधने के लिए पीछे जो "सचेतन अन्तर्मुखत्व" की बात कही गयी है वह मनुष्य पर पुस्तकों का चलाया जानेवाला महत्तर प्रभाव ही है। एक महत्तर मेधा की चकाचौंध करनेवाली कान्ति के प्रकाश में विलीन होकर अथवा एक कलात्मक क्रिया द्वारा आविष्कृत महान् सुन्दर संसार के वशीभूत होकर पाठक या सामाजिक अपनी कल्पनाओं में कितने ही 'एवरेस्ट' शिखरों को जीत लेता है और कितने ही समुद्रों को पार करता है, कितने ही साम्राज्यों को ध्वंस कर देता है, कितने ही राज्यों पर शासन करता है। महाकवि बनने की दिशा में चलकर अन्त में घर लौट भी आता है वह। फिर दफ्तरी बाबू बनकर दफ्तर भी जाता है, मजदूर बनकर फैक्टरी में घुसता है। पता नहीं क्या-क्या बनकर संसार रूपी सागर में वह डूब जाता है। इसके संबंध में कितनों ने सोचा है और कितनों ने समझा है? एमरसन कहते हैं— "The youth asks for a poem. The very dunces wish to go to the theatre, what private heavens can we not open by yielding to all the suggestion of rich music !...some swing and verge for the creative power lying coiled and cramped here...."

यहाँ Coiled शब्द पर गौर कीजिए। कहते हैं कि प्रतिभा कुण्डलिनी के समान सोती रहती है मनुष्य में! पुस्तक से डसा हुआ मनुष्य तत्पूर्ववत् नहीं रहता। वह पुस्तक के गर्भ से जन्मा नया मानव ही होता है। एमरसन अपने अनुभव को इन शब्दों में व्यक्त करते हैं—

"I find certain books vital and spermatic; not leaving the reader what he was; he shuts the book, a richer man."

अत: वीर गद्य कविता पितामहों द्वारा अध्ययन के विरोध में किये जानेवाले दुष्प्रचार के सामने मत झुकिए। विद्यागंध विरोधियों के बहकावे में मत आइए।

प्रतिभा के अर्जन के लिए कवि को जो करना है वह तो जानकर महाकवियों की सूक्तियों द्वारा उदाहृत बातों का पुनश्चरण करना है। बोदिलेर ने "Perfected

Sensibility" कहा है। Perfected शब्द में राजशेखर के बाह्याभ्यंतर प्रयत्न निक्षिप्त हैं। इसी को महाकवि लोर्का के वचन और स्पष्ट रूप से व्यक्त करते हैं—
"Sensibility cultivated by reading and experience."
यह एक वाक्यखण्ड काफी है, समस्त काव्यशास्त्रीय परम्परा को निचोड़कर हथेली में रखनेवाली तात्पर्य बिन्दु के समान है।

(घ)

अध्ययन के क्षेत्र में सोशलिस्ट साहित्य चिंतन के अनुशीलन से तीन चार दशाब्दियों से चलनेवाली हमारे गद्य कविता-चोरों की असली प्रकृति का स्वरूप स्पष्ट होता है। हर कवि मातृ गर्भ से संसार में कूदकर यह मान रहा है कि वह एक महत्त्वपूर्ण संदेशवाहक है और यह भी चाहता है कि उसकी बात सबको शिरोधार्य हो। प्रमुखतः यह तेलुगु गद्य कविता बालकों का एक 'पोज़' है। यहाँ उभरनेवाला प्रश्न एक है। जब तुम चाहते हो कि सारी दुनिया तुम्हारी सारी बातों को मान्यता दे तो क्या तुमने कभी सोचा है कि तुम्हारी बातों में उतना मूल्य है कि नहीं? शायद तुम्हारी उम्र ३० वर्ष की भी नहीं हो, शायद तुमने चार किताबें भी ठीक तरह से पढ़ी नहीं हों, तो ऐसी स्थिति में क्या तुम्हारी अनुभूति साधारण पशु समुदाय की अनुभूति से कहीं ऊपर उठी हुई है? इसके आधार न तो तुम्हारी जिंदगी से मिलते हैं और न ही तुम्हारी रचनाओं से। फिर जब तुम मंच पर चढ़कर 'मैक' पकड़कर उसके सामने एक सूखी लकड़ी सा अकड़कर अपने वमन-विद्या-पाण्डित्य को जनता की ओर बहाते हो तो हम लोगों को सरकार की ओर से मिली सिंचाई की सुविधाएँ तो समझ में आती हैं न कि बड़े और अनुभवशाली पण्डित और मेधावी की बातें। पण्डित किस प्रकार सहन कर रहे हैं! तुम कुछ भी नहीं हो कविता कला में, फिर भी परिणत प्रज्ञावान व्यक्तियों से भी तुम स्पर्धा कर रहे हो। इस संदर्भ में एक संस्कृत कवि की बात याद आती है—

"भवेदद्यश्वोवा किमिह बहुना पापिनि कलौ।
घटानां निर्मातुः त्रिभुवन विधातुश्च कलहः ॥"

(आजकल इस पापी कलियुग में घड़े बनानेवाले कुम्हार और ब्रह्माण्ड के सृजनहार ब्रह्म के बीच ईर्ष्या मूलक कलह संभव है।) इस सबके साथ जुड़ा रहस्य है कि तुम्हें धैर्य दिया है अधःपतित इस देश के समाज ने। अब समाज में कोई बुद्धिमान है तो उन्हें समझना है और उन पर कुछ प्रतिक्रिया दिखानी है। जो दूसरों को सलाह देना चाहता है, उसे पहले खुद जानने की जरूरत है। अध्यक्ष माओ कहते हैं—

"If one wants to educate others, the educationist should first be educated." (Talk at the Report meeting, 20 Oct. 1966).

इसलिए हमारे साहित्य के आलोचकों के हाथों में एक किताब के आलोचनार्थ आते ही पहले यह देखना चाहिए कि इस पुस्तक का लेखक पुस्तक में कहनेवाली बातों को कहने के लिए आवश्यक योग्यता प्राप्त कर चुका है कि नहीं। वह योग्यता उसकी बातों में, शिल्प कौशल में और व्युत्पन्नता के रूप में द्योतक हो रही है कि नहीं— यह भी पहले ही जान लेने की बात है। उस में वह योग्यता अगर नहीं दिखाई देती है तो मुखस्तुति की बातों को कुछ शब्दों में भरे बिना उस पुस्तक को कूड़े में फेंक देना है। स्पष्टत: लिख देना है कि यह पुस्तक पुस्तकालयों और पुस्तकों की दुकानों में जाने लायक नहीं है। देश के आलोचकों को इस युग में पुस्तक पठन और ज्ञानार्जन पर लेखकों को निष्ठापूर्वक लगने की ओर प्रेरित करना है। उनका ऐसा ही व्यवहार आज की आवश्यकता है।

गुवोमोरुवो नामक चीनी सोशलिस्ट साहित्यवेत्ता ने Poetry Journal (22.5.63) में कवि और रचयिताओं को संबोधित करते हुए स्पष्ट शब्दों में लिखा है—

"How can this be accomplished ? I am afraid there is no simple formula. If there is, it is probably like in the four words, "study diligently practice persistently."

रूसी महाकवि मायाकोवस्की निम्नलिखित शब्दों में कहते हैं कि कविता केवल प्रयत्न साध्य कला है—

"Poetry is Production. Very difficult and very complex, but Production."

उस प्रयत्न का विवरण देते हुए आगे कहते हैं—

"The poet must be at the centre of affairs and events. A knowledge of economic theory, a knowledge of every day reality, a pre-occupation with scientific history—in the essential part of his work are more important than the scholastic text books...."

अर्थात् कविता जन्मान्तर संस्कार से प्राप्त होनेवाली नहीं है, वह प्रयत्न साध्य कला है। तदर्थ कवि को वर्तमान मानव जीवन में लीन होकर उसकी केन्द्र बिन्दु से विभिन्न अनुभूतियों में गुजरना है; इतिहास, अर्थशास्त्र आदि का अध्ययन करना है, वास्तविकता की स्पृहा के लिए दैनन्दिन व्यवहारों से संबंध रखना है। इन्हीं विचारों को शास्त्रीय सूत्रों में रूपायित किया है मायाकोवस्की ने अपने "How are verses to be made" शीर्षक लेख में। किन्तु ध्यान देने की बात है कि उन्होंने अध्ययन की आवश्यकता को नकारा नहीं। "I gather impressions both directly from life and from books." (How I learnt to write).

ये रूसी साहित्य के पितामह मात्क्सिम गोर्की के शब्द हैं। इसका अर्थ यही निकलता है कि उन्होंने 'व्युत्पत्ति' से ही अपने चैतन्य को जाग्रत किया है।

सोशलिस्ट साहित्यवेत्ताओं ने सृजनात्मकता के लिए मात्र साधारण अध्ययन को काफी नहीं माना। तदर्थ विस्तृत और गंभीर अध्ययन की आवश्यकता को पहचाना है उन्होंने बहुत आगे सोचकर। हमारे लोगों के समान इनेगिने काव्यों को पढ़ने की सलांह नहीं दी अथवा यह कहने का साहस भी उन्होंने नहीं किया— देखिए अंग्रेज इस प्रकार लिखते हैं और उसी का अनुसरण कीजिए। रूसी साहित्यवेत्ताओं के द्वारा सूचित मार्ग का अनुसरण करना भी काफी है हमारे गद्य-पद्य लेखकों के लिए। सोशलिस्ट साहित्यवेत्ताओं का प्रबोध है कि तुम अपनी सीमित भाषा में सीमित प्रान्त में जन्म लेकर सीमित साहित्य का अध्ययन कर कभी इस धोखे में मत पड़ो कि तुमने एक महान् कार्य कर दिया। भाषान्तर और देशान्तर साहित्यों का अध्ययन करो।

अध्यक्ष माओ इसी संदर्भ में कहते हैं—

"We must acknowledge that in respect of modern culture the standards of the West are higher than ours. We have fallen behind... we must be good at absorbing the good things from foreign countries in order to make good our own shortcomings. If we stick to our old ways and do not study foreign literature, do not introduce it in China... this is not good... Blindly rejecting foreign things is like blindly worshipping them. Both are incorrect and harmful." (Talk to Music workers, 21 Aug. 1956).

महानुभाव गोर्की स्पष्टत: घोषित करते हैं कि लेखकों को देशी और विदेशी साहित्यों का अध्ययन करना है—

"Those beginning to write must have a knowledge of the history of literature... A knowledge of foreign literature is also necessary because in its essence literary activity is the same in all lands and with all peoples." (How I learnt to write).

माक्सिम गोर्की ने विदेशी साहित्य के अध्ययन की आवश्यकता को प्रतिपादित करते हुए यह भी स्पष्ट करने का प्रयत्न किया है कि अपने देश के साहित्य में क्या-क्या कमियाँ हैं—

"A real and profoundly formative influence was exerted on me by the big French writers— Stendal, Balzac and Flaubert and I would advise all beginners to read these authors. They are indeed artists of genius and superb masters of form, the like of whom Russian literature does no yet posses. I read them in the Russian, but that did not prevent me from sensing the power of French writing." (How I learnt to write).

साहित्य के क्षेत्र में यही नैतिकता है। अगर हमारे लोगों से पूछें तो बस यही कह

देते हैं कि और लोग क्या जानते हैं। जो कुछ है हमारे कवियों ने ही कह दिया है। इनसे बढ़कर है क्या बेल्जाक, स्टेंडाल, पेंडाल आदि? तुम लोगों पर विदेश का भूत सवार हो गया है। नहीं तो कहीं हमारी कविता से श्रेष्ठतर कविता इस दुनिया में है?

आज के तेलुगु प्रान्त में "मैं देशी हूँ", "मैं देशी हूँ" चिल्लानेवाले इसको एक महान् कार्य माननेवाले लज्जाहीन हैं। उनकी कविता में चाहनेवाले तत्व हैं देशी मुहावरे, लोकोक्तियाँ, व्यावहारिक भाषा, छोटे-छोटे कोमल शब्द आदि-आदि किन्तु इस कथन का मतलब ये लोग ही नहीं जानते। ज्ञान चाहते हैं तो संस्कृत का आश्रय लेना है, अंग्रेजी का आश्रय लेना है। संस्कृत में उस काल की भाषाएँ और संस्कृतियाँ हैं जब कि अंग्रेजी में उस समय की भाषाएँ और संस्कृतियाँ हैं। आज मात्र तेलुगु साहित्य का अध्ययन पर्याप्त नहीं है। वह एक मुठ्ठी भर ज्ञान से भरा है। बिना आँखें खोले गर्वान्धकार में डूब जायेंगे तो कैसे होगा? यह निर्हेतु क्रिया है। कम से कम आज की युवा पीढ़ी को इन देशी नारों का अनुसरण करना छोड़ देना है। तभी देश, प्रान्त और भाषा की रक्षा होगी।

मैं जिन देशी नारेबाजों का उल्लेख कर रहा हूँ वे सचमुच कविता के अकाल को देशी शब्द से ढँक रहे हैं। वे अपनी कवितारहित कविताओं से आधुनिक युग को एरण्डी का तेल पिला रहे हैं। सच कहा जाय तो श्रोताओं के मुँह के रंग बदलते हैं। इस एरण्डी के तेल की कविता के प्रभाव से वे अपने आप पर कण्ट्रोल खो बैठते हैं।

अत: कहना मानिए। अंग्रेजी चाहिए। मूर्खों की बात मत सुनिए। अंग्रेजी में समस्त आधुनिक काल हैं और संस्कृत में समस्त प्राचीन काल हैं। इन दोनों को मिलाकर देश काल से अविच्छिन्न मानव सर्वस्व का दर्शन करना है कवि को,जो ज्ञानी हैं।

"New-style poetry should learn from classical poetry as well as from folk songs so that it yields a new integrated alloy..... I believe some of the forms developed in classical Chinese poetry can endure the test of time... New wine can be poured into an old bottle; a new bottle does not guarantee that it is new wine. Stale wine and some times even poisonous wine can be presented in a new container. It is a matter of the quality of the wine, not the age of the bottle."

इन विचारों को गुवोमोरूवो ने "पोयट्री जर्नल" में व्यक्त किया है On Nationalizing and Popularizing Poetry (22 May 1963) शीर्षक लेख में। समस्त पुराने की निन्दा करनेवाले वीर गद्य कविता रचनाकारों पर एक मारणास्त्र सदृश प्रयोग है। ये चीनी सोशलिस्ट साहित्यवेत्ता कहते हैं कि हे पागल! स्वरूप प्रधान नहीं है,

स्वभाव प्रधान है। "न चापि सर्वं नवमित्यवद्यं" (कालिदास)— अधुनातन और सनातन दोनों साहित्य चाहिए। देश से जिस प्रकार ज्ञान और मानवता विभाजित नहीं होते उसी प्रकार काल से भी विभाजित नहीं होते। कविता का मतलब है ज्ञान और मानवताओं का रूपान्तरण। अत: सब कुछ पढ़ना है, ख़ासकर कविता के उपासक को। रूसी साहित्यशास्त्री लूनाषार्की कहते हैं—

"People will always look back, in their best moments, to Goethe, to Mozart, or, further to other classical periods, to Homer, Kalidasa and will feel that here is true, untroubled, profound, restful, healing ennobling beauty and that all later eccentricities, spasms, and fantasies, although not devoid of value, donot in themselves add up to progress." (Alxander Pushkin).

यहाँ मानने की बात है कि अति विस्तृत अध्ययन चाहिए कवि बनने के लिए। कम से कम अपने बौनेपन को पहचानने के लिए किताबें पढ़नी हैं। जब तक किताबों के सामने नहीं जायेंगे तब तक अपना माप मालूम नहीं होगा। एमरसन को पढ़िए तो पता चलता है कि आप कितने बौने हैं। लगते हैं कि आप नक्षत्रों, सूर्य-चन्द्र और समुद्र के सामने हैं।

अनादि काल से प्राप्त साहित्य के इतिहास का अनुशीलन करें तो स्पष्ट होता है कि समस्त देशों के समस्त युगों के कवि व्युत्पन्नता से युक्त व्यक्तित्व के हैं। यह व्युत्पन्नता सौ फीसदी चाहे न हो कम से कम शास्त्राध्ययन से प्राप्त पाण्डित्य तो उनमें निस्संदेह है। व्यास और वाल्मीकि को कोई अपण्डित कहने का साहस नहीं कर सकता। कालिदास, माघ, भारवि, हर्षभट्ट आदि को कौन अपण्डित कह सकता है?

अन्य देशों में भी चाहे प्राचीन काल के हों या अर्वाचीन काल के कवि सब विद्वान् ही हैं। प्राचीन रोमन कवि होरेस रोम के साहित्य में जितने बड़े कवि हैं उतने ही बड़े विद्वान् भी। उनका ग्रंथ Epistles or Arts Poetica उस समय से लेकर आज तक पाश्चात्य काव्यशास्त्र की परम्परा में एक प्रमुख स्थान पर स्थित है। इसी प्रकार इटालियन कवि दान्ते का De Vulgario Eloquio नाम ग्रंथ पाश्चात्य काव्यशास्त्र के संप्रदाय की एक महत्त्वपूर्ण कड़ी है। प्रसिद्ध अंग्रेजी कवि ड्राइडन ने Discoveries आदि साहित्य शास्त्र ग्रंथ लिखे हैं। इसी प्रकार अलेक्जांडर पोप ने Essay on Critisism नामक साहित्यिक आलोचना ग्रंथ लिखा। इतना ही नहीं स्वच्छन्दवादी कवि वर्ड्सवर्थ का काव्यशास्त्रीय ज्ञान अपार है। उनकी Preface to Lyrical Ballads आदि रचनाएँ उनके विस्तृत साहित्यशास्त्र ज्ञान को स्पष्ट करती हैं। कौलरिड्ज ने तो अंग्रेजी साहित्यशास्त्र में एक नया अध्याय ही खोल दिया है। उनका Biographia Literaria एक महत्त्वपूर्ण ग्रंथ है। कहने की आवश्यकता

नहीं कि कवि मैथ्यू आर्नाल्ड कितने बड़े साहित्यशास्त्रज्ञ हैं। हर तेलुगु की उपनिवेशवादी-मानसिकता का कवि और आलोचक उनका और टी० यस० इलियट् का नाम जपे बिना नहीं रह सकता। इसी प्रकार कांटिनेंटल कवि भी महान् काव्यशास्त्री ही हैं।

इसी तरह उर्दू में गालिब महान् फारसी विद्वान् हैं। वे कहा करते थे कि मेरी उर्दू कविता में क्या बड़प्पन है। अगर आप मेरी कविता देखना चाहते हैं तो मेरी फारसी कविताएँ पढ़िए। उनका 'चिराग-ए-दैर' आदि प्रसिद्ध काव्य फारसी में ही है। बीते काल के इकबाल ने भी अपनी रचना 'जावेदनामा' वगैरह को फारसी में ही लिखा है। चीनी और जापानी कवियों का इतिहास भी यही बताता है।

आधुनिकतम युग में देखते हैं तो सेनेगल के प्रधानमंत्री अफ्रीका के प्रमुख कवि लेपोल्ड सेडार सेन्गोर जितने महान् कवि हैं उतने ही महान् विद्वान् हैं। विद्वान् ही नहीं, व्युत्पन्नता में प्रथमोल्लेखनीय हैं।

इस समस्त इतिहास को दृष्टि में रखकर हमारे आधुनिक साहित्य आलोचकों को हमारे कवियों, हमारी कलात्मक कृतियों की आलोचना करनी है, न कि अपण्डितों और निरक्षरों को कवि और लेखक बनाकर जनता को बड़े पैमाने पर धोखा देने का प्रयत्न। यह महान् पाप भी है। तेलुगु के साहित्यालोचकों को अपनी नैतिकता और धैर्यगुण के लिए साहित्य क्षेत्र में उत्तम मानदण्डों को स्थापित करना है।

आज की पीढ़ी के कवियों अथवा आलोचकों को ध्यान में रखने की एक मुख्य बात है कि प्राचीन काल से लेकर आज तक मनुष्य के द्वारा, चाहे वह किसी भी प्रान्त का क्यों न हो, अर्जित ज्ञान, प्राप्त विजयों, भोगी पराजयों आदि से संबंधित मानव गाथाओं के सर्वस्व को, आधुनिक कवि को आधुनिक चेतना के साथ अपनाना चाहिए। तभी उसकी कविता समग्र प्रकाश पुंज बन सकती है। कविता उस प्रकार की बनती है जिसके अभाव में आचार्य दण्डी ने भय व्यक्त किया है कि सारा संसार अंधकारपूर्ण हो जायेगा—

"इदमधतमः कृत्स्नं जायेत भुवन त्रयम्।
यदि शब्दाह्वयं ज्योतिः आसंसारं न दीप्यते॥"

□

कविता में प्रतिबद्धता (कमिटमेण्ट)

(अ)

अनेक कवि यह मानते हैं कि अपने को एक प्रतिबद्ध कवि कहना एक बड़प्पन की बात है। यह कहते समय उनकी मुद्रा को देखकर कुछ— इने गिने मूर्ख— मान बैठते हैं कि इस बाल कवि ने बहुत बड़ा काम किया है और तत्क्रिया पर मूर्च्छित हो जाते हैं। लेकिन उसकी वह प्रतिबद्धता मात्र दिखावे तक ही सीमित रह जाती है। ऐसे वर्ग छोटे-छोटे पाकेट साइज के ही हैं और इनका जन समूहों से कोई ताल्लुक नहीं रहता। इतना ही नहीं, ये कालरूपी महाचरण के नीचे पिचके जानेवाले छोटे गुट मात्र हैं।

एक व्यक्ति का किसी के साथ प्रतिबद्ध होना एक महान् विषय है। एक मूल्यवान विषय से आजन्म बद्ध हो जाने की प्रतिज्ञा लेना मामूली बात नहीं है। किसी एक भव्य नैतिक संवेग से ही यह बात उभरती है। अनेक कष्टों और नष्टों तथा भय-भ्रान्तियों के सामने सीना ठोककर खड़े होना और उसका साथ निभाना महत्त्वपूर्ण बात है। इसमें भी एक कवि का प्रतिबद्ध होना उच्चकोटि का कार्य है। यह 'कमिटमेण्ट' अर्थात् प्रतिबद्धता पाश्चात्यों की परिभाषा में Engagementहै।

सामान्य मनुष्य की प्रतिबद्धता और एक कवि की प्रतिबद्धता में जमीन आसमान का अन्तर है। उसी अन्तर के संबंध में हमें यहाँ सोचना है। सामान्य मनुष्य का एक मूल्य के साथ प्रतिबद्ध होना उसके अपने जीवन में नीतिवान के रूप में रह जाने तक ही सीमित होता है। निस्संदेह यह एक महान् बात ही है। ऐसे ही मनुष्यों को रूपायित करना साहित्य का लक्ष्य होता है। इसीलिए कवि के प्रतिबद्ध होने में निहित विधान बहुत ही क्लिष्टान्वयरूपी होता है। वह कविता के उत्पन्न होने के विधान के साथ जुड़ा रहता है। क्योंकि इसमें पहला प्रश्न यह उभरता है कि कवि के रूप में प्रतिबद्ध हो रहा है या साधारण मनुष्य के रूप में। कवि का कवि रूप में प्रतिबद्ध होने के संबंध में ही हमें चर्चा के आधार पर विश्लेषण करना है। अन्य पक्ष से इस संदर्भ में कोई संबंध नहीं रह जाता है। कवि की प्रतिबद्धता कविता प्रक्रिया से किस प्रकार जुड़ी है और उसके परिणाम क्या हैं?

कवि कौन है? ज्वलित होनेवाला है! ज्वलित होकर बहिर्जगत् से आत्मैक्य प्राप्त करनेवाला है वह। इस स्तर के तादात्म्य को प्राप्त करने पर ही कविता उत्पन्न होती है। अत: यह मानना पड़ता है कि जब कवि अपने को किसी के प्रति प्रतिबद्ध

कहता है तब (कवि के रूप में) वह जिसके प्रति प्रतिबद्ध हो रहा है उसके लिए जल रहा है। उसमें आत्मैक्य प्राप्त कर रहा है ऐसी स्थिति में सवाल उठता है कि अनुभूतिमूलक प्रक्रिया से जुड़ी कविता के विषय में कवि के लिए कवि के रूप में एक प्रतिबद्धता, साधारण व्यक्ति के रूप में और एक प्रतिबद्धता नामक दो प्रतिबद्धताओं के होने की संभावनाएँ कितनी हैं? यही प्रमुख प्रश्न है? कविता किसके लिए लिखी जानी चाहिए? इससे संबंधित चर्चा के उपरान्त अगर यह निर्णय होता है कि कविता अमुक पक्ष को लेकर लिखी जानी चाहिए और अन्य किसी भी पक्ष पर लिखी जाय तो वह कविता मानी नहीं जायेगी तो कवि को उस मार्ग पर चलकर उसी प्रकार की उत्तम कविता लिखनी है कि नहीं? फिर उत्तम कविता कहलाने के लिए कविता एक उत्तम प्रयोजन के लिए ही लिखी जानी चाहिए। यही जनता के निर्णय का भी सार है तो कवि को उत्तम प्रयोजन हेतु प्रतिबद्ध होना है या किसी अन्य प्रयोजन हेतु? अगर उत्तम प्रयोजन एक और कवि की अनुभूति और एक हो तो कवि के रूप में उसके द्वारा स्वीकृत उत्तम प्रयोजन के रूप में जनता द्वारा निर्णय किया जाता है उसी से प्रतिबद्ध होना पड़ता है अथवा कवि के अनुसार जो उत्तम प्रयोजन होगा उसी से उसे प्रतिबद्ध होना है? चाहे जो भी हो उसे अनुभूति के द्वारा ही प्राप्त करना होगा।

इस चर्चा की सरलता के लिए एक बात की ओर ध्यान देना काफी होगा। प्राचीन और अधुनातन साहित्यवेत्ताओं एवं सोशलिस्ट साहित्यवेत्ताओं सबने विश्व श्रेय को ही काव्य का उत्तम प्रयोजन प्रतिपादित किया है। इस बात की अर्थच्छायाओं में चाहे कुछ भेद दिखाई दे, फिर भी यह मानना ही होगा कि सबके उद्देश्य सदुद्देश्य ही हैं, दुरुद्देश्य किसी का नहीं। किन्तु उलझन कहाँ उत्पन्न होती है? कवि जब अपने को एक उत्तम प्रयोजन के लिए प्रतिबद्ध घोषित करता है तब उसे विश्व के लिए ज्वलित होना है। अर्थात् उसके जीवन को उन ज्वलित अग्नियों में अर्पित कर राख बनानी है। उस प्रकार क्या वह माता के गर्भ में ज्वलित होता हुआ कूद पड़ता है? प्रेयसी के लिए लिखी जानेवाली कविता में कवि जिस प्रकार वस्तु की ज्वालाओं में जलता है उसी प्रकार जगत् के लिए, मानव समाज के लिए, ज्वलित होकर उसे राख होनी है। प्रेयसी का उदाहरण इसलिए दिया गया है कि वह निकट अनुभूति है। मानव समाज या जगत् की अनुभूति उतनी निकट अनुभूति नहीं होगी। उसे उतनी ही निकट अनुभूति मानकर आगे कूद पड़नेवाले बालवीर इस तेलुगु प्रान्त में अनेक हैं। क्योंकि वे लोग जो बक रहे हैं वह उन्हीं को मालूम नहीं है, इसीलिए। किसी भी वीर गद्य रचनाग्रेसर से इस तेलुगु प्रान्त में यह कहनेवाला अभी जन्मा नहीं है कि तुम कविता के बारे में जानना चाहते हो तो तुम्हें अपनी राजनीति की दुम को दुबकाकर रखना होगा। कवि को मानव समाज को प्रेयसी

के स्थान पर बिठाकर आराधना करने की दशा तक पहुँच जाना चाहिए। यह एक दिन में संभव होगा नहीं। उर्दू कवियों में एक अनोखा सम्प्रदाय है। प्रेयसी से प्यार करते हुए उसके परिणाम में प्रेयसी को पार कर खुदा तक पहुँच जाता है कवि। फारसी महाकवि हाफिज शिराजी के संबंध में एक ऐसी ही दन्तकथा है। उर्दू साहित्य में यह एक सम्प्रदाय के रूप में स्थिर हो गया है। कवि प्रेयसी के बारे में कविता कहता जाता है तो ऐसा लगता है कि वह खुदा के बारे में ही कह रहा है।

यह सब कहने का भाव यही है कि कवि अपनी उम्र एवं ज्ञान से लब्ध परिपक्वता से ही अर्थात् अनुभूति से ही उत्तम प्रयोजन तक पहुँच सकता है। इसके विपरीत नारों से और तत्कालीन फैशन के बलात्कार से बड़प्पन के लिए यह कहना लोक की प्रवंचना होगी कि मैं भी मार्क्सवादी सिद्धान्तों के प्रति कवि के रूप में प्रतिबद्ध हूँ। ऐसे लोक वंचक प्रतिबद्ध कवियों के जीवनों पर दूरबीन लगाकर देखेंगे तो पता चल ही जायेगा कि वे नकली हैं। पता लग ही जायेगा कि उन्हें मार्क्सवाद के संबंध में मालूम ही नहीं है। अपने अल्प जीवन में उसने कभी Das Capital पढ़ा ही नहीं होगा। हमसे तंग आकर चाहे उसे पढ़ा भी हो तो वह उसकी अल्पबुद्धि की पहुँच से बाहर की ही होगी। उसका मुँह देखें या उसकी लार समान कविता तो हमें सबूत इस बात की स्थापना के लिए मिल जायेगा। ऐसी स्थिति में अगर वह चाहे जितना भी चिल्लाता रहे कि मैं सिद्धान्त के लिए प्रतिबद्ध हूँ तो भी कोई फर्क पड़नेवाला नहीं है। ये सब सेना के पैदलों के समान हैं। इनके कालर पकड़ कर पूछनेवाला इस देश में न होने के कारण ही अन्धकार की गहराइयों में तेलुगु प्रान्त लुढ़कता जा रहा है।

कविता के विषय में आडम्बरों के साथ अपनी प्रतिबद्धता घोषित करने से होनेवाला लाभ कुछ भी नहीं है। वास्तव में कवि को तदर्थ ज्वलित होने की दशा तक पहुँचना है। यह बात इसलिए उठती है कि कविता अनुभूति मूलक है। इसीलिए यह भी कहा गया है कि कविता को उसके लिए जलना है। इसलिए प्रतिबद्धता के विषय में कवि की अनुभूति, काव्य प्रयोजन और प्रतिबद्धता तीनों मिलकर एक रूप होते हैं। तभी प्रतिबद्धता के लिए एक अर्थ होगा। अन्यथा कैसे? क्या इसके बारे में विचार किया गया है? इस संदर्भ में चर्चा के दो ही विषय उभरते हैं— एक काव्य प्रयोजन और दूसरा कवि का ज्वलित होना। कवि के ज्वलित होने के संबंध में साहित्यवेत्ताओं के विचार जान लेते हैं और उसके परिणामों को जान लेते हैं तो पता चलता है कि कवि का उत्तम प्रयोजन के लिए ज्वलित होने की प्रक्रिया ही 'आत्म कला का अभ्यास' वाले प्रकरण में बतायी गयी अनुभूति है। अनुभूति केन्द्रीय होती है। अन्ततः मन, वाक् और कर्म तीनों की एकता से जन्म लेनेवाली शुद्ध अनुभूति के पास ही तेलुगु के बाल कवि वीर और

उनके पुरखे मरते हैं। ''अक्षरों की रेत से कविता नहीं बनती, जीवन के मधु से उसे भिगोना होता है।'' (पक्षी)

प्रतिबद्धता अर्थात् लोक के लिए शोक— अधर्म का विरोध

कवि लोक के लिए क्यों तपता है? जगत् कवि को क्यों तपा देता है? अधर्म ही यहाँ शीर्ष स्थान पर दिखाई देता है। अधर्म नहीं है तो कवि नहीं रहता। तपना ही कवि के लिए अनमोल वरदान है। चित्रकार के लिए जिस प्रकार एक 'मॉडल' चाहिए उसी प्रकार कवि के लिए अधर्म चाहिए। चित्रकार 'मॉडल' की नक़ल करता है। किन्तु कवि तो अधर्म की प्रेरणा से उत्तेजित होता है। (यह बात तकनीकी अर्थ में कही जा रही है, न कि यहाँ अधर्म का पक्ष लिया जा रहा है।) अधर्म नहीं है तो कवि को ज्वलित होने का अवसर नहीं मिलता। कवि जलते नहीं है तो कविता ही नहीं है। अगर दुःख रहित स्वर्ग है तो समझना चाहिए कि उसमें कवि और काव्य नहीं रहते। इसी तरह वहाँ धर्मशास्त्र, पुराण आदि भी नहीं होते। इस मानव जाति का भीषण संग्राम ही नहीं रहता। इनका प्रभाव ही खतम हो जाता है। सुख-दुःखात्मक मानव जगत् में ही काव्य के होने की संभावना है। (अर्थात् यह मान्य ही है कि स्वर्ग में काव्य नहीं रह सकता।) ऐसे स्वर्ग की स्थापना के लिए ही यह समस्त साहित्य शताब्दियों से प्रयत्न कर रहा है।

सृष्टि में व्याप्त पाशविकता एवं हिंसा और उसके रूपांतर में समाज में व्याप्त अधर्म कवि के लिए ताप हेतु हैं। अनुभूति के परिणामस्वरूप कवि अधर्म दृश्यों का सहन नहीं कर सकता। वह एक ऐसा नाजुक प्राणी होता है कि वह अधर्म को देख ही नहीं पाता। फलतः उसका जीवन ही दूभर हो जाता है। उस तरह से अधर्म कवि के लिए एकमात्र व्यथा हो जाता है। इस दशा को एमरसन इस प्रकार वर्णित करते हैं—

''He is isolated among his contemporaries by truth and by his art, but with this consolation in his persuits, that they will draw all men sooner or latter, for all men live by truth and stand in need of expression. In love, in art, in averice, in politics, in labour, in games, we study to utter our painful secret.'' (Essays - The Poet).

इस दशा में जगत् कवि को लाखों दिशाओं से सुइयों से, बर्छियों से और बाणों से चुभोता रहता है। वही Perfected Sensibility तक पहुँची हुई दशा है। तब कवि को हर बात व्यथित करती है। हवा लगते ही उसका दिल दहकने लगता है। हमेशा वह शर संधान किये धनुष-सा रहता है। हर चीज़ से उत्तेजित होता है। उसकी नसें आकर्णान्त प्रत्यंचित धनु की नारी-सी रहती हैं। वह एक कसी हुई तंत्री है। आत्मीकृत देश, काल, परिस्थितियों की उँगलियाँ, झंकृत करने के

लिए हमेशा तैयार रहती हैं। वही उसका आत्मिक परिणाम है। वहाँ से रिमझिम रिमझिम बरसानेवाला घुमक्कड़ बादल बन जाता है कवि। श्मशानों को, रेगिस्तानों को घेरनेवाला चक्रवात बन जाता है वह। पक्षियों के गलों में छिपा शिशु, चाँदनी का चोर, झरनों का चेला, अश्रु की संतान, तूफानों की सवारी, रक्त स्नान पिपासी शिखारोहणशीली— जैसे अनेकों रूपों में अवतार लेकर आत्मा की शांति खो बैठता है। इतनी आत्मिक लीलाओं में स्नान करनेवाले शिशु का नाम ही कवि है।

नाट्यशास्त्रकार भरत ने एक अनोखी बात कही है—

योर्थो हृदय संवादी तस्यभावो रसोद्भवः।
शरीरं व्याप्यते तेन शुष्कं काष्ठमिवाग्निना॥

कहते हैं कि एक वस्तु कवि के समस्त शरीर को जला देती है! कैसे? वह वस्तु हृदय को छूती है। उसका भाव समस्त शरीर में व्याप्त होता है, जैसे सूखी लकड़ी में आग व्यापती है। वही रस स्थिति है। यही इसका तात्पर्य है। भरत का मत है कि कवि इसी प्रकार जन्म लेता है। कवि मनुष्य के प्रति होनेवाले अन्याय को सहन नहीं कर सकता। मनुष्य मात्र ही क्या, पशु-पक्षी के प्रति भी कवि चाहता है कि अन्याय न हो—

मा निषाद प्रतिष्ठां त्वं अगमः शाश्वतीः समाः।
यत् क्रौंचमिथुनादेकं अवधीः काम मोहितम्॥

कवि ने पक्षी को मारनेवाले किरात को कठोर शाप दिया है। ("The poet is responsible for mankind even for animals. —Arthur Rimbaud").

करुणा से कवि के लिए आवश्यक अनुभूति मिलती है। करुणा ही भरतादि द्वारा प्रस्तावित हृदय संवाद की ओर खींच ले जाती है। वहीं से इंद्रिय गोचर समस्त नाम-रूपात्मक जगत् का वस्तु समुदाय कवि के शरीर में नख-शिख पर्यन्त व्याप्त होता है— "शुष्कं काष्ठमिवाग्निना"। यही दह्यमान प्रक्रिया ही रहस्यमानावस्था है। अर्थात् कवि जीवन क्रतु की ज्वालाओं में एक समिधा होकर गिर रहा है। शायद भरत को वैदिक कविता ने दहित किया है। देखिए ऋग्वेद का कवि क्या कह रहा है—

"यत्पुरुषेण हविषा। देवा यज्ञमतन्वत। वसन्त अस्यासीदाज्यं। ग्रीष्म इध्मः शरद्धविः।"
(१०/९०/६)

अर्थात् देवताओं ने पुरुष को हविस बनाकर यज्ञ किया। उसमें वसन्त ऋतु आज्य धारा हुई। ग्रीष्म ऋतु समिधा हुई, शरत ऋतु हविस हुई— कितनी महान् प्रतीकात्मक कविता है वेद में! यहाँ पुरुष और काल के बीच की अविभाज्य एकता स्पष्ट की गयी है। क्योंकि उसी पुरुष सूक्त में ही कहा गया है— "पुरुष एवेदं सर्वं यद्भूतं यच्चभाव्यम्।"

भरत ने "योर्थो हृदय संवादी..." श्लोक सामाजिक को दृष्टि में रखकर

ही कहा है। कवि से इसका समन्वय कैसे बैठ सकता है? यह प्रश्न किया जा सकता है। देखिए— "रस इति कः पदार्थः" आदि नाट्य शास्त्री अंशों की व्याख्या करते हुए अभिनवगुप्त ने अभिनव भारती में कहा है— "नटे न रसः कुत्र तर्हि?" अर्थात् रस नट में नहीं होता तो फिर कहाँ? इसके उत्तर में उन्होंने कहा है कि—

"बीज स्थानीयः कवि गतो रसः, कविर्हि सामाजिक तुल्य एव।
ततः वृक्ष स्थानीयः काव्यं। तत्र पुष्पादि स्थानीयो अभिनयादि
नटनाव्यापारः। तत्र फल स्थानीयः सामाजिक रसास्वादः।"

"कवि में स्थित रस ही बीज है, कवि सामाजिक तुल्य ही है। कवि में बीज स्थान में स्थित रस ही काव्य वृक्ष के रूप में जन्म लेकर बाहर निकलता है। नट के अभिनय आदि व्यापार पुष्प हैं। सामाजिक द्वारा आस्वादित रस ही फल है।" इस बात का निरूपण करनेवाली एक और बात देखिए। यह भी भरत में ही दिखाई देती है—

यथा बीजाद् भवेत् वृक्षो तत्पुष्पं फलं यथा,
तथा मूलं रसाः सर्वेतिभ्योभावा व्यवस्थिताः॥

लोचन की व्याख्या में भी अभिनव गुप्त नट, कवि और श्रोता तीनों को तुल्य मानते हैं—

"नायकस्य कवेः श्रोतुः समानोनुभवस्ततः"।

(नायक का मतलब यहाँ नट से ही होता है।) पहले नट में रस के न होने की बात कहकर यहाँ रस के होने की बात कैसे कह सकते हैं? इसका अर्थ है कि नट में, कवि में, श्रोता में अर्थात् सामाजिक में समान अनुभव है। किन्तु पहले कवि में उत्पन्न रस ही बीज होकर, पुष्प होकर, फल होकर नट और श्रोताओं का बन जाता है। कवि में रहनेवाले रस का ही नट अनुभव करके श्रोताओं तक पहुँचाता है। अतः नट और श्रोताओं द्वारा अनुभूत रस काव्यगत होता है अर्थात् कवि-गत बीज है। इसीलिए 'योर्थो....' श्लोक पहले कवि के लिए ही अनुवर्तित होता है, भरत के अनुसार।

कवि को जनता के लिए ज्वलित होनेवाली बात को इस रूप में कहकर भरत ने समाज में कवि के वैश्विक स्वरूप को समझने के विधान को प्रतिष्ठित किया है। इस समस्त विधान के केन्द्र में शोक है। इसीलिए भारतीय आचार्य पुनः-पुनः शोक तत्त्व पर ही विचार करते रहते हैं। "शोकः श्लोकत्वमागतः"— इन बीजाक्षरों को जपते हैं। आनन्दवर्द्धन ने ध्वन्यालोक में कहा है—

काव्यास्यात्मा स एवार्थः तथा चादिकवेः पुराः।
क्रौंच द्वन्द्वं वियोगोत्थः शोकः श्लोकत्वमागतः॥

वहीं से शब्द और अर्थों को अलंकृत करने को ही कविता माननेवाली स्थूल परम्परागत

दृष्टि ओझल होकर रस विचार के रूप में शोक तत्त्व पर जिज्ञासा बढ़ने लगी।

अभिनवगुप्त ने इस जिज्ञासा को बहुत ही गहराइयों में ले जाने का सफल प्रयत्न किया है। वह शोक क्या है? किस प्रकार वस्तु कवि को दहला देती है? काव्यशास्त्रीय परम्परा में आनन्दवर्द्धन से आरंभ किये गये द्वितीय भाग के लोग भरत के महान् रहस्य 'हृदय संवाद' को उच्च स्थान पर ले जा कर उसके बारे में सूक्ष्म विचार करने लगे। उन्होंने शोक हेतु हृदय संवाद कहा है। हृदय संवाद वस्तु के कारण कवि में होता है अथवा वस्तु समक्ष में कवि में कवि के द्वारा ही या दोनों से? इस विचार के जड़ वेदान्त में मिलते हैं। (See P. 75, In Defence of People and Poetry)। कुछ शताब्दियाँ और कुछ मेधावी लोगों के जीवन इसी प्रश्न के विचार में ही बीत गये। हमारे लिए इस संदर्भ में इतना ही चाहिए। कवि द्वारा की जानेवाली आत्मिक साधना के द्वारा ही यह द्विधारूपी एकत्व ज्ञान प्रदायक (तादात्म्य तक ले जानेवाला) 'हृदय संवाद' की सिद्धि होती है।

प्रतीतिश्चर्वणास्वादन भोगापरनामा भवतु।
तन्निदान भूता या हृदय संवादाद्युपकृताया॥
विभावादि सामग्र्या लोकोत्तर रूपत्वात्।.....
...........प्रतीयमान एव रसः॥

यह अभिनवगुप्त की लोचन व्याख्या है। रस चर्वण से, चर्वण हृदय संवाद से, होने की बात कहकर यहाँ कार्य-कारण संबंध सिद्ध कराकर हृदय संवाद को मूलभूत स्थान पर चढ़ा दिया है। इसका विवरण अभिनव भारती में और स्पष्ट रूप से कहा गया है—

"हृदय संवादात् निमग्नाकारिका तावत् भवति चित्तवृत्तिः"

हृदय संवाद से (कवि) चित्तवृत्ति (भाव्यमान) वस्तु के विषय में निमग्नाकारिका बन जाती है।

यूरोप में रोमांटिक और नियो (नव्य) रोमांटिक साहित्य के युग में कवि एक अनुभूति मिलने तक प्रतीक्षा करते रहते हैं और अनुभूति के प्राप्त हो जाने पर रचना करने लगते हैं। रिल्के नामक प्रसिद्ध जर्मन कवि को यह विधान असमीचीन लगा है। उन्होंने विचार किया कि इस तरह न आनेवाली अनुभूति की प्रतीक्षा में रहने के बजाय हम अनुभूति को बुलाने पर आनेवाली क्यों न बना सकते? एक दिन उन्होंने विख्यात शिल्पी तथा महान् मेधावी रोडे से इसका निदान पूछा। तब रोडे ने कहा कि "Why don't you just go and look at some thing-for example, at an animal in the Jardin des Plantes keep on looking at it till you are able to make a poem of it."

रिल्के के कविता-संकलन की भूमिका लिखनेवाले जे० बी० लीशमैन (J.B. Leishman) ने इस घटना का उल्लेख किया और कहा है कि "Rilke took this advice, and ... the result was the 'Panther!'

इससे यहाँ स्पष्ट होता है कि अभिनवगुप्त की लोचन व्याख्या में और अभिनव भारती में प्रस्तावित विषय भी यही है। इसमें चर्वण है, हृदय संवाद है, तादात्म्य है और शोक भी है। रिल्के के विषय में शोक क्या है? शोक का मतलब है— "निमग्नाकारिका तावत् भवति चित्तवृत्तिः" इत्यादि के विधान की आविष्कारिक परिभाषा। ('पांथर' शीर्षक कविता पढ़िए यह और स्पष्ट हो जाता है।) यही व्यास और वाल्मीकि का योग और रुद्रटादियों द्वारा प्रतिपादित समाधि और उपासनाओं में निहित पद्धति है। उपास्य और उपासक वस्तुओं का संबंध ही भाव्य और भावकों का संबंध है। वही हृदय संवाद है।

'शोक' नामक पारिभाषिक शब्द का अर्थ

रस, आनन्द, कवि आदि काव्यशास्त्रीय पारिभाषिक शब्द और उनकी संधारणाएँ जिस प्रकार वेदों से उपजे हैं उसी प्रकार 'शोक' शब्द का भी मूल केन्द्र वेद ही है। वाक् के बारे में ऋग्वेद में कहा गया है—

अहं सोम माहन संभिभर्मि। अहं त्वष्टारमुत पूषणं भगं।
अहं दधामि द्रविणं हविष्मते। सुप्राव्येउ यजमानाय सुन्वते॥

(१०-१२५-२)

'वाक्' कहती है.. "मैं सोम का वहन करती हूँ। मैं सृजनात्मक शक्ति हूँ। मैं ही पोषण करती हूँ। भाग्य देती हूँ। जो हविष्मान हैं अर्थात् जो हविस होता है, जो स्वयं समिधा बन कर यज्ञ करता है अर्थात् जिसका 'शरीर व्याप्ते तेन शुष्कं काष्ठमिवाग्निना' है, जो त्यागता है उसी को देती हूँ (द्रविणं) तेज और बल।" इस प्रकार वाक् से जो वरण किया जाता है उसे वाक् क्या करती है, वह भी वाक् द्वारा ही इस प्रकार व्यक्त किया गया है....

"यं कामये तं तमुग्रं कृणोद्विम।' तं ब्रह्माणं तं ऋषिं तं सुमेधां।" मैं जिसको चुन लेती हूँ उसे उग्र बनाती हूँ, स्रष्टा बनाती हूँ, द्रष्टा बनाती हूँ। मेधावी बनाती हूँ।"(ऋग्वेद १०-१२५-५)

इस शोक के मूलकारक हृदय संवाद को अभिनवगुप्त के पूर्व आंचार्य भामह आदि ने प्रीति कहा है।

"प्रीतिं करोति कीर्तिंच साधुकाव्य निषेवणम्।" (भामह)
"कीर्तिं प्रीतिं च विंदति।" (भोज)
"काव्यं सत् द्रष्टा द्रष्टार्थं प्रीति कीर्ति हेतुत्वात्।" (वामन)

इससे स्पष्ट है कि प्रीति काव्यशास्त्र में एक महत्त्वपूर्ण पारिभाषिक स्थान रखनेवाला शब्द है।

"प्रीत्यात्मा च रसः..... इत्यस्मुपाध्याः" -- अपने गुरु तौतभट्ट के कथन को अभिनव गुप्त ने अपने लोचन में उदाहृत किया है। प्रीति रस की आत्मा कही गयी है। अर्थात् प्रीति की स्थिति अगर नहीं उत्पन्न होती है तो रस नहीं उत्पन्न होता। हेमचन्द्र ने कहा है----

"सद्यो रसास्वाद जन्मा निरस्त वेदांतरा।
ब्रह्मास्वाद सदृशी, प्रीतिरानन्दः॥

इस प्रीति से वस्तु के बारे में द्रष्टा में तादात्म्य, उद्वेग, शोक आदि उपजते हैं। तभी 'शोकः श्लोकत्वमागतः' संभव होता है।

जिस प्रकार सूखी लकड़ी को आग जलाती है उसी प्रकार वस्तु कवि के शरीर को नख-शिख पर्यन्त जलानेवाली प्रक्रिया होती है। यह प्रीति से और हृदय संवाद से संभव होती है। उसके संबंध में शारदातनय ने भावप्रकाश में समुचित व्याख्या की है--

परस्य सुख-दुःखादेः अनभावेन चेतसः।
तद्भाव भावनं येन भवेत्तदनुकूलतः तत्सत्वम्॥

अन्यों के सुख-दुःखों के बारे में मन के जिस अनुभाव से तद्भाव का भावन होता है, वह सत्त्व है। (इसी तद्भाव भावन को भरत के "योर्थो...." श्लोक में निहित 'तस्यभावोरसोद्भवः' से मिलाइए कितना अच्छा लगता है!) इसके आगे भी यही कहा गया है--

मनः सत्त्वमधिष्ठाय तत्तदिंद्रिय गोचरान्।
बुद्धिमाश्लिष्य विषयान् उपभुंक्ते स्वभावतः॥

अर्थात् मन सत्त्व गुण पर चढ़कर बुद्धि का आश्रय लेकर स्वभाव के अनुसार इंद्रियगोचर विषयों को अनुभव करता है।

लेकिन शारदातनय की मीमांसा में चर्चा पूर्वाचार्यों से एक कदम आगे बढ़ी है। पूर्वाचार्यों ने प्रीति कहकर और हृदय संवाद कहकर भाव्य वस्तु और भावुक कवि के बीच आवश्यक संबंध का ही वर्णन किया है। किन्तु इस प्रीति और इस हृदय संवाद के संभव होने के प्रश्न को उन्होंने छोड़ दिया है। शारदातनय ने सत्त्व गुण से हृदय संवाद को साध्य बताया है। अन्यों के सुख-दुःखों से तादात्म्य प्राप्त करने का मतलब है उनके सुख को अपना सुख और उनके दुःख को अपना दुःख के रूप में अनुभव करना। यह इस प्रकार की सात्त्विक प्रवृत्ति से युक्त मनुष्य में संभावित स्थिति है। इसी से आनन्दवर्द्धन के मतानुसार आदि कवि को "क्रौंच द्वन्द्व वियोगोत्यः शोकः" हुआ है। वही कविता का बीज है। इसीलिए "शोकः श्लोकत्वमागतः"। अतः 'परगत सुख-दुःखादि भावनया भावितान्तःकरणत्वं सत्त्वं" कहकर सत्त्व का वर्णन हुआ है।

इस सत्त्व गुण के अर्जन के लिए ही रुद्रट का 'मनसि सुसमाधिनि' और राजशेखर का 'समाधिरांतर: प्रयत्न:' है। कविता में सत्त्वगुण की अनिवार्यता होने के कारण ही ''विशोध्य देहं धर्मात्मा'' और ''शुचिस्सनियमो व्यास:'' आदि कवि से संबंधित वर्णन रामायण और महाभारत में आये हैं।

यह जागरूकता से पहचानने की बात है कि शारदातनय ने भारतीय काव्यशास्त्र की विचारधारा में एक जगह पर लुप्त कड़ी दी है। इससे उस विचारधारा का अविच्छिन्न प्रवाह समग्र हो गया है। एक ओर कविता का एकमात्र हेतु प्रतिभा समाधि से साध्य होने की बात रुद्रटादि से प्रतिपादित हुई है तो दूसरी ओर हृदयसंवाद से अर्थात् प्रीति से कविता का बीज कविगत रस उत्पन्न होने की बात कही गयी है। (बीज स्थानीय: कविगतो रस:-- अभिनवगुप्त)। समाधि से प्रतिभा की प्राप्ति की बात शास्त्र दृष्टि से स्थूल चर्चा के विषय के रूप में स्वीकृत होने के कारण ही बाद के आचार्यों को और गहराइयों में जाकर कवित्व साधना के लिए ढूँढ़ने की आवश्यकता उत्पन्न हुई। इस अन्वेषण से निकले शब्द ही हैं हृदय संवाद और प्रीति-- एक कदम आगे बढ़ना। यहाँ प्रश्न उभरता है कि क्या हृदय संवाद समाधि से होता है? हृदय संवाद से कविता का बीज रूप रस कवि में उभरता है। उससे या तो उसका हृदय पिघलता है या जलता है। लेकिन हृदय संवाद और समाधि के बीच का संबंध क्या है? वही नहीं मिल रहा था। इसी को शारदातनय ने दिखाया है-- 'सत्त्व' कहकर। यही भारतीय काव्य तत्त्व विचार के लिए उनका अमूल्य योगदान है। अब कवित्वोत्पत्ति में कार्य-कारण संबंध का संधान हो पाया है। वह इस प्रकार जुड़ता है-- समाधि से सत्त्व, सत्त्व से हृदय संवाद (या प्रीति), हृदय संवाद से शोक और शोक से कवित्व बीजरूपी कविगत रस।

यहाँ समझना चाहिए कि हृदय संवाद से शोक हो सकता है या क्रोध। क्रोध के अनेक कारण हो सकते हैं। लेकिन कवित्व-विचार में क्रोध शोक-मूल ही है। अधर्म करनेवाला और अधर्म के प्रभाव को भोगनेवाला-- ये दो पात्र होते हैं। अधर्म कृत्य पहले दृष्टि को अपनी ओर आकर्षित करता है। अत: पहले सहानुभूति और शोक होता है। तत्पश्चात् अधर्म कर्त्ता की ओर दृष्टि जाती है। तब क्रोध उत्पन्न होता है। कहने का तात्पर्य यही है कि कवित्व विचार के संदर्भ में चाहे हृदय संवाद कहे या प्रीति, वह सुखानुभूति मात्र नहीं है। इस प्रकार गलत रूप में भी अर्थ लगाया जा सकता है (जिस प्रकार पारिभाषिक शब्द 'आनन्द' को साधारण 'आनन्द' के अर्थ में लिया जाता है)। हृदय संवाद और प्रीति शब्द कवि में वस्तु द्वारा उत्पन्न किये जानेवाले उद्वेग और तत्परिणामस्वरूप निर्मग्नता मात्र को बताते हैं (Reaction - Involvement)। इसी कारण से अभिनवगुप्त ने अभिनव भारती में 'हृदय संवादवशात् निमग्नाकारिका तावत् भवति चित्तिवृत्ति:'' कहा है।

अर्थात् चित्तवृत्ति का निमग्न होने तक ही है-- वह निमग्नता शोक भी हो सकती है या क्रोध भी-- इसीलिए 'निमग्नाकारिका' का वर्णन बहुत सूक्ष्म दृष्टि से तोलकर किया गया है।

अन्ततः कविता में सत्त्वगुण शीर्षस्थान पर चढ़ बैठा है। यह भी स्पष्ट होगा कि सत्त्वगुण की साधना के लिए ही समाधि है। भारतीय आचार्य समाधि की आवश्यकता प्रतिपादित करते हैं। मदिरा सेवन अथवा भंग पीना नहीं। इससे कवि का अधःपतन होता है। महाकवि मेधावी एमरसन यही कहते हैं अपने "The poet" नामक लेख में----- "All men avail themselves of such means as they can, to add this extraordinary power to their normal powers; and to this end they prize conversation, music, pictures, sculpture... or love... animal intoxication which are still coarser or finer quasi-mechanical substitutes for the true nectar... These are auxiliaries to the centrifugal tendency of a men.. to escape the custody of that body in which he is pent up and of that jail-yard of individual relations in which he is enclosed. Hence a great number of such as were professionally expressors of Beauty as painters, poets... have been more than others wont to lead a life of pleasure and indulgence ! all but the few who received the true nectar; and it was a spurious mode of attaining freedom, as it was an emancipation not into the heavens but into the freedom of baser places, they were punished for that advantage they won, by dissipation and deterioration."

एमरसन की चेतावनी की ओर ध्यान देना कवित्व साधकों के लिए श्रेयस्कर होगा। धर्मनिष्ठा और करुणा अपने में उत्पादन करनेवाला ही कविता-देवता को प्रत्यक्ष कर सकता है।

"प्रकृतमनुसरामः"-- मन सत्त्वगुण को प्राप्त कराता है। तत्पश्चात् तादात्म्य के लिए साधन के रूप में उपयोग में लाता है। इस मनोमूलकत्व लक्षण को भावप्रकाशकार इस प्रकार विश्लेषित करते हैं--

"अहंकारस्य वृत्तिः या सोभिमानः प्रकीर्तितः।
साभिमानात्मिका वृतिः तत्तदिन्द्रियगोचरा।
बाह्यार्थालम्बनवती श्रृंगारादि रसात्मतां याति...।"

अहंकार और अभिमान रूप मैं और मेरी नामक चैतन्य या स्पृहा; इन्द्रियों से बाह्यार्थों से बाह्यार्थों को अर्थात् बहिर्जगत् को स्पर्श करके हृदय संवाद के वश में होकर श्रृंगारादि रसात्मकता को प्राप्त करता है। इस पद्धति के बारे में शारदातनय से पहले भोज ने श्रृंगारप्रकाश में इन शब्दों में व्यक्त किया है--

मनोनुकूलेषु दुःखादिषु स्वाभिमानः रसः।
और
"शृंगारः सोभिमानः।"

शारदातनय की पद्धति स्थूल रूप में भोज के सरस्वतीकण्ठाभरण और शृंगार-प्रकाशों में भी है। किन्तु शारदातनय में सत्त्वगुण का विलक्षण प्रतीति प्राप्त करना ही एक विशेष है-- 'विलक्षण प्रतीति'। लेकिन एक और बात-- यही पद्धति तत्पूर्व ही अग्निपुराण में "अभिमानाद्रतिः .." आदि श्लोकों के रूप में मिलती है। उसमें प्रतिपादित "शृंगारीचेत्कविः काव्यं जातं रसमयं जगत्..." भोज में भी प्रवेश कर पाया है। उससे पहले ध्वन्यालोक में भी यह दिखाई देता है। "न भावहीनोस्ति रसो न भावो रसवर्जितः" -- श्लोक के अग्निपुराण में होने और "यथा बीजाद्भवेद्वृक्षं" श्लोक और भाव तात्पर्य अग्निपुराण काव्य विवेचन में अभिव्याप्त होने के कारण से और अनेक हेतुओं के होने के कारण से अग्निपुराण, भोज, शारदातनय आदि के सिद्धान्त का मूल भरत को ही मानना पड़ता है। तदर्थ 'योर्थो हृदय संवादी..." श्लोक ही मूल बीज है। भरत का कथन "शुष्कं काष्ठमिवाग्निना..." भोज, अभिनव गुप्त और अनेकों में दिखाई देता है।

अन्ततः स्फुरित होनेवाला दृश्य आश्चर्यकारक ही है! भारतीय काव्यशास्त्रीय परम्परा के पितामह भरत (पिता भामह) बाद के काव्यशास्त्र ग्रंथों में अनेक रूपों में अपने को महसूस कराते हुए उसके मूल पुरुष के रूप में साक्षात्कार देते हैं। एक विशेष घटना देखिए-- अभिनवगुप्त ने सिर्फ दो आचार्यों को अपनी व्याख्याओं के लिए चुना है-- भरत और आनन्दवर्द्धन। फिर सोचिए उनके महत्त्व के बारे में। काव्यशास्त्र के क्षेत्र में ये दोनों व्यक्तित्व उच्च शिखरों पर प्रतिष्ठित हैं। ऋषि तुल्य पूर्व तपस्वियों को और आलोचकों को ज्ञाननेत्र सिद्धि के लिए हम अपनी श्रद्धांजलि अर्पित करते हैं।-- "इदं नम ऋषिभ्यः पूर्वजेभ्यः पूर्वेभ्यः पथिकृद्भ्यः" (१०-१४-१५) --यह ऋग्देव का कथन है। पूर्वज और मार्गकर्त्ता ऋषियों को प्रणाम! इसी को ध्यान में रखकर भवभूति ने उत्तररामचरित का नांदी श्लोक प्रस्तुत किया है---

इदं कविभ्यः पूर्वेभ्यः नमोवाकं प्रशास्महे।
वंदे महि च वाणीं तां अमृतां आत्मनः कलाम्॥

यहाँ शब्द-हृदय के ज्ञानी भवभूति ने कवि-शब्द को वैदिक परिमल से युक्त करके प्रयोग किया है। "पदवीः कवीनां ऋषिर्विप्राणाम्" --आदि वैदिक प्रयोगों का यहाँ स्मरण आना चाहिए।

सत्त्व गुण से कवि जगत् से प्राप्त करनेवाले हृदय संवाद को, प्रीति को (तादात्म्य को) इस तरह भारतीय काव्यशास्त्रीय भाषा ने अभिवर्णित किया है।

इन सबका तात्पर्य यही है कि कवि को उत्तम प्रयोजन के लिए उत्तम अनुभूति अर्जित करनी है। वह मात्र सत्त्वगुण से संभव है। सत्त्वगुण लोक से तादात्म्य करानेवाला गुण है। उसी के प्रभाव से लोक के शोक से कवि एकात्म होने की दशा तक पहुँच सकता है, अर्थात् शोक करने की दशा तक पहुँच सकता है। कवि के लिए 'शोक' अनिवार्य है।

ग्रीक तत्त्वज्ञों ने, प्रमुखत: अरस्तू ने सभी साहित्य की प्रक्रियाओं में त्रासदी को श्रेष्ठ कहा है---- "It is disgusting without being tragic. For there is no emotional crisis." (Poetics, Ch. 14.) कहा जा सकता है कि यह पात्रों के संबंध में ही कहा गया है। किन्तु कवि में जो नहीं है, वह पात्रों को कैसे मिल सकता है? इसीलिए अरस्तू ने १७ वें अध्याय में कहा है---- "You should... act the part as you compose the speeches; for the best way of making a man's emotions convincing is to take his very nature to yourself."

वर्ड्सवर्थ अरस्तू के संबंध में चर्चा करते हुए कहते हैं--- "Aristotle said that poetry is the most Philosophic of all writing. It is so; its object is truth, not individual and local but general and operative not standing on external testimony but carried alive into the heart by Passion." (Preface to Lyrical Ballads)

यहाँ विशेष रूप से ध्यान देनेवाली बात है--- "Carried alive into the heart by passion"। फिर यह कार्य कैसे संभव बनाता है? अलंकार से। अलंकार कवि के लिए बीती हुई संवेदनाओं को ढोते हुए आकार उस आग को श्रोता या पाठक को लगा देते हैं। तब श्रोता या पाठक कवि के समान जलने लगता है। इसी को हम साधारण भाषा में काव्य से प्रभावित होना कहते हैं।

कवि के शोक में क्रोध : कवि शाश्वत सत्याग्रही

कवि रोता है दुनिया के लिए -- मनुष्य क्या माँग रहा है? अपने बच्चों के लिए थोड़ा खाना। उनकी भूख और प्यास मिटाने की बात कर रहा है। बस इतना ही है! ऐसी व्यवस्था को जो इतने की व्यवस्था नहीं करती, चाहे भगवान् के नाम पर हो या चाहे किसी और के नाम पर क्यों सुरक्षित रखना है? ऐसी व्यवस्था पर क्यों किसी को सहानुभूति होती है? यह आश्चर्य की बात है। वह चिल्लाता है--- "हे भगवान्! तू कहाँ है? तू असल में है क्या? जनता के शापों का सामना करने में अपने को असमर्थ पाकर और पुराना अपना शासन अब न चलने की बात को पहचान कर कहीं भाग तो नहीं गया तू? व्यथाओं को दूर करने में अशक्त तू है कि नहीं? तू पत्थर है क्या? बता हे भगवान्! (ऋतुघोष) अरे शासन चलाने मात्र से न्याय मिलता है क्या? वे शासन कौन से हैं? किनके हकों की रक्षा कर रहे हैं? इनकी ओर क्यों नहीं देखते?" इन प्रश्नों को लेकर

वह बौखला उठता है।

जन्म लिये हर मानव को जीने का अधिकार है कि नहीं? इसके बारे में पहले तुम निर्णय लो। मनुष्य को जीने का अधिकार है तो प्रकृतितः आहार भी अधिकार होता है अपने हक पर आक्रमण करनेवाले पर भौतिक प्रहार करके भी अपने हक की रक्षा करने का हक देता है आज का कानून आज के कवि उस हक को हड़पनेवालों के गलों को काटने की बात करता है--- "कैसे भी एक दिन वे शिशु ही ईंधन होंगे, उद्वेलित क्षोभा नभो वीथी में व्याप्त हो विश्व जन की आँखें खोलेगी। हृदय की ज्वालामुखी के विस्फोट से निर्गत महा-क्रोधाग्नि-ज्वालाओं की कराल जिह्वाओं से इस तुच्छ लोक का नाश होगा। यह वाक् सच हो गूँजेगी सर्वत्र!" (ऋतुघोष) यह शाप दिग्दिगंतों में प्रतिध्वनित होगा। इसी प्रकार के शाप का प्राचीनतम रूप है--

मा निषाद प्रतिष्ठां त्वं अगमः शाश्वतीः समाः।
यत् क्रौंचमिथुनादेकं अवधीः काम मोहितम्॥

(क्रौंच युगल में से नर को मारनेवाला हे किरात! तू शाश्वत अयश का भागी होगा।) यह शोक के साथ-साथ क्रोध से व्यंजित उक्ति भी है।

प्राचीन कविता शोक से उपजी है तो आधुनिक कविता क्रोध से उपजी है। किन्तु एक बात ध्यान रखने की है कि प्राचीन कवि के शोक में भी क्रोध ही है। इसीलिए वाल्मीकि ने किरात को शाप दिया है।

इतने दिनों के बीतने के बाद भी आज तक न्याय न होने के कारण ही जनित आक्रोश का, दीर्घकालीन विफलता से, उत्पन्न होना सहज ही है। इसीलिए आज का कवि 'शापादपि शरादपि' कहता है। चाहे प्राचीन काल में हो अथवा आधुनिक काल में कवि क्रोध का मूल शोक में ही है। अधर्म से पीड़ित प्राणी को देखकर शोक और अधर्म को देखकर क्रोध होता है---

"ततः करुणवेदित्वात् अधर्मोयमिति द्विजः।
निशाम्य रुदतीं क्रौञ्चीं इदं वचनमब्रवीत्॥
मा निषाद प्रतिष्ठां त्वं अगमः शाश्वतीः समाः।---

इसे अधर्म मानकर ही वाल्मीकि शोक संतप्तात्मा हुए हैं और उन्होंने किरात को शाप भी दिया है। इससे स्पष्ट है कि कवि की वाक् चाहे प्राचीन काल में हो या आधुनिक काल में अधर्म की निंदा के लिए ही होती है। इसीलिए ऋग्वेद में वाक् स्वयं कहती है---

"अहं रुद्राय धनुरातनोमि। ब्रह्मद्विषे शरवे हंतवा उ।
अहं जनाय समदं कृणोमि। अहं द्यावापृथवी आविवेश।" (१०-१२५-६)

अर्थात् "मैं अधर्म को ध्वंस करने के लिए जो रुद्र है उसका धनुष बनती हूँ। ज्ञान द्वेषी को बाण से संहरण करें-- इसी उद्देश्य से मैं जन के बीच संघर्ष पैदा

करती हूँ। मैं भूमि और आकाश पर्यन्त व्याप्त होती हूँ।" साहित्य की प्रकृति को जीवन की स्पृहा से अन्वय न कर सकनेवाले कवि के क्रोध को देखकर आश्चर्य चकित हो जाते हैं। साहित्य का लक्षण और साहित्य का इतिहास दोनों को मानव जीवन से अनुसंधित करके उसके प्रकाश में समझनेवाले कवि के क्रोध को देखकर प्रभावित होते हैं, न कि आश्चर्यचकित। कवि चिर सत्याग्रही है। अधर्म से पीड़ित मानव का पक्ष वह हमेशा लेता है। उसके पक्ष का वह वकील बनता है। शोषक वर्गों के प्रतीक धनी और अधिकारी से वह द्वेष करता है---

धन मद मस्त दुरितात्माओं की
रुधिर धारा, प्रवाहों में जब
धरणी की दिशाएँ डूबेंगी
और उनके मांस खण्डों को
गिद्ध अरु कौए भर पेट निगलेंगे
तब मुझे अनुपम शान्ति मिलेगी
इस धरणी पर
इससे और क्या धरा है मेरे लिए।

(— चम्पू विनोदिनी मिश्रकृति)

यही कहकर वह धनिक वर्गों पर कूद पड़ेगा--

अरे! अधिकार उन्मत्त वितंड उद्दण्ड चंडाल!
तेरे शासन और तेरी निरंकुश दशा का
तेरे समस्त गर्व और तेरी रूप-रेखाओं का
समूल नाश कर दिखाने का
समय आसन्न हुआ है, बस कर!
तेरी चालें।

(चम्पू विनोदिनी मिश्रकृति)

कवि हुंकार करता है। लेकिन भजन करने की तुच्छ स्थिति तक कभी नहीं उतरता है वह।

भारतीय ज्ञानियों की परम्परा तो सत्याग्रह दीक्षा लेकर ही रही है। सत्याग्रह को ही सफल वाक् मिलती है। वही प्रयोजनवती वाक् कहलाती है। ऋग्वेद के वचन हैं---

उत त्वं सख्ये स्थिरपीत माहुर। नैनं हिन्वंत्यपि वाजिनेषु।
अधेन्वा चरतिमाय यैष। वाचं शुश्रुवा अफलामपुष्पां।"

(१०-७१-५१)

अर्थात् धैर्यहीन होकर सुख से जीवन बितानेवाले को मिलनेवाली वाक् फल-पुष्प

रहित होती है। (वर्तमान गद्य कवियों की कविता जैसी)। इस सूक्त का द्रष्टा बृहस्पति अर्थात् वाचस्पति है।

हर देश में हर समय में सच्चे ज्ञानी धैर्यवान और स्वातंत्र्य प्रिय रहे हैं। इन्हीं के सहारे उनके व्यवहार भी रहे हैं। सुख के लोभ में पड़कर वे भयग्रस्त नहीं हुए। भर्तृहरि का यति-नृपति संवाद सब को पढ़ना है। एक निरायुध, कौपीनधारी, कमण्डलधारी यति मंत्री, सामंत, सेनापति और अन्य सभासदों से युक्त दरबार में सुवर्ण सिंहासन पर शोभायमान राजा को देखने गया। राजा ने यति को बैठने तक के लिए नहीं कहा। तब उस सभा के बीच में यति ने घोषित किया---

तुम धनपति है, हम विविध श्रुति-समूह के
पदार्थ तत्त्व के अनुशासक हैं।
तुम शूर है, हम चण्डतर प्रतिवादियों के गर्व-भंजनकारक हैं।
तुम्हारे भजन में लगेंगे धनवान,
हमारे पास आते हैं आश्रयहीन।
अगर विनय नहीं दिखाओगे तो हे पृथ्वीपति !
हम तुरंत निकलनेवाले हैं यहाँ से इसी क्षण।
तुम राजा है तो हम गुरु सम्राट,
हम प्रतिभा अभिमान से लसित महोन्नात्मा हैं।
तुम अतुलनीय धन से प्रथित है, हम सज्जनों के जगत् के यशस्वी हैं।
हम दोनों के बीच की दूरी बहुत है,
अगर तुम हमें प्रेम से नहीं देखोगे तो
हमारे मन में भी अनुराग उपजेगा नहीं तुम्हारे लिए।
फल काफी हैं प्राण रखने के लिए
जल काफी हैं प्राण रखने के लिए
वल्कल समूह बस तन ढकने के लिए
समतल जमी काफी है तनिक शयन के लिए।
निष्फल नव वित्त मधु पान से विजृंभित
मोह लीला चित्तों के
इन नीच सम्राटों की दुर्नीति अरु अविनय को-
अब हम सहन कर नहीं सकेंगे।

यहाँ यति रूपी कवि गरज रहा है--- "I care a hoot"

आधुनिक कवि क्या कह रहा है? भाषा मर्यादाओं की सीमाओं का अतिक्रमण कर जायेगी, बस प्रत्युत्तर के लिए सताइएगा नहीं।

मानव के लिए आशा-ज्योति प्रदान करना है कवि को

कवि का जन्म लेना मात्र कवि के जीने के लिए नहीं लेकिन मानव को जीवित रखने के लिए है। महान् साहित्य मात्र रहने के लिए पैदा नहीं होता। मनुष्य अगर इतिवृत्त नहीं बनता तो साहित्य ही नहीं है। इसीलिए साहित्य अगर अपनी साँस सुरक्षित रखना चाहता है तो वह मानव जीवन का आधार लेता है। इसमें आश्चर्य की बात कुछ भी नहीं है। श्रम लगाकर साधना करके जाननेवाला कोई रहस्य भी इसमें नहीं है। किन्तु समझने के लिए एक और सत्य है। वह साहित्य के लिए प्राण समान है-- मानव जीवन को खाकर दूसरों पर वमन करना साहित्य नहीं होता। मानव जीवन को पचाकर उसकी शक्ति से एक बात कहना साहित्य कहलाता है।

कच्चे माल से नाजुक चीज नहीं बनती है। कलात्मक सृष्टि नहीं होती। इसीलिए महान् मेधावी विलियम हैज़िलिट कविता और इतिहास को अलग-अलग बताते हुए कहते हैं--- "History treats unwieldy masses of things.... but there is no thought or feeling to communicate to others... to listen to with delight---- for, all that is worth remembering in life, is the poetry of it. Fear is poetry, hope is poetry, love is poetry, hatred is poetry, contempt, jealousy, remorse, admiration, wonder, pity, despair, or madness, are all poetry. Poetry is the fine particle within us which expands, rarifies, refines, raises, our whole being. Without it "man's life is as poor as beast's". (Man is a poetical animal).

(On Poetry in General.

यही इस मैनिफेस्टो में भी स्पष्ट किया गया है--- "कवि सुख-दुःखात्मक जीवन में मग्न होते समय अपने को विभिन्न रसों में विश्लेषित कर लेता है। नाना रस बनकर वह प्रवाहित होता है जीवन के मैदानों में। (कवि बनने के लिए पाण्डित्य क्यों? शीर्षक प्रकरण की उन बातों को पुनः स्मरण कीजिए)।

जीवन के बोझ को ढो-ढो कर अब न ढो सकने की स्थिति में गिरते हुए मनुष्य के मुँह से निकलनेवाली 'आह' की प्रतिध्वनि के रूप में कवि से मिलनेवाला आश्वासन ही कविता है। अगर उस प्रकार का आश्वासन न दे सकेगी, जीवन-मरण की समस्याओं में डूबकर मृत्यु मुख में जानेवाले मानव को नाव देकर रक्षा नहीं करेगी, तो वह कविता निरर्थक ही होगी। सब कवि मानव को बचाने के लिए व्यस्त खेवनहार ही हैं। बच्चा जीवन-मरण की संधि में है, दवा के लिए पैसा नहीं, सुबह बड़ी लड़की को देखने के लिए वर पक्षवाले आ रहे हैं, करनी कुछ सूझती नहीं, रास्ता दिखाई नहीं दे रहा है। पता नहीं किधर दौड़ना है। आसमान में सूरज जल रहा है। क्या फायदा? रास्ता नहीं दिखता है। कौन रास्ता दिखाएगा?

क्या व्होट लेकर कुर्सी पर बैठा हुआ मंत्री? विधायक? कौन रास्ता दिखायेगा इस क्लिष्ट संसार में? जीवन शक्ति की सीमाओं को पार कर गया। --बस इसीलिए एक पिता ने आत्महत्या कर लेने का निश्चय किया है। ऐसे संदर्भों में कवि रंगभूमि पर उतर आता है। जब तुझे कोई दिखाई नहीं देगा, जब तेरे पास कोई नहीं भटकेगा, तब तेरे सामने प्रत्यक्ष होनेवाला ही कवि है। कहीं दूर से चिल्लाता हुआ आता है -- 'अरे, तू मत मर!' पुल से पानी में कूदनेवाला आदमी फिरकर देखता है। वाल्मीकि सुन्दरकाण्ड में कोई रास्ता न दीखने पर आत्महत्या के लिए उद्यत हनुमान का वर्णन करते हुए कहते हैं—

विनाशे बहवो दोषा: जीवन भद्राणि पश्यति।
तस्मात प्राणान् धरिष्यामि ध्रुवो जीवति संगमः॥

आत्महत्या में अनेक दोष हैं। जीवित रहोगे तो अनेक शुभ मिल सकते हैं। तभी रामायण का पात्र प्राण रक्षा कर लेता है।

किन्तु आज नदी में कूदनेवाले कवि की आवाज सुनकर, मुड़कर देखेगा तो पूछेगा कि खैर, तुम मुझे मरने से मना कर रहे हो, पर बताओ कि मैं कैसे जीऊँ? कोई उपाय हो तो बताओ। वाल्मीकि कहते हैं कि तुम्हें घेरनेवाले कष्ट तुम्हारी ही इच्छाओं का सहारा लेकर आ रहे हैं। उनसे तुम मुक्त हो जाओ। तभी सुखी होगे—

प्रियादुत्पत्स्यते दुःखं अप्रियात् अधिकं पुनः।
ताभ्यां हि ये वियुज्यंते नमस्तेषां महात्मनम्॥ (सुंदरकाण्ड)

(राग से दुःख होते हैं, द्वेष से और दुःख होता है। अत: राग-द्वेष से विमुक्त ही सुखी होता है।) मनुष्य क्या कहता है—क्या खाने की इच्छा को भी अगर मार डालें तो जीना कैसे संभव होगा? जीने का हक तुमने स्वीकार किया है तो खाने का हक क्यों स्वीकार नहीं करते? और आगे प्रश्न करता है कि कुछ लोग मज़े से कामनाओं की पूर्ति कर रहे हैं तो सिर्फ मेरे लिए ही ऐसा दण्ड क्यों? मात्र इसलिए कि ऐसे अवसर मेरे पास नहीं हैं? इसीलिए कामनाओं को मार लेने के लिए कह रहे हो? मैं ही क्यों कामनाओं को मारकर योगी का जीवन बिताऊँ? इसके जवाब में वाल्मीकि कहते हैं कि भाई! उसने पूर्व जन्म में इस प्रकार के सुखी जीवन बिताने के लिए पुण्य किया है। इसीलिए वह आज सुखी जीवन यापन कर रहा है। इसी प्रकार उसे और तुम्हें, दोनों को कर्म फल भोगना ही होगा—

प्राप्तं धर्मफलं तावत् भवता नात्र संशयः।
फलमस्याप्यधर्मस्य क्षिप्रमेव प्रपत्स्यते॥

तुम्हें पुण्य का फल मिला है, इसमें संदेह नहीं। इसीलिए तुम इतना वैभव भोग रहे हो। इसी तरह इस अधर्म का फल भी तुम्हें जल्दी ही मिलनेवाला है।

यह बात हनुमान रावण से कहता है। यह यहाँ पुराकृत धर्मफल है। ऐसी बात पर आज का सामान्य मानव कहता है कि हे महाकवि तुम मुझे अपने प्रारब्ध पर छोड़ चले जा रहे हो, मुझे रास्ता क्यों नहीं दिखाते? तुम्हारे द्वारा दिखाया गया रास्ता कौन सा है? वाल्मीकि मंद मुस्कान बिखेरकर चले जाते हैं। कवि आशा-ज्योति सुलगाता है, अन्वेषण का रास्ता खोलता है, बस। किन्तु कवि के चले जाने पर कोई नदी में कूदेगा क्या? ऐसी स्थिति में कोई कूदने के लिए कहता है भी तो नहीं कूदेगा। "तस्मात् प्राणान् धरिष्यामि" —कहते हुए घर की ओर लौट ही जाता है। जीने का रास्ता ढूँढ़ने और उसे साध्य बनाने का प्रण लेकर ही लौटता है। न मरने की सलाह देनेवाला ही चाहिए। खाना देकर पालन पोषण करने की जरूरत नहीं है। खाने की बात स्वयं मनुष्य देख लेगा। इसी सहारे मनुष्य आदि काल से आज तक इस पृथ्वी पर समुद्र समान विपदाओं का संतरण कर जी रहा है। जीने का मार्ग ढूँढ़ कर पा रहा है। यही है मनुष्य को विधि (प्रारब्ध) के पंजे से छुड़ाना। देखिए वाल्मीकि की इस बात का कितना मूल्य आज भी है—

विनाशे बहवो दोषाः जीवन् भद्राणि पश्यति।

उत्तम साहित्य हमेशा मानव को आशा ज्योति प्रदान करता है। लोक में रास्ता न दिखने पर निस्सहाय मानव को आसमान का सूरज क्या दे सकता है? साहित्य-ज्योति ही विश्वास दिलाकर रास्ता दिखा सकती है। इसी को ध्यान में रखकर दण्डी ने कहा है—

इदमंधतमः कृत्स्नं जायेत भुवन त्रयं।
यदि शब्दाह्वयं ज्योतिरासंसारं न् दीप्यते॥

(शब्द ज्योति अगर प्रकाशमान नहीं रहती तो यह सारा संसार अंधकारमय रह गया होता।)

प्रारब्ध पर विद्रोह

यह प्रारब्ध क्या है? —कुछ लोगों की कामनाओं को प्रेरणा देता है और कुछ की कामनाओं को मारने की सलाह देता है। मानव के ललाट पर रेखाएँ खींचकर बाँध देता है। मानव को गुलाम बना देता है। इस प्रारब्ध को आज मानव ने पहचान लिया है। वह और कोई नहीं, अधर्म का रूपांतर व आज की सामाजिक व्यवस्था मात्र ही है। इस व्यवस्था को जीत नहीं पा रहा है व्यक्ति। असहाय होकर, दीन होकर इसका बलि पशु बन रहा है। मनुष्य के मुक्त न हो पाने की यही निस्सहायता, यही दीनता और यही ललाट रेखा ही प्रारब्ध है। इसीलिए इस प्रारब्ध का वध करो, ललाट रेखा का चीर-फाड़ करो और अधर्मरूपी वर्तमान सामाजिक व्यवस्था का ध्वंस करो। यही आज का प्रबोध है। आज का कवि इसी आज की चेतना और आज की युगीन साँस मानव को प्रदान करता है। प्रारब्ध को भेदने

के लिए वर्तमान शताब्दी का प्रयत्न ही सामाजिक नवनिर्माण आन्दोलन है। प्राचीन काल से कर्म सिद्धान्त ने मनुष्य के जीवन में कार्य-कारण संबंध को प्रवेश कराकर चालित रखा है। पुण्य करने पर अच्छे फल मिलने और अधर्म करने पर दुष्परिणाम के होने की बात तो कही गयी है। लेकिन अधर्मी का अच्छे फल भोगना और धर्म बद्धों का बुरे फल भोगना इस पृथ्वी पर होते रहने के कारण ही इस सिद्धान्त को मनवाने में एक समस्या खड़ी हो गयी है। तदर्थ समस्या परिष्कार के लिए जन्म जन्मांतर सिद्धान्त का प्रतिपादन किया गया है। एक काम चलाऊ बात प्रतिपादित हुई कि अधर्मवान् इस जन्म में जो सुख भोग रहा है वह उसके पूर्व जन्म में किये पुण्यों का फल मात्र ही है और इस जन्म में जो दुःख अनुभव कर रहा है वह भी पूर्व जन्म के अधर्म का फल है। —लेकिन प्रारब्ध के संहारक नवीन आन्दोलन का कहना है कि कार्य-करण संबंध से युक्त धर्माधर्म फल वर्तमान जीवन से ही अनुवर्तित होता है। प्रारब्ध का जब संहार हो जाता है, अधर्म की नींव पर निर्मित आज की सामाजिक व्यवस्था जब ध्वस्त हो जाती है तब किसी को अपनी इच्छाओं को मारने की आवश्यकता नहीं होगी। कामना की सफलता के लिए पुनर्जन्म सिद्धान्तों के शरणालय में जाने की जरूरत नहीं होगी। मनुष्य के खाने के हक को प्रारब्ध के वश में न करनेवाली व्यवस्था, मनुष्य के प्राणों को वेदान्त के दया-धर्म के अधीन न करनेवाली व्यवस्था का निर्माण अगर तुम करोगे तो इच्छाओं को अनुभव करते हुए जी सकते हो। धर्म को फल की दृष्टि से न देखकर मूल्यों की दृष्टि से परिभाषित किया जा सकता है। अपने बच्चों को न्याय दे सकते हो। जब तक तुम यह कहते फिरोगे कि भूख लग रही है और खाना दो, तब तक यह व्यवस्था कहती ही रहेगी कि तुम अनशन व्रत रख सकनेवाले योगी हो। ऐसी व्यवस्था के तुम जब तक बलहीन होकर गुलाम बने रहोगे तब तक प्रारब्ध तुम्हारे कंधों पर चढ़कर सवार होता रहेगा। आज का कवि यही कहता है। इसी बात को स्पप्टतः कहनेवाली रचना ही उत्तम कहलाती है। वही उत्तम साहित्य में जायेगी।

इस प्रकार सच्चा कवि व्यथा से खिन्न मानव को आश्वासन देकर उसके हृदय में आशा की ज्वालाओं को सुलगाता है। व्यथाओं से ग्रस्त ही और एक को भाई कहकर दया से पास बुलाता है। आश्वासन देता है कि निराशा के गर्त में गिरकर अपने को मत मारो। हाथ थामकर कह सकता है— आज की सुबह को कल की सुबह भूल जाती है। दिल को धड़कते रहने दो। किन्हीं भी डालियों को चीर कर फूल आने ही वाले हैं। (प्रेम पत्र शेषेन्द्र)। कवि मानव का अग्रज है। व्यथाएँ झेलकर संसार को समझकर 'सीनियारिटी' पाया हुआ व्यक्ति है। इसीलिए सामान्य को पार कर दो कदम आगे बढ़ जाता है कवि। 'आह' से अनुभूति के रस को निचोड़ता है।

"आह को चाहिए एक उम्र, असर होने तक।" (गालिब) 'आह' को समझने के लिए एक पूरी आयु चाहिए। उसको उलटेंगे तो मज़ा मिल जाता है। एक जीवन का प्रभाव समझ में आने के लिए एक 'आह' चाहिए। इसीलिए जीवन को जीतनेवाला ही कवि बन सकता है। उसके पैरों तले बैठकर भौंकनेवाले के गले से कविता नहीं निकलती। समुंदर किसी के पैरों के पास बैठकर भौंकता नहीं, तूफान की आवाज़ जी हुज़ूरी करना नहीं जानता, पर्वत किसी को झुककर सलाम नहीं करता।" (गोरिल्ला)।

कवि के शोक से ही कार्य जन्मा है इस समाज में: कवि ही है जनता का नेता

कवि के शोक के गर्भ से उदित जो रक्त का गोला है वही क्रोध कार्य का बीजारोपण है। वहीं से धर्माधर्म निर्णय की आवश्यकता की चेतना का उदय मानव समाज में होता है। अतः सबको समझने का सत्य और इतिहास यह है कि कवि द्वारा प्रसारित चेतना ने ही कार्य रूप धारण कर लिया है। धर्माधर्म की चेतना और उससे आविर्भूत कार्य का मूल पुरुष कवि ही है। इसी संदर्भ में "कवि से हमें कोरे शब्द नहीं ठोस कर्म चाहिए" कहनेवाले तुच्छों के बारे में एमर्सन कहते हैं—

"Criticism is infested with a cant of materialism, which assumes that manual skill and activity is the first merit of all men, and desparages such as say and do not, overlooking the fact that some men, namely, Poets, are natural sayers, sent into the world to the end of expression and confounds them with those whose province is action, but who quit it to imitate the sayers. But Homer's words are as costly and admirable to Homer, as Agamemmon's victories are to Agamemnon... words and deeds are different modes of the devine energy. Words are also actions, and actions are a kind of words." (Essays-the Poet).

कवि के शब्द में ही कार्य का जन्म है। कविता से जन्म भिन्न रूप संतानों में राजनीति एक है। कविता नहीं है तो राजनीति नहीं। अच्छे कवियों को छोड़कर 'तुच्छ कवियों' की अपेक्षा में कवि के स्थान का मूल्यांकन नहीं करना चाहिए। साहित्यिकरूपी राजनैतिक नेताओं को यह समझना है।

कवि की प्रक्रिया में ही ज्ञान और अनुकंपा का अविनाभाव संबंध जुड़ा है। उसका कारण— कविता का अनुभूति की कला होना ही है। कविता का इन्द्रियवाद होना ही है। जीवन को अनुभव किये बिना कविता का उदय न होने में है। ज्ञान और अनुकंपा को एक युगल रूप में रहने की आवश्यकता इस दुनिया की और किसी प्रक्रिया में नहीं है। कवि रोता है इस संसार के लिए। वैज्ञानिक रोयेगा नहीं। वैज्ञानिक के न रोने पर भी उसका अन्वेषण रुकेगा नहीं। वेदांती के न रोने पर भी उनका सिद्धान्त डगमगायेगा नहीं। राजनीतिक नेता रोता नहीं तो भी उसकी

वोटवादी राजनीति को कुछ नुकसान नहीं पहुँचेगा। रुलाना राजनैतिक नेता का कर्त्तव्य है और रोना हमारा कर्त्तव्य है।

शोक नामक जीव धातु से कवि मनुष्य का समीप बन्धु बनता है— आश्वासन देनेवाला, सखा, पथप्रदर्शक और सर्वस्व। मनुष्य की इतनी जिम्मेदारी लेने वाला और किसी प्रक्रिया में नहीं मिलता। इसीलिए वैज्ञानिक, वेदान्ती, राजनीतिज्ञ प्रभृतियों से कवि अग्रज और श्रेष्ठ अधिकारी है। कवि द्वारा प्रदत्त चेतना ही समाज में कार्य के लिए नांदी है। मानव समाज में परिवर्तन का हेतु है। इसीलिए अकेला कवि ही समाज का नेता है। कवि के नेतृत्व को महान् व्यक्तित्व के एमर्सन ने बहुत ही समग्र स्फूर्ति से पहचाना है—

"The breadth of the problem is great; for, the poet is the representative. He stands among partial men for the complete man, and appraises us not of his wealth, but of the common wealth." (Essays-Poet).

कवि द्वारा किये जानेवाले आत्म विचार, आत्म कला का अभ्यास, हृदय संवाद इत्यादि आत्मिक प्रक्रियाओं के कारण कवि को विश्व सृष्टि के समग्र बोध की सिद्धि होती है। यही रुद्रट के शब्दों में—

मनसि सुसमाधिनि विस्फुरणमनेकधाभिदेयस्य।
अक्लिष्टानि पदानि च विभान्ति यस्यां असौ शक्तिः॥

अर्थात् इस आत्म विचार से वस्तुओं का नानाविध विस्फुरण मिलता है, क्लिष्टतारहित शब्द स्फुरित होते हैं। जिस प्रकार हम जड़ वस्तुओं को देखते हैं उसी प्रकार कवि उन्हें नहीं देखता। वह वस्तु में देखने की शक्ति का अर्जन करता है। इस प्रकार जब कवि दृष्टि वस्तुओं में घुसकर आर-पार देखती है तभी कवि को सृष्टि से संबंधित सत्य गोचर होते हैं। वस्तुओं में प्रतीकात्मकता प्रत्यक्ष होती है। शब्दों में ध्वनि सुनाई देती है। ब्रह्माण्ड के रहस्यमयी दृश्य आँखों के सामने नाचने लगते हैं। मानव का अस्तित्व गोचर होता है। भविष्य दिखाई देने लगता है। काल का स्वरूप और काल का प्रभाव साक्षात्कार होते हैं। तभी कवि कह सकता है— "कालोहि दुरतिक्रमः"। हम व्यावहारिक जगत् की दृष्टि से देखते हैं कि कवि के सभी स्वप्न ही हैं। पर रुद्रट कहते हैं कि इस स्वप्न विद्या को जिसने वश में कर लिया है वही कवि और इस वैश्विक साक्षात्कार को जिसने प्राप्त किया है वही कवि है।

समाज प्रवहमान है— समस्त सृष्टि भी प्रवहमान है। व्यक्तियों के भौतिक और बौद्धिक संघर्ष से समाज का स्वरूप बदलता रहता है। फलस्वरूप इतिहास भी बदलता रहता है। इसके कारण हेगेल से प्रतिपादित 'थीसिस' 'कान्टीथीसिस' 'सिंथसिस' सूत्र हमारी आँखों को दिखाई नहीं देता। इस प्रवहमान सामाजिक परिणाम

को कवि नाम ज्ञानी ही देख सकता है। उसकी आँखें ही इस दृश्यमान पृथकत्व में प्रच्छन्न रूप से विद्यमान परिणामों, शक्तियों और उनके परिणामों को स्पष्ट रूप से देख सकती हैं। यही रेम्बो द्वारा 'Seer', 'डिस आर्डरिंग आफ सेंसस', 'रीचिगं द अननोन' के रूप में वर्णित प्रक्रिया है। इस रूप में प्राप्त होनेवाली रहस्य शक्तियों का स्पष्ट दर्शन ही कवि की रचना में 'सिंबालिक' अभिव्यक्ति का कारण है। चेकोव की कहानी 'केमिलयान' पढ़िए। उसमें पुसिल इन्सपेक्टर ओचुमेलोव (Ochumelov) और लुहार खियूकिन दोनों पात्र समाज के गर्भ में काम करनेवाली आंतरिक शक्तियों के आविष्कार के लिए उपयोग में लाये गये प्रतीक मात्र हैं। कथा के स्तर पर वे पात्र हैं लेकिन 'विजन' के स्तर पर प्रतीक हैं। प्रतीकों की कविता को गर्हित करनेवाले बच्चों को वहीं रुककर सोचना और अवगाहन कर लेना चाहिए—

"Stop, think and understand !"

इसी दर्शन शक्ति से एवं इसी वैश्विक साक्षात्कार से और उनके मूल तादात्म्य से, शोक से, हृदय संवाद से कवि मानव की सभ्यता के आदि कर्ता बने हैं। उन्होंने ही धर्मशास्त्र बनाये, उन्होंने ही वैद्यक, ज्योतिष, कृषि, राजनीति, वास्तु आदि सभी शास्त्रों के बीज बोये। कवि का मतलब है सर्वज्ञ। वेदों के जन्म के समय में अर्थात् आदि काल में कवियों ने ये सारे काम किये हैं। वे ही विश्वामित्र, मधुच्छन्दस, अथर्वांगिरसादि ऋषि और मंत्रद्रष्टा हैं। इसीलिए वैदिक वाङ्मय में कवि का शब्द ज्ञानी, ऋषि, सूर्य, परमात्मा इत्यादि अर्थों में प्रयुक्त हुआ है—

'हृदि प्रतीष्या कवयो मनीषा'— ऋग्वेद १०-१२९-४

'पदवी: कवीनां'— तैत्तिरीय उपनिषद्।

'कविर्विश्वो महातेजा रक्तस्सर्वभवोद्भव':— रामायण युद्धकाण्ड।

इतने उन्नत स्थान विशेष से युक्त होने के कारण ही उसके बाद आये कालिदास आदि ने उसे अपने लिए उपयोग में लाने के लिए झिझके हैं। "मंद: कवियश: प्रार्थी गमिष्याम्यपहास्यताम्"। लेकिन

"Fools rush in where angels fear to tread."

इसीलिए संसार के प्रथम कवियों में कवि, धार्मिक गुरु और राजा तीनों के अंश मिले रहते थे। पाश्चात्य तत्त्वज्ञों ने इसी सत्य को Priest-King कहा है। प्राच्य देशों में प्रजापति कहा गया है। आदिकाल में अरिप्टनेमि, कश्यप, कर्दम आदि प्रजापतियों का ही आधिपत्य रहा है, इस समस्त भूगण्डल पर। उस समय आज के राजा नहीं थे। वे प्रजापति ही राजा थे। धर्माधर्म का निर्णय करते थे। प्रजा को दण्ड देते थे। क्रमश: आदिकवि के इस त्रिमूर्तित्व से एक एक अंश अलग होने लगे। शायद राज सत्ता पहले अलग हुई होगी। इसके बाद धार्मिक गुरु का तत्त्व अलग हुआ। अन्तत: कवि अकेला रह गया। यह सब सभ्यता के पकने

के साथ-साथ संभावित सामाजिक परिणाम ही है। लेकिन उत्तम कवि में ये तीनों लक्षण हमेशा मिलकर रहनेवाले ही हैं। इसी बात को ध्यान में रखकर एमर्सन ने अपने 'पोयट' शीर्षक लेख में कहा है—

"The universe has three children, born at one time, which appear under different names in every system of thought... the knower, the doer, and the sayer. They stand respectively for the love of truth, for the love of good, and for the love of Beauty. The poet is the sayer, the namer and represents beauty. He is a sovereign and stands on the centre."

एमर्सन पर प्लेटो के प्रभाव को यहाँ नकारा नहीं जा सकता है। प्लेटो कहते हैं—

"Human behaviour flows from three main sources— desire, emotion and knowledge... Desire has its seat in the loins... Emotion its seat in the heart... Knowledge its seat in the head."

इसी को काण्ट अपने "Critique of Judgement" नामक सिद्धान्त ग्रंथ में मानव की आत्मा के तीन प्राथमिक लक्षणों के रूप में प्रतिपादित किया है—

"All the faculties of soul or capacities, are reducible to three, which do not admit of any further derivation from a common ground: the faculty of knowledge, the feeling of pleasure or displeasure, and faculty of desire." (Critique of Judgement, Translated by Meredith).

इस लक्षण-त्रय का विकास ही कवि में दिखाई देनेवाला ज्ञान, कवित्व और राजनीति त्रयी है। इसी दृष्टि से यह मैनिफेस्टो कवि को एकमात्र नेता प्रतिपादित करती है। इन्हीं तीनों लक्षणों से कवि ने वेद, पुराण और काव्य इस संसार को दिये हैं। इस महान् सत्य को न समझ सकनेवाले अल्पबुद्धि के कुछ रचइतानामधारी यह दावा करते हैं कि कवि सब का नेता कैसे हो सकता है? ये राजनैतिक नेता को ही नेता मानते हैं और कवि और उसके साथ-साथ उसकी अगुवानी में चलनेवाले समस्त मेधावी वर्ग को राजनीतिक नेता के पैरों पर गिराकर गुलाम बना रहे हैं, लज्जा छोड़कर नपुंसकता जता रहे हैं एवं सिद्धान्त बना रहे हैं। ऐसे लोगों से युक्त इस तेलुगु प्रान्त पर दया उमड़ती है। कुठार उठाये कवि ही इस स्थिति का बेरहम होकर शिरच्छेद कर सकते हैं और कवि को ही नेता के रूप में प्रतिष्ठित कर स्वतंत्रता का झंडा निडर होकर फहरा सकते हैं।

पूर्व चर्चा से यह स्पष्ट होता है कि संसार का प्रथम धार्मिक गुरु कवि ही था। लेकिन एक मुख्य बात ध्यान देने की यह है— कवि के अनुसार भगवान् मानव ही है— तब भी और आज भी। कारण कविता का आधार शोक ही है इसलिए। अधर्म से पीड़ितों के शोक से तादात्म्य पाये कवि द्वारा अनुभूत शोक

ही कविता का आधार है। इसीलिए भवभूति ने कहा था—

"एको रस: करुण एव।"

कवि ही धार्मिक वाङ्मय निर्माता है

प्राचीन मानव इतिहास को ढूँढ़ने से पता चलता है कि धर्म और कुछ नहीं है, कविता ही है। उससे एक कदम आगे बढ़कर कहें तो यही होगा कि धर्म का मतलब कविता में कहे अनुसार जीना है। 'अरे तू पढ़ेगा तो विवेकी होगा'— इस वाक्य के पीछे सामान्य कथन ही दिखाई देता है। इसी के स्थान पर यों कहा जाय—

"यं कामयते तं तमुग्रं कृणोमि तं ब्रह्माणं ऋषिं तं सुमेधाम्" (ऋग्वेद)

तो मंत्र हो गया, वेद सूक्त हो गया। इसका अर्थ है कि "मैं जिसे चाहती हूँ उसे शूर बनाती हूँ, स्रष्टा बनाती हूँ, द्रष्टा बनाती हूँ।" यह कथन वाक् का है। इसी वाक् के संबंध में जब कहा गया कि "दैवीं वाचमजनयंत देवा:" (देवताओं ने ही दिव्य वाक् की सृष्टि की है) तो यह एक अद्भुत बात होकर सामान्य बुद्धि के लिए शिरोधार्य हो गया। ये देवता और कोई नहीं हैं, वेदों के अनुसार ही वे मानव शरीरान्तर्गत शक्तियाँ ही हैं—

"अष्टाचक्रा नव द्वारा देवानां पूरयोध्या।"

पिता की फोटो लेने की बुद्धि का उदित होना कवित्व, दशा है। उस फोटो को दीवार पर टाँगकर एक फूलमाला चढ़ाने की इच्छा का होना एक और सांद्र (सघन) कवित्व दशा है। यह सांद्र (सघन) कवित्व दशा ही धर्म के रूप में प्रवर्तित हुई है। प्राचीन समाज में, न ही भारत में और न ही यूनान में, हर कहीं इसे धर्म के नाम से किसी ने नहीं पुकारा। लेकिन यह आज साधारण व्यवहार में प्रयुक्त होकर चलने के कारण ही यह सब गड़बड़ी पैदा हो गयी है।

आदि युगीन धर्मकर्त्ता अगर अपने मांत्रिक वस्त्र धारण को विसर्जित करता है तो जो बचता है, वह उसका वास्तविक रूप कवि का ही रह जाता है। एक अनोखी बात यह है कि धर्म का विश्लेषण करेंगे तो बाहर निकलनेवाले हृदय, फेफड़े, अँतड़ियाँ आदि सब अंदर के अवयव देवता, मंत्र प्रतीक, अलंकार, उपाख्यान आदि सबकी परिकल्पना किसने की है ? ये सब कवि कल्पना का इन्द्रजाल ही तो है। अगर ये सब नहीं तो धर्म की नींव स्वरूप वेद, उपनिषद्, पुराण आदि में क्या बचेगा? क्या बचा हुआ अंश धर्म कहलायेगी? आपने कभी सोचा है क्या? उस ग्रंथ समूह को किसने रचा है? किसने कहा कि 'अग्निमीडे पुरोहितम्' ? वह कवि ही था। इसके प्रमाण उनके नाम ही हैं। एक वैदिक कवि का नाम था मधुच्छंदस! कहा जाता है कि उन्होंने अपनी कविता में जिन छन्दों का प्रयोग किया है उनसे मधुरिमा टपकती है। हो सकता है कि उस कवि का विरुद नाम अथवा तखल्लुस मधुच्छंदस हो गया होगा। ऋग्वेदादि सभी मंत्रों के लिए एक छन्द

है और प्रतीक, अलंकार, बिम्ब वगैरह समस्त कविता की सामग्री भी है। अत: वेद प्रथमत: कविता है! वह सब अति मनोहर प्रतीकात्मक कविता है! ऋग्वेद का एक उदाहरण लीजिए—

तस्माद्यज्ञीत्सर्वाहुत:। संभृत पृषदाज्यं।
पशूंस्तांश्चक्रे वायव्यान्। अरण्यान् ग्राम्याश्च ये॥

(पुरुष सूक्त १०-९-८)

अर्थात् पुरुष जब पूर्णत: आहूत होने पर उसमें से आज्यबिन्दु संकलित किये गये, वायु नामक पशु, अरण्य नामक पशु और ग्राम्य नामक पशु बनाये गये। वायु में पशु अर्थात् वायु को पशुओं के रूप में देखना कितना अमृतमंथनमय प्रतीक है। सोचिए! उसी तरह जंगल, गाँव सब पशु के रूप में दिखाना भी है।

यदयुक्था अरुषारोहिता रथे वात जूत वृषभस्येव ते रव:।
आदि न्वसि वनिनो धूमकेतुनाग्ने सख्ये मारिषा मावयं तव॥

(ऋग्वेद १-१५-९४)

'हे अग्नि देव! अरुण वर्ण से प्रकाशमान होकर जब तुम वायु के समान वेगवान घोड़ों को अपने रथ में जूथकर यात्रा के लिए निकलते हो तब जंगलों को जलाने की ध्वनि वृषभ के रव के समान सुनाई देती है। जंगलों में वृक्षों पर धुआँरूपी लाल झंडे की स्थापना करते हो। 'यह उक्त उसका अर्थ है। निर्मल जल के समान उन ऋचाओं को पीने की और उनमें डूबकर स्नान की चित चेतना हमारे मन में रुचि और शुचि को उछालती है। इनमें हमें उपमा और प्रतीकों का आत्मिक संबंध गोचर होता है। इसी ऋग्वेद की कविता को बिना नाम लिये अनुवाद करके सामने रखा जाय तो हमारे वर्तमान तेलुगु 'देशी' कवि पदार्थ कहेंगे कि यह तो हमारे देश की कविता ही नहीं। अंग्रेजी कविता है। हमारी समझ में कैसे आयेगी। इसे वे निरे भाव-चित्रों की लड़ी कहेंगे और रोयेंगे कि इसमें स्पष्टता कहाँ है। अगर हम यह कह दें कि यह वह नहीं जो तू समझ रहा है और यह ऋग्वेद का अनुवाद है तो वह एक झटके में ही मर जायेगा।

उपनिषद् गद्य कविताएँ हैं। इतिहास और पुराण आधुनिक राजनीति की प्रचार कविता सी लोकप्रिय कविताएँ हैं। अर्थात् इनमें गद्य पंक्तियाँ अधिक हैं और कविता की पंक्तियाँ कम। नेरूडा, मेकडार्मियाड आदि एक प्रकार से इसके उदाहरण हैं। लोकप्रिय कविता के आदि पुरुष और आदि जनकवि वाल्मीकि हैं। लेकिन उनमें तो गद्य की पंक्तियाँ कम और कविता की पंक्तियाँ अधिक हैं। रामायण तो एक अंथवा दो गायक मिलकर जन समुदाय के सामने गाने के लिए ही लिखी गयी है—

पादबद्धोक्षर समस्तंत्रीलय समन्वित:।

(ग्रीक लोगों द्वारा 'लैर' नामक वाद्य यंत्र के तंत्री लय के अनुरूप गायें जाने के लिए उपयुक्त रीति में इलिएड आदि इतिहास और दृश्यकाव्यों को जिस प्रकार लिखा गया है उसी प्रकार रामायण भी लिखित है।) द्रष्टत्वमात्र की अपेक्षा रखनेवाली होकर प्रतीकात्मक वैदिक कविता को घर-घर और गली-गली तक ले जाने और हर हृदय तक पहुँचाने के लिए वैदिक कवि वाल्मीकि ने प्रतीक और प्रतीयमान वस्तु दोनों को 'इव' अव्यय से जोड़कर उपमालंकार के रूप में प्रयोग किया है और अलंकार के पिता बने हैं।

पर क्या वेदों में उपमा है ही नहीं? हो सकती है। वह भी दृश्यादृश्य रूप में हो सकती है अथवा अप्रधान स्थान पर हो सकती है। लेकिन वाल्मीकि में मिला प्रधान स्थान को ही उसका जन्म स्थान कहना चाहिए। वेदों में प्रतीक जैसे रचना का प्रधान लक्षण है वैसे ही वाल्मीकि में उपमा रचना का प्रधान लक्षण है। अगर देखा जाय तो वाल्मीकि में उपमाएँ ही मिलेंगी, न कि प्रतीक। (बाह्य दृष्टि से देखें तो) यही है वाल्मीकि में उपमा का जन्म। उसके बाद महाभारत पुराणादि वाङ्मय उपमा के मार्ग पर ही चला है। (पुराण वाल्मीकि के बाद के ही हैं।)

वाल्मीकि में उपमाएँ प्रतीक ही हैं

गहराई में बैठकर देखें तो— वेद प्रतीकों की भाषा में जैसे बोलते रहे उसी प्रकार वाल्मीकि भी प्रतीकों की भाषा में बोलते रहे। "वेदः प्राचेतसतादासीत् साक्षात् रामायणात्मना" का यही अर्थ है। "आकाश के नीलोदकों में हंस ने प्रवेश किया है" कहा वैदिक प्रतीकात्मक कविता है तो नीले जल में हंस जिस प्रकार प्रवेश करता है उसी प्रकार चन्द्रमा आकाश में प्रवेश करता है— कहना अलंकारयुक्त कविता कहलायेगी। यही वेदों के बाद लौकिक वाङ्मय की नींव का पत्थर बन गया है। प्रतीक कवि से जितनी पैनी दृष्टि की अपेक्षा रखता है उतनी ही पैनी दृष्टि की अपेक्षा उपमा भी रखती है। दोनों स्थितियों में कविता ज्ञान शक्ति की अपेक्षा रखता है। उपमालंकार में उपमान पहले प्रतीक के रूप में ही स्फुरित होता है। कवि को स्फुरित होता है प्रतीक के रूप में लेकिन अभिव्यक्त होता है उपमान के रूप में। वाल्मीकि में यही पद्धति है।

यहाँ एक बात की ओर ध्यान देना आवश्यक है— उपमा और प्रतीक दोनों एक नहीं हैं। वे भिन्न प्रक्रियाएँ हैं। (रक्त रेखा पृ० ६०, ६१, ६२ देखिए)। पहले कहा जा चुका है कि वाल्मीकि अपने को स्फुरित होनेवाले प्रतीकों को सुगमता के लिए उपमाओं में बदल कर प्रयोग करते हैं। उनकी दो तिहाई उपमाएँ वस्तुतः प्रतीक हैं। इसके बारे में एक शोध-प्रबन्ध लिखा जा सकता है। (विश्वविद्यालय

इस प्रकार के कार्य न अपनाकर चबाकर थूके गये थूथे को जनता पर उगल रहे हैं)। षोडशी (रामायण के रहस्य) के कुछ प्रकरण वाल्मीकि की उपमाओं की प्रतीकात्मकता को समझाते हैं। यहाँ इस सब का सारांश है कि वैदिक रचना पद्धति प्रधानत: प्रतीकात्मक है। वैदिक युग में वह प्रचलित पद्धति ही है। वाल्मीकि लोकप्रिय साहित्य सृष्टि के लिए मार्ग ढूँढनेवाले उस समय के आदि पुरुष हैं। उन पर उस समय की प्रतीकात्मक रचना का प्रभाव ज्यादा रहा है। लेकिन प्रतीकों को सुबोध बनाने के लिए इस महत्त्वपूर्ण प्रयोग की शुरुआत की है। वही है प्रतीकों को उपमाओं में परिवर्तित करना। इससे स्पष्ट है कि वाल्मीकी में तत्पूर्व समस्त वैदिक पद्धति ज्यों-की-त्यों है साथ ही उन्होंने उसे एक कदम आगे भी बढ़ाया है। सामान्य जनता को ज्ञान प्रदान करने की इच्छा से सभ्यता निर्माण में दीक्षित आदिम ऋषियों में एक वाल्मीकि ने पहली बार प्रतीकों को उपमाओं में बदलकर सफलता प्राप्त की है।

"प्रजगाम नभश्चंद्र: हंसो नीलमिवोदकम्।" —कहकर, संसार के प्रथम लोकप्रिय कवि बने। वे महान् जन-साहित्य साम्राज्य के मूल पुरुष हुए हैं। आधुनिक तेलुगु कवि संसार में अपने को ही प्रथम प्रजाकवि घोषित करनेवाले हैं। कितने मूर्ख हैं ये जो अपने से ही संसार का आरंभ मान रहे हैं।

जब द्रष्टा के अन्तर मण्डल में प्रतीक एक चन्द्ररेखा-सा चमकता रहता है तब वह ध्वनि स्फोरक सौंदर्य शक्ति से समन्वित रहता है। यह शक्ति निरवधिक रहती है। तब प्रतीक से श्रोता की ऊहाशालिता जितनी ग्रहण कर सकती है उतना ही वह उसे दे सकती है। किन्तु 'इव' से उभरनेवाले भौतिक बन्धन से जब वह युक्त होता है तब प्रतीक अभिशप्त गंधर्व के समान अपने पंख खो लेता है। अर्थात् अपनी ध्वनि शक्ति को खोकर आसमान से जमीन पर गिर जाता है। लेकिन वह साधारण श्रोता अपनी ऊहा शक्ति को काम में न ला सकनेवाली मध्यम बुद्धि के समीप जाकर सरल एवं सुगम रूप ग्रहण कर लेता है। प्रतीक में श्रोता को अपनी ऊहाशालिता से प्रयत्नपूर्वक सार निचोड़ लेना होगा। उपमा में यह सारा प्रयत्न कवि ही कर के श्रोता के लिए सुपाच्य आहार-सा उसे तैयार करता है। वाल्मीकि में उपमाएँ हैं। वे सब अलंकारों के खानों में निहित प्रतीक ही हैं, मिट्टी में निहित शीसा जैसे। यह सत्य प्राचीन काव्य-शास्त्र के आचार्यों को मालूम है। इसीलिए कुवलयानंदकार ने चंद्रालोक की व्याख्या में कहा है—

> यत्र उपमानोपमेययो: ....
> चारु सादृश्यमुद्भूततयोल्लसति व्यंग्य मर्यादां
> विना स्पष्टं प्रकाशते तत्रोपमालंकार:।

यह बात इस संदर्भ में ध्यान देने की है कि व्यंग्य मर्यादा के बिना स्पष्टत: कविता

सौंदर्य का बोध करानेवाली है उपमा। उपमान और उपमेय के सादृश्य को प्रयत्न करके समझने के बजाय अप्रयत्न ही समझने के लिए स्पष्ट होती है उपमा। इस तरह होने पर ही उसे उपमा कहा जाता है। यहाँ एक और बात यह भी उभरती है कि कुवलयानंदकार का मत यह नहीं कि उपमालंकार को व्यंजना शक्ति की जरूरत नहीं है और व्यंजना शक्ति से उपमालंकार स्फूर्यमाण हो नहीं सकता। अलंकार-शास्त्र ग्रंथ दो बातें स्पष्ट करते हैं— "वस्तुना अलंकार ध्वनि:" और "अलंकारेणालंकार ध्वनि:"। अर्थात् वस्तु से अलंकार स्फुरित होता है और अलंकार से अलंकार स्फुरित होता है। इस प्रकार के ध्वनि-चमत्कार और अलंकार-चमत्कार काव्यों और काव्यशास्त्रों में मिलते ही हैं। अत: शास्त्र के अनुसार अलंकार की प्रतीति के लिए व्यंजना और व्यंजना की प्रतीति के लिए अलंकार दुश्मन नहीं हैं। फिर यहाँ व्यंग्य मर्यादा बिना क्या है? अलंकार से अथवा वस्तु से उपमालंकार व्यंजना शक्ति द्वारा स्फुरित हो सकता है। इस प्रकार से स्फुरित उपमा के उभरने की बात पर कोई आक्षेप नहीं। किन्तु उपमालंकार का जन्म तब होता है जब उपमान और उपमेय का सादृश्य बिना व्यंग्य के व्यक्त होता है। मात्र प्रतीक के रूप में यह सादृश्य व्यंग्य रूप में रहता है। ऐसे प्रतीक और प्रतीक द्वारा प्रतीयमान वस्तु अर्थात् उपमेय दोनों को 'इव' शब्द से जिस प्रकार वाल्मीकि ने जोड़ा है उसी प्रकार जोड़ने से व्यंग्य लुप्त हो जाता है। दो वस्तुओं का सादृश्य स्पष्टत: प्रकाशित होता है। इसीलिए कुवलयानंदकार ने प्रतीक को और वैदिक पद्धति को दृष्टि में रखकर ही उपमालंकार का लक्षण बताया है— वाल्मीकि में और उनके समान अन्यों में आयी उपमाएँ उनके द्रष्टत्व से उदित प्रतीक हैं। किन्तु उसके उपरान्त आयी उपमाएँ पारंपरिक प्रयोग से जन्मे साधारण अलंकार मात्र हैं। अथवा यों कहा जा सकता है कि ये वस्तु सादृश्य को देखकर बनीं भौतिक दृक् प्रक्रियाएँ हैं।

इस प्रकार कविता और धर्म का संबंध आदिकाल से है— "अंगादंगात् संभवसि हृदयादधिजायसे" का संबंध है। अगर कवि और धार्मिक गुरु में इस बात को लेकर झगड़ा उत्पन्न होता है कि 'दाय भाग' किसका है तो देवता, मंत्र, छंद, प्रतीक, उपाख्यान और उन पर आधारित वेद, उपनिषद्, इतिहास, पुराण आदि सब कवि को मिलेंगे और धर्म गुरु को कमण्डल, काषाय वस्त्र। आज के राजनीतिक नेताओं की स्थिति भी यही है। उन्हें सिर के लिए टोपी और हाथ के लिए माइक मिलेगा। मेइन स्प्रिंग रहित घड़ी-सा हमारा आधुनिक राक्षस धड़कन रहित हो जाता है।

जनता पर कवि का प्रभाव

समाज बहुत से अज्ञानी और अल्पज्ञानी लोगों का संगम है। किन्तु उनमें कवि ही एक मात्र ज्ञानी है। कवि से ही ज्ञान (चैतन्य) का प्रवाह जनमन की

ओर बहता है। यह मानव के इतिहास में एक शाश्वत सत्य है। इसी सत्य को षेर्बीना ने इस प्रकार प्रतिपादित किया है—

"Progressive new ideas and new ideals do not become the Property of all overnight. Tremendous efforts are needed to make them the Property of the masses and the outstanding role in confirming our great socialist ideal belongs to literature and art". (Lenin and Problems of literature)

मूर्ख और सस्ती मनः प्रवृत्ति से चालित व्यक्ति एवं कीर्तिलोलुप कुछ आधुनिक प्रचारवादी तेलुगु कवि और आलोचक यह बात कह नहीं सकते। इसका कारण है कि ये लोग धूर्त और साथ-साथ भयग्रस्त हैं। क्योंकि ये स्वयं अज्ञानी और लज्जारहित हैं। कवि के ज्ञानी और चेतना प्रदाता होने की बात इनकी समझ की बात नहीं है। ये अवार्डों और डिग्रियों के शिकारी एवं उनको गले में लटकाकर आधिकारिक संस्थाओं की देहलियों के सामने मूर्च्छित हो मुँह पर पानी छिड़कानेवाले हैं। उनकी पेशा के लिए उपयोग में आनेवाले भाँटों की तरह प्रशस्ति गाते रहनेवाले हैं, इसीलिए वे सत्य कहने के हक को खोये हुए हैं अपने हाथों से ही।

कवि ही ज्ञानी है। कवि को ही कहने का हक है। समाज को कवि की ही बात सुननी है। राजनैतिक नेता की बात सुननी ही नहीं है और साथ-साथ उनकी ही सन्तान जो साहित्य के मुखौटे पहनकर चलनेवाले हैं उनकी बात भी। राजनैतिक नेता की बात 'वोट' के लिए है और कवि की बात 'आँसू' के लिए। राजनैतिक नेता अधिकार को अपने हाथों में लेने के लिए बातों का जाल फेंकता है। इसके बाद जाकर उससे मिलो तो पूछेगा कि तुम कौन हो? कार्ल शेपीरो (Karl Shapiro) कहते हैं—

"A Politician is interested in holding you in his spell only untill you go to the polls. whereas the Poet asks you to elect him for atleast a thousand years."

कवि राजकीयवादी की ट्रिक नहीं खेलता। जनता से कुछ नहीं माँगता। बस अपनी बात सुनने के लिए ही कहता है। मनुष्य को बदलने की बात कहता है। दुनिया को ठीक करने के लिए तपता है— बस! यही उसका लक्षण है। उसी का नाम कवि है। समाज में समस्त साहित्य ने यही किया है। इतिहास को गौर से पढ़िए पता लग ही जायेगा।

राजनैतिकवादी का प्रभाव जब तक कुर्सी है तब तक ही है। यह बात आज की नहीं है, वाल्मीकि ने बरसों पहले ही कही थी—

शुष्कै: काष्ठै र्भवेत कार्यं लोष्ठैरपि च पांसुभि:।
नतु राज्यात् परिभ्रष्टै: कार्य स्यात् वसुधाधिपै:॥
(अरण्यकाण्ड, मारीच-रावण संवाद)

अर्थात् सूखे तिनकों से काम पड़ सकता है, मिट्टी की डली से काम पड़ सकता है किन्तु पदभ्रष्ट राजाओं से तो कभी काम नहीं पड़ता है।

जो प्रभाव मानव के विचारों और अभिरुचियों में परिवर्तन ला सकता है वही महान् प्रभाव है। अमेरिकी महाकवि वाल्ट विट्मन का अमेरिकी जनता पर पड़े प्रभाव को जो जन-जन की अंत:चेतना की गहराइयों में समा गया है, देखने से आश्चर्य होता है मोरिस मेंडलसन नामक रूसी आलोचक ने विट्मन के संबंध में लिखते हुए एक घटना का वर्णन किया है। सन् १९४२ में रूस को आयुध सामग्री लानेवाली अमेरिकी नावों को जर्मन पनडुब्बियों ने नाश किया। अपार सामग्री और अनेक प्राणों का नुकसान हुआ। उसमें से बचकर कुछ नाविकों में से निकले एक से मेंडलसन् की मुलाकात हुई। बातचीत के दर्मियान उस नाविक ने आँखों में ज्योतियाँ भरकर एक ही पूछताछ की है। वह है एक पुस्तक जिसे नाविक ने अपनी समस्त संपत्ति से भी अधिक मूल्यवान मानी थी। उस नाविक ने पूछा था कि क्या वह पुस्तक उस रूसी गाँव में मिलेगी? उस पुस्तक को वह दर्जनों बरसों से अपने साथ ले जा रहा था। जर्मन आक्रमण से वह पुस्तक सबके साथ समुद्र में मिल गयी। बहुत छानबीन के बाद किताब मिली। जानते हैं वह पुस्तक कौन सी है? विटमन की कविता— Leaves of Grass! वहाँ मंडेलसन ने जो बात कही है देखिए—

The American was asking about a book, but he seemed to be speaking about a living human being, someone very close and dear to him... This American sailor.. helped me feel more fully the magnetic attraction of Whitman's Poetic word."

अब आप ही बताइए कि यह अमेरिकी नाविक, जो साधारण अमेरिकी जनता में से एक है, उस पर राष्ट्रपति रूजवेल्ट शासन कर रहा है या अमेरिकन कवि वाल्ट विटमन? तब रूजवेल्ट अधिकार में था और जीवित भी। किन्तु विटमन कवि के अप्रसिद्ध और अज्ञात रूप में मरकर तब तक ५० साल बीत चुके थे। (१८९२ में उनकी मृत्यु हुई); इसमें भी Leaves of grass के प्रकाशित होकर ८० वर्ष हो चुके थे (१८५५)।

धर्म गुरु, सरकार और कवि का एक ही उद्देश्य होता है। बस लोगों का अपनी इच्छा के अनुसार चलाना। लेकिन धर्म गुरु का प्रभाव अनजाने एक अलौकिक भय के कारण पड़नेवाला है और सरकार का प्रभाव स्पष्टत: लौकिक भय से उत्पन्न

होनेवाला है। कवि का प्रभाव इन दोनों से भिन्न 'प्रीति' के कारण जनित होता है— (प्रीत्यात्मा च रसः - तौतभट्ट)। प्राचीन भारतीय दार्शनिक नेताओं ने इन तीनों का प्रयोग करके समाज को संस्कृति प्रवृत्ति बद्ध बना रखा है। लेकिन कवि के द्वारा मनुष्य में लाया गया स्वच्छन्द ऐच्छिक परिवर्तन ही प्रबल संस्कारों और संस्कृति के रूप में समाज में ठहर जाता है।

पूछा जा सकता है कि राजनैतिक नेता अगर सभा में बोलता है तो लाखों आते हैं, पर कवि को सुनने क्यों लोग नहीं आते? यह एक शुष्क प्रचारवादियों की दलील मात्र है। उस राजनैतिक महापुरुष की बातों से उन लाखों में कितने प्रभावित हुए हैं? किसी ने इस प्रश्न का सूक्ष्म परीक्षण किया है? कोई दिलीप कुमार या कोई राजकपूर आता है तो तब पता चलता है कि राजनैतिक नेता मात्र वोट ही नहीं खोता, अपनी जमानत भी खो बैठता है। इसे आप क्या कहेंगे? सिने हीरो कौन है? बिना मिलावट के अज्ञान के बनाया हुआ एक मूर्ति है। उभयतः प्रभाव का प्रश्न ही नहीं है। जनता एक जगह पर अपनी समस्याओं के समाधान मिलने की आशा से जाती है तो दूसरी जगह वह अपनी समस्याओं को भूलने की इच्छा लेकर। किन्तु दोनों जगहों पर वह वंचित ही रह जाती है।

अगर एक बाघ रास्ते पर जाता है तो भी लोग इसी उद्देश्य से आते हैं— भीड़ के भीड़। सपेरा साँप को नचाता है तो भी आती है जनता। कोई रास्ते पर डप बजाता है तो भी जनता की भीड़ इकट्ठी हो जाती है।

इसी मनः प्रवृत्ति को देखकर मन विकल हो जाता है। अनिर्देशित दिशा में हवा के साथ उड़नेवाली इस कूड़े में से कैसे क्रान्ति ला सकते हैं? इस सब को क्रान्ति के लिए उपयोग में आनेवाले पदार्थ के रूप में कैसे तैयार कर सकते हैं? एक महान् उत्साह राहित्य छा जांती है। रूस में अगर क्रांति आयी है तो उस क्रांति को लानेवाली प्रजा ऐसी ही थी क्या! वहाँ के नेता ऐसे ही थे क्या! क्रांति के पहले दो सौ वर्षों तक पुस्किन, टालस्टाय, चेकोव, गोगोल, तुर्जेनीव, दास्तावस्की जैसे देवदारु वृक्ष सम कवियों से पुनीत हवा में पले जन और जन-नायकों में उन कवियों की आत्माएँ समा गयी हैं। उनके रक्तों में और जीवकणों में ये समा गये हैं। ऐसे ही लोगों और नेताओं ने रूस में क्रांति की है। ऐसे ही लोगों की मांस पेशियों में से जन्मी है क्रांति। हमारी जनता। बस, पड़ोसी की चाहे हत्या हो रही हो, अपने सुखों के नोटों को गिनने में ही डूबी रहती है। ऐसी जनता को पुचकारते और 'ओट' निचोड़ते नेता ही बच गये हैं हमारे लिए! उनकी गलतियों को निकाल कर, उनको जता कर उनके जीवन की नसों में अनुशासन चढ़ानेवाले कहाँ हैं? ऐसे लोगों से बनायी गयी राजनीति के संबंध में पॉल वालेरी कहते हैं—

"All politics are founded on the indifference of the majority of those involved; otherwise, no politics would be possible".

रूस का सारा सौभाग्य एक बात में निहित है— क्रांति से पहले महाद्रष्टा रचयिता वहाँ जन्मे थे। लेनिन प्रभृति सब नेता उनकी ही रचनाओं से उद्भूत महान् नेता हैं। यहाँ आज़ादी के पहले के लेखकों को लीजिए, नेताओं को लीजिए। उनसे तुलना कीजिए। पता चलता है। लेखक को नये मानव को रूपायित करने में सफलता का अनुभव करना है। क्रांति से पूर्व ये रूसी लेखक सभी अपनी रचनाओं में ऐसे ही साफल्य को अनुभव करने वाले मुक्त आत्मा हैं। हमारे लेखकों के समान क्षुद्र जीवी नहीं हैं। इसीलिए वे रूस में एक सौ वर्षों में क्रांति लाकर वहाँ एक नयी सामाजिक व्यवस्था स्थापित कर सके। एक ध्यान देनेवाली बात है कि क्रांति से पूर्व के रूस और उस समय के भारत के बीच की परिस्थितियों में विश्वास कीजिए कि बिम्ब-प्रतिबिम्ब साम्य है। दोनों जुड़वे बच्चे के समान दीखते हैं। पर हमारा दुर्भाग्य है कि हम इस तरह मर रहे हैं! वास्तव में हमारे विश्वविद्यालयों में ऐसे ही विषयों पर अनुसंधान होना चाहिए साहित्य के विभागों में। क्रांति के पूर्व के रूस और उसी समय में भारत की समानताएँ, अक्टूबर क्रांति के अवतरण में साहित्य का योगदान, सरीखे विषय देने हैं अनुसंधान के लिए। नन्नया युग के ताँबे के सिक्के, चोल युग के मिट्टी के पात्र आदि नहीं।

कवि का गहरा प्रभाव होता है। वह अदृश्य रूप में व्याप्त होनेवाला है। कवि सिनेमा हीरो के समान अबौद्धिक और सस्ता आकर्षण ज़ाल जनता पर फेंकता नहीं। कवि राजनीतिवादी के समान असत्य के मायाजाल के बाजार में अपनी दूकान खोल नहीं बैठता। मीटिंग रखकर भाषण नहीं झाड़ता। डराता नहीं कि अगर वोट नहीं दोगे तो मुझे कुर्सी मिलने पर तेरा सर्वनाश करूँगा। कवि स्वयं वाक् में परिवर्तित होकर घर-घर में घुस जाता है। ऋग्वेद में वाक् अपनी शक्ति के संबंध में कहती है—

तां मा देवा व्यदधुः पुरुत्राः भूरिस्थात्रां भूर्यविशयंतीम्।

— (१०-१२५-३)

अर्थात् "दैवी शक्तियाँ मुझे सर्वत्र व्यवस्थापित करती हैं। मैं अनेक वास स्थानों में अनेक रूपों में प्रवेश कर पाती हूँ।" इसी तरह कवि स्वयं वाक् रूप लेकर पुस्तक रूप ग्रहण कर घर-घर पहुँच जाता है। शयन कक्षों में घुस जाता है। कानों में, आँखों में प्रवेश कर जाता है। नींदों में, स्वप्नों में भी प्रजा का पीछा करता है— पिता जिस प्रकार ममतामयी नेत्रों से पुत्र के पीछे चलता है। इन नेत्रों के प्रभाव से भले ही कुछ ही लोग आकर्षित हों, वे ही असली जन-नायकों के रूप में जन्म लेते हैं। मार्क्स, एंगिल्स, लेनिन आदि की गहराइयों में कितना साहित्य ज्ञान और कितनी कलात्मक चेतना है। उनकी साहित्यिक आलोचनाएँ कला शक्ल ही सही, जब वे बिजली की चमक हमारे ऊपर फेंकते हैं तभी हमारी समझ में आयेगी कि उनकी द्रष्टुत्वप्लावित चेतना क्या है!

कवि का समाज पर इसी प्रकार का प्रभाव पड़ता है। कवि मनुष्य के जीव कणों की गहराइयों में परिवर्तन की नींव डाल कर चलता है। अत: कवि द्वारा लाया जानेवाला परिवर्तन सूक्ष्म दृष्टि को ही गोचरित होगा। वह समझता है कि यह सब राजनीतिक नेता ने ही किया है। असलियत में राजकीय-वादी की सृष्टि कर कवि ही पृथ्वी पर छोड़ता है। मूर्ख इस सत्य को जान नहीं सकते।

सामाजिक परिणाम के समग्र अवगाहन के लिए गहराइयों तक देखने की सूक्ष्म दृष्टि चाहिए तभी दिखाई देता है कि कवि किस प्रकार मानव मन की स्थिति को उद्वेलित कर प्रभावित कर उसके दृष्टिकोण को ही बदल देता है। इस प्रकार का फल आप्टन सिंक्लेर का उपन्यास 'द जंगल' (१९०६) ने दिया है। इस संबंध में डेविड क्रेइग ने 'मार्क्सिस्ट्स आन लिटरेचर' नामक संकलन की भूमिका लिखते हुए कहा है कि यह उपन्यास शिकागो में एक मांसाहार तैयार करनेवाले उद्योग पर एक आन्दोलन प्रेरित कर अमेरिका में शुद्ध एवं शुभ्र आहार से संबंधित एक शासन के बनने का प्रेरक हुआ है। वे स्वयं प्रमुख मार्क्सवादी थे। उसी संदर्भ में आगे उन्होंने कहा है कि साहित्य से इस प्रकार के चर्म चक्षु गोचर प्रत्यक्ष फल की हमेशा आशा रखना ठीक नहीं है। इसी प्रकार की आशा रखकर 'स्फानिश सिविलवार' के संदर्भ में यहूदियों के प्राण बचाने की प्रार्थना भरी कविताओं से फल न मिलने पर प्रसिद्ध कवि आडेन ने कहा था—

"Not a poem of mine had saved a single Jew from the gas chamber".

इसीलिए डेविड क्रेइग कहते हैं—

"If literature affects or changes some one's life, it is not by handing out a recipe for the applying but rather by disturbing us emotionally, mentally, because it finds us (in Matthew Arnold's word) so that after a series of such experiences and along with others that work in with it, we feel an urge to do something or at least to ask ourselves the question what is to be done. There is no one factor that leads to action. It is the whole of your personality that is involved when you act, and literature helps to mould or realign your personality by widening and sorting your experience."

अब संस्कृत में अभिनव भारती में अभिनव गुप्त के इसी संदर्भ के विचारों को देखने से स्पष्ट होता है कि समस्त मानव समुदाय एक ही है। एक विषय के बारे में मानव के विचार, उसका अन्वेषण और तत्परिणामस्वरूप उपलब्ध सिद्धान्त सब एक समान ही मिलते हैं। यह सत्य देश और काल की सीमाओं को पार कर

सकनेवाला सत्य है। इसे देखकर आश्चर्य होता है। अभिनवगुप्त ने कहा था—

"काव्ये.... हृदय संवादवशात् निमग्ना कारिका तावत् भवति
चित्तवृत्तिः .... निज हृदयः ..... अभिनयावलोकनोद्भिन्न प्रमोद
शोकादि तन्मयीभावः .... पात्रांतर प्रवेशवशात् राम रावणादि
विषयाध्यवसाये, तत्संस्कारानुवृत्ति कारणभूत.... संस्कार एव भवत्
पंचषैर्दिवसैः तदीय चरित मध्य प्रविष्ट स्वात्मरूपमतिः स्वात्मद्वारेण
विश्वं तथापश्यन् प्रत्येकं सामाजिकः .... शुभाशुभ प्रेप्सा जिहासा सतत
स्यूत वृत्तित्वादेव शुभमाचरति अशुभं समुज्झति।"

स्थूल रूप में इसका तात्पर्य है कि (दृश्य या श्रव्य) काव्य में हृदय संवादवश सामाजिक या पाठक की चित्तवृत्ति उस काव्य में तल्लीनता प्राप्त करने की दिशा में झुकती है। अभिनयादि दृश्यों से या काव्यगत विषयों से संतोष, विषाद आदि सह अनुभूतियों के प्रभाव से हृदय तन्मयीभाव स्थिति प्राप्त करता है। हृदय को पात्रांतर प्रवेश मिलता है। तद्द्वारा सामाजिक और पाठकों को तत्संस्कारानुवृत्ति प्राप्त होती है। अर्थात् उस संस्कार को अनुसरण करने की मनः प्रवृत्ति बनती है। चार-पाँच दिन उस संस्कार से ही उन पात्रों या उन काव्यगत विषयों में प्रवेश किये स्वात्मा द्वारा ही लोक को सामाजिक या पाठक देखता रहता है। इसी कारण से शुभ के प्रति प्रीति और अशुभ के प्रति विमुखता उत्पन्न होती है। फलतः शुभ का आचरण करता है और अशुभ का परित्याग। आगे चलकर मम्मट, हेमचन्द्र, विश्वनाथ प्रभृति ने भी इसी विवरण का अनुसरण किया है। वही— "काव्यं सरसतापादनेन अभिमुखी कृत्य रामादिवत् प्रवर्तितव्यं न रावणादिवत्, इत्युपदेशं च यथायोग्यं करोति।" यही प्रायः सभी आचार्यों में पुनरावृत्त होता है।

जनता पर आज के राजनैतिक नेता का प्रभाव

भारत में आज के राजनैतिक नेता जनता में अपनी इज्जत खो रहे हैं। आज कोई उन पर विश्वास नहीं रखता। डर कर 'वोट' देते हैं। पाद सेवा करते हैं। इस गलती का दोष जनता पर ही लगता है। राजनैतिकवादियों से सबक सीख नहीं रही है जनता। आजादी से पहले के दिनों में स्वर्ग के सपने दिखाये थे। आजादी मिली। स्वर्ग के लिए बहुत वर्ष बिताये, इस देश के वासियों ने। वह स्वर्ग इन नये देवताओं के बिलों के दीवारों को लाँघकर बाहर नहीं आया। तो समझ गये कि ये भी वाक् दान करनेवाले वाग्दान कर्ण मात्र हैं। बात एक और यह है कि सारी पार्टियाँ भी उन्हीं से भरी हैं!

मान लीजिए कि एक नेता महासुर है। उसके परिवार में एक बेटा, आधी बेटी, सवा पत्नी और सवा दामाद है। बेटा कहता है— "पिता जी मैं कांग्रेस में जाऊँगा" तो पिता डाँटता है कि "हे बेवकूफ! मैं कांग्रेस में सड़ नहीं रहा

हूँ। फिर तू क्यों? तू क्यों साम्यवादी नहीं होता? चलो जनता पार्टी ही क्यों नहीं? देखो जनता की और ज्यादा हवा चल रही है! उसी में चले जा फिर बेटी कम्युनिस्ट पार्टी में जायेगी और दामाद जी मार्क्सवादी हो जायेंगे। चलो, अब रही तेरी माँ रिजर्व में। अभी पार्टी में चलेगी तो खाना कौन बनायेगा? रसोई घर सूना हो जायेगा!'' पंचतंत्रोपदेश के समान एक सुन्दर तंत्रोपदेश देता है हमारा षड्यंत्र कोविद नेता अपने परिवार को। हम दुःख व्यक्त करेंगे कि बिचारे का घर उजड़ गया। चारों चार पार्टियों में मिल गये। उस हृदयविदारक दृश्य से हमारी सहानुभूति उमड़ती है उसकी ओर। वे भी पर्दे पर भाव स्वातंत्र्य की मुद्रा दिखाकर अपना प्रचार करते हैं। फिर पर्दे के पीछे का नाटक क्या है? चारों चार पार्टियों की माइकें अपने अधीन कर लेते हैं और चार प्रकार के सपनों को हमारे ऊपर प्रसारित करते रहते हैं दिन-रात! कोई न कोई एक हाथ लग ही जाने की आशा रखकर। पिता ने अंग्रेजों को भगाने के बाद स्वर्ग दिलाने की आशा देकर हमसे रेल गिरवाई और फाइल जलवाई। अनेक ऐरे-गैर काम करवाकर वह तो स्वयं गद्दी पर चढ़ बैठा। उन्हीं दिनों में उनका लड़का जो कालेजों में तैयार हो रहा था, छोटा नेता बनकर विद्यार्थी यूनियन और विद्यार्थी फेडरेशन के झंडों के नीचे हड़ताल करता हुआ अन्यों से माइक सेट ढोने और तरह-तरह के झंडों को और नारों को हवा में उड़ाने के काम करवाते तैयार हो रहा था पिता के राज्य के लिए युवराज के रूप में। पिता के द्वारा दिखाये सपने ढह जाने के कारण पुत्र नया झण्डा लेकर माइक के सामने खड़ा हो गया—जवनाश्व पर खड्ग धारण करके गेंडे के समान। इस प्रकार कुल परिवार और पीढ़ियाँ बदलते-बदलते तरह-तरह के झंडे फहराने लगे हैं। हम तो मात्र देशभक्त रह गये हैं! यह देश क्या है?

> ''सिर छिपाने की जगह नहीं,
> हर समय कहूँ क्यों यह देश मेरा?'' (पक्षुलु)

हमने उसी के द्वारा थमाए गये झंडों को थामा, उसके द्वारा दिखाई गयी लारियों में हम चढ़े, उसके नारों को प्रतिध्वनित किये, उसके द्वारा दिखाई गयी गंगा में कूदे, जेल गये, लाठी खायी, फाँसी पर लटके--- नतीजा? उसे कुर्सी मिली। हम भेड़-बकरी बन रह गये। हे जनता! उससे पूछो कि हम कुर्सी पर बैठेंगे। क्या तुमसे यह हो सकता है? मरने पर भी संभव नहीं। अरे, देखो, हमेशा वे ही कुल और वे ही परिवार बैठेंगे उस कुर्सी पर। चाहे कोई पार्टी जीते या चाहे कोई पार्टी हारे। इस चौपट खेल में उनमें किसी को नुकसान नहीं। तुम सब लोगों ने उनके घरों में पंचांग देखने, पाद सेवा करने, धोबी का हिसाब लिखने, उनके खेत जोतने, उनके समाचार पत्रों के संपादक बनने, उनके सिनेमा कंपनियों के मैनेजर होने, मजदूर,

बाबू, सेक्रेटरी, नौकर आदि बनने का ही निर्णय लिया है क्या? बताइए!

तुमने 'वोट' देकर उसे कुर्सी पर बिठाया है? उसके विधायक अथवा मंत्री होने के बाद उनसे मिलो। तब पता चलता है कि इस देश में तुम्हारी स्थिति क्या है? तब भी तुम्हारी स्थिति तुममें लज्जा की भावना का संचार नहीं करा सकती है तो समझो तुम कसाई के हाथों जाने योग्य ही हो। तुम्हारा जीना इस भारत देश के लिए भार ही होगा।

पहचान लो कि कुलों के नाम पर भारतीय गाँवों को निगल कर पेट में रखनेवाले स्वामी जब तक सुरक्षित रहेंगे तब तक इस देश में जनतंत्र के लिए कोई मतलब नहीं रहेगा। समझो कि दफ्तरों में, अदालतों में, संसदों में चपरासी से लेकर आफीसर तक के फन उठाये फुफकारते हुए अधिकार से चालित दुरहंकार को जनता पैरों तले जब तक रौंदेगी नहीं तब तक इस देश के लिए जनतंत्र नहीं है। देश के गाँव-गाँव में आसन जमाये देशी नियंताओं और उनकी संतानरूपी नकली कवियों तथा उनके पुजारियों का जब तक नाश नहीं होगा तब तक जनतंत्र का नाम मत लो। आर्थिक समानता और सामाजिक समानता अक्षरश: जनता को प्राप्त करानी है। यह क्या गाँव-गाँव में बसे उन धूर्त प्रजा-बन्धुओं के भजन से संभव होगा? हमारी भारतीय परंपरा क्या है-- दुष्टों का नाश और शिष्टों की रक्षा। दुर्भाग्य की बात है कि आज इस देश में शिष्ट नहीं रह गये। आज नपुंसक और नाजी हैं। आज इस देश में पौरुष उत्पन्न करने की जरूरत है। उसके लिए पहले सामाजिक और आर्थिक व्यवस्थाओं का असली रूप बताना है। अर्थ और अधिकार दोनों पर जम कर खड़े होकर देश पर विकट अट्टहास करते हुए दुष्टों पर द्वेष सुलगाना है। जन मन में आत्म प्रतिष्ठा नहीं आत्माभिमान को बढ़ाना है। आत्मिक गर्व बढ़ाना है। आत्मिक गर्व के अभाव में क्रांति कैसे होगी? चाहे जितना भी उन्हें निचोड़ो क्रांति की बूँद भी नहीं टपकेंगी। वही वर्ग चेतना है। देश में कुल की चेतना जगाकर प्रजा की चेतना को दूसरे रास्तों पर भटकानेवाले द्रोहियों का ध्वंस करना है। वर्ग चैतन्य भरिए। तभी आयेगा जन-जन से संबंधित समाजवाद। समाजवाद की कुंजी वर्ग चैतन्य ही है। उसी से मनुष्यों को अलग-अलग करनेवाले कुल, धर्म, भाषा, देश आदि कृत्रिम विभाग गायब हो जायेंगे। इस मार्ग से जन को विपथ करके संकीर्ण मार्गों में ले जानेवाले राजनैतिक नेताओं पर विश्वास क्यों रखते हैं? यह बकरी का कसाई पर विश्वास ही के समान होगा। क्यों इन राजनैतिक नेताओं और राजनैतिक पार्टियों को समझने का प्रयत्न नहीं करते? क्यों इस देश की जनता इन पार्टियों को एक ही नहीं मानती? क्यों यह समझ नहीं पाती कि जनतंत्र से इनका कोई संबंध नहीं रह गया है। महाभारत काल से लेकर हमारे देश का इतिहास यही रहा है। इसे क्यों नहीं समझ पाती है? वे ही कुल, वे

ही परिवार, राजनीति के मुखौटे बदलकर हमारे सपनों के साथ जालबाज़ी कर रहे हैं। हमारे लिए त्याग नहीं कर रहें हैं। पूरी परीक्षा करके देखिए। गहराइयों में पैठकर देखिए।

इस राजनीति में एक और चमत्कार है! परिवार के सदस्यों को ही नहीं उसके परिवार के नौकरों को भी एक-एक पात्र देकर इन राजनीति के नाटक में भेजते रहते हैं— भेष बदल-बदल कर जनता के बीच जाने के लिए। एक कवि का वेष धारण करता है तो दूसरा आफ़ीसर का। एक फरटिलाइज़र— फैक्टरी खोलता है तो एक समाचार-पत्र चलाता है। एक चलचित्र बनाता है तो दूसरा पंचतारा होटल। एक बार्बर शाप खोलता है तो दूसरा मेडिकल। एक शू कंपनी खोलता है तो दूसरा पुस्तकों की दूकान। इस तरह जनता जिधर भी देखे, उधर वही अपने अनेक रूपों और रूपांतरों में भयंकर रूप में प्रत्यक्ष होता है। ऐसी स्थिति में कोई भी पार्टी कुर्सी पर हो क्या नुकसान? सब उसी का परिवार है। वह विश्व कुटुम्बी है!

तुम कवि बनने की कोशिश करके देखो। हो नहीं सकते। वह होने नहीं देगा। कारण, कवि बनना भी समाज में एक लाभदायक व्यवहार के रूप में दिखाई दे रहा है। अगर लाभ ही मिलता है तो वह दूसरों को क्यों मिले? अतः वह अपने किसी एक नौकर को कवि बनाता है। वहाँ से समाचार-पत्र, रेडियो, अकादमियों, विश्वविद्यालय सब उसकी छाप लगे उसके नौकर के लिए ही अपने द्वार खोलते हैं। आलोचक भी उसी को कवि कहते हैं। तुम जब इन सब के लिए प्रयत्न करोगे तभी समझ पाओगे इस नाटक को। इसी प्रकार सिनेमा में हीरो बनने की कोशिश करो तब मालूम होगा कौन हो सकता है। तुम्हारी प्रवीणता का मूल्य तुम्हें तभी पता चलेगा। तुम पंचतारा होटल बनाओ देखेंगे? मर कर भी तुम बना नहीं सकते। तुम कर्ज के लिए आवेदन पत्र देकर देखो। फिरते ही रहोगे। उस राजनैतिक नेता का नौकर इस बीच में चार पंचतारा होटल खोल देगा। तुम तो चपरासी के समान फिरते ही रहोगे। उसे बैंक और सरकार बुला-बुलाकर लाखों में कर्ज देती रहेगी। बुलाकर परमीशन देगी। इसी प्रकार सिनेमा आदि लाभदायक सभी प्रक्रियाएँ चलती हैं। अगर तुम परीक्षा ही लेना चाहते हो तो उसके सिनेमा हाल में एयरकंडिशन को बंद करने पर एक फरियाद दे दो अथवा उसके होटल में कप-सासर धोये बिना काम में लाये जाने की बात को अफ़सर तक पहुँचाकर देखो तब पता चलता है नेता की जड़ें कितनी गहराई तक पहुँची हुई हैं। ये जड़ें अर्थ और अधिकारी वर्गों के आधुनिक प्रतीक राजनीतिक नेता तक मिलकर जा ठहरती हैं। इसीलिए वह चाहे कुछ भी करे, वह चाहे कोई भी हो हिला नहीं सकता।

कवि को पार्टियों के लिए नहीं, जनता के लिए व्यथित होना है

लोगों को समझनेवाली बात एक ही है, आधुनिक भारतीय महासत्य है— हम लोग हम लोग ही हैं और वे लोग वे लोग ही हैं। उन लोगों में भेदभाव नहीं है और हम लोगों में भेदभाव है। उन लोगों के द्वारा कल्पित होकर गंभीर बनाकर चित्रित किये जानेवाले ही हैं कुल, भाषा और प्रान्त आदि के सहारे उभरनेवाले भेदभाव। अतः कह सकते हैं कि वे भेड़िये हैं और हम बकरी। इस प्रकार देश में दो वर्ग हैं। वर्ग रहित समाज चाहते हैं तो सोचिए क्या करना है अब।

इसीलिए कविसेना कहती है कि पार्टियों के लिए मत रो। जनता के लिए रो। ''मेरी कविता कोई झंडा नहीं फहराती, किन्तु मेरे हाथ मेरे देश की तलवार''।

(गोरिल्ला)

हे दोस्त! इस देश में दयनीय स्थिति में रहनेवाले साधारण लोग ही हैं, राजकीयवादी नहीं। उन्हें, नादान जनता की 'वोटों' से बिजली के पंखे, फोन, कार और सब मिल जाते हैं। असल में उनकी रूपरेखाएँ देखिए। जब वह माइक पकड़कर खड़ा होता है तब देखिए उनकी शान, उनके कुर्ते देखिए, उनकी टोपियाँ देखिए, उनके जूते देखिए, उनके अंग-रक्षकों को देखिए। ऐसा लगता है कि महापुरुष भगवान् विष्णु के साक्षात् अवतार हैं और पांचजन्य बजा रहे हैं। कहीं उनके हृदय में लगता है कि सामने की प्रजा क्यों ऐसी है? कहीं व्यथा की रेखाएँ मिलती हैं? उनके लिए जनता के सामने जितनी समस्याएँ हों, उतना ही अच्छा होगा, उतना ही लाभ उन्हें मिलेगा। गाँव जल रहा है तो वे उत्साह से फायर इंजर मंगायेंगे। गड़बड़ी फैले तो फोन पर फोन बजा देंगे। अफसरों पर रोब जमाएँगे। फिर सड़क पर आकर चिल्लाएँगे— देखो भाई! घर जल गये हैं। यह घोर विपत्ति आयी है। यह बहुत ही अन्याय है। इस इंपीरियलिस्ट, कैपिटलिस्ट और सर्रियलिस्ट अग्निदेव को देखिए कैसे घर जला रहा है। अत्याचारियों का नाश हो। लूटमारों का नाश हो। सारी जनता को एक होना है। कमर कसकर आगे बढ़ना है। खतम करना है। ऐसे नारों और चिल्लाहटों के बीच भाग-दौड़ करते हैं। उसके बीच से वे ताजा नेता बनकर फिर बाहर आते हैं। जनता के घरों का जलना उनके लिए त्योहार समान है। एक सुनहला मौका है वह उनके लिए। वे अपनी नेतागिरी फिर जमा सकते हैं, इस अवसर के आधार पर। साथ-साथ जनता का बकरीपन भी इससे प्रत्यक्ष होता है तो क्या? घरों का जलना, तूफान, बाढ़ आदि उनके त्योहार ही हैं।

मरनेवाले मरते रहते हैं, जलनेवाले शव जलते रहते हैं तो दूसरी ओर चोरों के गुट अनेक राजनैतिक मुद्राओं में वीर तांडव करते रहते हैं— इस देशरूपी मानव श्मशान में। अरे भाई! तुम्हें एक प्रलय होना है। एक महाप्रलय! प्रलय के बिना

और कोई परिष्कार का मार्ग नहीं। नई राजनीति की पुनः सृष्टि करनी है इस धरती पर, अकलुषित मानव पदार्थ से। घोर तांडव करनेवाले इन कुलों, परिवारों को भस्म करना है, नूतन शताब्दी के नांदी के रूप में।

कुल और गोत्र नहीं तुम्हारे बीच
धनिक और क्रूर-क्रिया-पीड़ित ज्वलित प्राणि समूह मात्र ही सत्य है।
ऊहा भुज और कण्ठों को खोल
विश्वमूर्ति बन शंखनाद करो
हे दलित श्रमिक जीव! इस भुवन के द्वार टूटे जिससे!
रक्त के झरने फूटे, चल बसे शत सहस्र प्राण समूह!
जलें परिवार चिता में, बन जाये जग सुनसान
बिन डरे आगे बढ़ो! समाविर्भूत प्रातः प्रभाओं से युक्त
नयी दुनिया तुम्हें बुला रही है नयी ज्योतियों से!

— पक्षी

वर्ग चेतना चाहिए

मानव समूह के लिए आज अधर्म का स्पष्ट विरोध चाहिए। धर्म का पक्षपात चाहिए। धर्म और अधर्म के बीच की स्थितियों को जानने का ज्ञान ही वर्ग चेतना है।

"ततः करुणवेदित्वात् अधर्मोयमिति द्विजः।
निशाम्य रुदतीं क्रौंचीं इदं वचनमब्रवीत्॥
मा निषाद! प्रतिष्ठां त्वं अगमः शाश्वतीः समाः।"

एक पक्षी को मारनेवाले किरात को शाप देनेवाला वाल्मीकि अगर अच्छा बन जाता है तो कितने ही बेचारों को मारनेवाले आधुनिक किरातों को गालियाँ देनेवाले कवि कैसे अच्छे नहीं कहलायेंगे? सुनिए, मार्क्सवाद इस शताब्दी की भेंट है। इसे इच्छानुसार उपयोग में लाइए— आर्थिक और सामाजिक समानता की साधना के लिए। देश, भगवान्, संस्कृति, भूत, पुराण सब भूल जाइए। पहले खड़े होने के लिए पैर प्राप्त कीजिए। अगर जीवित रहेंगे तो अनेक शुभ प्राप्त कर सकते हैं। (मार्क्सवाद के विवरण के लिए 'इन डिफेन्स आफ पीपुल एण्ड पोयट्री' के 'लेटर्स' VII, XII, XIV, XLVIII, LVII, LX, LXIII, LXV, LXVI, LXVII और पृष्ट ८, २१, २४, ६९, ८६, ९२, ९८, १०३, १०४, १०५ देखिए)। आजकल की राजनीतियों और राजनीतिकवादियों को सहस्र नेत्रों और बाहुओं से पकड़ कर गाँव-गाँव में उनका शिकार करना है। इन कुल, परिवार, धर्म के शासकों का समूल नाश करना है। तुम्हारे लिए साम्यवाद की जरूरत हो तो और कोई मार्ग नहीं। अतः कहिए स्पष्टतः कहिए कि मानव जाति में दो ही वर्ग हैं— एक धनिक वर्ग और दूसरा निर्धन।

और कोई वर्ग नहीं हैं। वे हमें चूस कर शाश्वत रूप से गुलाम बनाये रखने के लिए हैं। यही ऐलान कीजिए।

कृष्णा जिले का धनिक कोयंबतूर में शादी कर लेता है। उसके लिए भाषा कोई रुकावट नहीं डालेगी। तेलंगाना का बड़ा आदमी आन्ध्र में शादी कर लेता है। उसकी शादी के लिए प्रान्त कोई रोड़ा नहीं बनता। एक बड़े घर का आदमी एक हरिजन कलेक्टर की लड़की से शादी कर लेता है। इस महाशय के लिए कुल बाधक नहीं होता। ये सब तुम्हें और हमें नहीं देखते। भाषा को पार कर, प्रान्त को पार कर, कुल को पार कर कहीं भी चला जायेगा, चाहे कितनी ही दूर क्यों न हो, यात्रा करेगा। क्यों अपने ही समान धनिक जाति को पाने के लिए। अपने ही समान अधिकारी जाति को प्राप्त करने के लिए। आप जानते हैं कि पिछली कुछ शताब्दियों तक यूरोप में राजपरिवार राजपरिवारों में ही शादी के रिश्ते बनाते थे— चाहे अन्य भाषा-भाषी क्यों न हो, अन्य धर्मवाले ही क्यों न हो, अन्य देशी क्यों न हो, अन्य और कुछ भी हो। यूरोप राजपरिवार सब एक ही रक्त के रिश्तों से भरे परिवार के समूह हैं। भारत में भी यही चला है। राजाओं को अपने ही समान स्तरवाले चाहिए अपने वंशों में मिलाने के लिए। अपने देश के सब उस देश के राज परिवार के स्तर के नीचे के ही हैं। सामान्य जनता से उस देश का राज परिवार अपना संबंध बना नहीं सकता। यह राज परिवार के गौरव के लिए हानिकारक है। यही है धनिक वर्ग और अधिकारी वर्ग का भी दृष्टिकोण।

अतः सभ्यता, संस्कृति, भाषा, देश, कुल, जाति आदि सब सामान्य के लिए आर्य और अधिकार संपन्न वर्गों द्वारा शताब्दियों से तैयार करके प्रयोग में लाये जानेवाले नकली नारे हैं। उनके मूल कारण और उद्देश्य चाहे आरंभ में कैसे भी रहे हों, पर आज तो वे धोखा देनेवाले नारे मात्र हैं। इन उद्धत वर्गों का प्रतीक हमारा राजनैतिकवादी है। वह इन नारों को आवश्यकतानुसार संदर्भ के अनुकूल रूप में उपयोग में ला रहा है। किसी भी समय, किसी भी देश में कवि और ज्ञानी इन नारों के अतीत ही रहेंगे। अतः उद्धत वर्गों से इनका कभी भी संबंध नहीं जुड़ा है। दोनों के बीच हमेशा चिनगारियाँ बिखेरनेवाला संघर्ष ही चलता रहा है।

आज इन कपटी जातियों को नाश करने के लिए एक ही हथियार रह गया है— वर्ग चेतना। वर्ग चैतन्य को सब शरीरों में व्याप्त कीजिए— 'शुष्कं काष्ठमिवाग्निना'। बस, वही शत्रु वर्गों को नाश कर राख बना देगा।

अच्छी जायदाद, अच्छी-अच्छी नौकरियाँ रखनेवाले सुख रोगियों को वर्ग चेतना की आवश्यकता क्यों? समझ में नहीं आता। या तो समझने की बुद्धि चाहिए

या वे नौकरियाँ अथवा जायदाद खतम हो जानी हैं। अरे, सब को खाना और कपड़ा नहीं मिलता है तो यह कविता की क्या आवश्यकता है? यह सभ्यता क्यों? यह संस्कृति क्यों? इसका अर्थ क्या है? अरे, सबको जला डालो— इन कालेजों को, इन पुस्तकों को— अगर सब मिलकर मानवता तत्त्व को समझा नहीं सकते हैं तो, अगर मनुष्यों में करुणा और क्रोध जाग्रत नहीं कर सकते हैं तो।

आज राजनैतिक पार्टियाँ वैयक्तिक अधिकार के साधनों के रूप में बदल गयी हैं। आज मूढ़ भक्तों के समूहों में समाज बँट गया है। आज अधिकारियों की भूख मिटाने के लिए ज्ञानी बलि पशु बनाये जा रहे हैं। आज जब नकली धूर्त कवि, सियार श्री, साहितीमुख राजनीतिवादी, असहाय कवियों पर भक्त समाज में शामिल होकर भजन के साधन को पकड़ने के लिए बलात्कार कर रहे हैं। आज ऐसे दुर्दिन आ गये हैं कि वे कवि को उनके प्रति प्रतिबद्ध होने के लिए डरा रहे हैं। किन्तु मूर्ख यह नहीं जानते कि कवि हमेशा मानव धर्म के प्रति प्रतिबद्ध होता है और यह महान शाश्वत सत्य है। जो सार्वजनीन मानव धर्म है उसके प्रति प्रतिबद्ध कवि को एक दल या पूर्व वर्णित राजनीति महासुर के दास बनने के लिए कहना एक पूजा मूर्ति के भक्त हो जाने के लिए बलात्कार करना है। उसे मानव द्रोही बनने का अल्टिमेटम देना है। ये धोखेबाज कवि, आलोचक एवं अधिकार की भूख से पीड़ित राजकीय व्याधिग्रस्त सब पक्के प्रजा-द्रोही हैं।

कवि, ज्ञानी, नैतिक वीर और समस्त मानव समूह का जिम्मेदार है। इतने दायित्व को अपने ऊपर लेनेवाला कवि मात्र धर्म पक्ष को छोड़ और किसी के पक्ष में नहीं जा सकता है। कवि किसी आधिकारिक संस्था या किसी राजनैतिक दल से मिल नहीं सकता। किसी संस्था को उसकी सहानुभूति और सम्मान प्राप्त होता है भी तो वह दूर रखकर ही उसे स्वीकृति देता है। क्योंकि वह संस्था अगर कभी उसके सम्मान की भावना और सहानुभूति को खोती है तो वह उसकी आलोचना करने की स्वतंत्रता को अपने लिए रखना चाहता है। कवि के द्वारा इस प्रकार बचाई गई स्वतंत्रता से देश को लाभ ही पहुँचता है। हमेशा देश में स्पष्टत: आलोचना कर सकनेवाला एक मेधावी वर्ग होना ही चाहिए। इस वर्ग के सबल होने पर ही वह जनता में चेतनता को उद्दीप्त कर सकता है। इसी से देशों की सरकारें धर्मबद्ध रह सकती हैं। ज्ञानी प्रभुता से हाथ मिलाता है तो उसकी धर्मबद्धता और निर्भीकता लुप्त हो जाती है। तत्परिणामस्वरूप देश की प्रजा बेसहारा हो जाती है। चाहे पीड़ाओं में फँसें या चाहे सुख खोये कवि को इसीलिए अपनी स्वतंत्रता प्राण समान बचानी होगी। कवि के प्राण अपने प्राण नहीं हैं। उसके प्राण उसके देश के प्राण हैं। उसकी प्रजा के प्राण हैं (अगर कवि कवि है तो)। "मेरी आवाज

मेरी प्रजा को मैंने दान में दी है। मेरी जाति ही मेरी भाषा की जान है। मेरा देश ही मेरे शिल्प की उम्र है और मैं रक्त प्रवक्ता हूँ।" (मेरी धरती मेरे लोग, सर्ग ६) इस देश में ही नहीं समस्त विश्व में कवि का पात्र समझा जाना चाहिए।

हमारे राजकीय कवि-मित्र और उनकी टोलियाँ कहती हैं कि इसमें 'कांट्राडिक्शन' है। वे यह पहचान नहीं सकते हैं कि 'कांट्राडिक्शन' उनके डिक्शन में ही है। 'राजनीतिपरक कविता' शब्द में ही यह निहित है। राजनीतिक दल के बिना सोशलिस्ट समाज का आविर्भाव कैसे होगा? इतने राजनीतिक दल और इतनी विधानसभाएँ इतनी दशाब्दियों से रहने पर भी भूख मिटा नहीं सके। कम से कम कुल को मिटा नहीं सके। तो फिर यह मानना कि ये दल समाजवाद लायेंगे तो अन्धे भक्तों और धोखेबाजों के अलावा और कोई स्वीकार नहीं करता। अरे, इन सबको खतम करो। नयी राजनीति को अकलुषित मानव पदार्थ से निर्मित करो, वर्ग चेतना को भर दो, वातावरण बदलो— अन्यथा इन सड़े हुए दलों से और राजनीतिकवादियों से अगर स्वर्ग देने की बात कहते हो तो कौन विश्वास करेगा? इन दिनों में माइक्रोफोन का बुरी तरह से दुरुपयोग करनेवाले कोई हैं तो वे राजकीयवादी हैं। झूठों को लगातार वमन करनेवाले इन माइक्रोफोनों पर सभी को रहम आ रहा है। लेकिन आश्चर्य की बात है कि राजकीयवादी को रहम नहीं आ रहा है। आज 'लारी' की इतने बड़े पैमाने पर कोई 'रेप' कर रहे हैं तो राजकीयवादी हैं— किराये की भीड़ को ढो-ढो कर राजकीय मैदानों मे गर्भपात कर लेनेवाली उस लारी के लिए राजकीयवादी कभी 'सॉरी' नहीं कहता। हे मित्र! क्या यहाँ 'कांट्राडिक्शन' नहीं है। सब लोगों को जानना चाहिए कि आधुनिक भारतीय, उसमें भी आन्ध्रीय, राजनीतिकवादियों के राजकीय, व्यभिचारवादी कवियों का दृष्टिकोण ही परम दुर्गंधपूर्ण है। वह केवल 'स्वार्थ' पर ही केन्द्रित है। अतः उनका दर्शन पाक्षिक दर्शन है और खण्ड दर्शन है। कविसेना का दर्शन ही अखण्ड दर्शन है। सत्य हमेशा समन्वय किया हुआ सम्यक् ज्ञान में ही निहित होता है। गद्दी के लिए, पदवी के लिए, यश के लिए झगड़नेवाले राजकीय भजन तत्पर कीचकों के पक्षपातपूर्वक नारों में वाङ्मय नहीं रहता।

आज भारत को अधिकारपरक राजनीतियों को छोड़ देना है। वर्ग चेतना के प्रचार के लिए समर्पित एक आन्दोलन चाहिए। इस चेतना की व्याप्ति के लिए मेधावी वर्ग को काम करना है। अधिकार नहीं चाहिए, विधानसभाएँ नहीं चाहिए। मात्र चैतन्य की व्याप्ति चाहिए। जनता की आँखें खुलनी हैं।

इतना सब पढ़ने के बाद अगर कोई कवि पूछता है कि कवि को सामाजिक चेतना चाहिए कि नहीं, तो उसे क्या करना है? ऐसे मुँह के लिए कौन सा नाम देना है?

सामाजिक चेतना चाहिए

कवि को सामाजिक चेतना चाहिए! मात्र सामाजिक चेतना ही नहीं बल्कि सब प्रकार की चेतनाएँ चाहिए। सबसे प्रमुख और अति आवश्यक तथा आज इस देश के लिए वर्ग चेतना चाहिए। लेकिन सबसे उच्च स्तर पर साहित्यिक चेतना है क्योंकि यह जो कवि बनाना चाहता है उससे संबंधित है। क्योंकि कवि की चेतना शोकमूलक होती है। अर्थात् लोक के शोक से कवि के तादात्म्य से वह जुड़ी रहती है। वह कवि की जगत् से लीन होने की स्थिति को सूचित करती है। वही कविता का जन्म स्थान है। उसी को आत्म-कला कहा गया है। वही वैश्विक स्पृहा है। वह चाहिए कवि को। कवि की चेतना समुद्र के समान अथाह होती है। उसकी ओर प्रवाहित होनेवाली है वर्ग चेतना नामक पवित्र गंगा और सामाजिक चेतना नामक सिन्धु की धाराएँ।

ध्यान देने की बात है कि साहित्य के क्षेत्र में भी चेतनाएँ रह सकती हैं। लेकिन कवि के लिए आवश्यक है कि ये समस्त चेतनाएँ अनुभूति कला के साँचे में ढलकर कलात्मकता प्राप्त करें अन्यथा ये निरर्थक होती हैं और कवि के लिए उपयोगी नहीं होंगी। क्योंकि चेतना पाठकों में पैदा करने का कवि का जो दायित्व है उसे वह शुष्क गद्य-पद्य-प्राय रचना से और भाषणों से निभा नहीं सकता। भाषण से कविता द्वारा ही जनता में चैतन्य को उत्पन्न करना सुदृढ़ रूप से संभव होता है। भाषण से कविता ही अधिक प्रभावशाली होती है। यह मात्र कविसेना ही नहीं दुनिया के सब साहित्यवेत्ता घोषित कर रहे हैं। समाजवादी साहित्यवेत्ता भी इसका समर्थन कर रहे हैं। इसका विवरण इस मैनिफेस्टो में है और उन विद्वानों की सूक्तियाँ भी अनेक बार उद्धृत की गयी हैं।

लेकिन यहाँ अनुभूति को साँचे में ढालने का अर्थ भौतिक धरातल पर अनुभव करने से नहीं लेना चाहिए। शारीरिक अनुभूति अगर मिलती है तो वह कवि के लिए उपयोगी ही होगी। किन्तु कवि के लिए उतनी सँकरी अनुभूति की अनिवार्यता नहीं है। परिवार में अपनी संतान जब व्यथा का अनुभव करती है तो उसे देखकर पिता द्वारा अनुभव की जानेवाली व्यथा भ्रांति नहीं है। वह बहुत ही प्रखर अनुभूति है। यह लोकज्ञ सब जानते हैं। इसे समझने के लिए मनोवैज्ञानिकों की सहायता लेने की कोई आवश्यकता नहीं है। लोक के शोक के बारे में कवि द्वारा अनुभूत व्यथा ठीक इसी प्रकार की है। क्रौंच वध के संदर्भ में वाल्मीकि द्वारा अनुभूत व्यथा भी यही है। उस संदर्भ में कवि का शोक ही श्लोक हुआ है।

हमें उस सामाजिक चेतना का विरोध करना है जो सामाजिक चेतना कलात्मक रूप में आविर्भूत नहीं होती, जो सामाजिक चेतना अकवियों और कुकवियों की

कविता की कुरूपता को ढँककर आत्म रक्षा कवच के रूप में एक नारे के रूप में उपयोग की जाती है, जो सामाजिक चेतना राजकीय विष में परिवर्तित होकर अन्य अनुभूतियों को मारने के लिए कवि को बाध्य करती है, जो सामाजिक चेतना सामाजिक चेतनापरक कविता के अलावा और किसी प्रकार की कविता न लिखने की लक्ष्मण-रेखा खींचती है अपने अज्ञान के आधार पर, जो सामाजिक चेतना कविता न होने पर भी राजकीय बल पर अज्ञान के बल पर फूलमालाएँ डलवाती है, समाचार पत्रों पर चढ़कर सवार होती है और अकादमियों में बलात्कारों और साहित्यिक व्यभिचारों के लिए कारण बनती है। इस प्रकार की दुर्भाग्यपूर्ण सामाजिक चेतना का वध करना है। तेलुगु ब्रांड सामाजिक चेतना कोरा राजकीय चैतन्य है। मार्क्सवादी दृष्टिकोण से सामाजिक चेतना का मतलब है—

"Politics, Morals, Philosophy and Art are forms of social consciousness intimately related to one another."

(A Zis-Marxist Leninist Aesthetics and life, P. 62)

इस कथन का एक अणुमात्र भी हमारी तेलुगु ब्रांड सामाजिक चेतना में नहीं है।

ष्जा पॉल सार्त्रे का एक शक्तिशाली कथन इस संदर्भ में एक महान् प्रत्युत्तर के रूप में प्रतिध्वनित हो सकता है। वे कहते हैं—

"For us there is no question either of escaping into the eternal or of abidicating before... the historical process."

कला कला के लिए नारे का माजरा क्या है ?

इस मैनिफेस्टो के पूर्व प्रकरण में जो कुछ कहा गया है वह सब कवित्व के बारे में ही है। उसमें कविता क्या है और कविता क्या नहीं है तथा कविता का लक्षण क्या है— आदि पर विचार किया गया है। यह उस प्रकार समझाया गया है जैसे तलवार क्या? और उसे किस तरह तैयार किया जाता है, लेकिन इस प्रकार से तैयार किये गये तलवार से क्या किया जाता है, यह दूसरा प्रश्न बनता है। इस अंतर को दुनिया में सबसे ज्यादा (तेलुगु) जाति को समझना आज की आवश्यकता है। हमारे भाई आज तक प्रक्रिया और प्रयोजन के बीच के भेद को जान नहीं पाये हैं। उल्टे यह कह रहे हैं कि हम इसे नहीं मानेंगे। अगर मानेंगे तो उन्हें अपनी कुर्सियाँ छोड़नी पड़ेंगी। इन तमाशों में से ही कला कला के लिए वाले अभारतीय नारे का उद्भव हुआ है। वह भी तेलुगु की सीमाओं में भ्रमण कर रही है। पाश्चात्य देशों में भी यह भ्रांतिमदालंकारवत् एक आधुनिक साहित्य रोग के रूप में प्रसरित है। यह छूत की बीमारी बनकर आधुनिक (तेलुगु) बुद्धिहीनों को लग गयी है। यह असल में एक समस्या है! जो समस्या नहीं है। इस प्रकार की अवास्तविक समस्याओं के पवन चक्र (विंड मिल्स) पर तलवार चमकानेवाले डानक्विकसेट के समान ही हमारे आधुनिक कविता पिता जी और उनके पुत्र जी

हैं। वे कहते हैं कि कविता आनन्द के लिए है। कितना अन्याय है!

कविता में आनन्द क्या है ?

'आनन्द' का अर्थ इन कूड़ाकरकट पर भिनकनेवाली मक्खियों को मालूम नहीं है। मक्खियों को कैसे पता है गिद्धों की बात! काव्यशास्त्रकार ने कविता को आनन्दप्रद और आह्लादकारक जब कहा है तब वह असल में निर्दोषी ही था। आजकल की इन (तेलुगु) साहित्यिक पुलिस उस पर झूठा केस बनाकर जेल में डालने का प्रयत्न कर रही है। किन्तु हमारी पुलिस के बल और पराक्रम हमारे लिए छिपे हुए नहीं हैं। आनन्द या आह्लाद कविता का लक्षण है। कविता के लक्ष्य के रूप में वह प्रस्तुत नहीं हुआ है। कविता आनन्द देनेवाली ही है। आनन्द उसका प्रतिफल है। यहाँ आनन्द एक शास्त्रीय पारिभाषिक शब्द है। नित्य व्यवहार में प्रयुक्त आनन्द नहीं है। इससे संबंधित खतरा मूढ़ विद्वानों के यहाँ से शुरू हुआ है।

आनन्द शब्द की कुछ चर्चा यहाँ असमीचीन नहीं होगी। प्रेयसी अगर सुन्दर है कहें तो यहाँ सुन्दर शब्द का अर्थ सुपरिचित व्यवहार सिद्ध अर्थ ही है। जब हम कुत्ता सुन्दर है कहते हैं तब भी वह परिचित ही है। किन्तु दोनों का सौंदर्य एक नहीं है। एक ही हो तो कुत्ते को और प्रेयसी को समान मानने के लिए कोई आपत्ति नहीं होनी चाहिए। वह बादल बहुत सुंदर है— इस वाक्य में सुन्दर की स्थिति और बदल गयी है। पूर्व स्थितियों में एक निश्चित रूप है। तीसरे उदाहरण में बादल के लिए कोई निश्चित रूप नहीं। बिना निश्चित रूप की वस्तु के संबंध में जब तुम सुन्दर कहने के लिए तैयार होते हो तो तुम्हें समझना चाहिए कि तुम मानसिक रूप से किस स्तर पर पहुँच रहे हो। प्रथम उदाहरण की 'सुन्दरता' और अन्तिम उदाहरण की 'सुन्दरता' नहीं है। अन्तिम सुन्दरता एक कलात्मक दृष्टि का अभिव्यंजक मात्र हो गयी है। किन्तु वस्तु तत्त्व चिंतन के विषय में बहुत गहराई तक ले गयी है। यहाँ हमारा 'आनन्द' शब्द की स्थिति भी यही है। वह काव्यशास्त्र की परिभाषा है। एक चमत्कारजन्य आह्लाद विशेष है। साधारण आह्लाद नहीं है। इसी को काव्यशास्त्रियों ने लौकिक आह्लाद और अलौकिक आह्लाद दो रूपों में देखा है। लौकिक आह्लाद तात्कालिक और अलौकिक आह्लाद शाश्वत कहा गया है। इसका कारण है कि लौकिक आह्लाद एक वस्तु के कारण एक समय में भौतिक स्तर पर अनुभव किया जानेवाला है। अलौकिक आह्लाद एक के द्वारा बौद्धिक रूप में तद्भावन से अनुभूत किया जानेवाला है। लौकिक आह्लाद वस्तु और भोक्ता दोनों की भौतिक उपस्थिति में अनुभव किया जाता है। ये दोनों नाशवान हैं। अतः वह आह्लाद दोनों की विच्छिति से खतम हो जाता है। अलौकिक आह्लाद बौद्धिक व्यापार संजनित है। अतः वस्तु और भोक्ता के न रहने पर भी अनुभाव्यमान होकर देशकाल से अविच्छिन्न रहता है। क्रौंच मिथुन और वाल्मीकि

नामक भौतिक द्रव्यों का देश और काल ने हरण किया है। फिर भी आज भी काव्य प्रक्रिया से वे किसी भी देश में, किसी भी काल में आह्लाद प्रदान करते हैं। इस प्रकार काव्यप्रक्रियाजन्य आह्लाद एक विचित्र अनुभूति है। कविता जब भूख की व्यथा का वर्णन करती है तब पाठक उसमें से पानेवाली तल्लीनता को, अनुभूति को, आह्लाद कहते हैं शास्त्र की परिभाषा में। प्रेयसी के लिए प्रिय के रुदन के वर्णन में पाठक को प्राप्त होनेवाली अनुभूति को आह्लाद कहते हैं। सुयोधन का उरुभंग और द्रौपदी का चीर-हरण काव्य की प्रक्रिया में आह्लाद देनेवाले प्रसंग होते हैं। ये सब प्रसंग श्रोता या पाठक में रस्यमानावस्था के विषय हैं। रसीभूत श्रोता अपनी अनुभूति को 'आनन्द' शब्द से वर्णित करता है। इस प्रकार के आनन्द को अगर रचना पहुँचाती नहीं तो उसे कविता नहीं कह सकते। यह लक्षण कविता की जीव धातु है। कविता को पहचानने के लिए और कविता को अकविता से अलग करने के लिए यही एकमात्र पहचान है।

रसेनैव सर्वं जीवति काव्यं ; नहि रसशून्यं काव्यं किंचिदस्ति ;
रस एव वस्तुत: आत्मा।

यह लोचन की व्याख्या है। यह रस ही आनन्द है। तैत्तिरीय का मंतव्य है—

"रसे वै स: रसगूह्येवायं लब्ध्वानंदी भवति।"

जगन्नाथ द्वारा प्रतिपादित 'लोकोत्तराह्लाद', 'रसानंदम्' इत्यादि नहीं है। सब एक ही अर्थ में प्रयुक्त पारिभाषिक शब्द हैं। कविता आनन्द देती है— कहना घड़ी टिक-टिक करती है कहने के समान ही है।

इस परम रहस्य को पाश्चात्य साहित्य के अति प्रभावशाली आलोचक आई० ए० रिचर्ड्स समझ नहीं सके हैं। इस रसानंद भाव के मूल पुरुष कैन्ट का भी उन्होंने खण्डन किया है अपने अप्रगल्भवाद से। वे अपने Principles of Literary Criticism, में कहते हैं—

"What I wish to maintain is that there is no such mode, that the experience of ugliness has nothing in common with that of beauty which both do not share with innumerable other experiences no one..... would dream of calling aesthetic."

अर्थात् रसानंद या आह्लाद— पोयटिक ब्यूटी या 'ईस्थेटिक एक्सपीरियन्स' को उन्होंने एक शास्त्र की परिभाषा के रूप में नहीं समझा। अत: इस समस्त आलोचक समुदाय ने कुछ कवियों से मिलकर इस विषय में एक बड़ी गड़बड़ी की सृष्टि की। इस गड़बड़ी में फँसकर अवगाहन की शक्ति खोकर हमारे तेलुगु पितामह चिल्ला रहे हैं कि देखो वह कह रहा है कि कविता आनंद के लिए है। कितना घोर कृत्य है। यह अकवि कुकवि संजनित तेलुगु आलोचना मात्र है। यानी वे आश्चर्य कर रहे हैं और यह कह रहे हैं कि घड़ी टिक-टिक करती है और मानव का हृदय

डब-डब करता है। कितना अन्याय चल रहा है! इसे सुनकर अन्य मूर्ख समझ रहे हैं कि बहुत भयंकर घट रहा है इन शास्त्रज्ञों के हाथों में! ये शास्त्रज्ञ दुष्ट हैं। इनको खतम कीजिए। ऐसे चिल्लाते हुए साहित्याग्नि में पतंगों जैसे कूद पड़ रहे हैं। हे भगवान्! कितने अपार अज्ञान सागर में से इस तेलुगु भूमि का निर्माण हुआ है। तैर कर अंडमान द्वीप समूह तक भागने की आशा भी नहीं कर सकते हैं। गत चालीस वर्षों से ये गद्य कविता पितामह मूँछ और दाढ़ी बढ़ाकर समाचारपत्रों, रेडियो, घोड़ों, और गधों पर चढ़कर भीड़ के भीड़ साहित्य पर आक्रमण करने चल पड़े हैं गोरी और गजनी के समान। सुंदर साहित्य शिल्पों के नाक, कान, हाथ, पैर तोड़कर जनता में निहित सुंदर कलात्मकता पर कब्र बनाये हैं।

यह सब कहने का मतलब यह है कि 'कला कला के लिए' वाली समस्या भारतीय समस्या नहीं है। हमारे गद्य पितामहों द्वारा अपनी वाक् चपलता से निवृत्त होने के लिए बाहर से लायी गयी एक बनावटी समस्या है। उसे गद्य-वीर जनता को विनोद के लिए और एक प्रकार की मस्ती के लिए वर्ष भर चलनेवाली व्यायाम क्रीड़ाओं में फुटबाल के समान, वालीबाल के समान, टेनिस बाल के समान, एक गेंद की तरह उपयोग में ला रहे हैं। कल परसों तक अर्थात् हमारे गद्य उस्तादों की इस भूमि पर आविर्भाव के समय तक अंग्रेजी साम्राज्यवाद के सिर उठाने तक, साहित्यिक नारों के फन फैलाने तक 'कला कला के लिए' का अर्थ किसी को मालूम भी नहीं था। आज भी किसी गाँव में रहनेवाले पंडित या शहर में विश्वविद्यालय की दीवारों से रक्षित और हरी दूब-सा वेतन पाकर अवकाश ग्रहण किये दृश्यादृश्यमान चोटी से अलंकृत डिग्री पंडितों, या मंडूकाचार्यों से पूछिए कि 'कला-कला के लिए' का अर्थ क्या है, तो वह आश्चर्यचकित होकर सियार का विनय दिखाकर अभिनय करते हुए कह बैठेगा कि भैया, हमारे समय में इन शब्दों को कहीं हमने सुना ही नहीं। हमारी दृष्टि में काव्य का अर्थ इहलोक और परलोक में सुख देनेवाले साधन मात्र हैं।

नलोपाख्यान पढ़ो अदालत में तुम्हारा जो दावा है जीत जाओगे। गजेन्द्र-मोक्ष पढ़ो तुम्हारी सारी मुसीबतें दूर हो जायेंगी, रामायण का पारायण करो पुत्र-पौत्र-पर्यन्त आयु, आरोग्य और उन्नति पाओगे, सौंदर्यलहरी का प्रथम श्लोक ताँबे पर लिखवाकर फल-फूल से और दीप-धूप-नैवेद्यादि से अर्चना करो, तुम इस साम्राज्य के अधिपति हो जाओगे— बस यही क्रम चलता है। इस देश की जनता में साहित्य के संबंध में व्याप्त विश्वास इसी ढंग के हैं। अतः हर काव्य के लिए एक फलश्रुति रहती है। वह फलश्रुति लोगों को प्रलोभन में डालकर काव्याभिमुख बनाने के लिए ही है। यह सुस्पष्ट है। ज्ञान प्राप्ति के बाद फलश्रुति काव्यान्त से काव्यारंभ में पहुँच गयी "अभ्युदय परंपराभिवृद्धि के लिए मुझसे सृजित इस महाकाव्य का कथाक्रम

इस प्रकार चलता है''— कहकर लेखक ने काव्यारंभ में भी फलश्रुति सुनाना आरंभ कर दिया था। इस प्रकार की आदत से ही अचार बनाने की विधि पर भी ग्रंथ छन्द में लिखता है और उसके अन्त में फलश्रुति भी लगाता है कि ''इसे पढ़नेवालों को, सुननेवालों को समस्त आयु, आरोग्य, ऐश्वर्य आदि देकर देहावसान के समय एक वायुयान में बुलवाकर भगवान् शिव शिवैक्य प्रदान करेंगे।'' ऐसे लोगों के सामने हमारे मूँछवाले और दाढ़ीवाले चाहे चिल्ला-चिल्लाकर कहें कि कला कला के लिए नहीं, कला जनता के लिए है, फिर भी कोई फायदा नहीं। अतः समझने की बात है कि 'कला कला के लिए' वाला नारा मात्र कल्पनाजन्य गद्य कविता साहित्य की खाद है। उससे संबंधित वादोपवाद मात्र नागरीय वातावरण का कालुष्य है। भारतीय ग्राम सीमाओं में इन नारों को कोई नहीं जानता। क्योंकि वह न हमारी संस्कृति में है और न ही हमारे साहित्य में।

मानव के इतिहास में कविता हर समय में प्रयोजनात्मक रही है—

कवि हमेशा प्रतिबद्ध है

''Impassioned poetry is an emanation of the moral and intellectual part of our nature....''

यह कविता के स्वभाव की व्याख्या करते समय विलयम हैज़लिट का वक्तव्य है। इसी प्रकृति के कारण कविता हमेशा प्रयोजनात्मक रूप में ही रही है मानव के इतिहास में। प्रयोजन का मतलब सामाजिक प्रयोजन ही है। प्रमुखतः इस देश में, वही साहित्य का इतिहास है। कवि ज्ञानैकजीवी है। ज्ञानैकजीवी निष्प्रयोजक नहीं हो सकता। यह हमारे आसपास के अप्रयोजक कवियों को भिनभिनाते देखकर सूझनेवाली बात मात्र हो सकती है। प्राचीन काल में किसी के सामने इस प्रकार की समस्या आयी ही नहीं। प्राचीन सब कवि धर्म के उपदेष्टा थे। इसीलिए राजा और प्रजा सब उन कवियों को श्रद्धा, भक्ति और सम्मान से देखा करते थे। लोकज्ञता, परिपक्व दृष्टि, करुणा, सत्य-संधता, धीर गुण— इन सब लक्षणों से युक्त व्यक्ति ही कवि हो सकता था। समाज द्वारा सम्मानित होने के लिए उनमें महान् योग्यता थी। इन सब से रहित आज का बाल कवि या बाल महाकवि हमें उपदेश देने की स्थिति में अपने को रख लेता है तो समाज उसे कैसे सम्मानित करेगा? ज्यादा से ज्यादा कुल, बल, आदि देखकर एक पुरानी 'अवार्ड' उसके मुँह पर फेंक देता है। इससे निष्कर्ष यही निकलता है कि वर्तमान तेलुगु कवि की कसौटी पर कवि के मूल्य का अंकन नहीं करना चाहिए।

हमारे देश में वैदिक साहित्य की समस्त वस्तु चराचर विश्व सृष्टि से संबंधित तत्त्व विचारोन्मुख और मानव प्रकृति से संबंधित धर्म विचारोन्मुख है। वाल्मीकि से आरंभ किया गया समस्त लौकिक वाङ्मय धर्म विचार मूलक है (इसे सामाजिक प्रयोजन से रहित वाङ्मय कहता है हमारा गद्य पिताजी!)। वैदिक साहित्य ही नहीं,

इस देश के साहित्य ने समस्त धर्मों के भार को वहन किया है। जैन, बौद्ध आदि धर्मों के विचारों को भी वहन किया है। पाश्चात्य देशों में भी होमर, एस्किलस, सोफोक्लिस, पिंडार, युरिपिडीस, वर्जिल, ओविड, होरेस प्रभृति महानपुरुषों ने काव्यों के द्वारा पाप और पुण्य का धर्म विचार ही प्रतिपादित किया है। अरस्तू ने अपने काव्यशास्त्र में जो चर्चा की है, उसका अगर सूक्ष्म अनुशीलन करें तो स्पष्ट होता है कि उनके अनुसार काव्य को उपदेश युक्त होना है। उन्होंने त्रासदी काव्य विशेष को लेकर कथा, स्वभाव, भाषा, भाव, भूषण और गीत नामक काव्यांगों की चर्चा की है। उस संदर्भ में वे कहते हैं—

".....if any one strings together moral speeches with the language and thought well worked out he will be doing what is the business of tragedy."

(Poetics, Ch. 6)

भाव के संदर्भ में चर्चा करते हुए उसी अध्याय में कहते हैं—

"It is the part played by social morality and rhetoric in making diologue."

(Ch. 13)

अध्याय १३ में त्रासदी के विधान की चर्चा में वे कहते हैं—

"decent People must not be shown passing from good fortune to misfortune."

अध्याय १५ में स्वभाव का विवरण देते हुए वे व्याख्यायित करते हैं—

"A speech or action will be moral if it shows a preference and morality will be good if the preference is good of its kind."

इन वक्तव्यों से यही मानना होगा कि ग्रीक काव्यशास्त्र भी साहित्य को उपदेश युक्त होने के पक्ष में ही है।

यह ग्रीक संप्रदाय ही आगे यूरोप में आये Morality Plays नामक एक विधा का आधार बना है। यह विधा ही बाद में शेक्सपियर में प्रवेश कर गयी है। पाश्चात्य विद्वानों का भी यही अभिप्राय है। Morality Plays में अच्छाई और बुराई की दो शक्तियाँ परस्पर विरोधी पात्रों के रूप में रहती हैं। ये मानव के इतिवृत्त में घुसकर दो पक्षों में बँटकर संघर्ष के लिए रास्ते खोलती हैं। इन पात्रों को शेक्सपियर में उदाहरण के लिए मैकबेथ नाटक के विचेस् (Witches) में देख सकते हैं।

मध्य युग में भी एक ओर दान्ते और दूसरी ओर कबीर, मीरा, तुलसीदास आदि-आदि कवि हैं। इसी प्रकार अन्य प्रान्तीय भाषाओं में भी यही स्थिति घटित हुई हैं। पद्धति धर्म के आधार पर चली हो, पर तात्पर्य रहा है धर्म और अधर्म का विचार। यही सामाजिक प्रयोजन है।

पाश्चात्य जगत् के केवल कलावाद का इतिहास

प्राचीन पाश्चात्य जगत् में सृजनात्मक रचना के समान ही साहित्यिक आलोचना भी उसी रास्ते पर चली है। अरस्तू को साहित्य में केवल आह्लादवादी कहते हैं, लेकिन पीछे उद्धृत सामग्री के आधार पर उन्हें उपदेशवादी के रूप में भी, शायद प्रधानतः, स्वीकार करना होगा। उनके बाद आनेवालों में प्रसिद्ध होरेस (ईसा पूर्व ६५) ने आह्लाद और उपदेश के समन्वित रूप को स्पष्टतः प्रतिपादित किया है—

"..... You will win if you blend what is improving with what pleases, and at once delight and instruct the reader. A poem like this earns money for the publisher; it is sent across the sea and makes its famous author immortal."

(काव्यं यशसे अर्थकृते व्यवहारविदे वगैरह) उनके बाद आये क्विंठिलियान, लांगिनस के उदात्त (सबूलाइम) सिद्धान्त में इसके अंश अधिक दिखाई देते हैं। (देखिए—रक्तरेखा)। दान्ते (१२६५) ने भी इसी मार्ग का अनुसरण किया है। उनका महाकाव्य 'डिवैन कामडी' उनके सिद्धान्त ग्रंथ "De Vulgario Eloquio" का लक्ष्य ग्रंथ लगता है।

इसी समय यूरोप में देश भाषा साहित्यों का उदय और जोर आरंभ हो जाता है। पर सभी देशों के साहित्यों में सर्व साधारण साहित्य के द्वारा आह्लाद और उपदेश पाने का दृष्टिकोण ही प्रबल रहा है। अंग्रेजी साहित्य में फिलिप सिड्नी (१५५४) ने 'To teach and delight' कहा है (अपोलोजी)। उनके बाद उल्लेखनीय व्यक्तित्व ड्राइडन का है। उन्होंने कहा है कि "Delight is the chief, if not the only end of Poesy; instruction can be admitted but in the second place; for poesy only instructs as it delights".

उनके बाद के अलेक्जेंडर पोप, एडिसन्, डॉ० जानसन प्रभृति ने भी इसी मार्ग ही का अनुसरण किया है। रोमांटिक आन्दोलन के आरंभ के बाद वर्ड्सवर्थ से कविता को सत्यान्वेषण का मार्ग मानना आरंभ हुआ है। उन्होंने कहा है—

"Poetry is the breath and finer spirit of all knowledge; it is the impassioned expression which is in the countenance of all Science."

उन्होंने अपने साहित्यिक दृष्टिकोण को स्पष्ट करते हुए आगे कहा है—

"Every poet is a teacher; I wish either to be considered as a teacher or as nothing," (Letters of Sir George Beaumont).

इस मार्ग की नींव डालनेवाले यद्यपि वर्ड्सवर्थ ही थे फिर भी कविता को दर्शन के स्तर तक उठाने का श्रेय अंग्रेजी साहित्य की आलोचना के क्षेत्र में कालरिड्ज को मिलता है। गद्य और कविता के बीच के अन्तर का विवरण देते हुए उन्होंने

कहा है कि यद्यपि दोनों भाषा का ही उपयोग करते हैं, फिर भी विभिन्न रूपों में उसके उपयोग से कविता आह्लादकारी हो जाती है। इसी तरह उन्होंने कहा है कि विज्ञान और कविता एक ही लक्ष्य को लेकर चलते हैं। आगे उन्होंने स्पष्ट किया है कि विज्ञान आह्लाद दे सकता है किन्तु कविता सत्य का प्रतिपादन करती है। इस प्रकार का निष्कर्ष देने में ही कालरिड्ज की विशेषता दिखाई देती है। इतना ही नहीं, उन्होंने घोषित किया है कि वेदान्ती दार्शनिक ही कवि बन सकता है।

"No man was ever yet a great poet, without being at the same time a profound Philosopher.

(नानृषिः कविरित्युक्तम्।)

असल में स्वच्छन्दतावाद द्वारा कविता को दर्शन के स्तर तक पहुँचाने के बाद से ही यूरोप में समस्या का आरंभ हुआ है। यूरोप के द्वारा मध्ययुग में देशी साहित्यों को अपनाये जाने पर भी रोमन साम्राज्य के पतन के फलस्वरूप प्रांतीयता, भाषीयता, जातीयता आदि के सिर उठाने पर भी, ग्रीक और रोमन साम्राज्यों द्वारा स्थापित सांस्कृतिक एकता कुछ शिथिल अवश्य हुई, पर उसका नाश नहीं हुआ। धर्म, भाषा, जाति और प्रान्तों की सीमाओं का अतिक्रमण कर जन समूहों को समीकृत करने की शक्ति है। अतः ईसाई धर्म की स्थापना के बाद भी यूरोप में कोई न कोई एक छायामात्र सांस्कृतिक एकता रहती आयी है। उसके द्वारा यूरोप के देशों में पारस्परिक रूप से मेधावी वर्गों का संपर्क प्रवर्तमान रहा है। शास्त्रज्ञ, कलाकार, साहित्यकार आदि ने भाषा, देश, जातीय सीमाओं का अतिक्रमण कर बौद्धिक प्रभावों को अनुवादों के द्वारा और अन्य भाषा के अध्ययनों द्वारा व्याप्त किया था और स्वीकारा भी। पूर्व युगों में स्पेनिश देश के क्विंटिलियान ने प्लेटो और अरस्तू एवं होरेस की परंपरा से जुड़कर लैटिन भाषा में जिस प्रकार काव्यशास्त्र का प्रणयन किया है उसी प्रकार वर्ड्सवर्थ, कोलरिड्ज, पेटर, शांटायाना, आर्नाल्ड, रिचर्ड्स, इलियट आदि एक विशाल यूरोपीय परंपरा के अंग के रूप में रूपायित हुए हैं। स्वच्छन्दवादी (romantic) युग में और उसके बाद के युगों में यूरोप के सभी देश कला, साहित्य और वैज्ञानिक क्षेत्रों में आपसी संपर्कों से प्रभावित होकर एक यूरोपीय या पाश्चात्य सांस्कृतिक व्यक्तित्व की स्थापना की दिशा में अग्रसर हुए हैं। उस ऐतिहासिक दृष्टिकोण के अनुसार ही वर्ड्सवर्थ और कोलरिड्ज फ्रांस और जर्मन वगैरह देशों में वे मेधावियों के प्रभावों में आकर इंग्लैंड में नये आन्दोलनों और नये दृष्टिकोणों के कर्त्ता बने हैं। रोमांटिक आन्दोलन के लिए जिस प्रकार जर्मनी जन्मभूमि है उसी प्रकार सिम्बलिज़्म प्रवृत्ति के लिए फ्रांस है। 'कला कला के लिए' सिद्धान्त की जन्मूभमि भी फ्रांस ही है। १८वीं शताब्दी के प्रथम चरण में इन प्रभावों का आक्रमण इंग्लैंड पर प्रखर रूप से रहा है। टायने और सेंट बाउवे नामक फ्रांसीसी आलोचकों का 'रेस मिल्यू मूमेंट' साहित्य के अलोचना-विधान

का प्रभाव वाल्ट पेटर, मैथ्यूअर्नाल्ड आदि पर पड़े बिना नहीं रह गया। इसी प्रकार 'कला कला के लिए' सिद्धान्त का प्रभाव इंग्लैंड और अन्य यूरोपीय देशों पर भी रहा।

जहाँ तक हमारी जानकारी है सन् १८३० के आस पास इस सिद्धान्त को पहले पहल फ्रांसीसी आलोचक थियोफिल गोथियेर ने प्रवर्तित किया है। तबसे लेकर यह सिद्धान्त २०वीं शताब्दी की दूसरी दशाब्दी तक चलता रहा। इसके बाद श्टायना, आइ० ए० रिचर्ड्स प्रभृति द्वारा प्रतिपादित उसकी विरोधी आलोचनाओं के कारण "Juan Raman, Jimanez, Rilke, Wallace Stevens, Bertolt Brecht, Andre Breton." आदि प्रमुखों के कवित्व तत्त्वों के प्रतिपादन के कारण और साहित्य जगत् में मार्क्सवादी दृष्टिकोण के स्थिर होते जाने के कारण यह शिथिलावशेष मात्र रूप में रह गया है। वहाँ से साहित्य पर राजनीतिक सिद्धान्तों का आक्रमण तीव्रतर हो गया। जर्मन आलोचक वाल्टेर बैंजमैन (जो बाद में मार्क्सवादी हुए) ने कहा है कि फासिज्म राजनीतियों को साहित्यीकृत करती है और मार्क्सवाद साहित्य को राजनीतिकृत करता है (Fascism aestheticises politics, Marxism politicalises art.)

गोथियेर के नारे की प्रतिध्वनि के रूप में अमेरिका में एड्गार एलन पो खड़े हुए। वह फिर पो से फ्रांस तक की वापसी यात्रा कर बोदिलेर तक पहुँच गया। बोदिलेर कविता में एक अपूर्व वसन्त का आविष्कार करनेवाले हैं। पॉल वेलेरी कहते हैं—

With Beaudelaire French Poetry has at last transended national frontiers. It has found readers everywhere; it has established itself as the very Poetry of modern times."

रेम्बो (Rimbaud) ने कहा है—

"The first of Seers, King of Poets, a true God."

प्रसिद्ध अंग्रेजी साहित्यिक जे० बी० प्रीस्टली ने कहा है—

"He is at the head of a procession of poets which has not yet ended."

इतने महान् पुरुष चार्ल्स बोदिलेर अपने जीवन में बहुत ही हिंसा का अनुभव करनेवाले कवि हैं। उनकी अज्ञात मृत्यु हुई है। उनके समय में समकालीन पाश्चात्य जगत् में कितनी विभिन्नताएँ मिल सकती हैं, सब उनमें प्रवेश कर गयी हैं। इसीलिए कुछ ने उन्हें वैविध्यों की गठरी कहा है। किन्तु विशेष दृष्टि से युक्त आलोचकों ने उन्हें अपने युग और समाज के समग्र प्रतिनिधि कहा है। खण्ड दृष्टि नहीं, सम्यक् दृष्टि रखनेवाले युग कवि कहा है। गोथियेर पर एक लेख लिखते हुए बोदिलेर ने कहा है—

"Death or deposition would be the penalty if Poetry were to become assimilated to science or morality; the object of Poetry is not Truth. The object of poetry is Poetry itself."

इस अभिप्राय से पूर्णतः विरोध व्यक्त करते हुए एक और संदर्भ में इस प्रकार लिखा है—

"The time is not distant when it will be understood that all literature which refuses to march fraternally between Science and Philosophy is a homicidal and suicidal Literature".

उसी वर्ष एक जगह उन्होंने लिखा है—

"The peurile utopia of art for art's sake, by excluding morality and often even passion, was inevitably sterile."

लेकिन उनके काव्य जीवन का चरम सार है कि कविता में घुसनेवाली नैतिकता को कविता में लीन होकर कविता गुणों से युक्त होना चाहिए। ऐसा नहीं लगना चाहिए कि कविता नैतिकता के लिए लिखी गयी है। बोदिलेर की प्रशंसा करते हुए स्विनबर्न के द्वारा लिखे गये निबन्ध को पढ़कर उन्होंने स्विनबर्न को कृतज्ञता ज्ञापित करते हुए पत्र में कहा था—

"I am not so much a moralist as you obligingly pretend to believe 'like you no doubt' that every poem, every work of art that is well made naturally and necessarily suggests a certain morality. That is the reader's business. I even feel a decided loathing for any exclusively moral intention in a poem."

उनके शिष्यों में रेम्बो बोदिलेर के मानव जीवन को अपनाकर एक अतिवाद की पराकाष्ठा तक पहुँचे हैं। कविता की शक्ति से नई दुनिया की सृष्टि करने की बात उन्होंने प्रतिपादित की है। समाज पर, नैतिकता पर, भगवान् पर उन्होंने विद्रोह किया है। उनके लिए कविता विद्रोह का साधन मात्र है। उन्होंने अपने जीवन काल में यह संभावित न होने के कारण अपने आप को पराजित मानकर कविता को ही त्याग दिया है। इस बात को उन्होंने अपने स्वलिखित कागज़ों पर अक्षरबद्ध किया है—

"I can say Art is an imbecility."

सर्रियलिस्ट आन्दोलन के कर्त्ता लोत्रेमान्त ने एक कोने से दूसरे कोने तक जाकर इन शब्दों में कविता का लक्ष्य प्रतिपादित किया है—

"The aim of Poetry should be Practical Truth."

एक और शिष्य मल्लार्मे ने बोदिलेर के बहुमुखी दृष्टिकोणों में से 'कला कला के लिए' वाले अंश को लेकर फ्रांसीसी साहित्य में एक लंबी परंपरा स्थापित की है। साहित्य को धर्म बताया। उसके ऋषि, उसके देवता और उसके मंत्र तंत्र—बस एक अलग जगत् का ही उन्होंने निर्माण किया है। फिर जब पूछा गया कि

मानव जीवन की बात क्या है तो उन्होंने कह दिया कि—

"As for living, our servants can do that for us".

इससे और आश्चर्यजनक उनका वक्तव्य देखिए। उन्होंने प्रमुख चित्रकार देगास से कहा है—

"My dear Degas, one does not make Poetry with ideas, but with words."

मल्लार्मे के प्रधान शिष्य पोल वेलरी में बोदिलेर की कलात्मक और जीवनात्मक धाराओं का अति सूक्ष्म संगम रूपायित होते दिखाई देता है। गुरु के केवल कलात्मकवाद का समर्थन करने पर भी 'आर्ट आफ पोयट्री' नाम से प्रकाशित उनके काव्यशास्त्र से संबंधित निबन्धों के संकलन में अनेक संदर्भों में उन्होंने अपने गुरु से भिन्न दृष्टिकोणों को अपनाया है। मल्लार्मे द्वारा प्रतिपादित 'केवल संगीत शब्दत्व ही कविता है' वाला वाद वेलरी के हाथों में भामह, कुन्तक आदि के वक्रोक्तिवाद के स्वरूप को धारण किया गया है। वे कहते हैं—

"The poet's use of words is quite different from that of custom or need. The words are without doubt the same, but their values are not at all the same." (P. 98).....between a writer and the linguist, the latter is by definition an observer and an interpreter of statistics. The writer is quite the opposite. He is a deviation, a maker of deviations...........In order to work through language, he works on language"

(P. 172)

वेलरी कलात्मक रचयिता को जब भाषा में 'मेकर आफ डीवियेशन्स' कहते हैं तब अरस्तू के ये शब्द प्रतिध्वनित होते दिखाई देते हैं—

"Out of the way usages give dignity and transform the common speech."

(Aristotle Ch. 22, Poetics.)

एक और जगह पर वेलरी कहते हैं—

"Ordinary spoken language is a practical tool... comprehension is its end. Its task is fulfilled when each sentence has been completely abolished, annulled and replaced by meaning......On the contrary Poetic language remains the same, not to be altered by the act of intelligence that finds or gives it a meaning. All literature which has passed a certain stage revealed a tendency to create a Poetic language apart from ordinary speech."

(P. 171)

अन्यत्र उनका मंतव्य देखिए—

"In the practical usages of language that is specially prose, the

form is not preserved, does not outlive understanding.... But the Poem, on the contrary, does not die for having been of use; it is purposely made to be reborn from its ashes and perpetually to become what it has been." (P. 209). "One fails to see that Poetry implies a decision to change the function of the language"
(P. 208)

ये कविता के भाषा शरीर पर प्रसारित करनेवाले "प्रसिद्धाभिधान व्यतिरेक" 'विचित्र' चिह्नों के संबंध में कही गयी बातें हैं। लेकिन उन्हीं के मत के अनुसार कविता का परमार्थ दैनिक सत्य न होकर सर्वातीत परम सत्य है। ऐसा सत्य व्यावहारिक स्तर पर उपयोगितावादी दृष्टि से लाभकारी नहीं होगा। करुणा, प्रेम, त्याग आदि के मूल्य लाभप्रद कैसे हो सकते हैं? किरात द्वारा मारे गये पक्षी के लिए वाल्मीकि का रोना उनके लिए किस प्रकार लाभकारी होगा। अपने हृदय के दुःख के भार उतारने और क्षालित करने के लिए वाल्मीकि रो पड़े थे। 'यशसे अर्थ कृते' के लिए नहीं। पोल वेलरी के कविता-सिद्धान्त विवेचन का सारांश उनके द्वारा प्रतिपादित एक और बात भी स्पष्ट करता है—

"A poem's worth is its content of pure Poetry, that is of extra ordinary truth; of perfect adaption in sphere of perfect uselessness."
(P. 180)

बाद में लोर्का द्वारा प्रतिपादित विचार भी यही है—
"Beauty useless and pure, free from panic and anxiety."

पोल वेलरी ने पारमार्थिक सत्य का प्रतिपादन करनेवाली कविता को 'विशुद्ध कविता' (Pure Poetry) कहा है। इस बात ने यूरोप में एक बड़ा हलचल मचा दिया।

"Pure Poetry: I have some responsibility for its stir. A few years ago, in a preface I wrote for a volume of Poetry by one of my friends, I happened to use these words.... without foreseeing the consequences....' (P. 184) "(Poets) His task is to create a world or an order of things.... unconnected with the practical order."
(P. 189)

कविता को नृत्य से और मात्र वचन को सीधा चलन से तुलना करते हुए उन्होंने इस प्रकार कहा है—

"Walking like prose, has a definite aim, and directed at something we wish to reach.... The dance is a quite another matter.... It goes nowhere.... it persues... only an ideal object:" इस तरह वे कहते हैं कि केवल नैमित्तिक व्यवहारों पर आधारित गहन दैनिक जगत्

से कविता का कोई संबंध नहीं। सच ही है! सरकारी हुकुमनामों के अनुसार प्रचार साहित्य का निर्माण करना ही कविता का काम नहीं है। मानवता के लिए आधारभूत मूल्यों अर्थात् करुणा, त्याग, प्रेम, विश्वास, धीरता आदि गुणों को संबल देकर उनकी हमेशा प्राण-प्रतिष्ठा करते रहना ही उत्तम साहित्य का प्रयोजन है। इसीलिए वेलरी कहते हैं कि इस प्रक्रिया से संबंधित।

"Poetic emotion" is distinguished from other human emotions by a unique characteristic, an admirable property." (P. 187)

कवि के लिए आवश्यक इस संवेग की चर्चा करते हुए उन्होंने उसे एक विशिष्ट भाषा कहा है। यहाँ उनके हृदय का आविष्कार हो जाता है—

"They are productions of ideas or acts whose aim is not to modify the things around us but to modify ourselves, to dispel a kind of in-ferior discom-fort, a sickness that no act relieves directly. Laughter, tears and cries are among those actions with no exterior object. They come under the category of expressions. These utterances constitute like an elementary language, for they are contagious like laughter and yawning or sympathetically felt like tears and complaints."

इस तरह वेलरी 'कला कला के लिए' वाली परंपरा से संबद्ध दिखाई देने पर भी वास्तव में वे कविता की उत्पत्ति, कविता के बाह्य चिह्नों, कविता किस प्रकार महिमान्वित होती है? आदि प्रधान विषयों पर मूलभूत प्रश्नों को लेकर विचार करते हैं। अभिनवगुप्त ने जब 'आनन्द एव पार्यन्तिक फलम्' कहा है तब उनका मतलब यह नहीं था कि काव्य से किसी प्रकार का प्रयोजन नहीं। लेकिन उन्होंने उन शब्दों में केवल काव्य का लक्षण बताया है। उसी प्रकार वेलरी ने भी काव्य लक्षण की ही चर्चा की है। यही मानना होगा। 'आर्ट आफ पोयट्री' की भूमिका में टी० यस० इलियट ने वेलरी के हृदय की व्याख्या निम्न शब्दों में की है—

"He is deeply concerned with the problem of process, of how the poem is made, but not with the question of how it is related to the rest of life in such a way as to give the reader the Shock of feeling that the poem has been to him not merely an experience, but a serious experience, and by experience I mean here, not an isolable event having its value solely in itself and not in relation to anything else, but something that has entered and be infused with a multitude of other experiences in the formation of the person that the reader is developing into.... But in mentioning something of which I notice the absence in Valery's Poetics, I am not questioning the seriousness of his own finest Poems. If some of Valery's Poems were not very serious Poems indeed if two of them atleast, were not likely to last as long as the French language-there could have been no interest for him in studying the process of their composition, and no delight for us in studying the result of his study."

(PXXIII, XXIV).

प्राचीन भारत में आनन्दवर्द्धन के समय में काव्य प्रयोजन का आधिपत्य सीमाएँ पार कर गया था। काव्य लक्षण को राहु ने ग्रस लिया था। फलत: काव्यत्व रहित काव्यों से साहित्य क्षेत्र पर आक्रमण हो गया था। इसीलिए काव्य लक्षणों का समय आसन्न हो गया था। ऐसे समय में आनन्दवर्द्धन द्वारा आरंभ की गयी आलंकारिक परंपरा, उसमें भी अभिनवगुप्त द्वारा—

"क: अस्य काव्यस्य रूपस्य व्युत्पत्ति हेतो: जाया सम्मितत्व लक्षणो विशेष इति प्राधान्येन आनंद एवोक्त:"

कहे जाने पर भी जिस उद्देश्य से उन्होंने—

"चतुवर्ग व्युत्पत्तेरपि चानन्द एव पार्यन्तिक फलम्"

कहा है उसी प्रकार उन्हीं परिस्थितियों में पोल वेलरी ने कहा है कि—

"A Poem's worth is its content of Pure Poetry, that is, extraordinary truth; of perfect adaption in the sphere of perfect uselessness."

मुख्यत: यहाँ गौर करने की बात है— "Extra ordinary Truth" पर। सच ही है कि पीड़ित प्राणी को देखकर आँसू बहाने का लक्षण मनुष्य में उत्पादित करनेवाला साहित्य "यश से अर्थकृते व्यवहारविदे" कैसे हो सकता है?

इस प्रकार मल्लार्मे और पोल वेलरी के दृष्टिकोणों में मूलभूत रूप में अन्तर है।

'कला कला के लिए' वाला साहित्य मार्ग स्वच्छन्दवादी आन्दोलन के शिखर से क्षीण दशा तक गिरे समय में अंकुरित विशेष है। एक प्रकार से वह रोमांटिक सिम्बलिस्ट आन्दोलनों में आये क्रमानुगत परिणामों का परिणाम ही हो सकता है। किन्तु तत्पूर्व यूरोपीय प्राचीन साहित्य के उपदेशवादी संप्रदाय की प्रतिक्रिया के रूप में आन्दोलनवत् मानना और भी समीचीन होगा। पीछे उदाहृत अभिनवगुप्त का समय और 'आनन्द एव पार्यंतिक फलम्' कहनेवाला तत्कालीन साहित्यशास्त्रीय परिणाम इसी प्रकार के हैं।

'कविसेना' आन्दोलन का मूल कारण क्या है?

प्राचीन फ्रांसीसी साहित्य में सुप्रतिष्ठित संप्रदाय उपदेशवादी संप्रदाय है। 'कला कला के लिए' वाले साहित्यिक दृष्टिकोण के आविर्भाव से पहले फ्रांस में लगभग ३०० वर्षों तक साहित्य के क्षेत्र पर उपदेश के नाम पर अकवित्व ने राज किया है। पोल वेलरी जैसे विद्वान् ने इसे निष्कर्षपूर्वक स्वीकारा है—

"It is true that for about three hundred years that the French have been taught to misunderstand the true nature of Poetry and to follow, mistakenly, roads leading in a quite opposite direction from its home."

(P. 83)

वे कहते हैं कि तद्द्वारा फ्रांस में कविता का आस्वादन करने का गुण मनुष्य की बाल्यावस्था से पाठशाला की दशा से खतम कर दिया गया है—

"Our acquired habit of judging verse by the standard of prose and its functions, of evaluating it, to a certain extent, by the amount of Prose it contains; our national temperament which has become more and more Prosaic since the sixteenth century; the astionishing errors in the teaching of literature; ......all these perpetuate many an absurdity and many a practice which show the most flagrant ignorance of the conditions of Poetry".

"......Transferred to teaching, ...these useless and barbarous operations tend to ruin the sense of Poetry from childhood, together with any notion of pleasure it could give."

"To turn a poem or to have it turned into prose, to make of a Poem matter for instruction or examinations: these are no slightest acts of heresy......"

यह सारी परेशानी तेलुगु प्रान्त में कुछ शताब्दियों से प्रवर्तमान होती रही है। आज यह और उद्धत रूप में तूफान बन गयी है। (यहाँ इस मैनिफेस्टो का चतुर्थ प्रकरण पढ़िए— इसका समग्र विवरण वहाँ है।) विगत हजार वर्षों की तेलुगु कविता का वाच्यार्थ प्रधान छन्दोबद्ध गद्य युग ही है। अल्पकाल के अन्तराल में भावकविता के नाम पर लक्षणार्थ प्रधान युग बीता है। इसके बाद आया युग निरक्षर कवि नामक बकासुरों से युक्त वर्तमान युग फिर से वाच्यार्थ प्रधान रचनाओं में ही उतर गया है। कविसेना के अवतरण के बाद ही लक्षणार्थ और व्यंग्यार्थ प्रधान रचनाओं का प्रवेगपूर्ण आगमन तेलुगु कविता क्षेत्र में होने लगा। पोल वेलरी द्वारा प्रतिपादित अवलक्षण फ्रांस में ३०० वर्ष रहा तो तेलुगु प्रान्त में एक हजार वर्ष रहा है। कुछ मंद बुद्धि तो इसे सुनकर आश्चर्य ही व्यक्त करते हैं। ये सब ऐतिहासिक सत्य हैं। अन्धे और भीरु इसे मानेंगे नहीं। ऐसे अवलक्षण शताब्दियों पर्यन्त जनता और ज्ञान के क्षेत्रों को पीड़ित करते रहे हैं। लेकिन इनको नाश करने के लिए ही आन्दोलन इतिहास में उदित होते हैं। कविसेना भी ऐसा ही एक आन्दोलन है। कुछ शताब्दियों तक तलवार के बल पर अखण्ड कीर्ति से अनेक देशों पर शासन चलाने वाले रोमन साम्राज्य को लक्षित करके एक दिन एक ने ही कहा था कि यह सब गलत हुआ है। कितने ही सेनापतियों ने, दास प्रवृत्ति के ज्ञानियों

ने, सैकड़ों कवियों ने, जब उसके संबंध में उसकी प्रशंसा में भजन गा रहे थे तब उस कण्ठ ने यह बात कही थी। उस कण्ठ को क्रास पर चढ़ाया गया किन्तु वह कण्ठ किस सत्य के लिए माध्यम बना है, उसे चुप करा नहीं सके। और उसे सलीब से नष्ट नहीं कर सके। उसकी अनिवार्य विजय को रोक नहीं सके। बस रोमन साम्राज्य का अन्त हो गया। वह कण्ठ शिखर की चोटी पर चढ़ गया। असत्य और अवगुण शताब्दियों तक प्रजा पर शासन करेंगे। प्रजा में उन पर अन्ध विश्वास उत्पन्न करेंगे। इतने साल तक उसका राज चलना ही उसका गुण समझेंगे सभी मूर्ख। अनेक शताब्दियों से स्त्री पर होनेवाले अन्यायों पर वीरेशलिंगम पंतुलु जी के आविर्भाव तक कोई क्यों आक्षेप उठा नहीं सके। इसी प्रकार तेलुगु साहित्य में हजार वर्षों से काव्य लक्षणों से युक्त रचनाएँ नहीं आयी हैं— यह कहने पर सब आश्चर्य व्यक्त करते हैं। समझनेवाले भी किंकर्त्तव्यविमूढ़ होकर हाथ-पाँव बटोर कर बैठ जाते हैं। यह इतिहास की गति है। इतिहास में सब आन्दोलन इसी प्रकार की परिस्थितियों के बलात्कार के फल ही हैं।

तेलुगु साहित्य को पुराण युग, प्रबन्ध युग आदि नामों से, उपज्ञारहित पंडितों ने तर्करहित युगों में बाँट दिया है। किन्तु असली विभाजन होगा वाच्यार्थ प्रधान युग, लक्षणार्थ प्रधान युग, फिर से द्वितीय (गद्य कविता नामक) वाच्यार्थ प्रधान युग (सन् १९४०-१९६९) और इसके बाद जब से कविसेना आन्दोलन आरंभ होता है तब से लक्षणार्थ व्यंग्यार्थ प्रधान युग। ११वीं शताब्दी से आयी लगभग समस्त कविता वाच्यार्थ प्रधान कविता ही है। वह उस कविता का प्रधान लक्षण है। इस कविता में वाल्मीकि, कालिदास आदि में रहनेवाले वक्रोक्ति, ध्वनि, चमत्कार आदि लक्षणों के लिए ढूँढ़ना व्यर्थ प्रयास ही माना जा सकता है। १९ वीं शताब्दी में उठनेवाले कण्ठ ने जब मधुरालापों से कविता को भरना आरंभ किया तभी से तेलुगु कविता में वाच्यार्थ की प्रधानता का लोप हुआ और लक्षणार्थ की प्रधानता का आविर्भाव भी होने लगा। यही तेलुगु कविता के लिए प्रथम वसन्त है। उसी वसन्ताविर्भाव को भाव-कविता कहा गया है। लेकिन शताब्दियों से रक्तनिष्ठ वसन्ताविर्भाव को भाव-कविता कहा गया है। लेकिन शताब्दियों से रक्त निष्ठ अवलक्षण जो वाच्यार्थ की प्रधानता है— वही फिर सन् १९४० से अपने स्थान पर आक्रमण कर गया। वहाँ से छन्द तो लुप्त हो गया पर कविता नहीं आयी। कविता के लिए आवश्यक है वाच्यार्थ की प्रधानता का जाना और लक्षणार्थ व्यंग्यार्थ का प्रादुर्भाव होना। इस इतिहास को कविसेना आन्दोलन ने सृजित किया है। आज तेलुगु प्रान्त में वाच्यार्थ वचनवादी वर्ग सौंदर्याराधना, आत्माश्रयी कविता, सामाजिक चेतना आदि नाम लेकर अपनी आत्म रक्षा के लिए रो रहे हैं। किन्तु युवा पीढ़ी तो कविसेना आन्दोलन के लक्ष्य को समझकर आत्मसात कर कवितायुक्त रचनाएँ करना आरंभ

किया है।

साहित्य को 'कला कला के लिए' कह कर उसमें जीवन को तिरस्कार करने के बाद साहित्य पर कुछ वर्षों के बाद जीवन ने एक प्रतिक्रिया दिखाई है। इस प्रतिक्रिया को शब्द देनेवाले आदि महामहिमों में अग्रगामी टालस्टाय हैं। 'What is art'? नामक अपनी रचना में सन् १८९७ में उन्होंने कला का और कला क्षेत्र में सुप्रतिष्ठित केवल कलावादियों द्वारा गले लगाये गये कलाकारों का तीव्र स्वर में खण्डन किया है। उन्होंने निम्नलिखित परुष वचनों से शेक्सपियर की कटु आलोचना की है—

"A fourth rate artist whose power of characterisation was nil."

यह सब कलावादियों के प्रति उनके तीव्र विरोध का ही रूप है। इस बात की ओर संकेत करते हुए आई० ए० रिचर्ड्स अपने 'Principles of Literary Criticism" में कहते हैं—

"Allusion has several times been made to Tolstoy and nothing in the recent history of aesthetic openion is remarkable as the onslaught made by that great artist against all the arts."

(P. 48)

पाश्चात्य जगत् के केवल कलावाद की एक विरोधी प्रतिक्रिया

पाश्चात्य जगत् में 'कला कला के लिए' वाले साहित्य आन्दोलन के प्रसार होने का प्रबल कारण रसानन्द सिद्धान्त (Aesthetic pleasure) नहीं, रोमांटिक सिम्बलिस्ट कवि हैं— उसमें भी उनकी कविता से बढ़कर उनके वैयक्तिक व्यवहार ही हैं। उनमें से बहुसंख्यकों ने सामाजिक जीवन में एकाकीपन का अवलम्बन किया है। कविता करनेवाले में एकाकीपन आता जाता रहता तो है। यह हर सच्चा कवि जानता है। यही बैरन द्वारा प्रतिपादित है—

"There is a pleasure in the pathless woods, there is rapture on the lonely shore, there is society where none intrudes"....

लेकिन यह एकाकीपन न तो मानव विरोधी है और न ही शाश्वत। सच्चा कवि समाज के बीच में रहता है और साथ-साथ समाज से दूर भी। अपनी आन्तरिक अनुभूतियों के आक्रमण के अनुरूप वह दुनिया से लड़ता है। घायल होकर जंगलों में जाता है। आवश्यक सामग्री का संकलन कर फिर समाज में कूद पड़ता है। यह सब मानवता विरोधी शक्तियों को अपने अस्त्रों से सामना करने के लिए कवि द्वारा किया जानेवाला एक प्रकार का आत्मिक गोरिल्ला युद्ध है। बोदिलेर समूह को छोड़कर जाते वक्त कहते हैं—

"At last then I was allowed to refresh myself in a bath of darkness."

इसका निष्कर्ष यही है कि समूह से दूर जाकर कुछ समय बिताना कवि के लिए आत्मिक थकान से मुक्त होने के लिए ही है। वे कहते हैं—

"It is not given to everyone to take a bath in the multitude; to enjoy the crowd is an art."

इस कथन में उनकी समूह पर अनुरक्ति स्पष्ट होती है। इस अनुरक्ति को और एक जगह पर उन्होंने स्पष्ट शब्दों में व्यक्त किया है—

"There is also vulgarity that consists in insulting a crowd."

(जन समूह को गर्हित करने में संस्कारहीनता ही व्यक्त होती है।) बोदिलेर प्रधानतः वर्तमान समाज पर, उसकी सभ्यता, धर्म, नैतिकता, भगवान् आदि पर विद्रोह करनेवाले व्यक्ति हैं। यह सब जानते हैं। वर्तमान समाज जिसे अनैतिक कहकर पुकारता है उसका समर्थन करते हुए उन्होंने वर्तमान समाज की अनैतिकता का उद्घाटन किया है अपनी पुस्तक "Les Fleurs du Mal" में। उनकी सारी लड़ाई उनके समस्त जीवन में समाज के विरुद्ध ही चली है। वे सबके शत्रु होकर सबके ईर्ष्या-द्वेषों के शिकार होकर अज्ञात रूप से मर गये हैं। इसी अंश को लेकर उनकी भगवान् के रूप में आराधना करनेवाले रेम्बो ने इसी मार्ग में अतिवादी रास्ते पर चलकर "I can say now art is imbecility" घोषित किया है और कविता को समाज को बदलने की शक्ति से रहित मानकर उन्होंने उसे छोड़ ही दिया।

लेकिन इनके बाद आये मल्लार्मे, पोल वेलरी प्रभृति ने सिम्बलिस्ट मार्ग में एक नया मोड़ दिया। वह मुख्यतः दो लक्षणों का सम्मिलन है— एक कविता का समाज से कोई संबंध नहीं। वह सर्वतंत्र स्वतंत्र है। उसमें उपदेश, मानवाभ्युदय आदि प्रयोजनों का प्रवेश कराना कविता को मिलावटी बनाना है। कविता की प्रकृति को ही नाश करना है और अकविता का लक्षण है। कविता का प्रयोजन कविता ही है अर्थात् अलौकिकानुभूति ही है। दूसरा है, कवि सबके समान व्यक्ति नहीं है। वह एक अलग व्यक्तित्व से युक्त है। वह विलक्षण रहता है। समाज से दूर रहता है। कवि एक उन्नत मानव है। अन्य कभी उसके समान हो नहीं सकते। साधारणतः इन दोनों लक्षणों से मल्लार्मे से प्रारंभ की गयी द्वितीय सिम्बलिस्ट परंपरा कला कला के लिए सिद्धान्त के अनुरूप साहित्य मार्ग का कारण बनी है। इससे पूर्व रोमांटिक कवियों की आखिरी पीढ़ी में भी एक प्रकार से यही बात घटी है। खासकर इंग्लैंड में वर्ड्सवर्थ, कोलरिड्ज के बाद के कवियों के समय यह बात दिखाई देती है। (शायद कोलरिड्ज में ही इसका बीजारोपण हो गया था।) रोमांटिक सिंबलिस्ट आन्दोलनों का प्रादुर्भाव चाहे 'कला कला के लिए' सिद्धान्त के कारण ही न हुआ हो, वास्तव में हेतु तद्विरुद्ध ही ठहरता है, फिर भी उसका परिणाम 'कला कला के लिए' दृष्टिकोण की ही परिणाति में देखा जा सकता है। सिम्बलिज्म

पर शंका की दृष्टि रखनेवाला मार्क्सवादी दृष्टिकोण भी शंका से प्रारंभ करके कवित्व तत्त्व विवेचन की प्रक्रिया में (स्वच्छ आदिम) सिम्बलिस्ट दृष्टिकोण का ही अनुसरण करता है। लूनाषार्की कहते हैं—

"The artistic content - the flow of thoughts and emotions in the form of images,"

प्लेखनोव कहते हैं कि—

"Literature is art of images,"

अत्याधुनिक मार्क्सवादी साहित्य विवेचन को प्रतिपादित करनेवाली षेर्बीना ने subconcious (अवचेतन) को विशिष्ट स्थान दिया है—

"The process of aesthetically exploring the world... is an extremely complex one... it involves intuition, imagination, emotions and subconsious impulses"

मार्क्सवादी साहित्य विवेचन द्वारा प्रस्तावित सारी सामग्री सिम्बलिस्ट दृष्टिकोण द्वारा व्यक्त सामग्री में है। हमें समझना चाहिए कि मार्क्सवादियों की सिम्बलिस्ट विरोधी दृष्टि 'कला कला के लिए' सिद्धान्त को अपनायी दूसरी पीढ़ी के सिम्बलिस्टों तक ही सीमित रह जाती है। इसका मतलब यह है कि मार्क्सवादियों का विरोध सारे सिम्बलिस्टों पर नहीं हो सकता। क्योंकि दोनों में साहित्यिक प्रक्रिया की सामग्री समान ही है।

रोमांटिक सिम्बलिस्टों में दूसरी पीढ़ी के लोगों ने जब 'कला कला के लिए' दृष्टिकोण का मार्ग बनाया तभी उसके लिए सिद्धान्त निर्माण की आवश्यकता हुई। तब प्राचीन काल से सुरक्षित aesthetic pleasure (रसानंद) को क्षेत्र में खींच लाये। 'कला कला के लिए' वाला रास्ता थियोफिल गोथियेर द्वारा सन् १८३० में ही प्रतिपादित होने पर भी सिद्धान्त के लिए मूलभूत रसानन्द पर वाद-विवाद और चर्चाएँ यूरोप में उससे लगभग एक सौ वर्षों से चलती रहीं। बोंगार्तेन नामक तत्त्ववेत्ता ने १८ वीं शताब्दी के पूर्वार्द्ध में ही सौंदर्यशास्त्र का प्रतिपादन किया था। उसका सारांश है— तार्किक ज्ञान का परमार्थ (हेतुवाद का परमार्थ) सत्य है। रसानन्द ज्ञान का परमार्थ सौंदर्य है। सौंदर्य इंद्रिय मार्ग सिद्ध संपूर्णता है (perfect) तो सत्य हेतुवादी मार्ग द्वारा सिद्ध संपूर्णता है। संस्कार नैतिक संकल्प से सिद्ध संपूर्णता है। बोंगार्तेन ने सौंदर्य को वस्तुओं के अंगांगि संबंध में निहित एक क्रमता कहकर परिभाषित किया है। सौंदर्य का लक्षण आह्लाद को जन्म देना और तद्द्वारा इच्छा का अंकुरित होना है। बोंगार्तेन में पहली बार आधुनिक युग में प्राचीन "प्लाटोनिक" goodness;, beauty, truth नामक मानव मस्तिष्क जनित लक्षण त्रय फिर गोचरित होता है। शायद इसी का प्रभाव काण्ट, एमरसन आदि में दिखाई देता है। बोंगार्तेन का सिद्धान्त केवल कलावादियों से स्वीकृत इमान्युयल काण्ट सिद्धान्त से भिन्न ही

है। काण्ट के द्वारा अपने प्रसिद्ध सिद्धान्त ग्रंथ Critique of Pure Reason में चर्चित transcedental aesthetic, transcedental analytic, transcedental dialectic नामक प्रकरण त्रयी और प्रकृत रसानन्द विषय के बीच कोई संबंध नहीं है। उसमें बाह्य संसार से इन्द्रियों द्वारा प्राप्त की जानेवाली अनुभूतियों को मन से ज्ञान रूप में परिवर्तित की जानेवाली एक प्रक्रिया (phenomenal knowledge) के बारे में ही प्रतिपादित किया गया। अपने Critique of Judgement में काण्ट ने कला, रसानन्द, सौंदर्य आदि विषयों पर चर्चाएँ की हैं। वे ही दावाग्नि के समान यूरोप में व्याप्त होकर साहित्य क्षेत्र को कुछ शताब्दियों तक दहकती रही हैं। मानव के लिए सृष्टि में सत्य का अन्वेषण करता है। अपने संस्कार के लिए अन्वेषण करता है। सत्यान्वेषण शुद्ध ज्ञान प्रक्रिया है और संस्कार आचरणीय ज्ञान प्रक्रिया है। (अर्थात् मात्र संकल्प साध्य प्रक्रिया है)। इन दोनों के अलावा एक तीसरी शिक्षा है। वह है धर्माधर्म विवेक का बोध। यह एक स्वतंत्र मानसिक व्यापार है। हेतुवाद से बिना संबंध रखे ही अच्छाइयों और बुराइयों का बोध कराकर संतोष दायक होता है। ऊपर से निष्काम संतोष सहज रूप में पहुँचता है। यही बोध सौंदर्य और रसानन्द के लिए हेतु है।

"All the faculties of soul, or capacities are reducible to three, which do not admit of any further derivation from any common ground; the faculty of knowledge, the feeling of pleasure of displeasure, and the faculty of desire." "Between the faculties of knowledge and desire stands the feeling of pleasure, just as judgement is intermediate between understanding and reason".

इस प्रकार काण्ट सौंदर्यबोध को धर्माधर्म विवेक शक्ति (Judgement) से जोड़ता है जो मध्यस्थ मानसिक शक्ति है।

काण्ट के अनुसार प्रयोजनरहित आनन्द देनेवाला ही सौंदर्य है। अत: किसी वस्तु में अथवा किसी कलात्मक रचना में किसी भी प्रकार के प्रयोजन की आशा की जाती है तो वह सौंदर्य नहीं है और न वह रसानन्ददायक है और न ही वह कलात्मक होता है। भारतीय तात्त्विकों ने भी धर्माधर्म-विवेक-बोध के बारे में इसी प्रकार सोचा है। किष्किंधाकाण्ड में मरणासन्न बालि को राम धर्माधर्म ज्ञान का बोध इन शब्दों में कराते हैं—

सूक्ष्म: परमदुर्ज्ञेय: सतां धर्म: प्लवंगम:।
हृदिस्थ: सर्वभूतानां आत्मावेद शुभाशुभम्॥

यही भारतीय काव्यशास्त्र में भी रूपांतरित हुआ है। भामह जब "धर्मार्थ काममोक्षेषु वैचक्षण्यम्—" और "साधु काव्य निषेवणं—" कहते हैं तब उनका रसानन्द और धर्म का बोध दोनों के बीच अविनाभाव संबंध को समझनेवाला संस्कार इन शब्दों

में द्योतित हो जाता है।

केवल कलावादियों ने प्रधानत: काण्ट के सौंदर्यशास्त्र का अनुसरण कर जीवन और साहित्य के संबंध को पूर्णत: विच्छिन्न कर दिया। इस पर यूरोप में तीव्र प्रतिक्रिया भी आरंभ हुई थी। इसके आदि कर्त्ता और महापुरुष १९ वीं शताब्दी के महापुरुष टालस्टाय हैं। केवल कलावाद के खण्डन के लिए उन्होंने तीव्रतर अतिवादी दृष्टिकोण का आश्रय भी लिया था। सन् १८९८ में प्रकाशित उनकी बृहद् रचना "What is Art ?" में अनेक मूल्यवान साहित्यिक सत्यों का प्रतिपादन ही नहीं बल्कि कितनी ही कटु आलोचनाएँ, व्याख्याएँ भी उन्होंने की है। सौंदर्य के संबंध में, आनन्द के संबंध में और कला के संबंध में उनके द्वारा की गयी चर्चाएँ और दी गयी परिभाषाएँ साहित्यशास्त्र के लिए अनमोल देन हैं। सत्य और सौंदर्य के बीच के संबंध की व्याख्या करते हुए उन्होंने अपना मंतव्य दिया है—

"The word and conception 'good' includes the conception 'beautiful', but the reverse is not true."

(Ch. II)

सौंदर्य और आह्लाद दोनों कला के परमार्थ नहीं हैं। इन दोनों को इस क्षेत्र से जब तक निकाला नहीं जाता तब तक उसकी परिभाषा देना कठिन है। वे कहते हैं—

"To see the aim and purpose of art in the pleasure we get from it is like assuming (as is done by people of lowest moral development, for instance by savages) that the purpose and aim of food is the pleasure derived when consuming it. Just as the people who conceive the aim and purpose of food to be pleasure, cannot recognize the real meaning of eating, so people who consider the aim of art to be pleasure can not realize its true meaning and purpose because they attribute to an activity the meaning of which lies in its connection with the other phenomena of life, the false and exceptional aim of pleasure... the acknowledgement of beauty (that is, certain kind of pleasure received from art) as being the aim of art, not only fails to assist us in finding a definition of what art is, but on the contrary by transferring the question into a region quite foreign to art (into metaphysical, psychological, physiological and even historical discussions as to why such a production pleases one person and such another displeases or pleases some one else) it renders such definition impossible.... inspite of the mountain of books written about art, no exact definition of art has been constructed. And the reason of this is that the conception of art has been based on the conception of beauty."

(Ch. IV)

लेकिन टालस्टाय ने कला की अनेक परिभाषाएँ दी हैं—

1. "Art is one of the means of intercourse between man and man."
2. "Whereas by words man transmits his thoughts to another, by art he transmits his feellings."
3. "Art is a human activity consisting in this, that one man conscoiusly by means of certain external signs hands on to the others feelings he has lived through and that others are infected by these feelings and also experience them."

(Ch. V)

इनमें कला के संबंध में यह निष्कर्ष देना कि "कला infect (संक्रमित) करती है" कला विज्ञान के लिए एक महत्त्वपूर्ण योगदान है।

टालस्टाय ने कला को पूर्णतः धर्म की दृष्टि से ही देखकर परिभाषित किया है। अन्य समस्त दृष्टियों को उन्होंने गर्हित करके खण्डन किया है। ६ और ७ प्रकरणों को पढ़ेंगे तो स्पष्ट होता है कि टालस्टाय में धर्म को लेकर कितना अन्धविश्वास है और कितना अतिवादी दृष्टिकोण है। इस पर आश्चर्य ही होता है—

"Religious alone have always served, and still serve as bases for the valuation of human sentiments. If feelings bring man nearer the ideal their religion indicates, if they are in harmony with it and do not contradict it, they are good; if they estrange men from it and oppose it, they are bad"— "In every age and in every human society there exists a religious sense of what is good and what is bad, common to the whole society, and it is this religious conception that decides the value of feelings transmitted by art."

इस प्रकार टालस्टाय ने "What is art ?" में सौंदर्य और आह्लाद का कला के क्षेत्र में बहिष्कार कर धर्म के दृष्टिकोण से कला के मूल्य को निर्धारित करने का प्रयत्न किया है। और उन्होंने ऐसी व्याख्या की कि यूरोप के उच्च वर्ग ने जब ईसाई धर्म पर विश्वास खो दिया था और उस दशा में बढ़ती हुई वैयक्तिक भोग विलास की तृप्ति के लिए ग्रीको-रोमान कला दृष्टि की ओर मुड़े, तब उन वर्गों के द्वारा परिभाषित किया गया कि कला का ध्येय सौंदर्य और आह्लाद है। इसी रूप से उसे परिभाषित भी उन्होंने किया है—

"...These rich and powerful people, stranded with no religious conception of life, involuntarity returned to the pagan view of things, which pleases life's meaning in personal enjoyment....And having acknowledged this criterion of what was good to be pleasure, that is beauty, these people.....went back in their comprehension of art to the gross conception of the Primitive Greeks......"

दुनिया में प्राप्त कुछ धार्मिक ग्रंथों का उल्लेख करते हुए उन्होंने उन्हीं को उच्चकोटि की कलात्मक रचनाएँ प्रतिपादित किया है—

"And such has been always the nature of good, supreme art; the Illiad, the Odyssey, the stories of Isaac, Jacob and Joseph; the Hebrew Prophets, the Psalms, the Gospel of Parables, the Story of Sakya Muni and the Hymns of Vedas, all transmit very exalted feelings.....if art is the transmission of feelings flowing from man's religious perception, how can a feeling be incomprehensible which is founded on religion, that is on man's relation to God."

(Ch. X)

ये शब्द टालस्टाय की कहानियों में ईसापु की कहानियों और पंचतंत्र की कहानियों में उभरनेवाली समानताओं के कारणों को स्पष्ट करते हैं। इससे अधिक टालस्टाय ने विपरीत दृष्टिकोण को लेकर कहा है कि आलोचक साहित्य के लिए आवश्यक नहीं है। वे उसे किसी प्रकार का उपकार पहुँचा नहीं सकते। उल्टे आलोचना के नाम पर वे दुनिया को धोखा दे रहे हैं। आलोचकों पर उनका आक्रमण परूष युक्त और तीव्र भाषानुसरणी है। इसका कारण कुछ नहीं है। उन लोगों ने सोफोक्लीस, मस्किलोस, दान्ते, मिल्टन, शेक्सपियर, बोदिलेर आदि महान् कवियों को महाकवि घोषित किया है। इसीलिए टालस्टाय ने उन आलोचकों की निंदा की है—

"Every false work extolled by the critics serves as a door through which the hypocrites of art at once crowd in. It is solely due to the critics who in our times still praise rude, savage and for us, often meaningless works of the ancient Greeks, Sophocles, Euripides, Aeschylus and expecially of Aristophenes; or, of modern writers, Dante....Milton, Shakespere in printing all of Raphael, all of Michaelangelo...thanks only to them, have the Ibens, Maeterlinks, Verlaines, Mallermes.....and all that immense mass of good-for nothing imitators of these imitators, become possible in our day."

एक और स्थान पर चार्लेस डिकेन्स, गेटे, एमिली ज़ोला आदि पर उन्होंने आक्रमण किया है। इस सबके बारे में वे कहते हैं कि—

"Cheif harm done by critics"

हर पृष्ठ पर यह बात दोहरा-दोहरा कर थक जाते हैं कि— Beauty is not goodness। इसका कारण उनका डर यह था कि Beauty का अर्थ Pagan हैं। यूरोप में आयी 'रिंनेसा' कला को और विज्ञान को विधर्मी मानते हुए उन्होंने कहा है—

"Really not only a denial of every religion, but also an assertion that religion is unnecessary."

इस सबको एक ही रूप में समझने की आवश्यकता उभरती है। जिस लक्षण से ईसाई धर्म ने और इस्लाम धर्म ने शिल्प, संगीत और अन्य कलाओं को बहिष्कृत किया है उसी शुद्ध धार्मिक दृष्टि से टालस्टाय कला और साहित्यों का परिशीलन कर संसार के साहित्यिक महापुरुषों पर विध्वंसक हाथ उठाते हैं। कोरी ईसापु कथाएँ, बाइबिल की कहानियाँ, जातक कहानियाँ, वैदिक मंत्र आदि को उन्होंने स्वच्छ कला कहा है तो हमें उन्हें किस रूप में समझना होगा? शास्त्र की चर्चा केवल हेतुवाद सम्मत रूप से होती है। धार्मिक जिद के प्रवेश से स्वस्थ और निर्मम विवेचन को सहायता नहीं मिलती। भारतीय काव्यशास्त्रीय परंपरा सर्वत्र तर्क सम्मत चलती है। इसे सबको इस संदर्भ में ध्यान में रखना होगा। भारतीय आलंकारिकों में हिमालय सदृश अभिनवगुप्त प्रत्यभिज्ञावाद के प्रवक्ता भी हैं। किंवदन्ती है कि 'शिवोऽहं' कहते-कहते शिष्य-वृन्द समेत वे हिमालय की गुफा में घुसकर अन्तर्धान हो गये लेकिन उनके ग्रंथ अभिनवभारती और लोचन व्याख्या दोनों केवल तर्क पर आधारित रचनाएँ हैं। फिर फ्रांस में आयी बोदिलेर से चली कवि परंपरा को टालस्टाय ने 'डिकेडेण्ट्स' कहा है—

".....that not only are haziness, mysteriousness, obscenity and exclusiveness (shutting out the masses) elevated to the rank of a merit and condition of Poetic are but even inaccurracy, indefinitness, and lack of eloquence are held in esteem." .

(Ch. X)

मल्लार्मे की आलोचना करते हुए उन्होंने मल्लार्मे को बहुत बड़ा अपराधी ठहराते हुए घोषित किया है—

"He plainly says that the charm of Poetry lies in our having to guess its meaning— that in Poetry there should always be a puzzle."

मल्लार्मे को दृष्टि में रखकर टालस्टाय द्वारा दी गयी परिभाषा सीधे भारतीय ध्वनि सिद्धान्त से जा मिलती है। इसी सिद्धान्त के अनुसार संसार के सभी देशों में कविता लिखी जा रही है। इसी के विरोध में टालस्टाय अपना आक्रोश व्यक्त करते हैं—

"But it is not only French writers who think thus. The poets of all other countries think and act in the same way".

कविता से अपरिचित और मूर्खों द्वारा किये जानेवाले प्रश्न करते हैं टालस्टाय कविता की निंदा करते हुए। एक कविता की आलोचना करते हुए उन्होंने कहा है—

"How does the moon seem to live and die in a copper heaven? And how can snow shine like sand? The whole thing is not merely unintelligible, but under pretence of conveying an impression it passes of a string of incorrect comparisions and words."

(Ch. X)

अत: यह स्पष्ट होता है कि टालस्टाय ने कला को न केवल ईसाई धर्म की दृष्टि से देखा है, बल्कि मात्र कथा-कथक की दृष्टि से उसकी परिभाषाएँ भी दी है। कविता अभिव्यक्ति कला है तो कहानी, उपन्यास और नाटक कथन कलाएँ हैं। कथन कला तक ही सीमित दृष्टि से युक्त टालस्टाय ने अभिव्यक्ति कला से संबंधित प्रतीकों, बिम्बों और अलंकारों को लेकर परिहास किया है। आक्षेप किया है। सब दृष्टियों से यह अनुचित कार्य ही है।

इसके बाद केवल कलावादियों पर वैचारिक आक्रमण करनेवाले बहुत हुए हैं। उनके प्रतिनिधियों के रूप में यहाँ दो व्यक्तियों को ही उदाहृत किया जा सकता है। वे हैं— जार्ज श्यांटियाना और आई० ए० रिचर्ड्स। टालस्टाय अपने बाद आनेवाले अपनी परम्परा के अनुयायियों को एक महत्त्वपूर्ण रास्ता बना कर गये हैं। वह है, कला की परिभाषा की परिधि से सौंदर्य और आह्लादों का बहिष्कार। गोथियेर ने जिस समय केवल कलावाद का प्रतिपादन किया है, तब टालस्टाय दो वर्ष के बालक थे। टालस्टाय का जन्म सन् १८२८ में हुआ था। सौंदर्यशास्त्र ने उनके जन्म से लगभग आधी शताब्दी पूर्व ही पैदा होकर अनेक शाखा और उपशाखाओं में अपना विस्तार पाया था। किन्तु 'व्हाट इज आर्ट?' पढ़ने से यह विदित होता है कि उसमें न केवल गोथियेर पर ही आक्रमण है बल्कि सौंदर्यशास्त्र पर भी आक्रमण है। क्योंकि उन्होंने समझा था कि सौंदर्यशास्त्र ने नवोत्थान (Renaissance) और ग्रीक रोमन कला साहित्यों को पुनर्जीवित करके एक प्रबल आधार प्रदान किया है। इतना ही नहीं गेटे, बोदिलेर, रेम्बो, लोर्का, कवाफी, सेफेरिस आदि कवियों की रचनाओं में ईसाई धर्म की आलोचना और वैदिक संस्कृति की प्रशंसा को उन्होंने दिखाया है। ग्रीक-रोम कला साहित्य को आदि ईसाई धर्म ने खतम किया है तो उसके बाद यूरोप ने पुन: निमंत्रित करके सम्मानित किया है (खास कर कला साहित्य और बौद्धिक क्षेत्रों में)। नवोत्थान (Renaissance) के नाम पर उसे उन्नत शिखर तक पहुँचाया भी है। यही है 'व्हाट इज आर्ट?' के आने के उपरान्त Race - Milieu - Moment का आना। इसीलिए मार्क्सवादी दृष्टिकोण के अनुसार टालस्टाय प्रतिक्रियावादी (रियाक्शनरी) के रूप में वर्णित किये गये हैं। लेनिन उनके बारे में कहते हैं—

"Tolstoy's doctrine is certainly utopian and in content is reactionary in the most precise and the most profound sense of the term."

इससे स्पष्ट है कि टालस्टाय ने केवल कलावादियों का खण्डन करने के उद्देश्य से 'व्हाट इज आर्ट?' की रचना नहीं की। उपदेशरहित, उसमें भी प्रमुख

रूप से धर्मोपदेशरहित कला अथवा साहित्य को नाश कराने की भावना से उन्होंने लिखा है। हर पृष्ठ पर शुद्ध ईसाई धर्म की दृष्टि से किये गये अनुशीलन ही दिखाई देते हैं। उनके प्रयत्नों का उद्देश्य आह्लाद और सौंदर्य को सिर्फ दूर कराना नहीं था बल्कि धार्मिक मूल्यों से रहित साहित्य और कला का ध्वंस कर संसार को उससे मुक्त कराना था। उन्होंने अपने से मिलनेवाली दृष्टि से कवियों की निन्दा करनेवाले प्लाटो का आलिंगन किया है। "काव्यालापांश्च वर्जयेत" कहा है।

लेकिन उनके द्वारा धार्मिक मूल्यों से रहित सौंदर्य और आह्लादों को कला और साहित्य के क्षेत्रों से बहिष्कृत करना, बाद में आयी मात्र कलावादी विरोधी शक्तियों को एक शक्तिशाली आयुध दिये जैसा हुआ है। टालस्टाय को १९ वीं शताब्दी के महामेरु पर्वत कहने में कोई शंका नहीं है। ये कला में प्रयोजनात्मकतारूपी प्राण फूँक कर पुनर्जीवित करके जन-समूहों के लिए कला की आवश्यकता घोषित करनेवाले ऐतिहासिक पुरुष हैं। इसीलिए उनमें निहित प्रजा हित समाजवादी कला सामग्री का लेनिन, जार्ज लूकाच, लूनाषर्की, चेर्निसवस्की आदि ने प्रशंसा की है। टालस्टाय ने कला की एक परिभाषा दी थी। उसका उपहास आइ० ए० रिचर्ड्स ने इन शब्दों में किया था—

"Even a joke for Tolstoy is only a joke so long as all men may share in it,"

लेकिन उन्होंने टालस्टाय की कला की परिभाषा को "a fully revolutionary amendment" (Ch. IX) भी कहा है। लेनिन भी "Tolstoy's doctrine is certainly...reactionery" कहने के बाद यह मत व्यक्त करते हैं—

"But this does not mean in the least that this doctrine was not socialistic......"

(L.N. Tolstoy and his Epoch : Zvezda. 67, 22-1-1911)

एक ओर

"The sharing is more important than merriment. On these principles he surveys European Art and Literature. With magnificent defiance of accepted values and the hardness of heart of a supreme doctrinaire, one after another of the unassailables is toppled from its eminence. Shakespeare, Dante, Geothe, Etc are rejected." (Ch. IX) कहते हुए आश्चर्य चकित होकर प्रशंसा करते हुए भी दूसरी ओर उतने ही आश्चर्य से टालस्टाय के द्वारा किये गये कार्य को लेकर दुःख प्रकट करते हैं—

"Blinded by the light of a retarded conversion, knowing, as an artist, the extreme importance of arts, but forgetting in the fierceness of his new conviction all the experiences that had in earlier years made up his own creations, he flung himself, a principle in each hand, upon the whole host of European masterpieces and left as he believed, hardly a survivor standing....."

(Ch. IX)

यहाँ आई० ए० रिचर्ड्स से लिये गये समस्त उद्धरण उनका ग्रंथ 'प्रिंसिपल्स आफ लिटरेरी क्रिटिसिज्म से है।) समस्त ९वें प्रकरण को टालस्टाय के लिए ही रखकर उसके अन्त में संसार पर पड़नेवाली अद्वितीय और शंकारहित कवि-प्रभाव पर आई० ए० रिचर्ड्स कहते हैं—

"Even if the removal of the influence of all the Poets whose names we know made no appreciable difference in human affairs it would still be true that the enlargement of the mind, the widening of the sphere of human sensibility, is brought about through Poetry."

जब टालस्टाय ने सौंदर्य और आह्लादों को मात्र तुच्छ भौतिक सुखों की अनुभूतियाँ समझकर कला को धार्मिक मूल्यों को प्रतिपादित करने की आवश्यकता पर जोर देकर परिभाषा दी तभी कलावादियों का सामना करने के लिए अस्त्र न मिलनेवाले उन्हीं दिनों में केवल कलावाद विरोधी शक्तियों को एक महान् अस्त्र मिल गया था। उन्होंने टालस्टाय की परिभाषा के 'धार्मिक मूल्यों' वाले पदबन्ध में से 'धार्मिक' शब्द को छोड़कर बाकी को स्वीकार किया और अपने केवल कलावाद विध्वंसक सिद्धान्त का रूपायन किया।

आइ० ए० रिचर्ड्स के 'प्रिंसिपल्स आफ लिटरेरी क्रिटिसिज्म' के बहुत से प्रकरण 'व्हाट इज आर्ट?' में २, ४ और ५ प्रकरणों के विवरण अथवा परिणाम या परिणतियाँ अथवा आधुनीकृत बौद्धिक रूपांतरीकरण ही लगते हैं। इसी तरह उनके पूर्व के जार्ज श्यांटियाना भी टालस्टाय से इस संबंध में बहुत प्रभावित हुए। लेकिन वे और विस्तृत परिधि को लेकर रिचर्ड्स से अधिक विद्युतीकृत भाव परंपरा को फैलाते हैं। रिचर्ड्स मात्र टालस्टाय के ही नहीं, श्यांटयाना के प्रभाव में भी आते हैं। उनके अनेक विचार श्यांटयाना के हैं—

(तदर्थ पढ़िए— "Selected critical writings of George Santayana," Edited by Normal Henfrey, Vol. 1) में विशेषकर।

"The sense of Beauty, the relation of utility to Beauty, what is Aesthetics, the basis of Art."

आह्लाद को रिचर्ड्स भी टालस्टाय के समान साहित्य से अलग करते हैं—

"Every activity has its own specific goal- Pleasure very probably ensuses in most cases when this goal is reached, but that is a different matter. To read a poem for the sake of the pleasure which will ensure if it is successfully read is to approach it in an inadequate attitude. Obviously it is the Poem in which we should be interested, not in a by product of having managed to successfully read it. The orientation of attention is wrong if we put pleasure in the forefront."

(Ch. 12, P. 73 Principles of Literary Criticism)

इन वाक्यों को टालस्टाय के इन शब्दों की तुलना में देखिए—

"To see the aim and purpose of art in pleasure we get from it, is like assuming..... that the purpose and aim of food is the pleasure derived when consuming it."

लेकिन इस विषय में मार्क्सवादी दृष्टि तो स्पष्ट और आचरण प्रधान है—

"If literature is to reach millions of People, belong to them and enrich their culture, it must be artistically perfect and striking. Otherwise, the author's idea does not achieve expression."

(V. Scherbina Lenin and Problems of Literature. P. 159).

इससे स्पष्ट है कि जनता को आकर्षित करने के लिए कलात्मक शिल्प की अनिवार्यता है। यही षेर्बीना प्रतिपादित कर रही है। अत: हमें समझना होगा कि आधुनिक मार्क्सवादी साहित्यिक दृष्टिकोण के अनुसार कला को शिल्प और वस्तु के रूप में विश्लेषित किया जा सकता है और शिल्प (फार्म) कला लक्षण और कला का प्रयोजन जनता की प्रगति है। इस विश्लेषणात्मक प्रक्रिया के कारण ही मार्क्सवादी साहित्य के प्रवर्तक प्लेखनोव कहते हैं कि केवल कलावादी लेखक किसी भी समाज में नहीं रह सकता। ऐसा रहना असंभव है। कोई भी सरकार केवल कलावादी लेखक को चैन से नहीं रहने देती। जिस प्रकार विद्रोही जनवादी लेखक रहते हैं उसी तरह जनता के विरोधी और प्रतिक्रियावादी (रियाक्सनरी) लेखक भी रह संकते हैं। दोनों प्रकार की स्थितियाँ सरकारी प्रोत्साहन से ही न होकर सरकार के बलात्कार के कारण भी संभव हो सकती हैं—

"The Political Authority always prefers the utilitarian view of art, to the extent, of course, it pays any attention to art at all, And this is understandable; it is to its interest to harness all ideologies to the service of the cause which it serves itself. And since all political authority, although sometimes revolutionary, is most often conservative and even reactionary, it will be seen that it would be wrong to think that the utilitarian view of art is shared principally by revolutionaries... Tsar Nicholas himself looked upon art chiefly from 'moral' standpoint." ("on Art for Art's sake"; From "unaddressed letters and Art and Social Life."

(Moscow 1957)"

इसका तात्पर्य यही निकलता है कि कला तलवार के समान होती है। उसे किसी

भी प्रयोजन के लिए उपयोग में लाया जा सकता है।

इसीलिए टालस्टाय और आई० ए० रिचर्ड्स कला में आनन्द (प्लेजर) को मानते हैं। किन्तु उसे कला में एक लक्षण के रूप में ही स्वीकारते हैं, कला को परमार्थ के रूप में नहीं। यह मैनिफेस्टो भी यही कहता है कि काव्य का लक्षण अलग है और काव्य का प्रयोजन अलग है। इन बातों को प्राचीन भारतीय परंपरा ने स्पष्टत: अलग अलग रखा है। यही आई० ए० रिचर्ड्स में (चेप्टर १२) में इस प्रकार दिखाई देता है—

"The pleasure however great it may be, is no more that aim of the activity in the course of which it arises, than for example the noise made by motor cycle- useful though it is as an indication of the way the machine is running is the reason in the normal case for its having been started. This very common mistake noted, the significance of pleasure or unpleasure may be insisted upon without misgiving. They are our most delicate signs of how our activities are thriving."

(Ch. XII, P. 24).

यहाँ के अन्तिम वाक्य से यह विदित होता है कि रिचर्ड्स ने कला में आह्लाद को उसके जीव लक्षण के रूप में स्वीकार किया है। किन्तु कला की कलात्मकता को समझाने के लिए आह्लाद को केन्द्रीय मानते हुए भी कला के परमार्थ के रूप में वे उसे स्वीकार नहीं करते हैं। ए० सी० ब्राडले द्वारा व्यक्त अभिप्राय है कि प्रयोजन तत्त्व का कविता में प्रवेश अकविता शक्तियों का कविता पर दुराक्रमण करना है। इस मत का खण्डन करते हुए रिचर्ड्स ने टालस्टाय के मत का अनुसरण किया है—

"Ulterior values"- "But it is certain that some of these stand in a quite different relation to the Poetic experience than do others. Culture, religion, instruction in some special sense, softening of passions, and the furtherance of good causes may be directly concerned in our judgments of the Poetic values of experiences. Otherwise, as we shall see, the word 'Poetic' becomes a useless sound' "But there seem plainly to be other kinds of Poetry in which its Value as Poetry definitely and directly depends upon the ulterior ends involved. Consider the Psalms, Isaiah, the New Testament, Dante, The Piligrim's Progress,, Rebelais, any really universal satire, Swift, Voltaire, Byron. In all these cases the consideration of ulterior ends has been certainly essential to the act of composing. That consideration of the ulterior ends involved is inevitable to the reader."

(Ch. X: P 57, 58).

यहाँ बाइबिल और तत्सबन्धी ग्रंथ समुदाय को उदाहृत करने में हम टालस्टाय के ध्वनि-तरंगों को सुन सकते हैं। इसी मार्ग पर चलकर कविता के मूल्यांकन और कविता के प्रयोजनों के अनुशीलन की आवश्यकता को उन्होंने प्रतिपादित किया है। इसे आलोचक में ही नहीं बल्कि सहज रूप में पाठक में भी पढ़ने के समय स्फुरित होनेवाला काव्यांश भी कहा है और यह भी स्पष्ट किया है कि कविता के प्रयोजनों के कारण उभरनेवाली देशभक्ति, दैवभक्ति, प्रेम का उदय, करुणा आदि भावावेश कवित्वाह्लादकारक विशिष्ट आवेश से भिन्न होने पर भी काव्य के मूल्यांकन में अनिवार्य रूप में प्रवेश कर जाते हैं। यह समीचीन भी है।

काव्यानन्द को इतने सुचारु रूप में एक काव्य लक्षण के रूप में प्रतिपादित करके काव्य प्रयोजन के रूप में न माननेवाले रिचर्ड्स ने भी काव्याह्लाद के प्रतिपादन में स्ववचन व्याघात भी किया है—

("The Aesthetic made) "...is intended to cover the experience of ugliness as well as that of beauty... What I wish to maintain is that there is no such mode, that the experience of ugliness has nothing in common with that of beauty, which both do not share with innumerable other experiences no one... would dream of calling aesthetic."

(Ch. II, P. 10)

इसी को श्यांटायना ने उनसे पूर्व इस प्रकार प्रतिपादित किया है—
"it is mere barbarism to feel that a thing is aesthetically good but morally evil or morally good but hateful to preception.... If it were altogether good it would perforce be beautiful.".

Selected Critical writings of Georges Santayana Vol. I-P. 264.

यह भी टालस्टाय की परंपरा का ही है। उनके विचार देखिए—
..."good' includes the conception of 'beauty', but the reverse is not ture".

सौंदर्य (Beauty) मानी टालस्टाय के लिए Pagan Beauty (पापियों द्वारा कांक्षित तुच्छ भौतिक सौंदर्य) हैं। अत: उन्होंने उक्त वाक्य को "the conception of 'Beauty' does not include the conception 'good'" कहकर विस्तार दिया है। अभिरुचि के बारे में विवरण देते समय भी रिचर्ड्स (Judgment of Taste) टालस्टाय के What is Art ? के चौथे प्रकरण के प्रभाव में दिखाई देता है।

कवितानुभूति को अन्य अनुभूतियों से मुक्त करने का प्रयत्न अवास्तविक और अशास्त्रीय है। यही रिचर्ड्स का प्रधान प्रतिपाद्य है। यही तत्पूर्व श्यांटायना में दिखाई देता है। उसके पहले टालस्टाय में भी विदित होता है। यह सारूप्य परस्पर संबंधों से और विषय के एकत्व बन्धन से उभरा हुआ ही है। ब्राडले के कथन की आलोचना करते हुए रिचर्ड्स ने कहा है—

"The world of Poetry has in no sense any different reality from the rest of the world and it has no special laws and no other worldly peculiarities. It is made up of experiences exactly the same kinds as those that come to us in other ways." ..."The seperation of poetic experience from its place in life and its ulterior worths, involves a definite lop-sidedness, narrowness and incompleteness"

(Ch. X, P. 59, 60).

श्यांटयाना ने उससे पूर्व ही स्पष्ट किया है—

"Aesthetic good is accordingly no separable value. It is not realizeable by itself in a set of objects not otherwise interesting. So in a cultivated mind ulterior or rational interests, never being out of sight will merge in the same total and immediate appreciation." ---"To attempt, then, to abstract a so-called aesthetic interest from all other interests and a so-called work of art from whatever work ministers, in one way or another, to all human good, is to make the aesthetic sphere contemptible."

(P. 250).

इन विचारों से ही रिचर्ड्स की विचार सामग्री ने जन्म लिया है। श्यांटयाना पर पड़े टालस्टाय का प्रभाव इन उद्धरणों से और स्पष्ट होता है—

"There has never been any art worthy of notice without a practical basis and occasion or without some intellectual or religious function...." (P. 250) "Aesthetic perfection thus comes to perfect all other values; they would remain imperfect if beauty did not supervene upon them but beauty would be absolutely impossible if they did not underlie it." "The pleasures of perception are not beauties if they are attached to nothing substantial or rational, to nothing with a right of citizenship in the natural or in the moral world."

(P. 251).

श्यांटायना पर टालस्टाय का प्रभाव रिचर्ड्स पर से अधिक स्पष्ट रूप से दिखाई देता है। क्योंकि टालस्टाय ने कला का परमार्थ नैतिक प्रयोजन कहा है (यह नैतिक प्रयोजन भी धर्म प्रतिपादित ही है)। श्यांटायना में धर्म का उल्लेख दृश्यादृश्य रूप में ही मिलता है। 'है' भी कह नहीं सकते और 'नहीं' भी। यह ध्यान देने की बात है। लेकिन वह दृश्यादृश्य रूप में रह कर 'धार्मिक' से 'नैतिक' विशेषण प्रयोग के लिए अधिक प्रधानता देता है। देखिए—

"All art is therefore useful and practical and the notable aesthetic value which some works of art possess, for reasons flowing for the most part out of their moral significance, is itself one of the satisfactions which art offers to human nature as a whole."

(P. 256).

इसीलिए रसानंद और नैतिक प्रयोजन को अलग करने के प्रयत्नों के बारे में श्यांटयाना कहते हैं—

"The Rose's grace could more easily be plucked from its petals than the beauty of art from its subject, occasion and use.".... "The aesthetic good will be accordingly hatched in the same nest with others and incapable of flying far in a different air."

(P. 257).

टालस्टाय में धर्म-नैतिक प्रयोजन के रूप में प्रस्तावित बात श्यांटायना में नैतिक प्रयोजन के रूप में परिवर्तित हुई है। रिचर्ड्स में मूल्य (Value) के रूप में परिवर्तित है। रिचर्ड्स कहते हैं कि कला के लिए मूलभूत मानवता मूल्यों से ही संबंध होना चाहिए। धर्म नैतिक संबंध में साहित्य में गड़बड़ी पैदा करते हैं और वह उत्तम विधान भी नहीं है। उनका कथन है—

"...it is universally agreed that intelligence and good will could contrive that no man should be situated as to be deprived of all the generally accessible values. The clearing away from moral questions of all ethical lumber and superstitions interpolations is a step long overdue in this undertaking."

--"What value is and which experiences are most valuable will never be understood so long as we think in terms of those large abstractions, the virtues and vices,"

(P. 45, 46 - Ch. VIII).

'मूल्य' (Values) मानवता में दृश्यादृश्य रूप में सूक्ष्मातिसूक्ष्म सुवर्ण रज कण हैं। उसे कवि ही इकट्ठा कर सकता है। उन कणों से निर्मित कलात्मक रचना ही मानव की प्रगति के लिए सहायकारी हो सकती है। इस मंतव्य को इस क्षेत्र के लिए रिचर्ड्स द्वारा प्रदान किया गया अमूल्य योगदान समझना चाहिए।

"Instead of recognizing that value lies in the 'minute particulars' of response and attitude, we have tried to find it in conformity to abstract prescriptions and general rules of conduct. The artist is an expert in the 'minute particulars' and qua artist plays little or no attention to generalizations which he finds in actual practice are too crude to discriminate between what is valuable and the reverse. Yet since the fine conduct of life springs only from fine ordering of responses far too subtle to be touched by any general ethical maxims, this neglect of art by moralist has been tantamount to a disqualification." (यहाँ टालस्टाय पर चोट की गयी है)।

"The basis of morality, as Shelly insisted is laid not by preachers but by Poets."

(Ch. VIII - P. 46, 47).

इस तरह कवियों को संस्कृति और सभ्यताओं के कर्त्ताओं के रूप में प्रतिष्ठित कर रिचर्ड्स ने साहित्य के लिए सहेतुक और सशास्त्रीय आधारों की प्राण प्रतिष्ठा की है।

केवल कलावादियों पर आक्रमण करनेवाले मेधावी व्यक्तित्वों के वाद-विवादों का झगड़ा अन्ततः एक महान् २०वीं शताब्दी की मजाक बनकर रह गया। केवल कलावाद के विरुद्ध समस्त मेधावियों ने महान् तार्किक सिद्धान्त को खड़ा किया है कि काव्याह्लाद अथवा रसानंद न तो स्वतंत्र मानसिक व्यापार है और न ही विलक्षण प्रक्रिया। लेकिन अन्त में रसानंद को एक विशिष्ट व्यवहार कहने पर उतर आये हैं। श्यांटायना ने कहा है—

"Aesthetic sensibility and artistic impulses are two gifts; the pleasures that accompany them may of course be separated artificially from the massive pleasures and fluid energies of life. But to pride oneself on holding a single interest free to the exclustion of all its affinities and effects would be to pride oneself on being a volutary fool,"

(P. 250)

इसका अंतरार्थ यही होता है न कि काव्यानन्द एक अलग काव्य विशेष है। श्यांटायना की आरजू है कि उसे काव्य प्रयोजन से अलग मत कीजिए। वे कहते हैं कि काव्यानन्द अन्य जीवन मूल्यों को समग्रता प्रदान करता है—

"Aesthetic satisfaction thus comes to perfect all other values."

(P. 251)

अर्थात् उनके अनुसार काव्यानंद स्वतंत्र हो जाता है। इसीलिए "Reason in Art" नामक प्रकरण में उन्होंने स्पष्ट किया है—

"Utility, like significance, is an eventual harmony in the arts and by no means their ground."

काव्यानन्द को और काव्य प्रयोजन को श्यांटायना ने अलग किया ही है। इसे स्पष्ट करने के लिए इससे और कोई सबूत की जरूरत नहीं है। गौर कीजिए कि प्रयोजन (Utility) को उन्होंने "eventual harmony in Art" कहा है।

लेकिन पाश्चात्य जगत् में संकीर्ण विचार समुदायरूपी एक विरल रचना-व्यवहार के रूप में रह गये काव्य विवेचन को एक तार्किक बन्धन में लाकर शास्त्र रूप में अवतरित करने के उद्देश्य से प्रथमतः निकले रिचर्ड्स से अलग रास्ते पर चले हैं। ऐसा लगता है कि उन्होंने घुमाघुमाकर काव्यानंद को स्वतंत्र स्थान दिया तो

है, लेकिन नहीं दिया जैसा भी दिखाई पड़ता है। उनके वाक्यों को देखिए—
"It is never what a Poem says that matters, but what it is."

काव्य प्रयोजन के लिए काव्याह्लाद पर बहुत ही विस्तृत तार्किकता से आक्रमण करने वाले आई० ए० रिचर्ड्स इतने स्पष्ट शब्दों में कह रहे हैं। (आर्चबाल्ड मेक्लष की याद दिलाते हैं)। रिचर्ड्स ने और विस्तार के साथ उक्त वाक्य का समर्थन किया है इन शब्दों में—

"It is not made up of experiences of exactly the same kinds as those that come to us in other ways. Every Poem however is a strictly limited piece of experience, a piece which breaks up more or less easily if alien elements intrude. It is more highly more delicately organized than ordinary experiences of the street or of the hillside... it differs from many other experiences, whose value is very similar... When we experience it, or attempt it, we must preserve it from contamination, from the irruptions of personal peculiarities. We must keep the Poem undisturbed by these or we fail to read it and have some other experience instead. For these reasons we establish a severance, we draw a boundary between the Poem and what is not the Poem in our experience. But this is no serverance between unlike things but between two different systems of the same activities."

(P. 60, C. X)

इसमें हर शब्द और हर वाक्य गौर से देखने योग्य है। क्योंकि रिचर्ड्स काव्य विवेचन को शास्त्रीय पद्धति में ढालनेवाले हैं। उन्होंने हर शब्द को और काव्य को तर्क सहित तोलने का प्रयत्न किया है।

इन सब के गुरु टालस्टाय कम महत्त्व के नहीं हैं। वे असल में, १९वीं शताब्दी में केवल कलावाद विरोधी आन्दोलन के पिता कहे जा सकते हैं। उन्हीं से सभी विचार और सभी सिद्धान्त आन्दोलनवादियों तक पहुँचते हैं। लेकिन उन्होंने भी "What is art ?" के दूसरे अध्याय में प्राचीनों के काव्यानन्द और काव्य सौंदर्य बोध में धर्म बोध को अन्तर्निहित बताया है। आधुनिकों के सौंदर्य का खण्डन करते हुए उन्होंने कहा है—

"I shall not quote the definitions of beauty attributed to the ancients Socrates, Plato, Aristotle and others down to Plotinus - because in reality the ancients had not that conception of beauty seperated from goodness which forms the basis and aim of aesthetics in our time."

प्राचीन ग्रीक काव्यानन्द सिद्धान्त को मानने से काव्यानन्द को स्वतंत्र स्थान मान

लेना हो जाता है। क्योंकि ग्रीक सिद्धान्त के अनुसार काव्यानन्द स्वतंत्र मानसिक प्रक्रिया है, चाहे उसे उन्होंने नैतिक वासना युक्त क्यों न किया हो। इसका अनुसरण करते हुए ही एमरसन, काण्ट, षोपेन होवर, बोंगार्तेन आदि अनेकों ने सौंदर्य का विवेचन किया है।

रिचर्ड्स, श्यांटायना और टालस्टाय तीनों प्रमुखों ने सौंदर्य और आह्लाद के स्वतंत्र स्थान को पहले उसके विरोध करने के बावजूद माना ही नहीं, कहीं कहीं काण्ट द्वारा प्रतिपादित तात्विक विचारों को भी स्वीकारा है। (यह मानना चाहे जान बूझकर हुआ हो या अनजान में ही, फिर भी वाद की व्यावहारिकता में मानने का तात्पर्य उनकी रचना में सिद्ध हो जाता है।) काण्ट ने "Critique of Practical Reason" में यह स्वीकार किया है कि नैतिक चेतना मनुष्य में स्वभावतः मिलनेवाला नैसर्गिक लक्षण है। वह लोक व्यवहार से सीखा हुआ पाठ नहीं है। इस सूत्र को उक्त तीनों ने स्वीकारा है। नैसर्गिक लक्षण कहने से स्पष्ट होता है कि नैतिक चेतना का मानव प्रकृति में एक स्वतंत्र स्थान है। वास्तव में इस सूत्र को आधार बनाकर ही रिचर्ड्स ने अपने मूल्य संबंधी विचारों को प्रतिपादित किया है। देश, काल और पात्रों के आधार पर नैतिक मूल्यों के बदलते रहने पर भी उन्होंने कहा कि—

"With a naturalistic morality the reasons for altering them (different values) and the way to do so both become clearer,"

(Ch. VIII P. 45).

रिचर्ड्स के द्वारा निर्मित काव्यशास्त्र की परिभाषा में 'Impulses' शब्द प्रमुख स्थान ग्रहण करता है। उन्होंने कविता के मूल्य को (Value) इस सूत्र द्वारा विश्लेषित कर प्रतिपादित किया है कि मानव तत्काल प्रेरित स्वाभाविक उद्रेक की इच्छाओं में (Impulses) संदर्भ के अनुसार किसे प्रधानता देता है?

"Anything is valuable which will satisfy an appetency without involving the frustration of some equal or more important appetency; in other words, the only reason which can be given for not satisfying a desire is that more important desires will thereby be thwarted. Thus morals become purely prudential and ethical codes, merely the expression of the most general scheme of expediency to which an individual or a race has attained. (Ch. VII P. 36)

अर्थात् रिचर्ड्स के अनुसार सिंहासन ग्रहण करने के लिए औरंगजेब के पिता को जेल में डालना नैतिक और समर्थनीय ही होता है। लेकिन इस अद्‌भुत प्रतिपादनों से यहाँ हमारा संबंध नहीं है। यहाँ हमें उनकी एक ही बात चाहिए—

"..... a group of impulses, whose satisfaction becomes only second in importance to psychological necessities."

उसका कहना है कि स्वाभाविकोद्रेकों की इच्छाओं में कौन सा प्रमुख है, इसका निर्णय मानसिक आवश्यकता के आधार पर [यह मनोवैज्ञानिक आवश्यकता है] मनुष्य में होता है। अर्थात् रिचर्ड्स अन्त:करण को शीर्ष स्थान दे रहे हैं ('प्रमाणमंत:करण प्रवृत्तय:'— शाकुन्तलम्)। काण्ट को और उनके द्वारा प्रतिपादित मानवांतर्गत नैतिक चेतना की स्वतंत्रता को तिरस्कृत करनेवाले रिचर्ड्स उसी सूत्र को अन्यत्र 'प्राकृतिक नैतिकता' ('naturalistic morality) और 'मनोवैज्ञानिक आवश्यकता' ('psychological necessity') कहकर अलग-अलग नामों से स्वीकार कर रहे हैं। इसी तरह श्यांटायना और टालस्टाय में भी इस विषय पर समान रचना विन्यास दिखाई देते हैं। यहाँ उदाहरणपूर्वक विस्तार अनावश्यक है।

काव्य सौंदर्य एक स्वतंत्र विषय बनता है तो काव्य जगत् को अथवा मानव जगत् को पहुँचनेवाला नुकसान क्या है? यही समझ में नहीं आता! काव्य हमेशा मानव समूह के लिए लिखा जाता है। इसीलिए काव्य को मानव जीवन से अथवा मानव की अनुभूतियों से अनिवार्य रूप से उद्भवित होना है। ऐसी स्थिति में यह विवाद ही निष्प्रयोजन सिद्ध हो जाता है। कवि की अनुभूति के अनुसार अनेक प्रकार के काव्य जन्म लेते हैं। सभी काव्य ही हैं और सभी संसार के लिए आवश्यक हैं। इस अमूल्य साहित्यिक सत्य का विश्लेषण करते हुए रिचर्ड्स कहते हैं—

"It is only fair to say that few critics seem ever to notice it- that Poetry is of more than one kind, and that the different kinds are to be judged by different principles. There is a kind of Poetry-into the judgment of which ulterior ends directly essentially enter; a kind part of whose value is directly derivable from the value of the ends with which it is associated. There are other kinds into which ulterior ends do not enter in any degree ('पानी बनकर बह गया' जैसा काव्य) and there are not yet other kinds whose value may be lowered by the intrusion of ends relatively trivial in value."

(Ch. X P. 58, 59).

इस प्रकार एक समन्वयवाद का उदय भी रिचर्ड्स आदि की रचनाओं से होता है।

एक ओर शास्त्र संबंधी वाद-विवादों के आधार पर केवल कलावाद के विरोध में जब आन्दोलन चल रहा था तभी दूसरी ओर सृजनात्मक रचनाओं के क्षेत्र में लेखक कलात्मक प्रक्रिया के द्वारा समकालीन स्थिति और गतियों को प्रकाश में ला रहे थे। यहाँ एक प्रमुख उदाहरण प्रस्तुत किया जा सकता है। जुआँ रेमन जिमनीज (Juan Ramon Jimanez) नामक स्फानिश महाकवि कविता संबंधी दृष्टिकोण के क्षेत्र में इस संश्लेषणवाद (synthesis) के मूल पुरुष के रूप में मिलते हैं। लोर्का आदि स्फानिश कवियों की पीढ़ी के हैं। उन्होंने इस संप्रदाय का अनुसरण किया है। जिमेनेज कला की स्वतंत्र प्रतिपत्ति की बात का प्रतिपादन कर जितने

स्पष्ट कलावादी के रूप में दिखाई देते हैं उतने ही स्पष्ट जीवनवादी के रूप में भी दर्शन देते हैं। लोकतंत्र और अभिजात-तंत्र के बीच स्थित सामाजिक और राजनीतिक वैषम्यों का जहाँ तक संभव हो सकता है, कम करके पुनः परिभाषित करने वाले मेधावी हैं जिमनेज। वे कला की स्वतंत्रता के संबंध में उग्रवादी हैं। उनके अनुसार कविता एक मानसिक अवस्था है। उसे अक्षरबद्ध रूप देना या शब्द रूप देना कविता कहलाने वाले अंश के लिए घातक है। कवि अपनी बलहीनता के कारण लिखता है। लेकिन रचना से कविता एक वाङ्मय रूप में ढल जाती है। अतः उन्होंने कविता (Poetry) और साहित्य (Literature) को अलग-अलग माना है। सृजनपूर्व मानसिक दशा में कविता नग्न होती है। वह नग्न कविता है। अर्थात् शब्दरूपी वस्त्रों से विहीना है। वस्त्र धारण के पश्चात् कविता अपनी शुद्ध मूर्तिमत्तता को खोती है। यह उनका मत है। वे कहते हैं कि कविता को नादानी की आवश्यकता है। "The ceremony of innocence,' 'Naked poetry,' 'abstract dance;' आदि उनके द्वारा बिखेरे गये विशिष्ट पदबन्ध हैं। लेकिन जिमनेज महाकवि ही कविता के लिए "बौद्धिक तर्क" (Intellectual Reason) की आवश्यकता का प्रतिपादन करते हैं। (यह बात श्यांटायना में भी मिलती है।) "द पोयट्री आफ बारबरिज्म" (पृ० ११२) में वे कहते हैं कि—

"A failure of reason is a failure of art and taste."

क्योंकि वस्तु तक पहुँचने के लिए और वस्तु ज्ञान के लिए तार्किक प्रक्रिया चाहिए। अर्थात् उनका कहना है कि हेतुवाद वस्तु ज्ञान के द्वारों को खोलता है। उसके बाद "यतो वाचो निवर्तन्ते अप्राप्य मनसा सह"। 'Critique of Pure Reason, में काण्ट के विचारों के अनुसार इन्द्रिय दत्त जगद्वस्तु ज्ञान से सीमित हेतुवाद वस्तु के आभास मात्र जगत् तक ही जा सकता है। लेकिन वस्तु की वास्तविकता तक नहीं जा सकता। पंचेन्द्रियों द्वारा सिद्ध शब्द, स्पर्श रूप, रस, गंध आदि पंच तन्मात्र से हमें वृक्ष, कुर्सी, मेघ, पक्षी आदि को इन्द्रियानुभूति तक पहुँचाते हैं। इस प्रकार से कवि हेतुवाद की सीमाओं में ही रह जाता है तो पेड़ को पेड़ ही कहता है। उसकी डालियों में रहनेवाले पक्षी उसका गीत तो ज्यों के त्यों रहते हैं। लेकिन वह कविता नहीं होगी। वह कविता तभी होगी जब कवि पक्षी को डाल पर बैठकर गाता देखता है और उस दृश्य को देखकर कहता है कि वह पत्तों को धारण की हुई वीणा है। अतः कविता के उद्भव के समय में कवि इन्द्रियप्रदत्त ज्ञान का अधिगमन कर उस पार की सीमाओं में चला जाता है। काण्ट द्वारा मान्य 'फेनोमिनान्' 'Phenomenon' को पारकर 'नवोमेनान्' ('Noumenon') में जगत् को पार कर ब्रह्म में) पहुँच रहा है। अन्यथा वृक्ष वृक्ष ही दिखाना चाहिए। पत्तों से युक्त वीणा के रूप में कैसे दिखाई देता है? सबको दिखाई देनेवाली वस्तु समुदाय कवि

को और रूप में ही दिखाई देता है। कवि का वस्तुओं में वस्तुतत्व अन्वेषण और इन्द्रियों द्वारा उन तक पहुँचकर इन्द्रियों से संबंधित हेतुवाद की परिधियों का अतिक्रमण करना ही कविता है। उसी से प्रतीकों, बिम्बों और अलंकारों का जन्म होता है। वे कवि के 'नवोमिनान्' (Noumenon) में जाने को ही सूचित करते हैं। किन्तु यह कहा नहीं जा सकता कि उसने वस्तु की वास्तविकता का संपूर्ण दर्शन किया है, किन्तु यह अवश्य कहा जा सकता है कि जगत् की सीमाओं को उसने अवश्य पार किया है। इसीलिए जिमिनेज कहते हैं कि वास्तविकता के दर्शन करने के लिए, अपने आपको पाने के लिए वे वस्तु समुदाय में निमग्न हो जाते हैं। (यही आत्म कलाभ्यास है)। इस रास्ते पर चलनेवाले रिल्के भी एक और समन्वयवादी कवि हैं। रिल्के के बारे में व्याख्या करते हुए अपने (द ट्रुथ आफ पोयट्री) (The Truth of Poetry) नामक ग्रंथ में मैकेल हेंबोर्गर कहते हैं—

".....his work appealed to many different kinds of readers and satisfied many different needs... It ranged from the intense self communion of the *STUNDENBUCH* to the seemingly social pre-occupations of the *BUCH DER BILDER* and the seeming absorption in things of *NEUE GEDICHTE*."

सौंदर्य शास्त्र पर मार्क्सवादी दृष्टिकोण

आधुनिक युग में सृजनात्मक रचयिता को सौंदर्यशास्त्र पर मार्क्सवादी विवेचन के संबंध में अच्छी जानकारी प्राप्त कर लेना आवश्यक है। यह तीन कारणों से आवश्यक है— (१) हमारी सीमाओं में मार्क्सवादी दृष्टिकोण के नाम पर साहित्य में केवल अज्ञानमूलक अमार्क्सवादी मार्गों की व्याप्ति रोकी जायेगी, (२) हेगेल, मार्क्स, ऐंगिल्स, लेनिन, लूनाषार्की, प्लेखेनोव, गोर्की आदि से साहित्य में प्रतिपादित अति निगूढ़ तात्त्विक मर्मों का अवगाहन कर लेने की क्षमता और वय से रहित बच्चों द्वारा साहित्य में मार्क्सवाद के नाम पर किये जाने वाले कोलाहल को दबाया जा सकता है, (३) यूरोप में प्राचीन और आधुनिक युगों में आये समस्त साहित्यिक तत्त्व-चिंतन से चले आन्दोलनों की सशास्त्रीय समीक्षा विधान ही मार्क्सवादी साहित्यशास्त्र विधान है, यह भासित होगा। वह अत्याधुनिक ज्ञान है। अत: उसका अध्ययन बहुत ही लाभदायक होगा।

[सौंदर्यशास्त्र पर मार्क्सवादी दृष्टिकोण के संबंध में यहाँ एक संक्षिप्त समीक्षा ही संभव है। लेकिन इस प्रसंग में इस मैनिफेस्टो के पाठकों से निवेदन है कि वे — "Marxist - Leninist Aesthetics and Life" (Progress Publishers, Moscow) पढ़ें।]

प्रस्तुत विषय पर मार्क्सवादी दृष्टि से विवेचन कुछ हद तक हेगेलियन मार्ग पर चलता है। [उन्होंने उसे 'आइडलिस्ट' (आदर्शवादी) मार्ग पर जब तक ले जाने

का प्रयत्न नहीं किया तब तक] कला तत्त्व के अवगाहन में 'डयलाक्टिकल' पद्धति का प्रवेश कराने वाले हेगल हैं। कालक्रम में कला के द्वारा प्राप्त की गयी विभिन्न परिणाम दशाओं के लिए तत्कालीन सामाजिक स्थितियाँ और गतियाँ मूल हेतु बताकर उन्होंने कला परिणति और सामाजिक परिणामों के बीच एक अविभाज्य संबंध का निरूपण किया है।

मार्क्सवादी साहित्य के विवेचन में कला को ज्ञानार्जन के मार्गों में (अर्थात् सृष्टि और जीवन के अवगाहन के मार्गों में) एक मानना प्रमुख बात है। ए० जिस (A. Zis) नामक रूसी साहित्यवेत्ता कहते हैं कि—

"The link between art and both Philosophy and Science expresses its cognitive function, while its link with politics and morals expresses its ideological and educative function. In its relationships with these forms, art is revealed as artistic cognition and the embodiment of Scientific, Philosophical, moral and Political ideas. In as much as there functions are inseperable, art is always akin to the above forms of consciousness."

(Marxist Lenininst Aesthetics and life" P. 62)

एक और जगह पर ए० जिस कहते हैं—

"Art reveals the truth of life; like science, it is an expreession of man's domination of reality."

(P. 63).

इससे भी सरल और सुलभ रीति से कहे गये षेर्बीना के वाक्य पूर्व प्रकरणों में उद्धृत हैं। यह दृष्टिकोण रोमांटिक सिंबलिस्टवादियों की प्रथम परंपरा से मिलता है। उसमें भी प्रमुखत: सिम्बलिस्ट संधारणा से वह मिल जाता है। प्राचीन भारतीय काव्यशास्त्रीय आचार्यों की परम्परा भी, जैसे पूर्व प्रकरणों में स्पष्ट किया गया है, कविता को ज्ञानार्जन के साधन के रूप में ही स्वीकार करती है। ज्ञान और आनन्द को उसने अविभाज्य माना है। 'ज्ञानानन्द मयं देवं' कहने वाला भारतीय तत्त्वशास्त्र ही भारतीय काव्यशास्त्र के रूप में रूपायित हुआ है। इस पर पूर्व प्रकरणों में सम्यक् चर्चा हुई है। अरस्तू से आरंभ की गयी काव्य विचारधारा में भी यह अंश दिखाई देता है। वही अविच्छिन्न प्रवाह के रूप में काण्ट तक आकर फिर हेगेल में प्रवेश कर गया है।

वेदान्त और कविताओं के बीच का अन्योन्याश्रित संबंध अति प्राचीन है। ज्ञान, ज्ञातृ और ज्ञेय त्रयी सृष्टि विचार में प्रधान स्थान ग्रहण करती है। ज्ञाता subject, ज्ञेय object और ज्ञान knowledge है। मार्क्सवादी कला तत्त्व विचार कला दृष्टि से गृहीत वस्तु और कला रहित दृष्टि से गृहीत वस्तु रूप में दो भिन्न-भिन्न वस्तुओं के होने को मानती है। कला ज्ञाता को वस्तु ज्यों की त्यों दिखाई नहीं

देती है। कलात्मक दृष्टि में वह वस्तु भिन्न रूप में होती है। अर्थात् देश और काल ज्ञान से निश्चित वस्तु स्वरूप कला में ज्यों का त्यों नहीं रहता। जगत् गत वस्तु समूह को जगत् में एक स्थिति है तो कला में और दूसरी ही स्थिति रहती है। वही उस वस्तु की वास्तविक स्थिति है। कलात्मक द्रष्टा ज्ञाता वस्तु को साधारण रूप में ग्रहण नहीं करता, बल्कि उसकी पुन: सृष्टि करता है। अत: कला सृजनात्मक प्रक्रिया हो जाती है। इस सत्य का प्रतिपादन लेनिन ने सूत्रबद्ध रूप में इस प्रकार किया है—

"Man's consciouness not only reflects the objective world, but creates it." (V.I.Lenin, collecleted works Vol. 38, P. 212)

व्याख्या के रूप में के० डोलगोव नामक रूसी साहित्य तत्त्ववेत्ता ने विश्लेषित करते हुए कहा है —

"......a concrete and historical object existing in real time and space is one thing, but the reflection of the given object in art is another .:.....In addition to their usual existence in form of an object artistic cretaions have a 'Second life' the life of a work of art, which constitutes their ture existence. The subject not only reproduces the object but also creates it. This is expressed both in the fact that the artist also creates objects and phenomena not existing before in nature...... and in the fact that he transforms already existing objects according to the laws of beauty."

(P. 31).

जगत् (Phenomenon) और ब्रह्म (Noumenon) नामक दुमंजिला काण्टीय दार्शनिक सिद्धान्त में 'Phenomenon' की सीमाओं को पार करना जो कलात्मक दृष्टि है उसके और इन डोलगोव के बीच सादृश्य है। इतना ही नहीं बल्कि प्लेटो का सिद्धान्त 'Ideas' तत्संबंधी "Twice removed from reality" से और उससे उत्पन्न अरस्तू के "Imitation of reality" सिद्धान्त से भी सादृश्य स्पष्ट दिखायी देता है।

(अरस्तू का Imitation of Reality में imitation का नकल करना नहीं है। अनुकरण करनेवाला कलात्मक द्रष्टा या subject है। उसका imitation एक Subjective प्रक्रिया है। अर्थात् आत्मकला है— एक सृजनात्मक प्रक्रिया है।)

मार्क्सवादी दृष्टिकोण के अनुसार कविता हो या अन्य कोई सृजनात्मक रचना एक 'आत्मकला' है। इस प्रक्रिया के संबंध में इस मैनिफेस्टो के एक प्रकरण में विवरण दिया गया है। आत्मकला मार्क्सवादी दृष्टिकोण के अनुसार (इस मैनिफेस्टो के अनुसार भी) केवल एकमुखी आत्मीकरण मार्ग ही नहीं है, यानी जगत् को अपने अनुसार अवगाहन कर लेना या शिल्पित करना ही नहीं बल्कि अपने आप को जगत् के रूप में शिल्पित करना है। यही आत्मकलाभ्यास में है। यही आत्मा

और जगत् का ऐक्य है। इसी रूप में इस मैनिफेस्टो में इसका विवरण भी है। इसी को डोगोव ने इन शब्दों में वर्णित किया है—

"Man humanizes nature and objectivises himself while transforming nature."

(P. 32).

मार्क्सवादी दृष्टिकोण इससे आगे बढ़कर आश्चर्यजनक रूप में विवरण देता है कि कलात्मक प्रक्रिया किस प्रकार मनुष्य में निहित कर्मण्य चेतना का उद्घाटन करती है और तद्द्वारा जगत् को परिवर्तित करनेवाले स्वभाव को स्वरूप देती है, उस अद्भुत प्रक्रिया में अभ्यास या तपस कितना प्रमुख बौद्धिक अंश है। लेनिन कहते हैं—

"The world does not satisfy man and man decides to change it by his acitivity".

इसी की व्याख्या करते हुए डोलगोव कहते हैं—

"The whole point is that man does not exist passively in the world but actively."

मनुष्य जगत् में सकर्मण्य रहने के कारण जगत् को (अपने परिसरों को) बदलने के लिए उद्यत होता है। लेकिन जगत् अपनी स्वाभाविक प्रकृति के अनुसार ही प्रवर्तित होता रहता है। ऐसे जगत् को बदलने के लिए मनुष्य को जगत् और जगत् के स्वभाव और उसकी प्रकृति को समझना है। अत: जगत् को परिवर्तित करने का मानव संकल्प ही जगत् के विवेचन की ओर उसे ले जाता है। यह प्रक्रिया अन्तत: आत्मगत ही नहीं, बहिर्गत ही होती है। अर्थात् वस्तुगत भी होती है। तदनुसार आत्मकलाभ्यास का मतलब आत्मा और जगत् का संधान ही होता है। इस संधानरूपक चैतन्य के अर्जन के लिए अभ्यास या तपस (Reflection) को साधन के रूप में प्रतिपादित करता है मार्क्सवादी कलातत्त्व विचार। इस संदर्भ में डोलगोव के वाक्य उल्लेखनीय हैं—

".....The objective world develops according to its own laws. In order to change it, it is necessary not only to cognize these laws, but also to transform the world during the course of revolutionary practice." "However the ends in man's activity in transforming the world are not only and not simply subjective; they arise out of reality itself...Precisely this is why objective reality and practice are the starting point, the basis of human cognition and reflection of the world."

(यहाँ रुद्रट के सूत्र का मनन करना है— "मनसि सुसमाधिनि विस्फुरण-मनेकाधाभिधेयस्य" और उसका अद्भुत रूप से रसास्वादन करना है।) डोगलोव

आगे और विवरण देते हुए कहते हैं—

"Practice always appears as the 'meeting place' of the subject with the object...." "It is only natural that practice bears a 'subjective' nature or more accurately, subjective-objective attitudes in art of a personal individual nature."

उन्होंने आत्मकलाभ्यास को इस प्रकार निष्कर्ष के रूप में प्रस्तुत किया है—

"By influencing man's consciousness and forming his attitude to the world and subsequently, world outlook, art is capable of giving human activity a definite direction, goal and meaning, namely by not simply changing the world but by changing it aesthetically."

और आगे बढ़कर वे अपना मंतव्य देते हैं—

"....One can not conceive of art without the human 'Ego' without the subject, and without its creativity, during the process of which and owing to which man changes himself and his surrounding reality according to the laws of beauty". उनके ये सब वाक्य "Artistic Creativity and Lenin's theory of reflection" से उद्धृत हैं।

समाज को परिवर्तित करने के लिए कला को एक अद्वितीय साधन के रूप में माननेवाला मार्क्सवादी साहित्यिक दृष्टिकोण सौंदर्यशास्त्र, कला और साहित्यों को समाज के साथ अविच्छिन्न और संबंध सूत्र से बद्ध मानते हुए उन्हें संपूर्ण स्वतंत्र प्रक्रियाओं के रूप में देखता है। इस बात की ओर सबको ध्यान केन्द्रित करना है। रूसी साहित्यशास्त्री ए० जिम ने अपने "Aixiological aspects of Art in the light of the interaction of forms of social consciousness." नामक निबन्ध में इस विषय पर समग्र चर्चा की है। उन्होंने कहा है—

"Art is the affirmation of definite view points on life." "Marxist Leninist aesthetics fully takes into account the specific features of art while at the same time brining together art and politics, art and philosophy, art and morals etc."

इस बात की व्याख्या करते हुए मार्क्सवादी सौंदर्यशास्त्र द्वारा स्वीकृत विधान के स्पष्टीकरण में कहते हैं—

"A crude, dogmatic conception of the link between art and politics is profoundly alien to Marxist-Leninist understanding of art. Marx and Engels themselves protested against transforming the characters of fiction into mere mouthpieces for the spirit of the time and denied the admissability of substituting the didactic illustration of political slogans for a true and diverse representations of reality."

इसी तरह आगे कहते हैं—

"The ethical is not added onto the aesthetic; it is an organic part of art, arising from its humanistic nature....the aesthetic embraces the ethical as a natural and inalienable element."

लेकिन वे कला के स्वतंत्र स्थान को स्वीकार करते हैं—

"While emphasising the interdependence subsisting between art and other forms of social consciousness in respect of content, Marxist-Leninist aesthetics notes simultaneously the relative independence of art."

ये सारे विचार इस प्रकरण में पूर्वोल्लिखित जार्ज श्यांटायना और आई० ए० रिचर्ड्स के विचारों से इन अंशों में पूर्णत: एकमत हो जाते हैं। (उनके विचारों को पुन: देखिए।)

लेकिन श्यांटायना और आई० ए० रिचर्ड्स ने सौंदर्यशास्त्र के संबंध में अतिवादियों के रूप में अपना योगदान दिया है। प्रमुखत: रिचर्ड्स को सौंदर्यशास्त्र नाम से ही एक प्रकार की चिढ़ थी। इसीलिए जर्मन सौंदर्यशास्त्र को शंका की दृष्टि से देखते हुए अंग्रेजी साहित्य की आलोचना पर जर्मन सौंदर्यशास्त्र के प्रभाव में आने का आरोप उन्होंने लगाया है—

"The influence of German Aesthetics upon the English mind."

(Ch. X - "Poetry for Poetry's sake", P. 55).

असल में रिचर्ड्स ने Aesthetics को एक शास्त्र के रूप में मानने से इनकार ही किया है उस पर व्यंग्य-बाण फेंके हैं (Ch. X 'Poetry for Poetry's sake' P. 55)। लेकिन मार्क्सवादी दृष्टिकोण कलात्मक सौंदर्य के विचार को सशास्त्रीय और सतार्किक रूप में अनुशीलन करने के लिए आग्रह करता है और उसे एक विशेष शास्त्र के रूप में रूपायित होकर अध्ययन योग्य बनाने की बात भी करता है। इस संदर्भ में मार्क्सवादी दृष्टिकोण का प्रतिपादन करते हुए M. Ovsyannikov कहते हैं—

"Aesthetics is a philospohical science and it can not be reduced either to psychology, linguistics, sociology, or any other special branch of knowledge. It is equally incorrect to replace the scientific methodology of aesthetics by systematic methods."

(यहाँ रिचर्ड्स कुछ मार खा जाते हैं)। Ovsyannikov आगे और स्पष्ट करते हैं—

"It is well known that important discoveries are often made now by combining sciences. Today the aesthetican not only must know about the achievement of other sciences but also must use them fearlessly in his own research.... However it should not be forgotten that Aesthetics as a science has its own subject of research, its own specific system of categories and its own specific tasks as well."

साहित्य के अध्ययन में सत्य ही प्रधान है, राजकीय भाष्य नहीं।

यही पाश्चात्य जगत् के काव्य प्रयोजन से संबंधित इतिहास है। अब तक जो कुछ बीता है उसके अनुसार इस इतिहास में केवल कलावाद से संबंधित दृष्टिकोण मात्र ही अल्प आयु का रहा है। इसके परिणामस्वरूप उभरी विचित्र विशेषता है— दुनिया का समस्त साहित्य बहिर-संसार की स्पृहा के रूप में रहते हुए भी साधारणतः सामाजिक धर्म प्रतिपादक के रूप में ही प्रवर्तमान हुआ है। भारत वर्ष में पुराणेतिहासों से लेकर आधुनिक युग के आरंभिक चरण तक का प्रायः समस्त साहित्य उपदेशात्मक ही रहा है। कुछ मूर्ख, अधकचरे ज्ञान धुरीण इस समस्त वाङ्मय को राजाओं के प्रीत्यर्थ लिखा गया मानते हैं। 'मनुचरित्र' जैसे महाकाव्य को श्रीकृष्णदेव राय की खुशी के लिए लिखा गया प्रशस्ति काव्य समझते हैं। काव्यारंभ में जो कृतिपति के वंश वर्णन एवं आश्वासान्त में जो पद्यावली है वे काव्य भाग में नहीं आते। काव्य वहीं से आरंभ होता है जहाँ से 'अभ्युदय परंपराभिवृद्धि' आदि से कथा रचना आरंभ होती है। चाहे उसके साथ जुड़ी गाथा महापुरुषों की क्यों न हो उन सबको राजाओं से पुरस्कार प्राप्त करने के लिए लिखा गया कहता है आधुनिक आलोचक सम्राट। आधुनिक कवियों की अकविता को ही कविता का मानदण्ड मानता है वह।

इस प्रकार की महाकाव्यों की आलोचना निश्चित ही आलोचना के अपमार्ग को ही सूचित करती है। इसीलिए वर्तमान कवियों, आलोचकों और अध्यापकों को भारतीय काव्यशास्त्र में चर्चित काव्य प्रयोजन के विधान को स्पष्टतः समझना है। अन्यथा भारतीय काव्य-परंपरा पर ही असत्य प्रचार को रोकना असंभव हो जाता है।

भारतीय काव्य प्रयोजन : चतुर्विध फल पुरुषार्थ सिद्धि

इस देश के समाज में काव्योत्पत्ति और तत्संबंधी संदर्भ को दृष्टि में रखकर काव्य प्रयोजन की चर्चा की गयी है। समाज की व्यवस्था के लिए आदिम युगीन ज्ञानियों के द्वारा किये गये महान् प्रयत्नों के फल ही वेद, पुराण और काव्य नामक तीन शाखाएँ हैं। समस्त मानवों का लक्ष्य अर्थात् समाज का लक्ष्य निर्देशित हुआ है धर्म, अर्थ, काम और मोक्ष। उनकी साधना को दृष्टि में रखकर उसके अनुसार समाज की व्यवस्था की गयी है। तदर्थ ही वर्णाश्रम धर्मों का विधान किया गया है। चतुर्विध पुरुषार्थ उसके शिखर पर हैं। उन तक पहुँचने के लिए चतुर्वर्ण और चतुर्विध आश्रम सीढ़ियाँ हैं। यह प्राचीन भारतीय सामाजिक व्यवस्था है। इस व्यवस्था को अमल में रखने के लिए दो पद्धतियों का सहारा लिया गया है। एक शासन और दूसरा प्रचार। शासन का स्थान वेद ने लिया है और प्रचार का काम पुराण

तथा काव्य ने। इस प्रकार वेद, पुराण और काव्य तीनों ने जनता को घेर कर उसकी व्यवस्था की है। मानव समाज में चाहे जो भी संस्कृति हो, चाहे जो भी सभ्यता हो अपने आपको अमल में लाने के लिए प्रभुता और प्रचार को अपने वश में कर लेती हैं।

वेद शास्त्र हैं और इसीलिए शब्द प्रधान है। शास्त्र शासन होने के कारण शब्द की प्रधानता पर ही आधारित होता है— "शब्द प्राधान्यमिति शासनात् शास्त्रमिदम्" भोज कृत सरस्वतीकण्ठाभरण का यह कथन है। आज हमारे न्यायालयों में अमल में आनेवाले शासनों का लक्षण भी यही है। न्यायालयों में आधुनिक न्यायशास्त्र (Juris Prudence) द्वारा अमल में आनेवाले विधानों में Grammatical interpretation अर्थात् शब्द प्रधान अन्वय ही प्रथम पद्धति के रूप में स्थापित किया जाता है। शब्द का उल्लंघन नहीं करना है। अगर कभी ऐसी पद्धति उस शासन के लिए मूलभूत लक्ष्य के विपरीत परिणत होती है तो उसके Preamble में कहे अनुसार शासनकर्त्ताओं के हृदयगत जो लक्ष्य भाषित होता है उसके अनुकूल उसे व्याख्यायित करके अमल करना है। कहने का तात्पर्य यही है कि किसी भी युग के समाज में शासन रूप में अवतरित शास्त्र शब्द प्रधान ही रहता है। शास्त्र का विज्ञान के अर्थ में भी यही आशय मिलता है। इसीलिए शास्त्र सूत्रों के रूप में प्रवचित होता है। परिभाषा में शब्द का प्राधान्य अनिवार्य होता है। अणु की परिभाषा और उपमालंकार की परिभाषा में दोनों स्थानों पर शब्द ही केन्द्रीय स्थान पर रह जाता है। शास्त्र शासन है, शासन प्रभुता का लक्षण और प्रभुता का साधन है। वह कहने तक ही है। उसका अगर आचरण नहीं होता तो दण्ड ही उसके विधान में नहीं है। लेकिन उस समय के समाज व्यवस्थापकों ने लाड़-प्यार के विधान को स्वीकार किया है— वही प्रचार है। जनता को फुसलाने के लिए पुराणेतिहासों और काव्यों का प्रणयन उन्होंने किया है। 'उन्होंने' यहाँ इसलिए कहा गया है कि वेद में, पुराण में और काव्य में ऋषित्व निहित है। वेदर्षि ही पुराणर्षि है, पुराणर्षि ही काव्यर्षि है। तीनों तपस्साधक ही हैं। उनके साधन, उनके लक्ष्य और उनके लक्षण सब समान ही हैं। इसीलिए समाज की व्यवस्था के कार्य को अपने आप में बाँट कर उन्होंने किया है। यही समझना चाहिए। इस व्यवस्था का परमार्थ है मनुष्य को धर्म, अर्थ, काम और मोक्ष रूपी चतुर्विध फलों की प्राप्ति उत्तरोत्तर क्रम में साधना (यहाँ कविसेना इतिहास का विवरण दे रही है, गलती से न समझें कि प्रबोध कर रही है। वैसा करने के लिए लायक है वर्तमान ब्राण्ड वचनकवीश्वर और आलोचक सम्राट।) चाहे कोई संस्कृति हो या सभ्यता अपने अस्तित्व के लिए और अपनी व्याप्ति के लिए पहले प्रभुता और प्रचार को अपने हाथ में ले लेती है मानव समाज में। यही अक्तूबर क्रान्ति के बाद रूस में हुआ है। लेनिन,

लूनाषार्की, मायाकोवस्की आदि हमारे वेद, पुराण और काव्य-कर्त्ताओं के समान हैं।

वेद रूपी प्रभुता जो शब्द प्रधान है, उसे हटाकर बचने वाला प्रचार है। पुराण और काव्य जो प्रचार वाङ्मय है उनमें प्रधान पुराण अर्थ प्रक्रिया है (पुराण के साथ इतिहास भी इससे जुड़ता है।) काव्य तो रस प्रधान प्रक्रिया है। यही प्राचीन भारतीय समाज और प्राचीन भारतीय काव्य दोनों का इतिहास है। यही इतिहास कल-परसों तक हमारे देश में गुजरा है। प्रमुख काव्यशास्त्र के आचार्यों को सुनेंगे तो सत्य स्पष्ट हो जाता है और अधकचरे ज्ञान के साहित्य मारीचों के असत्य प्रचारों से गुजरे साधारण लोग आश्चर्य चकित होंगे।

भारतीय 'काव्य प्रयोजन' का इतिहास

भरत ने काव्य को मानव के लिए सभी तरह से उपयोगी होने का मंतव्य देते हुए अनेक काव्य प्रयोजनों का उल्लेख किया है। उन्होंने इसके संबंध में नाट्यशास्त्र में स्पष्ट किया है—

> ''उत्तमाधम मध्यानां नराणां कर्म संश्रयं, हितोपदेश जननं धृति
> क्रीड़ा सुखादिकृत— दुःखार्तानां श्रमार्तानां, शोकार्तानां
> तपस्विनां विश्रांति जननं काले नाट्यमेतद्भविप्यिति— धर्म्यं यशस्य-
> मायुष्यं हितं बुद्धि विवर्धनं लोकोपदेश जननं नाट्यमेतद्भविष्यति।''

उत्तम, मध्यम और अधम तीनों वर्गों के मानवों को हितोपदेश देता है काव्य। धैर्य, विनोद और सुख प्रदान करता है। मुसीबतों में घिरे लोगों, श्रमजीवियों, शोक संतप्त हृदयों और इतना ही नहीं, बिना व्यथाओं के तापसियों तक को काव्य आराम देता है। धर्म-अधर्म, यश-अयश, काम्य-अकाम्य, हित-अहित, आयुर्वृद्धि, बुद्धि आदि सबके संबंध में उपदेश देता है। भरत ने ईसा के बहुत शताब्दियों पूर्व ही काव्य के कर्त्तव्यों का निर्देशन कर दिया है। इतनी सेवा करनी है काव्य को मानव के लिए। वह अध्यापक का काम करता है सचिव का काम करता है, मित्र का काम करता है, वैद्य का काम करता है और यहाँ तक कि प्रेयसी का काम भी करता है। इस प्रकार अनेक रूपों में कवि को अवतार लेकर मनुष्य का उपकार करना है। अर्थात् कवि को समस्त मानव-समस्याओं को ग्रहण करना है और उनका अनुभव भी अर्थात् उन दुनियाभर के लोगों के लिए दुःखित होना है। इसका मतलब यही होगा कि कवि का दायित्व परिवार में पिता के दायित्व सदृश है। यही कवि का पात्र है समाज के लिए। तभी वह सब 'प्रीतिकर' और 'श्रेयस्कर' काव्य लिख सकता है। इसी को दृष्टि में रखकर भरत ने पहले ही कवि के शोक को काव्य की आत्मा के लिए मूल कारक के रूप में प्रस्तुत किया है। ''योर्थो हृदय संवादी तस्य भावो रसोद्भवः, शरीरं व्याप्यते तेन शुष्कं काष्ठमिवाग्निना' का अर्थ यही है कि इन्द्रिय गोचर बाह्य जगत् समस्त शरीर में सूखी लकड़ी में अग्नि

के समान व्याप्त हो जाता है। इस परमोत्कृष्ट विचार को आनन्दवर्द्धनाचार्य ने ध्वन्यालोक में इस प्रकार ध्वनित किया है—

काव्यस्यात्मा स एवार्थ: तथाचादि कवे: पुरा।
क्रौञ्च द्वन्द्व वियोगोत्थ: शोक: श्लोकत्वमागत: ॥

भरत के बाद आनेवाले भामह ने (ई० पू० २ री-३ री शताब्दी के हैं शायद— इन तारीखों का निर्णय एक बड़ा झमेला है। आधुनिक इतिहासकार तो बहुत ही सरलता से कह बैठता है कि मैंने परसों ही मनु और मांधाता के संग चाय पी है।) अपने काव्यालंकार में कहा है—

धर्मार्थकाम मोक्षेषु वैचक्षण्यं कलासु च।
प्रीतिं करोति कीर्तिंच साधुकाव्य निषेवणम्॥

सत्काव्य का पंठन पहले धर्माधर्म का विवेक प्रदान करता है। (यही भरत का धर्न्यं यशस्यं— हैं)। उनका कहना है कि इस प्रकार की धर्माधर्म विचक्षण-शक्ति मानव को द्वितीय पुरुषार्थ अर्थ की प्राप्ति में सन्मार्ग दिखाती है। अर्थात् चाहे किसी भी मार्ग से धन कमाना मात्र इस पुरुषार्थ का तात्पर्य नहीं है। नीतिकारों ने शुक्ल, शबल और कृष्ण नामक मार्गत्रयी का प्रतिपादन किया है, धनार्जन के संदर्भ को लेकर। शुक्ल मार्ग में धनार्जन का मतलब धर्म मार्ग से धन का अर्जन करना। शबल मार्ग शंका के लिए गुंजाइश रखनेवाला मार्ग है। कृष्ण मार्ग संपूर्णत: अधर्म मार्ग है (आधुनिक तेलुगु साहित्य और राजनीति में स्वीकृत मार्ग)। इन त्रिविध मार्गों को समझकर प्रथम शुक्ल मार्ग को ही चुनने का विवेक काव्य देता है। यही भामह का मंतव्य है। इसी तरह धर्म सहित काम और तद्द्वारा मोक्ष— इस प्रकार काव्य मानव को धर्मबद्ध बनाता है और तद्द्वारा यश देता है। इस सबका तात्पर्य यही है कि धर्म परतंत्रता युक्त जीवन से लोक में मनुष्य को यश मिलता है और अधर्म जीवन से अयश। इस प्रकार यह स्पष्ट होता है कि यश धर्म जीवन से मिलनेवाला ही है। (यहाँ धर्म का अर्थ वर्तमान हिन्दी भाषा व्यवहार में जो अर्थ लागू है— वह नहीं है— यह धर्म संस्कृत शब्द है जो रामायण (वाल्मीकि) आदि में प्रयुक्त है।)

इस विचार से प्रेरणा पाकर ही शायद उनके कुछ ही समय बाद काव्यशास्त्र के क्षेत्र में आये वामन ने अपने काव्यालंकार सूत्रवृत्ति में कहा है—

कीर्तिं स्वर्गफलमाहु: संसारं विपश्चित:।
अकीर्तिं तु निरालोक नरकोद्देश दूतिकाम्॥

धर्म से कीर्ति मिलती है। अत: कीर्ति स्वर्ग फल हो जाती है। भामह का विचार है कि काव्य को समाज के लिए धर्मादि शास्त्रों का उपदेश देना होता है। मेधावी लोगों के अलावा अन्य सामान्य के लिए कष्ट साध्य शास्त्र कवित्त्व रस मिश्रित

होने पर साधारण जनता के लिए भी आस्वाद्य हो जाता है। जिस प्रकार पहले शहद को चाटनेवाला रोगी उसके साथ-साथ कड़वी दवा को भी चाट जाता है उसी प्रकार रस के साथ-साथ उपदेश भी आस्वाद्य बन जाता है—

स्वादुकाव्य रसोन्मिश्रं शास्त्रमप्युपयुंजते।
प्रथमालीढमधवः पिबन्ति कटु भेषजं॥

— भामह।

काव्य सामान्य के लिए प्रसन्न प्रक्रिया है (आकर्षणीय और निकटतम प्रक्रिया है)। इस प्रक्रिया के रूप में भामह ने काव्य की भूरि-भूरि प्रशंसा की है।

इस तरह भामह ने मानव के परमार्थ के लिए धर्म, अर्थ, काम और मोक्ष रूपी चतुर्विध पुरुषार्थों की साधना और तदर्थ शास्त्र से काव्य को उपयुक्त लोकप्रिय साधन कहा है।

दण्डी ने भी महाकाव्य का लक्ष्य अपने काव्यादर्श में 'चतुर्वर्ग फलोपेतम्' कहा है। अर्थात् काव्य धर्म, अर्थ, काम और मोक्ष देनेवाला है। वामन ने काव्यालंकार सूत्रवृत्ति में ''काव्यं सत् दृष्टादृष्टार्थं प्रीतिकीर्ति हेतुत्वात्'' कहा है। काव्य को कीर्ति हेतु बताने से चतुर्विध पुरुषार्थ सिद्धिकारक भी हो जाता है। काव्य को प्रीति हेतु कहने से काव्य अपनी रमणीयता के कारण हृदय संवाद संधायिनी होकर 'शुभाशुभ प्रेप्साजिहासा' को पाठक में उत्पन्न कर सकता है।

काव्यालंकार कर्त्ता रुद्रट ने भी इसी प्रकार का अभिप्राय व्यक्त किया है—

अर्थमनर्थोपशमं शम सम मथवा मतं यदेवास्य विरचित
रुचिर सुर स्तुतिरखिलं लभते तदेव कविः॥

यहाँ भी चतुर्विध पुरुषार्थ संधायक लक्षण युक्तता काव्य का प्रयोजन प्रतिपादित हुई है। इन्होंने भी नीरस शास्त्र को जन सामान्य को डरानेवाला कहकर काव्य को रस पद्धति से आकृष्ट सब में चतुर्वर्ग पुरुषार्थ फल स्पृहा संचरति करनेवाला कहा है—
''ननु काव्येन क्रियते सरसानामवगम्नश्चतुर्वर्गे लघु मृदु च, नीरसेभ्यस्तेहि त्रस्यन्ति शास्त्रेभ्यः तस्मात्कर्त्तव्यं यत्नेन महीयसा रसैर्युक्तं उद्वेजनमेतेषां शास्त्रवदेवान्यथाहि स्यात्।''
इसीलिए कवियों को प्रयत्न करके रसवत् रचनाएँ करनी है। अन्यथा काव्य का उपदेश नीरस भाषण होकर शास्त्रों के समान विमुखता का कारण होता है न कि आकर्षक। यही आचार्य रुद्रट का मत है।

काव्यशास्त्र में प्रक्रिया और प्रयोजनों के प्राधान्य का परिणाम

भारतीय काव्यशास्त्र में आये एक ऐतिहासिक मोड़ का विवरण देना यहाँ आवश्यक है। क्योंकि इसे सब लोगों को ध्यान में रखने की भी आवश्यकता है। भरत, भामह, दण्डी और वामन तक के काव्य विवेचन में काव्य प्रयोजन स्पष्ट

करने की प्रबल इच्छा दिखाई देती है। काव्य की आत्मा रस, अलंकार, गुण, रीति आदि में से किसी एक को प्रतिपादित करने पर भी उनमें शास्त्र-परक निष्कर्षों के लिए आवश्यक स्वर की कमी दिखाई देती है। आगे आनेवाली पीढ़ी में यह निष्कर्षपूर्वक स्वर प्रधान काव्यशास्त्र स्वर नहीं मिलता है। भामह काव्य लक्षण अलंकार मानने की ओर झुकते हैं। यह अति प्राचीन बात है— रामायण और महाभारतों के समय की बात है। अच्छी तरह उपयोग में लाकर छोड़ी गयी बात है। महाभारत की बात लीजिए— नारद का (कवि मानकर) वर्णन करते हुए राज्यलंभा पर्व में वाक् को शब्द की दृष्टि से और अर्थ की दृष्टि से अलंकृत करनेवाला बताया गया—

"परिभूषयितावाचां वर्णतस्सर्वतोर्थतः" (अध्याय २०७)

यही विचार भामह में सर्वत्र दिखाई देता है। शब्द और अर्थों को अलंकृत करना ही कविता है। यही उनसे पूर्व ऋग्वेद में भी यत्र-तत्र दिखाई देता है। यह परंपरा में प्रचलित विचार ही है। किन्तु भामह ने इस पर शास्त्रीय विवेचन किया है—

"शब्दार्थो सहितौ काव्यम्"

कहकर उन्होंने काव्य को एक स्थूल रूप दिया है। शब्दार्थों को अलंकृत करना क्या है? उनके अनुसार—

"वाचां वक्रार्थ शब्दोक्तिरलंकाराय कल्पते।"

तक यह गया है। शब्दों को साधारण पद्धति से नहीं, वक्र पद्धति में अगर प्रयोग करें तो वह शब्दों का अलंकरण होता है। अर्थात् सब अलंकारों में वक्रता होनी चाहिए। इससे अनकहे ही यह अर्थ निकलता है कि समस्त अलंकार वक्रोक्ति ही है। इसीलिए द्वितीय परिच्छेद में वे कहते हैं—

"सैषा सर्वैव वक्रोक्तिः— कोलंकारोनयाविना।"

उपमा आदि अलंकारों की चर्चा के बाद वे यह कह रहे हैं कि यह सब वक्रोक्ति ही है। वक्रोक्ति के बिना कौन सा अलंकार है? यह उत्तर की अपेक्षा न रखनेवाला प्रश्न ही है। प्रस्तुत प्रसंग में प्रमुख विषय है काव्य प्रयोजन। नायक, नाटक, आख्यायिका आदि काव्य वस्तु की चर्चा के उपरान्त उन्होंने चरम वचन के रूप में कहा है—

"युक्तं वक्रस्वभावोक्त्या सर्वमेवैतदिष्यते।"

यह सब वक्र स्वभाव से युक्त शब्दों से सँजोया जाता है तो आस्वाद्य बनता है (यहाँ स्वभावोक्ति का अन्वय गलत सिद्ध होता है)। इससे स्पष्ट होता है कि भामह ने माना है कि काव्य का प्रयोजन उत्कृष्ट ही रहना चाहिए। लेकिन इसके अलावा काव्य को आस्वाद्यमान पद्धति में रचा जाना चाहिए। भामह में काव्य प्रयोजन प्रधान रूप में वर्णित होना और काव्य लक्षण निष्कर्षतः प्रतिपादित न होना दिखाई देता है। प्रार्थना श्लोक को छोड़कर उनके काव्यालंकार का प्रथम श्लोक ही काव्य प्रयोजन को प्रतिपादित करता है—

धर्मार्थ काममोक्षेषु वैचक्षण्यं.....
काव्य लक्षण के विषय में नायक, नाटक, वस्तु, अलंकार, शब्द, अर्थ, दोष, रीति, गुण आदि सबकी चर्चा होती है। किन्तु काव्यात्मा के संबन्ध में कोई निष्कर्ष नहीं मिलता। कहीं यह भी स्पष्टतः प्रतिपादित नहीं हुआ है कि काव्यात्मा यही है और इसके अभाव में रचना के लिए काव्यत्व की सप्राप्ति नहीं होती। इस प्रकार कहने की शास्त्रीय पद्धति का अभाव ही दिखाई देता है। लेकिन इनके कुछ शताब्दियों के बाद आये सर्वालंकार मौलिभूत कुन्तक के वक्रोक्ति सिद्धान्त के लिए भामह में अंकुर मिलते हैं। इनके बाद आये दण्डी, वामन, रुद्रट, उद्भट आदि में भी किंचित भेदों से काव्य की चर्चा लगभग इसी प्रकार चली है, पर काव्य के प्रधान लक्षण पर चर्चा केन्द्रीभूत नहीं हुई। मामह काव्य के लिए अलंकार की प्रधानता स्वीकृत करते दिखाई देते हैं किन्तु यह कहने से नहीं चूकते कि अलंकार का प्राण वक्रोक्ति है। ऐसी स्थिति में काव्य का प्राण तत्व वक्रोक्ति ही बताना चाहिए था न? उन्होंने ऐसा कहा नहीं। इसी प्रकार दण्डी में भी ज्यादातर काव्य प्रयोजन की स्पृहा ही दिखाई देती है। भामह के समान ही काव्य लक्षण की चर्चा अनेक विषयों पर व्याप्त होकर विरल ही दिखाई देती है। शब्दार्थालंकरण की स्पृहा से ही आगे बढ़ाते हैं। गुण, रीति आदि जितने भी हों, अन्ततः काव्य को 'अलंकृतमसंक्षिप्त रस भाव निरंतरम्—'' कहते-कहते अलंकृतम् शब्द का प्रयोग आरंभ में ही करना नहीं भूलते। यह स्पृहा काव्यादर्श में सर्वत्र व्याप्त दिखाई देती है।

''अस्यनेको गिरां मार्गः सूक्ष्म भेदः परस्परम्'' —कहने में भी वे शब्दालंकरण मार्गों को ही ढूँढ़ते दिखाई देते हैं और शब्दों को अलंकृत करने के विधि-विधानों के संबंध में ही कहते हैं। वे कहते हैं कि ''लोक रंजकं-काव्यं कल्पांतर स्थायी जायेत सदलंकृति।'' अगर सुन्दर ढंग से काव्य अलंकृत होता है तो वह बहुकाल तक लोकरंजक बनकर ठहर जाता है। भामह अलंकार और वक्रोक्ति के बीच जिस प्रकार डोलायमान रहे हैं उसी प्रकार दण्डी अलंकार और गुण के बीच दौड़ते रहे। लेकिन काव्य के प्रधान लक्षण पर उन्होंने भी निष्कर्षतः कहने का प्रयत्न नहीं किया। लगता है कि इसी प्रकार वामन ने भी दण्डी का ही अनुसरण किया है, हो सकता है कि उनका स्वर कुछ भिन्न हो। वामन ने भी काव्य प्रयोजन के प्रतिपादन में आतुरता दिखाई है। फिर शब्द और अर्थ के अलंकरण को काव्य लक्षण प्रतिपादित करते हैं—

''काव्यं खलु ग्राह्यमुपादेयं भवति अलंकारात्''। ''अलंकृतिरलंकारः''।
इस प्रकार का विवरण काव्यालंकार सूत्रवृत्ति में मिलता है। लेकिन वामन में ही शायद सबसे पहले काव्यात्मा के संबंध में शास्त्रीय समालोचना का प्रयास दिखाई

देता है। उन्होंने प्रतिपादित किया है कि "रीतिरात्मा काव्यस्य" अर्थात् काव्य की आत्मा रीति है। किन्तु रीति कहने से फिर मार्ग वही हो जाता है— शब्द, उनके विन्यास एवं उनके अलंकरण। लेकिन इस अलंकरण को उन्होंने गुणों से ही साध्य बताया है। "विशिष्ट पद रचना रीतिः" कहते हुए वामन ने "विशेषो गुणात्मा" और "वक्ष्यमाण गुणरूपो विशेषः" भी कहा है। अर्थात् वामन के अनुसार, शब्द और अर्थों का अलंकरण गुणों से ही संपन्न होता है। इससे यह स्पष्ट होता है कि आचार्य द्वय वामन और दण्डी में अन्तरतः अभिन्नता ही है। एक और ने कहा कि शब्द रचना जब गुणान्वय विशिष्ट होती है तब काव्यता उत्पन्न होती है। यह कहकर वह शब्दों की ओर ही इशारा कर रहा है। लेकिन दूसरे ने वैदर्भी आदि रीति मार्ग को लेकर, जो वही शब्द रचना विशेष है, गुण वैशिष्ट्रय का उत्कर्ष करते हुए गुणों की ओर संकेत किया है। हुआ तो इतना ही है। दोनों ने शब्द रचना विशेष को ही काव्य कहा है। तत्त्वतः दोनों को गुणवादी समझना होगा।

"गुण शब्दाश्रित है" दण्डी और वामन की रचनाओं से ही यह भावना फैली है लेकिन भरत के अध्ययन से यह स्पष्ट होता है कि गुण अर्थाश्रित है। उसमें भी उनके माधुर्य और औदार्य के विश्लेषण के संदर्भ में वे आर्थाश्रित ही दिखाई देते हैं। आनन्दवर्द्धन ने इस विचार का समर्थन किया है। उनका माधुर्य भी अर्थाश्रित है। शब्दों में माधुर्य कहाँ रहता है? वह तो संगीत नहीं है? शब्द हमेशा अर्थाश्रित ही रहते हैं। अतः विवेच्य माधुर्य अर्थाश्रित ही है।

आनन्दवर्धन तक के भरत, भामह, दण्डी, वामन आदि आचार्यों ने काव्य प्रयोजन को प्रथम स्थान देकर उसके गुण, अलंकार, दोष, सौशब्द्य आदि विषयों की साधारण चर्चा से ही अपने ग्रंथों की समाप्ति की है। उनमें काव्यत्व को प्रधान करने वाले केन्द्रीय लक्षण पर आनन्दवर्धन, राजशेखर, अभिनवगुप्त, कुन्तक, भोज, विश्वनाथ, जगन्नाथ के समान केन्द्रीकृत चर्चा नहीं चली। भरत, भामह आदि के ग्रंथों, प्रमुखतः भामहालंकार और अरस्तू, लांगिनस् प्रभृति के काव्यशास्त्रीय ग्रंथों के विषयों एवं चर्चा विधान में, काव्य प्रयोजन के संबंध में और नैतिक दृष्टिकोण के विषय में बहुत ही नजदीक का सादृश्य मिलता है। सुनिशित दृष्टि, तीक्ष्ण प्रतिभा और काव्यात्मा का दर्शन करने वाला दृष्टत्व उनके ग्रंथों में देदीप्यमान रूप में गोचरित होते हैं। लेकिन काव्यशास्त्र कुछ सघन रूप में तार्किक बन्धनों में सिमट जाने का लक्षण उस समय तक दिखाई नहीं देता। लेकिन शास्त्र के उद्‌भव के लिए आवश्यक समस्त बीज संपत्ति उनमें मिल जाती है।

इस सबका सारांश यही है कि आनन्दवर्धनाचार्य के पूर्व आचार्यों में काव्य प्रयोजन से संबंधित चर्चा को प्रथम स्थान मिलता है और काव्य लक्षण पर चर्चा

विरल रूप में हुई है। इतना ही नहीं, काव्यशास्त्र में प्रयोजन और प्रक्रिया के बीच स्थित भिन्न स्थान आनन्दवर्धन के बाद के आचार्यों में जितनी स्पष्टता से मिलते हैं उतने स्पष्ट रूप में उनमें न मिलना ध्यान देने योग्य बात है।

आनन्दवर्धनादियों से प्रक्रिया यानी काव्य लक्षण प्राण स्वरूप माना गया है

काव्यत्व सिद्धि के लिए एक रचना के लिए आवश्यक लक्षणों का निर्धारण न करने पर भी भामह आदि ने काव्य प्रयोजन सिद्धि के लिए रचना में काव्यत्व की आवश्यकता पर काव्य प्रयोजन विचार के तुरन्त बाद प्रतिपादित किया है। उसे अनुल्लंघनीय भी बताया है। यह सब पूर्व पृष्ठों में चर्चित है। लेकिन महान् आचार्य आनन्दवर्धन से आरंभ होनेवाले युग में ही काव्य प्रयोजन की सफलता के लिए काव्यत्व को प्राणवत् स्थान मिला है। काव्यत्व पर काव्यशास्त्र में एक विचारों का तूफान एक नयी चेतना के साथ आया। इसी को लेकर आज कविसेना देश में, प्रथमतः तेलुगु प्रान्त में, एक आन्दोलन के रूप में चलना चाहती है। इस संबंध में शास्त्रीय चर्चा के लिए आन्दोलन का आरंभ कविसेना का साहित्य के लिए अपना योगदान होगा।

आनन्दवर्धन ने रामायण और महाभारत के प्रयोजन को समझाते हुए काव्य प्रयोजन की व्याख्या की है—

> ''महाभारतेपि शास्त्ररूपे काव्यच्छायान्वयिनी वृष्णि पाण्डव विरसावसान
> वैमनस्यदायिनीं समाप्तिं उपनिबध्नता महामुनिना वैराग्य जनन
> तात्पर्यं प्राधान्येन स्वप्रबन्धस्य दर्शयता मोक्ष लक्षणः पुरुषार्थः शान्तो रसश्च
> मुख्यतया विवक्षा विषयत्वेन सूचितः।''

अपने काव्य को वैमनस्यजनक समाप्ति देकर व्यास महर्षि ने काव्य का तात्पर्य प्रधानतः वैराग्य दिखाते हुए चतुर्विध पुरुषार्थ से युक्त एक मोक्ष का लक्षण शान्त बताया है। शान्त रस महाभारत में अंगीरस है और अन्य रस अंग और उपस्कारक हैं। अर्थात् इस काव्य का प्रयोजन चतुर्वर्ग फलोपेत प्रधान मोक्ष सिद्ध होता है। साथ-साथ काव्य का प्रधान रस शान्त ही कहा गया है।

> ''तृष्णाय सुख परिपोष लक्षणः शान्तो रसो।
> महाभारतस्य अंगित्वेन विवक्षित इति सुप्रतिपादितम्।''

कवि को काव्य प्रयोजन के निर्वाह के आवेश में काव्य के लिए प्राण स्वरूप काव्यत्व को न भूलना चाहिए। इसी बात पर अपूर्व रूप से ध्यान केन्द्रित कर प्रधानता देकर आनन्दवर्धन ने स्पष्टतः प्रतिपादित किया है—

> ''कविता काव्यपुपनिबध्नता सर्वात्मना रस परतंत्रेण भवितव्यं—
> नहि कवेः इतिवृत्त मात्र निर्वहणेन किंचित् प्रयोजनम्।''

कवि को काव्य की रचना में सर्वात्मना रस परतंत्र होना है। इतिवृत्त के निर्वाह मात्र से कुछ भी प्रयोजन सिद्ध नहीं होता। कहने का मतलब यही होगा कि मात्र इतिवृत्त काव्य नहीं बन सकता। काव्य नहीं बनता है तो उसमें आकर्षण शक्ति नहीं होगी। आकर्षण शक्ति नहीं है तो पाठक नहीं पढ़ेंगे। पाठक नहीं पढ़ेंगे तो कवि द्वारा प्रतिपादित विषय से कोई प्रभावित नहीं होगा। इसीलिए ऐसा काव्य कहलाये गये व्यक्ति से किया गया काव्य निरर्थक कार्य ही होगा। यही आनन्दवर्धन आचार्य का विचार है। यही उनका दृष्टिकोण है।

सामान्य भाषा समझने के लिए और काव्य भाषा आकर्षित करने के लिए

कविसेना कहती है कि यह दृष्टिकोण आज फिर देश में एक आवश्यक परिणाम के रूप में फैला है। इस मैनिफेस्टो में यही समझने का प्रयत्न किया गया है। काव्य का प्रयोजन सार्वजनीन श्रेय तो है किन्तु इस प्रयोजन को जन में सफलता प्राप्त करने के लिए कविता को कविता के रूप में रहना है। कविता की रमणीयता से आकर्षित होकर लोग काव्य द्वारा प्रतिपादित उपदेश को हृदय से अपनाते हैं। इस तरह रमणीयता या आकर्षण शक्ति काव्य की प्रधान शक्ति बन जाती है। पूर्व और पश्चिम के प्राचीन और अर्वाचीन आचार्यों ने एवं समाजवादी साहित्य सिद्धान्तों ने भी इस बात की पुष्टि की है। इसी का विवरण कविसेना इस मैनिफेस्टो में साधार प्रस्तुत भी कर रही है।

सूत्रत: बात यही है कि ''समझने के लिए सामान्य भाषा और आकर्षित करने के लिए काव्यभाषा''। इस काव्यभाषा की सृष्टि के लिए आवश्यक विधानों को ही काव्यशास्त्र ने स्थापित किया है। स्थूल रूप से यही इसका रहस्य है।

आनन्दवर्धन के बाद काव्यमीमांसाकार राजशेखर प्रमुख हैं। उन्होंने कहा है—

''अस्त्ययमुपदेशं, किन्तु निषेधत्वेन, न विधेयत्वेन।''

अर्थात् काव्य का प्रयोजन उपदेश ही है लेकिन शासन के स्वर में नहीं बल्कि श्रेयोभिलाषी के स्वर में। यहाँ यह स्पष्ट किया गया है कि काव्य को काव्य के लक्षण के अनुरूप ही उपदेश देना है, न कि शास्त्र लक्षण के अनुसार। इस प्रकार आनन्दवर्धन के समान ही राजशेखर ने भी काव्य प्रयोजन के निर्वाह के संदर्भ में काव्य लक्षण को न भूलने की ओर अवश्य कवियों का ध्यान आकृष्ट किया है। इनके बाद के आचार्यों में विशेष रूप में उल्लेखनीय अभिनव गुप्त हैं। उनका इस विषय में एक अनोखा ही स्वर सुनाई देता है।

साहित्य जनता को कैसे प्रभावित करता है

अभिनव गुप्त ने भी काव्य का प्रयोजन चतुर्विध पुरुषार्थ फल की स्पृहा बताया है। किन्तु इसकी सिद्धि से प्राप्त होने वाला निष्कर्ष फल आनन्द को

ही उन्होंने माना है। अतः काव्य का चरम फल या परमार्थ उनके अनुसार आनन्द ही ठहरता है।

"चतुर्वर्ग व्युत्पत्तेरपि च आनन्द एव पार्यन्तिक फलम्।"

—लोचन व्याख्या।

यहाँ उनके द्वारा 'कला कला के लिए' सिद्धान्त के प्रतिपादित होने की भ्रान्ति उत्पन्न होती है। इसके लिए गुंजाइश भी यहाँ है। किन्तु उन्होंने एक और स्थान पर जो चर्चा चलाई है वह इस धारणा को परास्त करती है। उन्होंने कहा है कि रस की आत्मा स्वरूपा प्रीति जो है और काव्य पठन से जिसकी प्रतीति होती रहती है उसे पाठक में व्याप्त नहीं करा सकता है तो काव्य काव्य नहीं होगा।

"प्रीत्यात्मा च रसः" (लोचन व्याख्या)

प्रीति कारक नहीं होता है तो काव्य पाठक को आकर्षित नहीं कर सकता। ऐसी स्थिति में काव्य का उपदेश काव्य का प्रयोजन हृदय संवाद से रिक्त पाठक पर विफल हो जाता है। अतः काव्य प्रयोजन और काव्यानन्दों के तुलनात्मक मूल्यांकन के बाद उन्होंने अपना मंतव्य दिया है कि उनमें काव्यानन्द ही प्रधान है। इसीलिए उसे उन्होंने "पार्यन्तिक फलम्" कहा है। "कीर्तिं स्वर्गफलमाहुः" आदि को वामन के काव्यालंकार सूत्रवृत्ति से ग्रहण कर उन्होंने "तथापि प्रीतिरेव प्रधानं" कहकर लोचन की व्याख्या में अपना निष्कर्ष दिया है।

अतः उनके ध्वन्यालोक के अनुसार (स्वयं उनके द्वारा व्याख्या की जाने के कारण भी) "सर्व पक्षेषु च प्रतीतिरपरिहार्या रसस्य" (काव्य में रस प्रतीति किसी भी प्रकार से छोड़ने की नहीं है)। और एक स्थान पर निष्कर्षतः कहते हैं—

"चारुत्व प्रतीतिस्तर्हि काव्यस्यात्मा स्यादिति तदंगीकुर्म एव।"

यह सब उनके समय में भी आज के कवियों के समान ही कवियों में काव्यत्व के प्रति श्रद्धा की कमी होते दिखाई देने पर ही समझना चाहिए कि इतने जोर से कहा गया है। काव्य को पहले काव्य के रूप में होने पर ही काव्य प्रभावशाली होकर काव्य प्रयोजन सफल होता है। अन्यथा यह संभव ही नहीं होता। इसी को ध्यान में रखकर अभिनव गुप्त ने शायद विश्व श्रेय और सामाजिक चेतना से ही काव्यानन्द के बारे में स्पष्ट उद्घाटन किया है।

लोचन व्याख्या के पूर्व भागों में शायद पहली बार वेद को प्रभुसम्मित, पुराणेतिहासों को मित्र सम्मित एवं काव्य को कान्तासम्मित कहा गया । इसकें बाद ही वह सबका वेद मंत्र हो गया है। यहाँ उनका उद्देश्य यही है कि वेद, पुराण और इतिहास ने जिस प्रयोजन के लिए जन्म लिया है और जो कर्त्तव्य निभा रहे हैं उसी प्रयोजन के लिए काव्य का भी जन्म हुआ है और उसी कर्त्तव्य को काव्य निभाता है।

इससे स्पष्ट ही है कि उनकी दृष्टि में कला कला के लिए नहीं है।

सर्व मानवों में वाक् चपलता और उसके साथ उपदेश चपलता सहज रूप में रहती है। इसके साथ-साथ कवि कहलाने की लालसा भी जुड़ जाती है तो सामान्य प्रजा की स्थिति वर्णनातीत हो जाती है। इस बुरी स्थिति से प्रजा की रक्षा के लिए ही अभिनव गुप्त को उन दिनों में ही उतना कहना पड़ा है। काव्यानन्द नामक मूलभूत काव्यतत्त्व लक्षण को इतने जोर से प्रतिपादित करना पड़ा है। आज कविसेना भी इसी प्रकार के ऐतिहासिक संदर्भ में ऐसा ही काम कर रही है।

काव्यत्व काव्य प्रयोजन को जिस प्रकार सफल बनाता है और प्रक्रिया किस प्रकार प्रभावित कर काव्य प्रयोजन को सफल बनाती है— इस संबंध में एक और कोण से भी अपने अभिनव भारती में स्पष्ट करते हैं। अभिनव गुप्त ने इस प्रकार की सुदीर्घ व्याख्या की है—

> "काव्ये... हृदय संवादवशात् निमग्नाकारिका तावत् भवति
> चित्तवृतिः; ....निज हृदयं.... अभिनयावलोकनोद्भिन्न प्रमोद
> शोकादि तन्मयीभावः पाठ्याकर्णन पात्रांतर प्रवेशात् समुत्पन्ने
> रामरावणादि विषयाध्यवसाये तत्संस्कारानुवृत्ति .... समुनगत
> तदुक्त रूप रामाध्यवसाय संस्कार एव भवत् पंचषैर्दिवसैः सचमत्कार
> तदीय चरित मध्य प्रविष्ट स्वात्मरूपमतिः स्वात्म द्वारेण विश्वं तथा
> पश्यन् प्रत्येकं सामाजिकः .... तत्तच्छुभाशुभ प्रेप्सा जिहासा सततस्यूत-
> वृत्तित्वादेव शुभमाचरति अशुभं समुज्झति।"

काव्य में हृदय संवाद के प्रभाव से सहृदय की चित्तवृत्ति उसमें लीन हो जाती है। उसमें वर्णित शोक संतोषादि से तादात्म्य प्राप्त करती है। उसमें पात्र धारी राम-रावण आदि से मिलकर सुख-दुःखों का अनुभव करते हुए उन पात्रों के संस्कार को कुछ समय के बाद प्राप्त कर उस प्रकार के संस्कार से लोक को देखती हुई शुभ से प्रेम करने लगता है। अशुभ का परिहार करता है। यही है स्थूल रूप से उक्त विवरण का तात्पर्य। इस प्रकार माना जाता है कि काव्य के पाठक काव्य के उपदेश को स्वीकार कर आचरण में लायेंगे। यह सब पाठक को कैसे प्राप्त होता है? पहले ही कहा जा चुका है कि हृदय संवाद से या प्रीति से या रसीभवन प्रक्रिया से— अर्थात् रचना में निहित काव्यत्व लक्षण से। इसी को अरस्तू ने लगभग उसी प्रकार के शब्दों में व्यक्त किया है—

> "Tragedy is an imitation of an action... affecting through pity and terror the correction and refinement of such passions."
>
> (Poetics. Ch. 6).

रामादिवत् वर्तितव्यं न रावणादिवत्

वेद, पुराण और काव्यों का क्रमशः प्रभु, मित्र और कान्तासम्मितत्व लक्षणों को अलग-अलग करके बताने वाले अभिनवगुप्त बाद में मम्मट में आये ''रामादिवत् वर्तितव्यं न रावणादिवत्'' पारिभाषिक वाक्यों के मूल पुरुष लगते हैं। अभिनवगुप्त की दोनों पारिभाषिक सूक्तियों को पकड़कर मम्मट ने काव्य प्रकाश में बहुत ही मनोहर रूप में विस्तार दिया है—

''सकल प्रयोजन मौलिभूतं समनन्तरमेव प्रभुसम्मितशब्द प्रधान वेदादि शास्त्रेभ्यः
सुहृत् सम्मितार्थ तात्पर्यवत् पुराणादीतिहासेभ्यश्च
शब्दार्थयोः गुणभावेन रसांगभूत व्यापार प्रवणतया विलक्षणं
यत्काव्यं लोकोत्तर वर्णना निपुण कवि कर्मतत् कान्तेव सरसतापादनेन अभिमुखीकृत्य 'रामादिवत् वर्तितव्यं न रावणादिवत्' इत्युपदेशं च यथा योग्यं कवेः सहृदयस्य च करोतीति सर्वथा तत्र यतनीयम्।''

यहाँ अर्थ स्पष्ट ही है। प्रभु के समान वेद शासित करता है, मित्र के समान पुराण समझाता है, कान्ता के समान काव्य सरस वार्तालाप से आकर्षित कर पाठक को अभिमुख कर लेता है और राम आदि के समान व्यवहार करने की सलाह देता है। साथ-साथ रावणादियों के समान व्यवहार करने से मना भी करता है। इसी को काव्य का प्रयोजन बताते हैं मम्मट। इससे स्पष्ट होता है कि काव्य का प्रयोजन उपदेश ही है, किन्तु काव्य को उपदेश काव्य के रूप में ही देना है, न कि भाषण के रूप में। यही मम्मट का मत है।

बाद के आचार्यों में श्रेष्ठ हेमचन्द्र सूरि ने अपने काव्यानुशासन में इस विषय पर और स्पष्ट विवरण देते हुए काव्य प्रयोजन और काव्य प्रक्रिया को एक-दूसरे से मिल जाने की भ्रान्ति के लिए किसी प्रकार का स्थान देते हुए, आलंकारिक संप्रदाय को बल देकर सुप्रतिष्ठित किया है—

''शब्द प्रधानेभ्यः वेदागमादि शास्त्रेभ्यः मित्र सम्मितेभ्योर्थप्रधानेभ्यः पुराण प्रकरणादिभ्यंश्च शब्दार्थयोर्गुण भावे रस प्राधान्ये च विलक्षणं काव्यं कान्तेव सरसतापादनेन संमुखीकृत्य रामादिवत् वर्तितव्यं न रावणादिवत् इत्युपदिशतीति सहृदयानां प्रयोजनम्।''

इसके बाद आचार्य विश्वनाथ उल्लेखनीय हैं। उन्होंने अपने साहित्य-दर्पण में, जिस प्रकार भामह आदि की समस्त आचार्य परंपरा के द्वारा चतुर्विध फल पुरुषार्थ सिद्धि ही काव्य प्रयोजन बताया है। इसके बाद ही उन्होंने काव्यात्मा के रूप में रस को याद किया है—

''काव्य फलन्याहः चतुर्वर्ग फल प्राप्ति सुखादल्पधियामपि काव्यादेव यतस्तेन

तत् स्वरूपं निरूप्यते। चतुर्वर्ग फल प्राप्तिर्हि काव्यतो रामादिवत् प्रवर्तितव्यं न रावणादिवदित्यादि कृत्याकृत्य प्रवृत्ति निवृत्युपदेश द्वारेण सुप्रतीतैव.... काव्यात् धर्म प्राप्तिः .... अर्थप्राप्तिश्च .... काम प्राप्तिश्चार्थद्वारैव, मोक्ष प्राप्तिश्च एतज्जन्य धर्म फलानुसंधानात् ....चतुर्वर्ग फल प्राप्तिर्हि वेदशास्त्रेभ्यो नीरसतया दुःखादेव परिणत बुद्धिनामेव जायते परमानंद संदोह जनकतया सुखादेव सुकुमार बुद्धिनामपि पुनः काव्यादेव।''

इस लम्बी चर्चा का सार है कि चतुर्विध पुरुषार्थ ही काव्य के प्रयोजन हैं। रामादि के समान व्यवहार करना है। रावणादि के समान नहीं। कृत्य और अकृत्य को दिखाकर प्रवृत्ति और निवृत्तिरूपा उपदेश देना काव्य का लक्ष्य है। काव्य के द्वारा धर्म की प्राप्ति होती है। तद्द्वारा अर्थ और उसके आधार काम की प्राप्ति होती है और इसी प्रकार मोक्ष की प्राप्ति भी। वेदशास्त्रों से भी मोक्ष प्राप्ति और चतुर्विध पुरुषार्थ की सिद्धि हो सकती है। किन्तु यह परिणत बुद्धि (पहुँचे हुए ज्ञानी) के लिए ही कष्ट साध्य होता है। सुकुमार बुद्धियों और अल्पबुद्धियों को भी आनन्द पहुँचाकर सरल रूप से ले जाकर फल प्रदान करानेवाला मार्ग ही काव्य मार्ग है। यह सब कहने के बाद विश्वनाथ कहते हैं—

''तेन हेतुना तस्य काव्य स्वरूपं निरूप्यते।''

इसी कारण से, सुख मार्ग प्रदायिनी सरल, अमूल्य एवं लोकोपकारक काव्य का स्वरूप निरूपण करता हूँ— इसी धारणा से वे आगे काव्य का निरूपण करते हैं। इस बीच जितने आचार्य आये वे सब और उनके बाद के आनेवाले सबने इसी मार्ग का अनुसरण कर काव्यप्रयोजन के विषय में एकमत व्यक्त किया है।

इस चर्चा के उपरान्त यही बात निरूपित हो जाती है कि भारत में कभी कला कला के लिए वाला सिद्धान्त नहीं रहा। यह कुछ लोगों के द्वारा गुटबाजी चलाने के लिए प्रचारित किया गया जंतरमंतर ही है। इस देश में हमेशा 'विश्वश्रेयस' ही काव्य का प्रयोजन रहा है। भारतीय साहित्य ने आज के आलोचकों द्वारा नारे के रूप में व्यवहृत 'आत्माश्रयता' को कभी स्थान नहीं दिया और सामाजिक चैतन्य को कभी छोड़ा भी नहीं। यह सामाजिक चेतना आज की सामाजिक चेतना नहीं, किन्तु उस समय के समाज के श्रेयस के लिए समर्पित है। आज पढ़े और अधपढ़े आधुनिक धर्मार्थकामोक्षादि की आलंकारिक परिभाषा को निगल नहीं सकते। उसकी भाषा स्वच्छ देशी भाषा होने पर भी उसे समझ नहीं पाते हैं।

यहाँ प्रश्न भाषा और समय को लेकर नहीं है। चाहे भाषा जो भी हो, चाहे समय जो भी रहा हो, चाहे देश भी जो भी हो, कही गयी बात देश, काल और समय की सीमाओं के ऊपर ठहरनेवाला सत्य है तो उनका कोई महत्त्व नहीं रह

जाता। समय गति से धर्म में परिवर्तन आ सकता है, धर्मार्थकाममोक्ष का तात्पर्य बदल सकता है, किन्तु ये चारों किसी भी अर्थ में मानव कल्याण मंडप के चार खंभे अवश्य ठहरते हैं। आज कविसेना इन चारों की सोसलिस्ट समाज के तत्त्वांशों के रूप में व्याख्या करके आधुनिक समाज से उनका समन्वय स्थापित करती है। भामह ने अपने काव्यालंकार में पहले ही जो कहा है उसे याद कीजिए—

"धर्मार्थकाममोक्षेषु वैचक्षण्यम्"

'वैचक्षण्यम्' शब्द प्रयोग से उन्होंने कह ही दिया था कि धर्माधर्म देश-काल विशेष सापेक्ष और पराश्रित है। तत्काल लक्षण समन्वित काव्य ही साधुकाव्य है। इसीलिए कवि और सहृदय के लिए भी उभयतारक शब्द 'वैचक्षण्यम्' का प्रयोग उन्होंने किया है। तेलुगु साहित्य में भाववादी कवियों ने भी सामाजिक चेतना से युक्त कविता लिखी है। उदाहरण के लिए रायप्रोलु सुब्बाराव की 'आन्ध्रवली', विश्वनाथ सत्यनारायण की 'आन्ध्रप्रशस्ति' आदि रचनाएँ और जाषुआ की रचनाएँ सभी सामाजिक चेतना से युक्त ही हैं। इनमें सामाजिक स्पृहा मूर्खों और दुरुद्देश्य से देखनेवालों को ही नहीं मिलेगी। आज सामाजिक चेतना और प्रतिबद्धता कहकर आडम्बर दिखाने और शोर करने की कोई जरूरत नहीं है। किसी प्रकार की वकीली की जरूरत नहीं है। संसार में हर समय साहित्य का प्रयोजन सामान्यतः विश्वश्रेयस ही रहता आया है। आज उसको लेकर कुछ लोगों के द्वारा किया जानेवाला शोर उनके समाज-प्रेम के कारण नहीं, बल्कि उनके द्वारा अपनी अकविता को, उनके बूढ़े भावों को आधुनिकता का बुरखा देने के लिए ही है। असल में ये "लकड़ी का पुल विश्वविद्यालय" के प्रोफेसर हैं जो निरक्षर हैं। वे अपने अधकचरे ज्ञान से भाषण देते हैं। इनके भाषण सुनकर धोखा मत खाइए। सब अकवि अपने साथ कवि नाम लगाकर देश में अज्ञान से अंधकार को फैला रहे हैं। आप अपने आप की रक्षा कर लीजिए। इसके लिए प्रथम आवश्यकता है अध्ययन— ज्ञाननिष्ठा!

काव्य प्रयोजन : सोसलिस्ट साहित्य के सिद्धान्तकर्त्ता

प्रक्रिया और प्रयोजन के बीच के संबंधों पर एंगिल्स और मार्क्स के विचार सुनेंगे तो हमारे आधुनिक मुखौटेधारी एकदम प्राण दे देंगे। मार्क्स और एंगिल्स के अनुसार काव्य प्रयोजन क्या है, यह सबको ज्ञात है। वह है सोसलिस्ट समाज की स्थापना। कविसेना इससे पूर्णतः सहमत है। लेकिन इस प्रयोजन को स्पष्ट करने के बारे में केन्द्रस्थ साहित्य तत्त्व के बारे में एंगिल्स का मत देखिए—

"The more the opinions of the author remain hidden, the better for the work of art." (Letter to Margaret Harkness - Marxists on Literature, An Anthology)

अर्थात् कवि के अभिप्रायों को जितना छिपाया जा सकता है उतना ही उस कलात्मक

रचना के लिए श्रेयस्कर है। अर्थात् कला की सीमाओं को नकारकर कला के प्रयोजन को व्यक्त नहीं होना है। उसे उपदेश के रूप में अथवा भाषण के रूप में रूपायित नहीं होना है। पूर्व पृष्ठों में की गयी समस्त चर्चा के सार को एंगिल्स ने संक्षेप में कह दिया है। वे कह रहे हैं कि कवि को अपना अभिप्राय वाच्य और स्पष्ट रूप में कहने की आवश्यकता नहीं है। उसके संकेत मात्र काफी हैं। इस संदर्भ में आनन्दवर्धन द्वारा कही गयी सुन्दर बात ध्यान देने योग्य है—

"व्यंग्य व्यंजकाभ्यामेव सुप्रयुक्ताभ्यां महाकवित्व लाभो
महाकवीनां, न वाच्य वाचक रचना मात्रेण"॥

वाच्य रूप में कहे बिना व्यंग्य रूप में सूचित करके छोड़ने से ही कविता की सिद्धि होती है। यही इसका भावार्थ है। कविता हो या कोई भी कलात्मक रचना व्यंग्यात्मक ही होनी है, न कि वाच्य। भाषण के समान भी नहीं होनी है। इस बात पर आनन्दवर्धन और एंगिल्स दोनों के अभिप्रायों को मिलते देखते हैं। एक और जगह पर 'Letter to Minna Kautsky' में एंगिल्स ने इसी बात को और विस्तार से कहा है—

"I think however that the solution of the problem must become manifest from the situation and the action themselves without being expressly pointed out and the author is not obliged to serve the reader on a platter the future historical resolution of the social conflicts which he describes."

एक समस्या को सुलझाने के लिए आवश्यक उपाय और उस उपाय से संबद्ध संदर्भ की घटना एवं पात्रों के व्यवहार द्वारा ही उपाय की सूचना होनी चाहिए। (अर्थात् उन्हीं के द्वारा व्यंग्य रूप से बात कही जानी चाहिए)। जिन सामाजिक संघर्षों का कवि वर्णन कर रहा है उनके समाधान के मार्गों को स्पष्ट करने की जिम्मेदारी लेखक पर नहीं रहती है। यहाँ एंगिल्स के विचारों का सार है। (पाठक को ही रचना पढ़कर सब समझना होता है। ऐसा सोचने के लिए ही पाठक को प्रेरित करना है रचना को। पाठक को इस प्रकार सोचने के लिए, विचारने के लिए प्रेरित करना ही रचना शिल्प का काम है। इस प्रकार शिल्प द्वारा प्रेरित होनेवाली निमग्नता से ही पाठक साहित्यजन्य आह्लाद को प्राप्त करता है। इसीलिए कोरी गद्य रचना के विपरीत साहित्य रचना को आकर्षक होना है।) यही इस व्याख्या का सार है।

इस सबका तात्पर्य यही है कि जो कुछ तुम कहना चाहते हो उसे कला की परिधियों को लाँघना नहीं चाहिए। उन परिधियों को लाँघने से कलात्मकता मार खायेगी। तत्परिणामस्वरूप रचना कलारहित होकर आकर्षण शक्ति खोती है। रचना में जो कहना चाहिए उसे गुप्त रूप से ही कहना है। स्पष्टत: कह देने से कला के लिए वहन करने की शक्ति से अधिक भार होगा। उस भार के नीचे

कला दबकर रह जायेगी। यही एंगिल्स का मत है। एंगिल्स, मार्क्स, भायाकोव इसकी लूनाषार्की, गोर्की आदि जो आधुनिक संसार के सोसलिस्ट साहित्य के स्रष्टा हैं, वे ही इस विचार के हैं तो उनके जन्य पदार्थ देश के और महानुभाव और रीति से क्यों चल रहे हैं? क्या लोगों को इस संबंध में सोचना है कि नहीं? ऐसे लोगों के द्वारा कला पर थोपे जानेवाले भार के संबंध में जो बात एंगिल्स ने कही थी वही भामह ने काव्यालंकार में भी कही है—

न स शब्दो न तद्वाच्यं न स न्यायो न सा कला।
जायते यन्न काव्यांगं अहो भारो महाकवेः॥

जो शब्द, जो अर्थ, जो न्याय, जो कला, काव्य में उस काव्य के अंग रूप में नहीं रहता, वह शब्द, वह अर्थ, वह न्याय, वह कला कवि के लिए महान् भार है। एंगिल्स काव्य को प्रयोजन को वहन करने की बात पर जोर देते हुए भी सचेत करते हैं कि काव्य को काव्य ही के रूप में रहना है। अर्थात् प्राचीन भारतीय आचार्यों के समान ही एंगिल्स की यह चेतावनी भी है। उन्होंने यह चेतावनी इसलिए दी है कि उनका डर था कि काव्य का प्रयोजन कहीं काव्य को ही खतम न कर दे। एंगिल्स की चेतावनी "यह कविता समझ में नहीं आती", "इसमें बात स्पष्ट रूप में कही नहीं गयी", "कविता को सारी जनता की समझ में आना है" आदि-आदि आरोप लगानेवालों के लिए तो सीधे ही है। साधना के बल पर योग्यता और समर्थता प्राप्त किये बिना साहित्यिक रचनाओं पर हलकी समीक्षाएँ करनेवाले आलोचकों के निष्कारण अहंकार को भी दूर करना है साहित्य के श्रेय के लिए।

कला में प्रक्रिया की प्रधानता पर मार्क्स ने भी यही कहा है—

"Truth is general; It does not belong to me alone; it owns me, I do not own it. My property is the form which is my spiritual individuality."

प्लेखनोव कहते हैं— "Literature is the art of images and every invasion of naked ideas or propaganda is always detrimental to the given work."

षेर्बीना कहती है— "If literature is to reach millions of people belong to them and enrich their culture, it must be artistically perfect and striking. Otherwise, the author's idea does not achieve expression."

प्राचीन साहित्य का समाज पर किस प्रकार का प्रभाव रहा?

प्राचीन आचार्यों ने काव्यत्व पर अगर इतना जोर नहीं दिया होता, अगर प्राचीन महर्षियों के काव्य इस देश में नहीं रह गये होते तो यह कल्पना तक ही सीमित रह जाता कि मानव समाज का संस्कार किस प्रकार हुआ होगा? दुष्यंत

नामक एक पुरुष ने एक स्त्री से एक कुंज की आड़ में शादी कर ली। इसके लिए कोई साक्ष्य नहीं। संतान भी हो गयी। कुछ समय बाद स्त्री पुरुष से मिलती है। कहती है कि मैं तुम्हारी पत्नी हूँ। वह नकारता है। अगर काव्य वहीं रुक गया होता तो लोक नाराज हो जो। पूछता कि यह कैसा अन्याय है? कैसा अधर्म है? यहीं एक सूक्ष्म बात को जानना है।

वाल्मीकि के समय में ही राम ने सीता से कहा था कि मैंने अपने वंश की प्रतिष्ठा के लिए ही रावण का संहार किया है, तुम्हारे लिए नहीं। इसीलिए मैं तुम्हें स्वीकार भी नहीं करूँगा। लेकिन वाल्मीकि ने कहानी वहीं खतम नहीं की। अगर वहीं रोकते तो उनके बाद की शताब्दियों में आयी प्रजा उसी प्रकार के समाज की आदी हो गयी होती। उसी प्रकार के कार्यों को धर्म समझ गयी होती। ऐसे ही कार्य करती रहती। कालिदास के समय तक शकुंतला को स्वीकारने को आश्चर्य की दृष्टि से देखती। किन्तु जीवन दृष्टि, मानव का कर्त्तव्य, नैतिकता, न्याय, धर्म आदि-आदि के वातावरण से संबंधित जिस दृष्टि को वाल्मीकि ने परंपरा के रूप में प्रसरित किया है उसे जन्म संस्कार के रूप में लेकर चलनेवाली प्रजा 'शाकुन्तलम्' को देख रही थी। अत: शाकुन्तलम् में शकुन्तला को स्वीकारने तक उसका मन व्याकुल ही रहा है। उस समय की जनता दुष्यंत अगर शकुंतला को नहीं स्वीकारता तो लाठी-बर्छी लेकर उनके पीछे पड़ती। उसने शकुन्तला को स्वीकारा और प्रजा संतुष्ट होकर घर पहुँची। यही अभिनवगुप्त का अभिमत भी है।

"तदीय चरित मध्य प्रतिष्ठ स्वात्मरूपमतिः स्वात्मद्वारेण
विश्वं तथा पश्यन्...... तत्तच्छुभाशुभ प्रेप्सा जिहासा सतत
स्यूत वृत्तित्वादेव शुभमाचरति अशुभं समुज्झति।"

यहाँ प्रश्न उठ सकता है कि हरिश्चन्द्र ने अपनी पत्नी को ही बेच दिया है, इसकी बात क्या है? वहाँ कवि ने समस्त किरण समूह को सत्य की ओर मोड़ा है। सत्य के लिए उन्होंने सर्वस्व त्यागा है— प्राण समान पत्नी को भी अपने लाडले पुत्र के साथ। पत्नी की बात आते ही अगर हरिश्चन्द्र कह दिया होता कि मैं पैसा नहीं दे सकता अथवा मैं नहीं दूँगा तो समाज में यही आदत पड़ गयी होती। ऐसे ही अनेक कारण देकर पैसे उड़ाने के बहाने समाज में बनते। लोग कर्ज उड़ा देते। आज के कोर्ट भी इसी प्रकार की प्रवृत्ति को बढ़ावे देते होते। वे दिन सत्य के दिन थे। प्राण समान पत्नी को भी त्यागकर सही कर्ज चुकाने की पाबन्दी की है कवि ने। कवि ने जब कहा तब समाज में सत्य-संधता फैली। "ग्रह नक्षत्रों की गति चाहे उलटे, हरिहरब्रह्मादियों की कसम मैं तुम्हारा कर्ज चुकाऊँगा" —मानव यह प्रतिज्ञा आत्मा को साक्षी बनाकर उसे बद्ध होकर करने लगा। अर्थात्

मानव समाज में एक महान् मूल्य की प्रतिष्ठा स्थापित हुई।

यहाँ समझने की बात एक है। पहले पाशविक दशा में स्थित मानव समाज में प्रेम, करुणा, स्नेह, सत्यनिष्ठा आदि संस्कारात्मक बीज डालने के प्रयत्न ऋषियों और कवियों ने किये हैं अपने काव्यों द्वारा। करनी और अकरनी का, धर्म और अधर्म का विवेक जगाया है। धर्म, शास्त्र, सरकार तथा उनकी बंदूकें काम करने पर भी समाज में स्थापित संस्कृति और सभ्यता कवियों द्वारा मनुष्य को दिया गया अमूल्य प्रदान है और उनके द्वारा स्थापित स्वतंत्र और ऐच्छिक साम्राज्य है। आज मनुष्य एक दूसरे की हत्या किये बिना अपने-अपने रास्तों पर चल रहे हैं तो यह पुलिस के डर से नहीं, हमारे ऋषियों और कवियों के द्वारा दिखाये गये मार्गों पर चलने के कारण ही हैं। साहित्य के लिए मनुष्य को जानवर की स्थिति से सभ्य अवस्था में लाने के लिए प्राचीन काल पूरा लगा है— प्रेम, करुणा, स्नेह, सत्य, धैर्य आदि के भाव बीजों को उत्पन्न करनेवाली मनोदशा ही सभ्यता है और उनका समाहार ही धर्म कहलाता है। कवियों का अथक श्रम ही मानवता को जीवित रखता आया है। सृष्टि पीढ़ियों की लहरियाँ हैं। हर नयी पीढ़ी पुरानी पीढ़ी के मूल्यों के परिचय से ही वर्तमान देश, काल विशेष स्थितियों के समन्वय को प्राप्त कर सकती है। इस विधान में कुछ मूल्यों का विकास होता है। कुछ लुप्त होते हैं। कुछ नये स्थापित होते हैं। किन्तु यह सभ्यता, मानवीय पारंपरित मूल्यों का प्रवाह तो अविच्छिन्न रूप से बहता रहता है। इस अविच्छिन्न प्रवाह का रूपांतर ही कविता है। (भामह के 'वैचक्षण्यम् को याद कीजिए)। इसीलिए एमर्सन कहते हैं—

"The poet has a new thought he has a whole new experience to unfold; he will tell us how it was with him, and all men will be richer in his fortune. For the experience of each new age requires a new confession and the world seems always waiting for its Poet." (Essays : Poet)

इसीलिए हर पीढ़ी नये कवियों को, नयी भाषा को और नये मूल्यों को लेकर एक नये संसार की सृष्टि कर लेती है। हर पीढ़ी के लिए एक कवि एक पुलिस के समान पहरेदार के रूप में खड़ा हो जाता है। वह मानव के रास्तों पर हमेशा पहरा देनेवाला सिपाही है। उसका काम एक दिन में खतम होनेवाला नहीं है। "The criminal trial is always a thing of present. The moral trial, on the other hand, is carried on by the art eternally... a personal, painful and ungreatful previlege." (Sergei Zalygin, Soviet Author-- from his 'The Art of Tact.")

कवि की आवाज नैतिक और शाश्वत शंखनाद है। "मुझे सुनाई पड़ा है कठोर शाप देनेवाला एक प्राचीन स्वर! मुझे मालूम है कि वह स्वर है वाल्मीकि

का। वह स्वर मोपासाँ के शिकारी (Love - कहानी में) को गालियाँ दे रहा है। यह स्वर हमेशा इसी तरह गालियाँ देता रहता है क्या? सभी कालों के शिकारियों को, मानवता पर वार करनेवालों को, द्वेष, स्वार्थ आदि को रक्ताक्षरों में अंकित करनेवालों को...... काल की राहों पर डाके डालनेवालों से मानवता की रक्षा में हमेशा पहरा देने वाला पुलिस है क्या यह स्वर?'' (मैं और मेरा मोर— शेष ज्योत्स्ना)।

हे भाई! कविता से कवियों के लिए कोई लाभ नहीं होता। ''काव्यं यशसे अर्थकृते'' —चाहे जितने ही जोर से जितने ही बड़ों से कहा क्यों नहीं गया हो, वे काव्य प्रयोजन नहीं बन सकते। कवि के लिए यश कभी लाभकारी नहीं होता। धन कभी लाभकारी नहीं होता। इन्हीं को परमावधि मानकर चलनेवाले कविता के क्षेत्र में बहुत से उतरे हैं। लेकिन याद रखिए कि कवि का चरम लक्ष्य है उसकी कविता का पढ़ा जाना। इतना ही नहीं उसे पढ़कर जनता का मानसिक परिवर्तन होना। अगर यह संभव होता है तो समझना है कि कवि को शिखरारोहण की सिद्धि मिल गयी, अन्यथा नहीं। ''अच्छे काम करना एक फायदे के लिए नहीं। कितने ही अच्छे काम करनेवाले ईसा ने क्या पाया है? विश्वास करो कि कवि भी एक ईसा है। तदर्थ तैयार रहो।'' इसके बाद ही कलम उठाओ।

सहज ही यह शिखर का अधिरोहण कष्टप्रद है। सभी समाज सुधारकों के समान ही कवि भी विपरीत धारा में तैरनेवाला ही है। पत्थरों की मार खानेवाला है। नवयुग लाना चाहेंगे तो क्या फूल-मालाएँ मिलेंगी? समाचार पत्र स्वर को दबा देंगे। रेडियो वाले अपने शिकारी दन्त बतायेंगे। अकादमी के लोग परिहास करेंगे और कुचल देने की खुशी में अट्टहास करेंगे। सरकार परेशानियों की गर्त में फेंकेगी। किन्तु कवि नामधारी को कहना होगा कि मुझे कुछ नहीं चाहिए। मैं पैदल चल सकता हूँ। मेरे लिए कौपीन (लंगोट) मात्र काफी है। पर मेरा स्वर इस्पात-पेशियों से भरा रहना चाहिए। मेरा हृदय लोहे का होना चाहिए। ऐसा कह सकने वाला ही कवि होगा। उसे लोभ, भय, लाभ आदि विभीषिकाएँ परेशान करेंगी। पर कवि का रास्ता वह नहीं। युवा कवियों की पीढ़ी को इसे जानना चाहिए—

''यदि तुम उगो
तो छू नहीं पायेंगी
तुम्हारे घुटनों तक को भी
ये विधानसभाएँ ये महल
ये अकादमियाँ''

— (गोरिल्ला)।

परिशिष्ट

इस रचना के लिए स्वीकृत कुछ प्रामाणिक ग्रंथ

I- शास्त्र ग्रंथ :

१— ऋग्वेद
२— ईशावास्योपनिषत्
३— तैत्तरीयोपनिषत्
४— अग्निपुराणम्
५— रामायणम्
६— महाभारतम्
७— नाट्यशास्त्रम्— भरत:
८— काव्यालंकार:— भामह:
९— काव्यादर्श:— दंडि:
१०— काव्यालंकार:— रुद्रट:
११— काव्यालंकारसूत्रवृत्ति:— वामन:
१२— ध्वन्यालोक:— आनन्दवर्धन:
१३— सरस्वतीकण्ठाभरणम्— भोज:
१४— शृंगारप्रकाश:— भोज:
१५— भावप्रकाश:— शारदातनय:
१६— अभिनवभारती— अभिनवगुप्त:
१७— वक्रोक्तिजीवितम्— कुन्तक:
१८— लोचनव्याख्या— अभिनवगुप्त:
१९— काव्यप्रकाश:— मम्मट भट्ट:
२०— प्रतापरुद्रयशोभूषणम्— विद्यानाथ:
२१— काव्यानुशासनम्— हेमचन्द्र:
२२— साहित्यदर्पण:— विश्वनाथ:
२३— काव्यमीमांसा— राजशेखर:
२४— रसगंगाधर:— जगन्नाथ:
२५— चन्द्रालोक:— जयदेव:
२६— कुवलयानन्दम्— अप्पयदीक्षित:

II. Marxist Poetics

27. Lenin and problems of Literature : Vladimir Shcherbina
28. On Literature and Art : Marx, Engels.
29. On Literature and Art : Lenin.
30. On the Art and Craft of writing : Gorky, Mayakovsky, Tolstoy, Fedin.
31. On Literature and Art : A. Lunacharsky.
32. Mao-Tse-Tung Unrehearsed.
33. The Chinese literary Scene : Kai-Yu Hsu.
34. Marxists on Literature - An Athology.
35. The complection of Russian Literature : Andrew Field.
36. Life and work of Walt Whitman : Maurice Mendelson.
37. Collected Works : V.I. Lenin.

III. Western Old and modern Poetics :

38. The Dialogues & the Republic : Plato.
39. Poetics : Aristotle.
40. Ars Poetica : Horace.
41. On the sublime : Longinus
42. What is Art and Essays on Art : Leo Tolstoy.
43. Selected critical Writings of George Santayana, Vol. I.
44. Principles of Literary Criticism : I.A. Richards.
45. The Art of Poetry : Paul Valery, with introduction by T.S. Eliot.
46. Emerson's Essays.
47. The Essays of William Hazlitt.
48. Albert Camus and Literature of Revolt : John Cruick Shank.
49. The Truth of Poetry : Michael Hamburger.
50. In Defence of Poetry (Apology) : Sir Philip Sidney.
51. The poetic Image of Don Lui De Gongora : Lorca Duendo : Theory and divertissement -- Lorca.
52. Introduction to 'Poet in New York' by Angel Del Rio.
53. Poems Mayakovsky with preface by Victor Perstov Ph.D.
54. Introduction to Poems Rilke by J.B. Leishman

55. Literature and Western Man : J.B. Priestley.
56. Critique of Judgement : Emanuel Kant.
57. Preface to Lyrical Ballads : Wordsworth

IV. Works of Seshendra :

58. In Defence of People and Poetry
59. Rakta Rekha (Poet's Note Book)
60. Preface to 'Turned into water and Fled away'
61. Preface to 'Gorilla'
62. Preface to 'My Country My People'.